陈奇星■主 编
容 志■副主编

综合配套改革中
服务型政府的构建
——以浦东为例

人民出版社

目　录

序　言

当陈奇星教授把他主编的国家社会科学基金项目研究成果《综合配套改革中服务型政府的构建——以浦东为个案》一书送到我手头的时候，我为他和他的团队取得的又一成果由衷地感到高兴。

近年来，作者在公共管理领域可谓硕果连连，尤其是课题研究成果已在《学术月刊》、《中国行政管理》、《国家行政学院学报》等CSSCI期刊上发表论文近20篇，其中若干阶段性成果被人大报刊复印资料全文转载，若干阶段性成果获得上海市社会科学界学术年会优秀论文奖。除此之外，作者还基于课题研究成果，在中共上海市委党校暨上海行政学院领导干部培训班上开设了"行政管理体制改革与创新"、"转变政府职能，推进服务型政府建设"、"社会组织的培育与发展"、"上海基层政府公共服务能力提升"等系列课程，成为上海市委党校领导干部培训的亮点和创新点，产生了良好的社会影响和效益。

当前，我国正在深入推进改革开放、科学发展和健全完善社会主义市场经济体制的历史进程，全球公共行政管理系统则显现出越来越普遍地推行"治理变革"和注重"新公共服务"的发展趋势。为此，我国政府适时地提出了建设公共服务型政府的目标，要求各级政府要全面履行职能，在继续搞好经济调节、加强市场监管的同时，更应注重履行社会管理和公共服务的职能，提高政府的公共服务水平，促进经济发展与社会进步协调一致，促进中国公共行政系统由传统型向现代公共服务型转变。构建服务型政府既是当代政府管理的价值取向，也是现代社会对政府运行机制提出的最基本要求，同时还是推进"十二五"创新驱动、转型发展的重要体制保障。近年来，浦东新区以推进综合配套改革试点为契机，以推动政府转型、构建服务型政府为目标，在行政体制改革与创新方面取得了较大成效，但也面临一些现实问题和困境。研究这些经验和问题，不仅具有理论意义，更能为中国特色的服务型政府建设找到本土性的对策和路径。此项研究成果的创新、特色与建树主要体现在以下几个方面：

一是独特的选题与视角。作者通过对浦东新区进行个案分析，归纳总结浦东新区行政体制创新、构建服务型政府方面"先行先试"的做法和经验，探讨服务型政府建设对综合配套改革试点和经济社会发展的重要作用，发现并反思制度变迁中的难题和瓶颈，并找寻破解之道。这一选题和研究内容紧紧扣住浦东特色，围绕"综合配套改革试点"与"服务型政府建设"展开，将经济社会协调发展作为服务型政府建设的主要目标，探讨综合配套改革如何利用战略导向的顶层设计，通过统筹规划引领政府管理体制机制的整体性变革、推动新区服务型政府建设，并力求避免与克服就事论事、在政府系统内部谈论公共服务发展的局限；服务型政府建设也为综合配套改革破题和筑基，通过推进政府职能转变，创造良好发展环境，提供优质公共服务，推进基本公共服务均等化，又必然对新区经济发展方式转变、改变二元经济与社会结构，促进城乡统筹发展起到有力的助推作用。因此，此项研究成果在同类研究中具有较为独特的视角，所得出的结论既有理论意义，也有实践价值。

二是实证的分析与研究。研究政府改革创新，往往有个误区，即过于关注西方在公共管理与公共服务方面的经验和做法。用西方的视角来分析中国问题，这不仅有碍于我们透彻把握中国现实，也会将移植和借鉴简单化。作者始终坚持"中国问题"的研究意识，立足于中国改革的实际，立足于浦东综合配套改革试点的实践，在充分调研的基础上，运用马克思主义中国化最新理论成果和服务型政府建设相关理论，适当借鉴西方政府管理创新的有益经验和做法，对浦东新区综合配套改革进程中服务型政府构建的四个具体问题：新区政府职能转变的路径和方式、政府机构整合与"大部制"改革、公共服务供给的高效化与低廉化、政府绩效评估和责任监督机制进行了较好的实证分析与研究。

三是多元的理论与方法。该研究成果具有跨学科的特点。涉及的学科有政治学、行政学、法学、社会学、公共政策学和公共经济学等。因此，需要综合运用多种研究理论、工具和方法，探寻综合配套改革进程中服务型政府构建的理论内涵、内在联系、路径选择和发展趋势等，如在理论层面上，有马克思主义国家管理学理论、整体性治理理论、扁平化组织结构理论、流程再造理论、服务外包理论、绩效评估理论和风险管理理论等；在工具层面上，有系统论工具、利益相关者分析工具、制度分析工具等；在方法层面上，有文献分析法、田野调查法、比较分析法等。体现了研究理论、工具和方法运用上的多元与综合创新。

四是系统的框架与阐析。综合配套改革进程中的服务型政府构建是一项系统工程，作者认为这个系统包括系统输入（综合配套改革试点和经济社会发展对服务型政府建设的需求）、系统过程（服务型政府建设的主要内容）和系统输出（提高公众满意度、促进经济发展与社会和谐）三个层面问题的逻辑关系。其中系统过程即服务型政府建设的主要内容包括政府职能转变、组织结构优化、依法行政建设、审批制度改革、服务体系完善、服务制度供给和方式创新、公共财政体制、应急管理机制、绩效评估机制、行政问责制健全十大方面。"综合配套改革"强调这些内容的系统化、整体化推进，以破解目前服务型政府建设遇到的体制机制方面的瓶颈和制约。书中对这些内容分别从理论内涵与依据、取得的成效与经验、遇到的现实问题与瓶颈，以及改革的路径与对策等方面进行了较为系统的阐析，形成了服务型政府建设的逻辑框架与结构。

　　总之，此项研究成果注重既体现学理性，又体现应用性，一定程度上弥补了有关研究的不足，丰富了我国政治学理论、公共管理学等学科的基本研究内容，促进了我国服务型政府建设理论与实践的创新研究。尤其是此书在注重理论研究和问题分析的同时，强调对策的针对性和实践的可操作性，强调理论为实践服务、实践也要检验理论，这也是该研究成果的一个价值追求。因此，书中每一章的最后一部分都有针对性地提出了一些解决问题的对策和建议。这些对策和建议对于"十二五"期间，深入推进浦东综合配套改革试点进程中的服务型政府建设具有较强的现实意义和应用价值，并可以为国内其他综合配套改革地区建设服务型政府提供借鉴和参考。

　　当然，该书也存在一些不足或尚需深入研究的问题。首先是对具体公共服务项目的实证性研究还不够，主要关注浦东综合配套改革试点进程中服务型政府建设的理念、机制、体系、方式和方法，但对于浦东新区的教育事业、公共卫生事业、住房保障建设等具体的公共服务项目，尤其是如何推进基本公共服务均等化缺乏系统的实证性研究。其次是虽然比较注重成果的可操作性研析，但有些内容和对策尚略显抽象，需要更为深入地进行制度设计与安排方面的具体研究，从而为综合配套改革试点进程中服务型政府建设寻找更为合理与可行的前进路径。

　　是为序。

中共上海市委宣传部副部长

中国行政管理学会副会长、教授　　　　李　琪

2012 年 4 月

导　论

构建服务型政府是现代社会对政府运转机制提出的最基本要求，是当代行政改革的价值取向。在社会主义市场经济发展的新的历史阶段，"服务是政府职能的必然选择。"[1]党的十七大报告提出，"加快行政管理体制改革，建设服务型政府。"[2]2010年10月，党的十七届五中全会通过的《中共中央关于制定国民经济和社会发展第十二个五年规划的建议》进一步要求推进行政体制改革，继续转变政府职能，深化行政审批制度改革，加快推进政企分开，减少政府对微观经济活动的干预，加快建设法治政府和服务型政府。在此，党中央明确地把建设服务型政府作为我国行政体制改革的重要内容和目标，体现了新的社会发展时期对政府自身建设的基本要求，为我国政府管理和改革确立了基本方向。

位于我国改革开放前沿的上海浦东新区[3]，20多年来，按照党中央、

---

[1] 李文良：《中国政府职能转变问题报告》，中国发展出版社2002年版，第199页。

[2] 胡锦涛：《高举中国特色社会主义伟大旗帜　为夺取全面建设小康社会新胜利而奋斗》，人民出版社2007年版，第32页。

[3] 1990年4月18日，党中央、国务院做出开发上海浦东的决定，中共上海市委、上海市政府在浦东建立了浦东开发办公室，总体协调浦东开发。1993年1月1日，经党中央、国务院批准，浦东新区成为一个完整的行政区域，面积532.75平方公里，常住人口约240万。并成立了中共上海市浦东新区工作委员会、浦东新区管理委员会，统一领导和负责浦东新区开发开放的管理工作。2000年8月，根据浦东区域发展和行政管理的实际需要，上海市委、市政府决定撤销浦东新区党工委、管委会，正式建立中共浦东新区区委、区政府，同时选举成立区人大和区政协。2005年6月，国务院批准浦东新区进行综合配套改革试点。2009年4月，国务院批复了上海关于浦东新区扩区的申请，同意撤销上海市南汇区，将其行政区划并入浦东新区，目前浦东新区的面积已扩大到1210.41平方公里，户籍人口达到268.60万。

国务院提出的要求，从上海建设国际大都市的实际出发，进行了一系列改革，在全面探索社会主义现代化道路方面，走出了一条不同于其他地区的体制创新之路。行政体制改革，是浦东新区体制创新中带有超前性和关键性的一个环节。特别是 2005 年以来，浦东新区以推进综合配套改革试点为契机，以构建服务型政府为目标，推动政府转型，在行政体制改革与创新方面取得了较大成效，但也面临一些现实问题和困境。本书所研究，就是将浦东新区作为个案分析，归纳总结浦东新区在行政体制创新、构建服务型政府方面"先行先试"的做法和经验，探讨服务型政府建设对综合配套改革试点和经济社会发展的重要作用，发现并反思制度变迁中的难题和瓶颈，并找寻破解之道，以期为国内其他地区的行政改革，尤其是其他综合配套改革地区建设服务型政府提供借鉴和参考。

一　研究目的与意义

2005 年 6 月 21 日，国务院常务会议批准上海浦东新区进行综合配套改革试点，由此，浦东成为全国首个由享受政策优势的地区转向享有体制优势的地区。国务院常务会议要求，"浦东综合配套改革试点要着力转变政府职能，着力转变经济运行方式，着力改变二元经济与社会结构。要把改革和发展有机结合起来，把解决本地实际问题与攻克面上共性难题结合起来，把实现重点突破与整体创新结合起来，把经济体制改革与其他方面改革结合起来，率先建立起完善的社会主义市场经济体制，为推动全国改革起示范作用"①。

综合配套改革决策的实施，不仅体现国家决策层对科学发展、统筹发展的强烈关注，更说明我国的经济社会发展已经进入了攻坚克难、需要着力解

---

① 《温家宝主持召开国务院常务会议》，《人民日报》2005 年 6 月 23 日。

决体制机制等问题的关键时期。经过 30 多年的快速发展，中国经济已经取得了举世瞩目的成就。但是，只有 GDP 的增长并不是真正的发展，更不能保证经济发展的成果惠及全民，实现人的全面发展。因此，如何引导经济发展带动社会全面发展就成为必须解决的问题。同时，经济发展也越来越需要市场机制、政府体制和社会结构的支持和保证。没有市场机制的逐步完善和竞争机制的有效形成，没有政府管理体制改革和服务型政府建设，没有社会结构的不断优化和社会组织的逐步发育，经济发展就缺乏坚实的基础和持续的动力。正因为如此，国家有关部门也对浦东综合配套改革试点提出了"五个着眼于"的具体指导意见：一要着眼于率先建设完成社会主义市场经济体制。全面推动政府、市场、企业、社会方面基础改革。着力解决深层次制度障碍，努力为全国纵深推进经济体制改革探路。二要着眼于以"五统筹"、"五坚持"统领改革开放全局，加快经济增长方式转变和城市发展模式的转变。三要着眼于经济体制创新。推进自主创新、自费改革、综合试验，加快建设区域创新体系和人力资源开发体系。四要着眼于提高国际竞争力。充分发挥浦东要素市场齐全，基础设施完善，区位优势明显，在国际经济大循环中处于重要节点的特点，加快形成适应国际规则的法治环境，努力使浦东新区成为面向国际制度创新的"转换器"。五要着眼于提高服务全国的能力。发挥浦东多功能组合优势，努力把金融贸易区、保税区、出口加工区、高科技园区、机场、港口的功能加以整合，从单项功能突破转向综合功能创新。①

在浦东综合配套改革试点确定的三大主题中，转变政府职能，推动政府转型，构建服务型政府成为第一位的和最重要的内容。如在《2006—2008年浦东综合配套改革试点三年行动计划框架》中，处于第一位的就是：深化行政审批制度改革，完善行政管理的决策机制、监督机制；配合国家监察

―――――――――
① 《国务院批准浦东进行综合配套改革试点》，《上海证券报》2005 年 6 月 23 日。

部、人事部推进行政电子监察试点、政府绩效考核制度改革和公务员聘任制试点。这是以行政审批制度改革为抓手，通过行政许可和行政流程再造进行服务型政府建设的路径。在《2008—2010年浦东综合配套改革试点三年行动计划框架》中，再次明确提出，利用三年时间，基本形成完善的公共服务型政府制度框架。以转变政府职能、深化行政管理体制改革为核心，加快政府管理创新，形成具有现代政府形态和公共服务理念的管理体制。

经过多年来的改革和发展，浦东综合配套改革试点中的服务型政府建设在一些重点领域和关键环节取得了突破性进展，也取得了阶段性成果。如建立了问责制、评估制、监察制、投诉制四项制度，全面提高了政府行政效能；剥离街道办事处招商引资等经济职能，推进基层公共财政保障制度建设，强化基层公共服务和社会管理职能，等等。这些措施使得服务型政府、责任政府、法治政府的理念得到有力贯彻。① 同时，按照着力改变城乡二元结构的要求，浦东新区加快推进城乡一体化发展战略，强调公共投入向农村地区、经济薄弱地区倾斜，基础设施、就业保障、社会事业和社区管理领域的城乡一体化进程明显加快。

浦东综合配套改革试点推动了政府转型，而建设服务型政府的努力为其他地方政府的行政改革提供了示范与借鉴。从这个意义上讲，综合配套改革试点对于服务型政府建设具有重要的战略意义，对其开展系统研究，有利于总结我国地方服务型政府建设的有益经验和做法，探讨全面协调改革与服务型政府建设之间的良性互动关系，破解制约政府职能转变的现实难题。具体来说，本课题研究的目的和意义主要有：

（一）探讨综合配套改革中服务型政府构建的路径和方式

目前，全国各地都在进行服务型政府建设的探索和尝试。但是，在这个

---

① 苏宁等:《浦东之路: 政府制度创新经验与展望》，上海人民出版社2010年版，第243页。

过程中普遍会遇到这样几个问题：一是政府职能转变不到位。综观各地方政府采取的建设服务型政府的措施，在公共管理和社会服务领域采取的措施略显单薄，对公共服务的财政投入不足，从各地建设服务型政府所采取的措施中很难找到公共产品和服务的财政支出细表，现存公共服务机制还存在许多有待完善之处。从总体上来说，政府虽然大幅度削减了行政审批事项，对政府进行了"瘦身"，也更加重视服务精神的倡导，但政府职能中越位和缺位的问题仍然存在。二是技术性变革较多，而制度性变革不足。一些地方政府都从易于操作的技术层面着手建设服务型政府，如简化办事程序、改善服务态度、建设政务超市、创新工作方式等，而在制度供给、制度创新等方面的改革则显得相对迟滞。虽然许多地方政府实施了行政审批制度改革、行政服务责任制、重大事项听证制度、电子政务、政务公开，以及加强行政效能建设等，但这些涉及的都还是较为表面的层次，有些只不过是简单的便民措施而已，并未涉及行政理念和制度层面的深刻变革。三是缺乏政府与公众的互动。很多时候，服务型政府的建设并没有真正走向群众，而是囿于政府内部，建设服务型政府缺乏群众参与，成了政府自身的内部事务。①

可以说，综合配套改革试点为服务型政府的构建提供了巨大的契机。综合配套改革的重点在改革，核心是综合，因此它并不强烈关注经济增长速度和数量，而关注机制体制上的变革；并不强烈关注技术性、表面化的变革，而关注老大难的和长期困扰的瓶颈问题。毫无疑问，体制机制上的最大瓶颈和难题就是政府，是政府对市场、行业、社会的管理问题。综合配套改革要求全面推动政府、市场、企业、社会等方面的基础改革，着力解决深层次制度障碍，逐步改革不适应市场竞争和社会发育的体制机制。在这个过程中，就必然要求对政府职能转变、政府管理理念、政府绩效评价以及政府与社会互动模式进行全方面的变革，以更加适应社会主义市场经济发展的要求。

---

① 吴玉宗：《当前我国服务型政府建设必须突破三大瓶颈》，《宁波大学学报》2010年第2期。

事实上，浦东新区街道已经开始在这个方面做了一些探索。从 2007 年底开始，上海市浦东新区所辖 12 个街道办事处已全面退出直接招商引资的舞台，其他经济管理职能也一并剥离，转而将主要精力集中于社会管理和公共服务，街道办事处的经费全部由区级功能区域拨付。① 这其实是推进地方服务型治理组织再造的根本性举措。通过改革，街道招商引资等经济管理职能相应地被剥离转移到功能区。浦东新区要求，功能区在引进投资项目过程中，不必再去"拼政策"，而是要根据产业政策、土地政策和各街道的要素禀赋实现项目的科学布局。浦东新区街道办事处对招商引资等经济职能的剥离，体现了政府改革的方向。然而，政府职能转变不仅仅是一个经济职能剥离的问题，更是一个体制机制层面的系统性问题，即政府工作的重点和关注领域的转向。公共产品的供给既需要公共财政的支持，更需要政府行政理念和制度的转变。只有把注意力转移到社会管理制度和基本公共服务的供给上来，才能真正建成服务型政府。通过对这个过程的实证分析和研究，能窥探基层政府职能转变的现实路径以及由此带来的一系列操作性问题，只有科学分析这些现实问题，才能找到稳妥地推进政府职能转变的方法。

（二）探讨服务型政府建设对综合配套改革试点的推动作用和积极影响

服务型政府建设的核心是政府职能转变。从根本上说，包括行政体制改革在内的政治体制改革都是为了改革不适应市场经济的体制机制，建立符合经济基础转变的、促进生产力发展的上层建筑。在当前政府模式下，发展方式转变不仅仅是经济发展方式，还包括政府转型和社会转型。只有破解政府主导和公共物品匮乏的难题，依靠消费内需驱动和知识技术驱动才能保证经济社会健康持续发展。② 目前学界普遍认为，推动经济发展方式转变的主要措施都与服务型政府建设密切相关。党的十七大报告提出的实现"消费、投

---

① 《上海浦东新区：街道，退出招商舞台后》，《扬子晚报》2007 年 7 月 29 日。
② 胡鞍钢：《中国应以五大战略构建新的发展观》，《上海集体经济》2003 年第 5 期。

资、出口协调拉动"、"第一、第二、第三产业协同带动"以及"依靠科技进步、劳动者素质提高、管理创新"的三大战略，都需要政府在战略规划、产业引导、创新支撑、社会保障、公共教育等经济社会领域提供高效服务和制度支撑。另外，服务型政府建设为推动发展方式转变提供了制度保证。只有政府职能转向经济调节、市场监管、社会管理和公共服务，更加注重民生和社会建设，才能真正实现经济发展方式转变，并让这一进程处于可持续状态。服务型政府建设的意义不仅在政府系统内部，更在政府所服务和管理的对象。服务型政府建立的对策与举措、机构的调整、行政审批的提速等，直接影响一定区域的经济、社会的发展与和谐，影响到民生问题的改进，这些同样也是综合配套改革试点所关注的问题。

因此，服务型政府建设实际上把握住了综合配套改革试点的"龙头"，抓住了综合配套改革试点的主要矛盾。搞好服务型政府建设，对于综合配套改革试点的顺利推进具有重要的保障意义，对于经济社会协调快速持续发展具有重要的支撑作用。某些瓶颈的破除，能够有效引导某些行业的快速发展，提升市场的竞争力，提高政府公共服务的质量和效率，增强市场主体和社会公众的满意率。本书的研究能够实证性和全景性地描绘发挥这种积极作用的全过程和全路径。例如，浦东新区政府成立初始就在政府职能定位上体现了"掌舵人"的思路。以管理城市经济的职能为例，明确指出"新区政府应以宏观管理为主，以间接管理为主，以综合管理为主，而不是以微观的、直接的、部门的管理为主。"可以说，浦东新区政府所构筑的"小政府、大社会"管理模式是以转变政府职能为前提条件的，这一点与城市治理结构所要求的政府职能转变不谋而合。1993年，浦东新区党工委、管委会经上海市委批准正式成立时，其架构一开始就避免了简单地与市委、市府各委办局一一对应，而是尽可能以一个局的有关处室来承担浦西众多相关局的职能。这种政府管理体制为机构精简、效率提升以及机制改革提供了有效的基础和保障。

又如，浦东新区加大行政审批制度改革力度，以服务为主线提高政府竞争力。在市场准入审批改革方面，浦东放宽市场准入条件，对法律、行政法规、国务院决定所规定的 151 项前置审批，根据情况进行调整，"凡是不影响社会公共安全和公共秩序的审批项目，都实行告知承诺制。" 对取消和改为后置审批的事项则加大监管力度，建立实施严格的市场清退机制。在基本建设程序审批改革方面，浦东将精简环节、缩短时限、联合审批、优化流程、提高效能。对以 "招、拍、挂" 方式用地的建设项目，"要尽最大可能压缩行政审批时限，缩减审批环节"。特别是实现工商、质监和税务部门过程联动，加快实施建设项目竣工的联合验收制度。在投资项目审批改革方面，浦东探索实现 "内外资投资项目审批并轨"。取消外商投资项目可行性报告审批，将项目申请和合同章程的审批时间由 8 个工作日压缩到 4 个工作日。加快推进实施内资企业投资项目核准、备案制，备案项目当场办结，由浦东核准的项目必须在 5 个工作日内完成。显然，这对于区域市场竞争力和良好环境的提升具有不言而喻的作用。

（三）探讨浦东改革和服务型政府建设的理论意义与借鉴价值

服务型政府是公民导向的政府，是建立在公民的现实需求基础之上的高效、廉价供给公共产品的政府。在这个意义上，服务型政府建设必须要贴近基层，要回应基层民众多样化的利益诉求。由于社会的分化和区域的差异，基层也呈现出千差万别的样态，因而，服务型政府在回应过程中也是多样、多种模式的，不可能千篇一律，也不可能千人一面，服务型政府建设并不存在统一的路径和方式。这是在探讨浦东综合配套改革问题上所呈现出的个性差异。但是，浦东的实践意义又不仅仅在于浦东，从中我们可以抽象出一些具有普适性的经验，或者至少是启发性的做法，还可以将之上升到理论层面，进行中观和宏观层面的思考，这也是国家批准和聚焦浦东综合配套改革试点的目的和用意。实际上，在理论层面，服务型政府建设必然涉及三个维度的问题，这些问题在浦东改革中都会不同程度涉及。

第一，政府与市场关系，即合理界定政府边界，强化统筹规划、信息引导、市场监管和制度支撑。中国的市场化改革要求充分发挥市场在资源配置中的基础性作用，使企业具备走集约型经济增长与发展的条件与动力；同时，进一步加强宏观经济调控，完善价格机制，引导企业走循环经济和节约型发展的模式。这就需要进一步转变政府职能，界定政府边界，做好培育市场和管理市场的工作，减少干预市场和扰乱竞争的工作。唐铁汉认为，转变政府职能，从根本上说是通过规范政府行为、充分发挥市场在资源配置中的基础性作用，使政府管理的有形的手与市场机制无形的手紧密结合起来。①

第二，政府与社会关系，即构建高效的公共服务体系，培育第三部门发展，实行政府与社团组织的共管共治。政府与社会的关系包含两个层面：一是政府与社会公民的互动关系，政府行政信息的公开化、透明化，公民积极参与公共决策和公共管理过程，实现公共管理和公共治理中多主体的良性互动；二是第三部门逐渐发育，政府充分调动多元主体的积极性，形成"双向互动"的公共服务供给方式。②

第三，政府内部关系，即再造政府组织流程，优化组织结构，简化审批手续，提高行政效能。在西方"新公共管理"理论和实践的影响下，变革公共服务部门的官僚制结构成为中国行政体制改革的重要内容。"新公共管理"运动通过废除公共部门众多的冗余规章制度，简化行政审批手续以提高行政人员的办事效率；通过一方面在政府部门中引入"企业家精神"，改变官僚机构自身的内部环境，另一方面设立其他监督主体以使政府能够得到来自外部的监督和指导；重视对基层行政机构的充分授权，主张使基层组织机构具

---

① 唐铁汉：《我国政府职能转变的成效、特点和方向》，《国家行政学院学报》2007 年第 2 期。
② 朱光磊、于丹：《建设服务型政府是转变政府职能的新阶段——对中国政府转变职能过程的回顾与展望》，《政治学研究》2008 年第 6 期。

有适应社会需要而独立决策的权力。①

浦东的改革进程较好回答了政府如何与市场合作，共同提供高质量的公共产品；政府如何处理与社会的关系，一方面加强社会的培育和生长，另一方面引导社会对公共产品供给的参与，提高政府与社会之间的互动和影响；政府如何对自身组织机构进行改革，提高组织绩效和回应性，为服务型政府构建奠定组织基础。这种现实的探索可以上升到理论层面，以期对现代政府公共服务能力的提升和公民中心定位的实现提供一定理论参考，为其他综合配套改革地区建设服务型政府提供一定的借鉴。

二 核心概念界定

概念是建构理论的基本单位。② 本书研究的诸多概念中，服务型政府、综合配套改革属于核心概念，在此作简要阐述：

（一）服务型政府

从发生学上考察，中国学术界提出"服务型政府"的概念和主张有理论和实践两个方面的动因。

首先，在理论上，"服务型政府"概念指向的是市场经济条件下的政府职能定位问题，即政府在市场经济中的具体功能和职责问题。事实上，对这个问题的认识也是随着经济体制改革的演进而不断深入。较早关注"政府职能"转变问题的是中国共产党的十三大报告。这个报告的"改革政府工作机构"部分中明确写道："为了避免重走过去'精简—膨胀—再精简—再膨胀'的老路，这次机构改革必须抓住转变职能这个关键。要按照经济体制改革和

---

① 燕继荣：《服务型政府的研究路向：近十年来国内服务型政府研究综述》，《学海》2009 年第 1 期。

② ［美］艾尔·巴比：《社会研究方法（上）》，邱泽奇译，华夏出版社 2000 年版，第 70 页。

政企分开的要求，合并裁减专业管理部门和综合部门内部的专业机构，使政府对企业由直接管理为主转变到间接管理为主。要从机构配置的科学性和整体性出发，适当加强决策咨询和调节、监督、审计、信息部门，转变综合部门的工作方式，提高政府对宏观经济活动的调节控制能力。"由此可以看出，当时的行政体制改革主要是指政府机构改革，而机构改革的核心任务就是转变政府机构的职能。在确定发展社会主义商品经济的战略以后，政府的职能从直接的微观管理转变到间接的宏观管理，因此必须实现政企分开，赋予企业市场主体地位和活力，同时"提高政府对宏观经济活动的调节控制能力"，虽然这里没有明确表述"政府与市场"等概念，但内涵上已经触及市场条件下政府职能的根本性问题，只是当时对政府职能的认识主要集中在经济领域。

20 世纪 90 年代以后，随着市场化改革的深入，对政府职能的认识进一步深化。有学者认为，在社会主义市场经济条件下，政府的职能主要包括政治职能（维护现行统治的政治秩序）、经济职能（促进社会经济发展和进步，提高社会生产力水平）、社会管理职能（管理社会公共事务，维护社会公共秩序）和文化职能。① 还有学者将之总结为阶级统治职能、社会管理职能、社会服务职能（提供社会和公民所需信息和商业服务，提供教育、文化等服务，提供各类市政性服务设施）和社会平衡职能（社会资源和价值的再分配）。② 这些概括已经将政府的主要职能从经济领域扩展到了社会和文化领域，较为全面和系统。

对"市场失灵"问题的探讨进一步深化了政府职能的认识。市场经济是优化资源配置的有效方式，在经济学中被视为"看不见的手"，也是中国经济改革的主要方向。但人类历史也说明，仅靠市场的自发调节是不够的，市场机制自身有一些不能克服的缺陷，这就是所谓的"市场失灵"，它被认为

① 沈荣华：《关于转变政府职能的若干思考》，《政治学研究》1999 年第 4 期。
② 施雪华：《政府权能理论》，浙江人民出版社 1998 年版，第 187—188 页。

是政府干预市场的基本依据①，而"公共物品（public goods）"的提供就被视为政府的重要职责。正是在这个意义上，政府与市场的二分法开始被引入政府职能的学术话语体系，成为一种被普遍接受的讨论范式。虽然随后"第三部门"理论迅速兴起，三大部门划分也取代这种二分法②，但从根本上说，政府和市场是同类讨论的最基本要素。

其次，从实践上看，"服务型政府"理念的提出与中国加入世贸组织和一系列公共危机事件有密切关系。刘熙瑞认为，加入WTO受冲击最大的是政府，经济上的对外开放度与非关税壁垒问题，管理上的审批过多过滥问题，乱收费问题，管理不规范与"暗箱操作"问题，勒索与腐败问题，等等，都在制约中国经济和社会的发展。在这种情势下，政府的服务理念必须进一步加强，政府职能必须进一步转变，市场能够解决的，政府绝不要再管，行政程序必须进一步公开化。他提出，我国行政改革的总方向，是建立一个服务型政府。③也就是说，在加入世贸组织之后，政府管理体制深受世贸组织规则的影响。最关键的就是政企分开，以及在社会本位基础上科学合理地配置政府职能，使其从根本上转到为社会服务上来。④因此，部分学者认为，中国的服务型政府建设具有很强的外在驱动的特点。⑤因为入世，政府才大规模削减行政审批事项，推进政府政务公开制度，改革管制型政府体制。

2004年2月，温家宝总理在中央党校省部级主要领导干部"树立和落实科学发展观"专题研究班结业式上的讲话中，第一次明确提出"努力建

---

① ［美］约瑟夫·斯蒂格利茨：《政府经济学》，曾强等译，春秋出版社1988年版，第95—106页。
② 胡象明：《关于公共部门的界定与公共管理学的研究范围》，《武汉大学学报（社会科学版）》2001年第5期。
③ 刘熙瑞：《加入WTO与服务型政府建设》，《国家行政学院学报》2002年第1期。
④ 刘熙瑞：《服务型政府：经济全球化背景下中国政府改革的目标选择》，《中国行政管理》2002年第7期。
⑤ 吴玉宗：《服务型政府建设研究》，经济日报出版社2007年版，第56页。

设服务型政府"。此后，这个概念开始大量在党和政府的主要文件中出现。2006 年党的十六届六中全会通过的《中共中央关于构建社会主义和谐社会若干重大问题的决定》中强调："建设服务型政府，强化社会管理和公共服务职能"，2007 年党的十七大报告中提出："加快行政管理体制改革，建设服务型政府"，2008 年 2 月 23 日，中央政治局就"建设服务型政府"开展集体学习，胡锦涛总书记发表讲话，要求政府工作深入贯彻落实科学发展观，全面提高为人民服务的能力和水平。

　　从这个历程的梳理可以看出，"服务型政府"理念的提出既有政府职能的定位需要，也有现实社会发展的迫切推动，是中国经济体制改革不断深入对政府职能和管理方式提出的新要求。有学者将这种新要求概括为传统"管制型政府"与现代"服务型政府"的区别。刘熙瑞认为，管制型政府与服务型政府的核心差别在于：究竟是官本位还是民本位？ 究竟是政府本位还是社会本位？ 究竟是权力本位还是权利本位？ ① 石国亮认为，两者在政府职能定位、政府施政方式、行政理念、管理原则、发展目标等方面具有明显的差异，服务型政府在促进经济发展与社会繁荣方面具有明显的优越性。② 还有学者进一步将政府模式分为"政治统治型"、"经济建设型"和"公共服务型"三种，通过三者的比较，强调最后一种在政府行为模式、组织权力体制、政策主体手段、与社会的关系等方面的优势，将之视为政府模式的发展趋势和政府改革的方向。③

　　本研究认为，服务型政府是与管制型政府相对应的概念和形态，主要指以服务市场主体和社会公众为主要职能，以提供优质、高效、便捷、廉价的公共产品为重要使命，以公共性、开放性、回应性、参与性为主要特征，以

---

① 刘熙瑞：《服务型政府：经济全球化背景下中国政府改革的目标选择》，《中国行政管理》2002 年第 7 期。

② 石国亮：《服务型政府：中国政府治理新思维》，研究出版社 2008 年版，第 16—19 页。

③ 刘厚金：《我国政府转型中的公共服务》，中央编译出版社 2008 年版，第 32 页。

社会满意度提升和政府绩效提升为重要依归的现代政府形态。服务型政府与管制型政府的主要区别在于，后者更注重经济发展和 GDP 的增长，并以政府主导经济发展为主要发展模式，因此，管制型政府在微观上更多地采用干预市场行为和替代社会行为，并强调政府权力对社会与市场的约束；而服务型政府更注重发挥社会和市场的原生动力与作用，强调政府提供必要的基本公共服务，以支撑社会与市场的正常运行和效率发挥，弥补市场与社会的双重失灵，同时也反向制约政府自身的失灵。在今天中国的语境中，可以说，服务型政府就是法治的政府、责任的政府、高效的政府与廉价的政府。

（二）综合配套改革

经过 30 多年的改革开放，我国的改革已由最初分散的单项政策推进、重点主攻经济体制改革，转向涉及经济、政治、社会和文化等各个领域的全方位综合配套改革。顺应这一趋势，21 世纪以后国家陆续批准建立了国家综合配套改革试验区，这些试验区是国家为进行包括经济改革在内的一系列综合配套改革实验而选定的地区。为了区别于 20 世纪 80 年代的经济特区，综合配套改革试验区常被人们称为"新特区"。目前，全国一共设立了三个全面型"综合配套改革试验区"：即上海市浦东新区、天津市滨海新区、广东省深圳市，五个专题型"综合配套改革试验区"：即重庆市、四川省成都市、湖北省武汉城市圈、湖南省长株潭城市群和沈阳经济区。2010 年 12 月，国务院又批准设立了山西省为国家资源型经济转型综合配套改革试验区，以及 2011 年 3 月和 12 月，国务院批准设立的义乌市国际贸易综合改革试点和厦门市深化两岸交流合作综合配套改革试验区。

综合配套改革是 21 世纪的新生事物。可以说，综合配套改革是一种全方位的深入改革，包括经济、政治、社会、文化的改革，是综合运用经济、政治、法律等手段，发挥企业、政府、社会等各方面的力量，集中力量攻克我国改革难点的改革，是我国渐进式改革进入了新阶段后在区域上对改革进

行的实验和探索。王家庭等人认为，区别于以往的改革，国家综合配套改革
试验区模式是一种制度变迁内生化的变革模式，中央政府给予这些改革试验
区的是改革的权利，而不是改革本身。[①] 这就为综合配套改革设置了极大的
创新空间。有学者认为，这项国家型战略的时代意义在于：[②]

第一，我国从非均衡发展转向到科学发展的需要。我国渐进式改革开放
的历程，主要采用了非均衡的推进方式。具体来说，经济领域的改革开放先
于政治与社会领域的改革开放，造成了政治及社会的发展与改革滞后于经济
的发展。在经济领域内部，也采取了先易后难的不均衡改革方式，当前，我
国的改革开放进入了全面协调与发展的新时期，即科学发展时期。科学发展
观的基本要求是全面协调可持续，根本方法是统筹兼顾。全面推进经济、政
治、文化、社会的改革与发展，促进改革开放各个环节、各个方面相协调，
在改革的过程中按照坚持统筹兼顾的要求，妥善处理其中的重大关系，按照
统筹城乡发展、区域发展、经济社会发展、人与自然和谐发展、国内发展和
对外开放的要求，充分调动各方面积极性。因此，综合配套改革是全面落实
科学发展观在区域上的实验，是从非均衡的改革开放进到全面协调改革开放
的新阶段。

第二，从单项改革为主到综合协调改革的需要。我国的改革从总体上
看，是局部改革和部门改革较多，综合协调改革较少，经济体制改革多，其
他方面改革较少，从而在改革过程中存在某些不协调成分，即由于某些方面
的改革滞后，出现了体制前进中的瓶颈等问题。由于制度创新存在边际递减
效应，因此需要创新改革方式，发挥综合配套改革的作用。综合配套改革是
在先前制度创新的基础上，通过新的制度创新方式，综合推进改革，来化解
先前改革中的遗留问题，突破改革的瓶颈，是制度创新的新阶段。

① 王家庭、张换兆：《国家综合配套改革试验区：制度内生增长极模型的解释》，《社会科学
辑刊》2009 年第 1 期。
② 徐全勇：《综合配套改革的试点经验与政策建议》，《南通大学学报》2009 年第 4 期。

第三，发挥多元改革主体积极性与协调利益的需要。在我国的改革过程中，出现了利益主体不断增多现象，他们对改革持有不同的态度，持续改革需要综合协调各方利益关系，调动各方改革积极性。特别要注意改革过程中出现的一些利益主体，或者说是以往改革方式中的获利集团，很可能会成为进一步改革的阻力。因此，需要综合利用多种手段和方式，调动多方的进行制度创新积极性，推进改革的深入发展。

第四，加强对改革的领导和管理的需要。首先，自从国家体制改革委员会被撤销以后，各项改革的"部门化"倾向较为明显，尤其是学界对教育、医疗等领域的体制改革争论较大。一些部门从自己的利益出发，借改革之名，行争取本部门的权限和利益之实，这种"部门化"倾向越来越严重。其次，缺乏一个高层次的强有力的机构来对各项改革进行统筹规划，统一协调。也就是说，推进综合配套改革，还缺乏国家层面的组织保障。因此，为了保障各项改革工作的有效推进，从国家层面来看，当前急需解决体制改革的组织保障问题。可以设想两种方案：一是恢复国家体制改革委员会；二是成立国家综合配套改革领导小组，下设办公室，对全国综合配套改革进行统筹规划和统一协调。显然，目前仅依靠国家发展与改革委员会经济体制综合改革司，是难以承担综合配套改革重任的，因为综合配套改革不单纯是经济领域的体制改革，还涉及科技、教育、卫生、社会保障、政府职能等诸多社会和政治领域的体制改革。因此，把浦东等这样的独立行政区域作为综合配套改革的试点区，有助于加强对改革的全面领导，发挥区域综合进行改革的优势，协调各项改革之间的矛盾，有利于推进全面改革的任务和实现全面协调改革的目标。

第五，我国改革开放经济特区经验的进一步运用与升华。在落实科学发展观时期，我国改革开放的综合配套改革试点是对经济特区经验的进一步运用与升华，这既可以发挥经济特区先试点后推广的优势，同时把改革的内容从经济领域向政治社会领域全面推进，把单项的改革与综合协调改革充分结合起来。并把地区改革试点从东部地区向中西部全面展开，在整个国家范围内全面探索不同地区科学发展的经验。

郝寿义认为，综合配套改革的运作系统要素呈现多级化特征：改革主体由中央政府、地方政府、微观利益主体等各级主体共同组成，各改革主体关注的改革利益有别，存在博弈，在共同改革过程中获取各自的改革利益，制度具有内生性特征。在组织推动机制方面，多元主体各自掌握的资源互相补充，共同承担改革任务，共同分担改革成本。相比传统改革中央政府扮演了近乎全部的角色，承担了全部的改革成本，综合配套改革减轻了财政的负担，由社会分担了部分改革成本。①

在技术支持机制方面，中央政府把握改革的大方向，具体的改革任务和实施办法由地方政府会同相关利益主体设计和选择，最大限度地发挥地方政府和相关利益主体的能动性。在外部保障机制方面，综合配套改革需要地方改革立法权和外生检查监督主体进行配套。综合配套改革的多元改革主体可能出现改革主体和立法主体发生分离，如果不赋予地方相应立法权，综合配套改革的制度创新和现行法律法规的冲突将无法化解；综合配套改革存在中央政府、地方政府、企业、社会等多元参与主体，使外生的检验监督主体成为可能，可以对改革的效果进行有效监督检查和客观评价，及时发现和解决改革过程中遇到的问题。

浦东综合配套改革试点对于服务型政府建设的实践具有重要的推动作用和积极意义：一是赋予了浦东先行先试权，有利于大胆对部分体制机制进行改革创新。在行政管理体制上，服务型政府建设需要给地方政府很充足的权力，赋予其应有的能力。但是，我国的行政管理体制是高度集权的，地方政府缺乏应有的权力，囿于行政管理体制的制约，地方政府难以进行服务型政府的制度创新和制度供给。因此，不改变高度集权的行政管理体制，就无法

---

① 郝寿义：《综合配套改革机制研究》，《开放导报》2008 年第 6 期。

建立起有效的服务型政府。① 而综合配套改革试点通过在一定程度上赋予浦东等地以先行先试权,以缓解权力集中带来的效率损失和改革阻滞,这是服务型政府建设非常需要的生态环境保证。二是强调了改革的综合性与全面性。综合配套改革要求将体制创新与社会发展结合起来,统筹兼顾,因此,行政体制改革就不是无的放矢,也不是为改革而改革,而是瞄准经济发展方式转变与和谐社会发展,聚焦消除城乡二元结构,推进真正意义上的城市化进程。这就要在社会全面发展中考虑服务型政府建设,而服务型政府建设也要以推动发展方式转变和城乡统筹为出发点和立足点。三是通过政策优势向体制优势转变,激活地方政府自我改革、自我重塑的活力。浦东这样的地方政府不能再仅仅停留在向中央要政策、要优惠的层面,而是在自己的改革创新上动脑筋、下工夫,真正闯出政府职能转变的一条新路来。

三　研究内容与方法

在综合配套改革的实践下研究服务型政府建设,本书研究重点关注四个方面的问题:

(一)浦东新区政府职能转变的路径和方式

如前所述,服务型政府建设的核心是政府职能转变。在当前政府模式下,发展方式转变不仅仅是经济发展方式,还包括政府转型和社会转型。而政府转型或者说政府体制改革的核心就是政府职能转变,即改革管制型政府模式,建立符合市场经济要求的服务型政府,实现政府职能向创造良好发展环境、提供优质公共服务、维护社会公平正义的根本转变。政府全面履行好经济调节、市场监管、社会管理和公共服务职能,更加注重民生和社会建

---

① 吴玉宗:《当前我国服务型政府建设必须突破三大瓶颈》,《宁波大学学报》2010 年第 2 期。

设，才能真正实现经济发展方式转变，并让这一进程处于可持续状态。因此，政府职能转变的路径和方式是当前服务型政府研究的内核与精髓。

浦东新区开发开放以来，在推进行政体制改革进程中，十分注重转变政府职能，理顺政企、政社关系。新区"小政府"架构中一律不设直接管理企业的行业主管部门，从根本上解除政府与企业的行政隶属关系，促使企业按照市场规则更好发展。近年来，新区又以行政审批制度改革为突破口，弱化对经济的直接管理和微观管理，强化社会管理、公共服务功能。与此同时，浦东新区注重培育和发展社会中介组织，为政府职能转变"找替身，先后建立了投资服务中心以及法律、会计、审计、计量、统计等社会中介组织。①并根据新区经济结构的特点，重点发展投资咨询和服务贸易领域的中介机构，为来浦东投资的内资与外资企业提供咨询、洽谈、申请、筹建、生产经营、政策法规和投融资、保险、金融资信等方面的服务。尤其是 2005 年中央批准浦东新区进行综合配套改革试点以来，转变政府职能，是浦东综合配套改革试点中的重中之重，为此，浦东新区曾委托专门机构制订"政府职能转变与创新"的总体方案，梳理政府的现有事权，设计政府的合理事权，强化政府的公共事权，厘清"政府事务"与"非政府事务"，将应由市场和社会承担的职责归还给市场中介组织和社会组织。②

"十二五"期间，深入推进浦东综合配套改革对政府改革和自身建设提出了更高、更新的要求，只有进一步转变政府职能，努力构建服务型政府，才能更好地推进浦东开发开放二次创业，为上海乃至全国的改革发展做出更大贡献。

本书主要在政府职能转变以公共性、法治性、服务性和透明性为核心价值取向，以经济调节、市场监管、社会管理和公共服务职能为基本内容的基

① 上海近十年行政管理体制改革回顾和思考课题组：《上海近十年行政管理体制改革回顾和思考》，2008 年 2 月，第 28 页。
② 季明：《上海：浦东的"扁平化"实践》，《瞭望新闻周刊》2011 年 1 月 30 日。

本语境下，研究如何对浦东区、镇、街道等不同层面的政府职能做合理的分配，实现多层级政府层次分明和分工明确的公共服务供给；探索街镇政府退出招商引资、全力投入公共服务的具体路径和实现模式；探索政府向社会、市场"购买服务"，并强化监督、调控的新机制。

（二）浦东新区政府机构整合与"大部制"改革

大部制是现代社会公共服务型政府的制度产物，也是市场经济成熟的国家普遍采用的政府体制模式。它的要旨是将政府机构中业务相似、职能相近的部门进行整合，集中由一个大部门实行统一管理。实行大部制，有助于改变当前政府机构重叠、职责交叉、政出多门等问题，提升行政效率，降低行政成本。浦东新区从其设立最早的行政机构之初，就开始了大部门综合设置的"大部门制"改革创新，至今不辍已近 20 年。

自 1990 年中央决定开发开放浦东以来，浦东新区的行政体制先后经历开发开放办公室、党工委、管委会（简称"两委"）、正式建政、"两区合并"阶段等几次大的变迁。但无论具体的行政管理架构如何变化，精简高效的政府机构和公务员队伍都是浦东行政建设、完善和发展的一以贯之的基本要求。如在人们还习惯于"一个行业就有一个政府部门管理"的 20 世纪 90 年代初，新成立的浦东新区"两委"只有 10 个职能部门，800 名机关人员编制。政府不直接管理企业，不设行业管理部门，职能部门实行大系统整合[①]，如经济贸易局拥有多重综合经济管理职能，涵盖了经委、外经贸委、外资委、协作办、商委等管理机构的职责；社会发展局包括了上海其他区县的教育局、卫生局、民政局、文化局、体委、计生委等若干局委的全部职能；农村发展局管理的是大农业概念，包括农、林、牧、副、渔和水利建设，同时还要管乡镇规划建设以及农村社会事务。

---

① 季明：《上海：浦东的"扁平化"实践》，《瞭望新闻周刊》2011 年 1 月 30 日。

2000 年，浦东新区的行政体制进入"正式建政"阶段。新成立的浦东新区政府仍然保持了大部门制的行政管理格局，仅设 13 个区政府工作部门。直至 2005 年，浦东新区区级机关行政编制也只有 1170 名，管理着 500 多平方公里上的 200 多万人口。2009 年 5 月，国务院批复原上海南汇区整体划入浦东新区。"新浦东"仍然坚持了建立符合大部门体制的服务型政府方向，将政府机构划分为综合统筹、经济服务、社会建设、城建管理、法制监督 5 个职能模块，探索按职能模块设置机构，最终确定政府工作部门 19 个，政府机构数量大体相当于上海全市区县机构平均数的 2/3，每万人配备的行政编制数为 4.9 名，不到上海全市其他区县平均水平的 1/2。①

目前，浦东新区的行政体制架构已较为精简，根据浦东新区"十二五"规划纲要，未来 5 年浦东将实现"上面机构轻型化，下面管理扁平化"，通过优化政府结构、行政层级，推进区级层面简政放权、优化流程。

本书按照浦东新区"十二五"规划纲要精神，首先是研究如何在区分经济调节、市场监管、社会管理和公共服务部门的基础上，采用"大部制"的思路进一步整合现有的政府组成部门，尤其是加强与整合社会管理和公共服务部门。其次是研究如何进一步构建适应大区域特点、体现轻型化、扁平化特征的新型区域管理体制。同时创新行政组织结构，探索"从上下对口型"向"职能互补型"的行政管理体制转变，由垂直管理向分层分类互补型政府构架转变的路径。

（三）浦东新区公共服务供给的高效化与低廉化

一般来说，我们可以把政府公共服务的内容和范围界定为四个方面：一是制度供给服务。制度是一种稀缺的公共物品，由于制度设计与制度的成本性、执行的强制性，制度供给必须由政府来承担，这是政府公共服务的重要

①　季明：《上海：浦东的"扁平化"实践》，《瞭望新闻周刊》2011 年 1 月 30 日。

内容。政府通过制度供给，来建立和维护公共秩序，为经济发展和社会进步构建良好的政治环境和行政生态环境。二是公共政策服务。政府通过提供公共政策，为市场经济、和谐社会和民主政治提供政策支持，维护经济、政治、社会、文化的有序发展。三是公共物品生产。在纯粹公共物品、准公共物品、混合性公共物品以及特殊私人物品的生产和供给中，政府是责无旁贷的主导者。四是公共项目服务。公共项目是指政府及公共部门为解决社会公共问题，完成社会公共事务而实施的项目。

在制度供给上，浦东新区首先通过建立机制，规范政府购买公共服务行为，将原来由政府主办、为社会发展和人民日常生活提供服务的事项交给有资质的社会组织来完成，探索形成"政府承担、定项委托、合同管理、评估兑现"的公共服务提供方式。如浦东新区制定了政府购买公共服务实施意见，在上海全市率先建立了政府购买公共服务新机制，明确了购买公共服务的相关内容：一是实现预算管理，将购买公共服务的费用纳入预算；二是强化契约式管理，政府和社会组织的责任、义务以及服务要求，全部在合同中体现；三是建立评估机制和规则，委托第三方专业机构，对社会组织做到项目合作前有资质审查，合作过程中有跟踪了解，在合作完成后有社会绩效评估。如 2007 年，区民政局安排近 3000 万元资金，将 30 多个公共服务项目委托 100 余家有资质的社会组织、中介机构承接。同时，集中组织 49 家培训机构签订购买服务协议书，进一步扩大了政府购买公共服务的引导效应。其次在行政审批制度改革方面，对法律不限制的领域，浦东的改革方向是政府部门不再设立审批权限，全部改为备案制，由投资主体自行决策，自担风险；对依法需要保留的审批项目，全部实行承诺制度公开；凡相对独立且相近的审批事项，相关部门提前介入，探索"并联审批"。①

在公共政策服务上，浦东新区强调政策的公平性、公益性和透明化。

---

① 　季明：《上海：浦东的"扁平化"实践》，《瞭望新闻周刊》2011 年 1 月 30 日。

政策的公平性是指维护公共利益，实现社会总效用的不断提升和增加，实现人民生活水平和福利水平的不断提高。公益性是强调公共服务的普适性和公益性，而不是部门化甚至私人化，经济社会发展的成果要惠及全体市民。透明性是在公共政策的议程设定和制定过程中充分吸引社会团体和市民的参加，通过了解诉求来把握群众的需求，最终实现决策的科学化和民主化。

在公共物品的生产上，浦东新区不仅拓展公共服务内容，不断提高养老服务、就业指导、福利救济等水平和质量，而且注重社会团体和社会力量在公共服务供给中的作用。浦东新区"小政府、大社会"的内涵界定，明确说明要充分发挥社会自治的作用，把原来由政府包办的大量社会、经济事务交还给个人、企业、事业单位和其他社会中介机构。浦东新区主动培育为新区提供专业服务性的企业和中介机构。如新区社会事业投资公司、新区审计师事务所、律师事务所、经济评估机构等。同时，发展为新区城市建设和基础设施维护提供服务和产品的企业。除了市场化的企业组织之外，新区还积极调动除政府以外的公共事业组织、第三部门组织和社会公众对新区管理和服务的参与。尽管目前浦东新区多元化城市管理的格局还没有完全实现，但培养参与新区管理主体的过程一直在进行，已经有越来越多的社会力量参与到浦东经济、社会和环境建设与管理的队伍中来。

在公共项目服务上，新区推进全区层面的电子政务建设，利用电脑网络平台公开政务信息，强化政府网上服务，促进部门间的互联互通和资源共享，提高办事效率，降低行政成本。

本书在近年来浦东新区实现公共服务供给的高效化与低廉化的基础上，研究如何进一步深化绩效预算改革，加快构建符合浦东新一轮发展要求的公共财政预算体制；探索影响政府网上服务的瓶颈，进一步促进部门间的互联互通和资源共享；探索政府审批制度改革的新举措，进一步规范行政审批行为和优化审批程序，节省审批成本，提高审批时效。

（四）浦东新区政府绩效评估和责任监督机制

建设服务型政府，需要重塑政府施政理念、转变政府职能、改进公共服务方式，要构建一套科学合理的绩效评估和责任监督机制，以加强对行政效能和公共服务质量的考核、评估与监督。

作为全国综合配套改革的试验区，浦东新区在经济社会和公共管理的许多领域都先行先试，为上海和全国的经济社会发展开展了许多富有成效的探索。在考核、评估政府绩效方面，浦东新区不仅率先开展绩效预算改革的探索，而且创新性地建立并开通了"权力公开专网"，并且在绩效评估、行政问责等方面进行了许多富有创新意义的尝试。一方面，新区政府建立了体制内的监察制、体制外的投诉制、自上而下的问责制和行政过错责任追究制。通过这四项制度的实施，使新区政府在转变职能，建设服务型政府的进程中不断提高行政效能和公共服务质量。另一方面，新区政府颁布实施了一系列有关政府绩效评估和责任监督的规范性文件，如《浦东新区行政效能评估暂行办法》、《浦东新区财政预算管理办法（试行）》、《浦东新区政府投资项目绩效评价办法（试行）》、《上海市浦东新区行政过错责任追究暂行办法》、《浦东新区行政首长问责暂行办法》、《浦东新区行政首长问责工作规程》等，这些规范性文件为浦东新区政府绩效评估和责任监督工作提供了制度保障。

近年来，浦东新区在政府绩效评估和行政问责制实施过程中虽然进行了可贵的探索，取得了一些成效，但从深入推进综合配套改革试点，加快建立适应经济社会转型要求的公共服务型政府要求来看，仍然存在不少问题，有待进一步健全和完善。

本书重点研究"十二五"期间，浦东新区如何制定政府绩效评估的战略规划，完善政府绩效评估指标体系，以及强化社会公众参与绩效评估的工作机制等；探讨行政问责制的优化机理和改革路径，进一步追踪行政效能投诉制度的运行和问题，以及社会公众对政府服务的监督机制及监督结果的反馈机制。

在确定了研究内容以后，我们将以什么样的研究思路和方法来总结服务型政府建设的理论基础、来展示浦东综合配套改革试点的进程与现状，以及提炼浦东这一个案背后所蕴涵的学理问题与对策建议呢？在这里对这一问题作如下交代：

本书研究的基本思路，首先是对已有的关于上海浦东新区综合配套改革试点及服务型政府建设的文献进行全面梳理，归纳现有的管理模式和创新路径。然后选取浦东新区若干典型部门和典型街镇进行实证性调查，分析变革前后的治理差异及其影响，辨别服务型政府改革带来的具体效果。对创新效果进行深度剖析，研究不同效果的产生原因及形成机理。另外，选取若干尚未进行变革的部门和街镇，进行特定改革项目的对比性研究，分析制度变迁的动力、环境、路径及其对效果的影响，探讨服务型政府建设的模式，以及出现的有关问题。

关于社会科学的研究方法，学术界素有"量的研究"和"质的研究"之分。"量"的研究从特定假设出发将社会现象数量化，计算出相关变量之间的关系，由此得出"科学的"、"客观的"研究结果；而"质"的研究强调研究者深入到社会现象之中，通过亲身体验了解研究对象的思维方式，在收集原始资料的基础上建立"情境化的"、"主体间性"(inter—subjective)的意义解释。它们代表了两种不同的科学"范式"。本课题采用的是质的研究和量的研究相结合的方法。具体来说，研究方法主要有：

1. 文献分析法：全面收集、研读和梳理已有文献，特别是国内外学者对公共服务、服务型政府研究的有关文献，以及上海浦东新区政府体制创新的文件、论文、报告等，在新的起点上开展本课题研究。本课题研究特别注重 2005 年以来，即国务院批准浦东新区进行综合配套改革试点以来的《统计年鉴》的数据进行详细的收集和分析，在此基础上对浦东新区政府组织机构、公共服务体系建设和全区公共服务水平提升等问题进行剖析。

2. 田野调查法：选取浦东新区政府办公室、发改委、编办、人社局、财政局、科委等部门，以及若干镇、街道、社区和企事业单位作为调研点，采用自上而下和自下而上相结合形式，采取访谈、问卷调查、座谈会、文件资料收集等方法获得第一手资料；对政府工作人员和政府服务对象进行问卷调查，了解不同主体对服务型政府构建的看法与建议。

3. 比较分析法：选取浦东新区多个部门、街道、镇进行比较，分析服务型政府建设中的普遍性和特殊性问题，具体分析制度变迁的环境因素、动力因素、人员因素和后果影响。

四 逻辑框架与结构

我国 30 多年以来的改革是在"以经济建设为中心"方针下的改革，在实践中侧重于经济领域的改革。但是，社会是全面、多元和复杂的，经济领域的改革如果没有政治、文化、社会各领域改革的相配套、相融合、相适应，就难以向纵深推进。事实上，经济领域的市场化改革，在很大程度上依赖于国家的制度革新，只有通过制度变革才能使市场在更大程度上发挥在资源配置中的基础性作用。没有以政府转型为标志的行政体制改革和制度创新，就难以实现由政府主导向市场主导的经济发展方式转变，市场化改革就难以突破，包括资源价格、垄断行业改革等改革就难以有实质性进展。经济领域的全面改革也依赖于社会管理体制改革进程，既确立政府在基本公共服务中的主体地位和主导作用，又明确企业、社会在基本公共服务中的作用和位置。通过综合性的改革，使政府逐步从利益的制约和束缚中走出来，科学定位，确立公共利益代表者和维护者的地位，建立科学的公共治理结构。这些都不是经济领域改革的单项突进所能解决的问题。

正是在这个意义上，浦东新区的综合配套改革，利用战略导向的顶层设计，通过统筹规划，引领政府管理体制机制的整体性变革，以推动服务型政府建设，闯出一条经济社会协调、快速、可持续发展的新路。综合配套改革试点是一项系统工程，服务型政府建设也需要系统性展开。这就要求我们在综合配套改革试点的系统中考察服务型政府建设。从系统论的角度来看，政府生产和提供公共产品的过程是（见图1）：

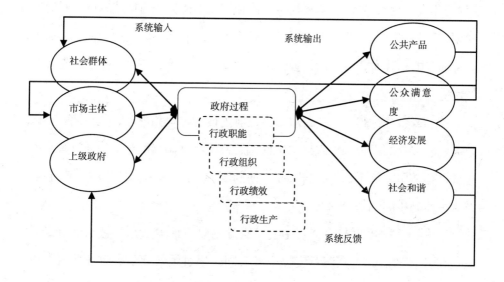

图1　政府生产公共产品的过程

服务型政府必须是回应性强的政府，体现以社会和公民为中心的治理理念，因此，社会群体、市场主体的需要和意愿应该成为浦东服务型政府建设的出发点和立足点，也是确定政府职能转变的基本依据和调适方向。同时，在现有体系下，还必须关注上级政府的施政方针和政策要求，完成上级政府的工作任务，这也是浦东政府改革创新的一个极其重要的变量。这三方面的需求成为政府管理过程的重要系统输入，需要政府通过各种方式加以认知和把握。在政府过程中，政府自身的职能定位、组织架构、服务生产过程和绩效问题成为主要内容，是政府自身管理和工作的主要过程和环节。公共产品和公共服务是政府过程的主要产品，其瞄准对象是提高公众满意度、促进经济发展与社会和谐。这些产品的成果和质量又必须以各种方式和渠道反馈给政府与系统环境。因此，服务型政府建设包括三个层面的问题：

第一，系统环境。主要是服务型政府建设的外在环境与要求，包括综合配套改革试点和经济社会发展对服务型政府建设的需求，以及通过运用社会调查、民意测验等方法，了解社会群体和市场主体对政府职能转变、政府管理创新和公共服务方式改进的诉求，对服务型政府建设的期待。浦东新区近年来加大电子政府建设力度，强化市民满意度调查等，正是对系统生态环境的回应。

第二，系统过程。主要是服务型政府建设的过程和内容，包括浦东新区政府职能转变的推进、组织结构的优化、行政审批制度改革、依法行政水平提升、公共服务体系建设、公共服务的制度供给模式、公共服务方式创新以及管理体制机制创新等内容。

第三，系统输出与反馈。主要是服务型政府建设成果，包括促进经济发展与社会和谐，公众满意度提升等。同时通过绩效评估、责任监督等方式对政府工作，尤其是政府提供的公共服务和公共产品的质量进行多维度、多层面、多主体地评估、总结和责任追究，并及时传递、反馈给相关政府部门、上级政府和社会，以有利于更好改进政府工作、进一步提高社会公众的满意度。具体展开，这三个层面的问题包括这样的逻辑关系（见下页图 2）：

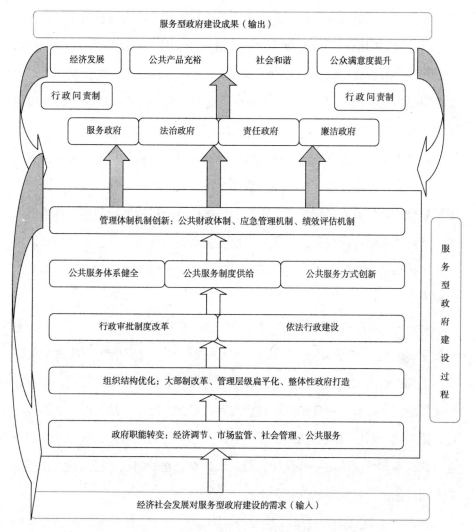

图 2　服务型政府建设三个层面问题的逻辑关系

　　在本书的结构上，除了导论主要是课题研究目的与意义的阐述，有关核心概念的界定，以及课题研究内容与方法、逻辑框架的介绍外，其他章节的主要内容和安排如下：

　　第一章主要关注政府职能转变问题。政府职能，亦称行政职能，是国家行政机关，依法对国家政治、经济和社会公共事务进行管理时应承担的职责和所具有的功能。转变政府职能是浦东新区深入推进综合配套改革，加快建立服务型政府的核心，本章在论述现代政府职能价值取向的基础上，在服务型政府与政府职能间建立起理论关联，分析推动政府职能转变的多重要素，在此基础上分析浦东综合配套改革的动力结构；归纳浦东在综合配套改革中政府职能转变的具体路径；最后，探讨了进一步推动浦东政府职能转变应关注的五个方面问题。

第二章主要关注政府组织结构优化问题。政府机构是行政管理体制的组织表现形式，也是行政管理活动的载体。优化政府组织结构，是浦东新区构建服务型政府的重要组织基础。本章通过阐析政府机构设置的基本理论，回顾浦东新区政府机构改革的历程，在历史发展新的方位，以新的视角加以审视，在此基础上思考"十二五"期间，进一步优化浦东新区政府组织结构的对策。

第三章主要关注依法行政水平提升问题。依法行政同社会主义法治国家建设紧密相连，它是法治国家建设中最重要一环。没有依法行政水平的提高，不仅法治国家无以建立，服务型政府建设也必将无法持续推进。本章在简要阐述依法行政与服务型政府建设相互关系的基础上，从历时性的维度出发，阐析浦东新区在政府法制建设、行政执法与行政法制监督这三个层面所进行的探索和所面临的一些问题，最后，针对存在的问题，提出进一步提升浦东新区依法行政水平的对策。

第四章主要关注行政审批制度改革问题。行政审批制度改革是政府的一场"自我革命"，是行政体制改革的突破口，涉及政府部门职能定位和权力调整，管理理念和管理方式的更新与变革。本章通过阐析浦东新区行政审批制度改革的动因，梳理浦东新区行政审批制度改革的历程和现状，总结新区四轮审批制度改革的主要做法及其成效，剖析目前存在的主要问题，进而提出进一步深化浦东新区行政审批制度改革的价值取向和路径选择。

第五章主要关注公共服务体系健全问题。公共服务体系以满足公共需求为目的，通过整合政府、社会、市场各方面资源，为民众提供良好的公共服务。近年来，浦东新区注重公共服务平台建设和社会组织的培育，不断提高公共服务质量和水平，公共服务体系建设取得了较大成效，但也存在一些问题，有待进一步改进和完善。本章通过阐析公共服务体系的理论内涵和特征，尤其是在浦东新区公共服务体系建设现状分析的基础上，提出了"十二五"期间进一步完善浦东新区公共服务体系建设的思路和对策。

第六章主要关注公共服务制度供给问题。制度是一种稀缺的公共物品，由于制度设计与制度变迁的成本性和执行的强制性，制度供给必须由政府来承担，这也是政府公共服务的重要内容。政府通过制度供给，又能提供更多的公共服务，满足社会公共需求。本章在阐析浦东新区公共服务的特殊性与制度供给的必要性，以及公共服务制度供给的效益分析基础上，探索浦东在深入推进综合配套改革试点，加快建设服务型政府的背景下，构建符合浦东发展特点的政府公共服务的制度供给的综合联动模式，提升浦东政府公共服务的制度供给能力，探索走向供求平衡的制度化的政府公共服务之路，以增进浦东新区社会公共福祉。

第七章主要关注公共服务方式创新问题。公共服务供给是政府的基本职能之一。政府公共服务的过程，就是综合运用各种服务方式，实现政府公共服务目标、满足社会公众和市场主体对公共服务需求的过程。公共服务方式选取是否得当，运用是否科学，作用是否有效，直接决定着政府公共服务水平和质量的高低。本章在探讨治理范式视阈下的公共服务方式多元化的理论基础上，提出了浦东新区政府公共服务方式创新的基本路径，即实施流程再造，实现公共服务的一站式供给；构建电子政府，实现公共服务的电子化供给；引入竞争机制，实现公共服务的市场化供给；建立志愿机制，实现公共服务的社会化供给。

第八章主要关注公共财政体制完善问题。公共财政是以市场经济为基础、与市场经济相适应的一种财政模式。构建和完善公共财政体制是健全社会主义市场经济体制的重要任务，也是浦东新区建立服务型政府的重要物质保障。本章通过阐述地方公共财政的理论内涵，梳理浦东公共财政改革与发展进程，尤其是绩效预算改革的探索与实践，阐析浦东公共财政体制建设的主要成效和问题，提出"十二五"期间完善浦东新区公共财政体制的对策。

第九章主要关注应急管理机制健全问题。应急管理是关系国家经济社会发展全局和人民群众生命财产安全的大事，是全面落实科学发展观、构建社会主义和谐社会的重要举措，也是各级政府坚持"以人为本、执政为民"，努力构建服务型政府，全面履行社会管理和公共服务职能的重要体现。本章通过阐析政府应急管理的内涵与基本框架，尤其是在浦东新区应急管理现状分析的基础上，借鉴国内外应急管理机制建设的经验，按照我国应急管理法律法规的要求，特别是《上海市突发事件应急体系建设"十二五"规划》的要求，针对存在的问题，提出"十二五"期间健全浦东新区政府应急管理机制的对策。

第十章主要关注政府绩效评估机制完善问题。现代政府以向公民和社会提供优质高效的服务为宗旨，而"优质"和"高效"都属于绩效评估的范畴，所以政府绩效评估作为一项有效的管理战略和管理工具，在公共管理理论研究和实践运行中都受到广泛关注。本章通过阐述政府绩效评估的理论内涵及其战略意义，梳理浦东新区政府绩效评估工作的现有框架，分析浦东新区政府绩效评估工作的成效和存在的主要问题，按照浦东新区政府提出的要深入推进综合配套改革试点，加快建立适应经济社会转型要求的公共服务型政府，使浦东成为全国"两高一少"（行政效能最高、行政透明度最高、行政收费最少）地区之一的目标定位。提出"十二五"期间进一步完善浦东新区政府绩效评估机制的对策。

第十一章主要关注行政问责制建设问题。行政问责是以责任追究为中心的行政监督形式，是现代政府强化和明确责任，改善政府管理，建设服务政府、责任政府的本质要求，也是推进依法行政的重要保证。本章通过阐释行政问责制的理论内涵和发展概况，探讨浦东新区行政问责制的实施现状，尤其是在分析这一制度本身及其实施过程中暴露出问题的基础上，立足服务型政府建设，提出进一步健全浦东新区行政问责制的对策。

结论主要关注综合配套改革试点与服务型政府的关系。通过对浦东新区近年来的综合配套改革试点和服务型政府建设的全方位、多角度、多层面的考察，本研究认为，服务型政府建设是一项系统工程，需要与经济社会发展统筹考虑，更需要综合配套改革的有力支撑，在瓶颈突破和体制再造方面予以正面支持。具体来说，两者之间的关系包括：综合配套改革试点增强了服务型政府建设的主动性，强化了政府的紧迫感和责任意识；综合配套改革试点强调服务型政府建设的综合性，对政府管理改革提出了全方位的要求；综合配套改革试点强调服务型政府建设的可持续性，两者互相支持、相互促进。

第一章 核心内容：推进浦东新区政府职能转变

公共性是现代政府的价值取向，这一价值取向直接引出了服务型政府建设的话题。政府的职能转变必须遵循公共性的逻辑，因而它与服务型政府建设紧密相连。本章在论述现代政府职能价值取向的基础上，在服务型政府与政府职能间建立起理论关联，分析推动政府职能转变的多重要素，在此基础上分析浦东综合配套改革试点的动力结构；归纳浦东在综合配套改革中政府职能转变的具体路径；最后，探讨了进一步推动浦东政府职能转变应关注的五个方面问题。

一 政府职能转变的价值取向与服务型政府建设

探讨政府职能的转变，一个前提性的问题就是要弄清楚政府职能的价值定位，即从"应然"的角度上看，到底什么是政府职能，其存在的目的是什么？我们认为，现代的政府，其职能的价值取向应该是公共性，政府的职能是公共性的现实表征。现代政府的职能转变不是要改变、消解一切，它是在遵循公共性的价值前提下而进行的调整和变革，公共性是政府职能转变应坚守的底线。下面就从政府工具性与目的性、国家与社会的关系以及政治发展与公共利益间的关联这三个层面来进行具体的阐析；同时，正是由于政府及其职能的公共导向，其职能的转变才与服务型政府的建立紧密相连，没有公共性的服务型政府是难以想象的。

（一）政府的工具性与目的性

在《现代汉语词典》中，"职能"是指"人、事物、机构应有的作用"①；政府的"职能"则是指政府在社会中应发挥的作用。按照《现代汉语词典》的解释思路，这里只是提出了政府职能的价值定位问题，对什么是政府的职能并没有做出具体的界定。密尔提出的政府的"合目的性"问题可以给我们分析政府职能的价值定位以某种启示。他认为："政府整个说来只是一个手段，手段的适当性必须依赖于它的合目的性。"②既然存在着"手段"，必然需要"目的"来牵引，也就是所谓的"合目的性"，而政府的"目的"就是政府职能的价值定位；同时，既然政府是"手段"，必然会产生它是"谁的""手段"的追问，亦即对政府属性的追问。在王权体制瓦解、政教分离的现代社会里，这个对"谁的"的追问最后不得不归结于最广大的民众，这就是通常所说的"人民主权"。在"人民主权"的观照下，政府存在的价值、政府职能转变的目标指向，都同公共性紧密相连。

（二）国家与社会的关系

由于政府是国家的具体代表，所以，探讨政府的合目的性就可以转化为对国家的合目的性探讨。而国家的合目的性同国家的起源紧密相连。美国政治学家波奇（Gianfranco Poggi）讨论了国家起源的三种学说：一是管理的视角，强调国家形成过程中的自上而下的特征，在越来越大的国土上建立日益有效的政治管理；军事视角，强调战争对国家形成的重要意义；经济视角，将国家视为生产者和剥削者进行阶级斗争的结果。③实

---

① 《现代汉语词典》，商务印书馆 2001 年版，第 1616 页。

② ［英］J.S.密尔：《代议制政府》，商务印书馆 1982 年版，第 17 页。

③ ［美］贾恩弗朗哥·波齐：《国家形成理论》，载［英］凯特·纳什、阿兰·斯科特：《布莱克维尔政治社会学指南》，浙江人民出版社 2007 年版，第 95—106 页。

际上，无论是管理的视角还是军事的视角，后面都有经济因素的推动作用。在国家与社会两分的理论背景下，经济因素被纳入社会这一更广阔的空间里。所以，波奇在论述国家形成时，提到一个更基本的概念，即社会权力，他认为，"要理解什么是'近代国家'，首先要从一个更为广泛的、更为基本的概念——社会权力的讨论开始"，而社会权力"取决于人们拥有某些资源，并且完全按照自己的方式来使用这些资源。"①权力背后的资源支持及其争夺引发了管理上的诉求甚至是催生了战争，经济上的因素是国家形成的决定性因素，从这个意义上说，作为经济主体或其要素的归属地——社会，对国家的形成就具有基础性作用。马克思指出："法的关系正像国家的形式一样，既不能从它们本身来理解，也不能从所谓人类精神的一般发展来理解，相反，它们根源于物质的生活关系，这种物质的生活关系的总和，黑格尔按照18世纪的英国人和法国人的先例，称之为'市民社会'"。②恩格斯在《家庭、私有制和国家的起源》一文中更明确指出了国家形成于一定的社会基础之上："国家是表示：这个社会陷入了不可解决的自我矛盾，分裂为不可调和的对立面而又无力摆脱这些对立面……这种从社会中产生但又自居于社会之上并且日益同社会脱离的力量，就是国家。"③按照马克思主义的观点，国家本身并不是目的，国家的发展最终要消除它"自居于社会之上"、"同社会脱离"的异化趋势，国家在本质上是维护和增进一定利益的手段，它是产生于社会并服务于社会的组织体。从国家与社会的这种关系上看，政府，作为服务社会的具体实施者，其职能定位和行为选择必然要以公共性为其价值导向，否则，就会导致国家的异化。

---

① ［美］贾恩弗朗哥·波齐:《国家: 本质、发展与前景》，上海人民出版社 2007 年版，第 3—4 页。
② 《马克思恩格斯选集》第 2 卷，人民出版社 1972 年版，第 82 页。
③ 《马克思恩格斯选集》第 4 卷，人民出版社 1972 年版，第 166 页。

（三）政治发展与公共利益的关联

从总的趋势上来讲，人类社会发展的历史就是作为社会主体的人不断获得主体性地位的过程。对任何社会个体而言，国家作为一个外在的客观实在都会对个体产生极大的影响；政治越发展，越是要将这种外在的影响转化为人们内在的认同。因而，人主体性地位实现的要件是要将国家权力的合法性建立在民众认同的基础上。从这个意义上说，政治发展的目标之一是要将国家所维护和增进的物质利益从单纯的个体，如封建君主，转向社会中的每一个体或曰社会大众，这就是国家行为的公共利益导向，或者是国家的社会管理职能。在现代社会，作为国家的具体代表，政府唯有将其合法性建立在公共利益的基础上，才能获得较高的执行力和持久的影响力。恩格斯认为："政治统治到处都是以执行某种社会职能为基础，而且政治统治只有在它执行了它的这种社会职能时才能持续下去。"① 社会职能是所有国家都不得不执行的职能。法国启蒙思想家卢梭就政府与公共利益的关联作了很好的阐述。他在定义政府时指出："政府就是在臣民与主权者之间所建立的一个中间体，以便两者得以互相适应，它负责执行法律并维持社会的以及政治的自由。"② 在卢梭那里，政府"只不过是主权者的执行人"，它"按照公意的指示而活动"。③ 他所指的"主权者"是"全体个人的结合所形成的公共人格"④，"公意"是"着眼于公众的利益"。⑤ 所以，无论是"主权者"还是"公意"都同公共利益紧密相连，政府只有增进和维护公共利益，才能获得存在的价值和依据。经济学家樊纲也认为："所谓'政府'，一种公共机构，其'本分'的职能，说到底简单的一句话就是

---

① 《马克思恩格斯选集》第 3 卷，人民出版社 1972 年版，第 219 页。
② ［法］卢梭：《社会契约论》，商务印书馆 1980 年版，第 76 页。
③ ［法］卢梭：《社会契约论》，商务印书馆 1980 年版，第 76 页。
④ ［法］卢梭：《社会契约论》，商务印书馆 1980 年版，第 25 页。
⑤ ［法］卢梭：《社会契约论》，商务印书馆 1980 年版，第 39 页。

'组织和执行公共物品的供给'。"① 现代政治发展体现在政府层面，除了其权力运作的理性化要求以外，还要求政府职能的转变及其定位，必须着眼于公共利益、以合法的程序来定义与形成公共利益，并且以有效的手段来保证公共利益的实现。

总之，以上是从三个不同层面来论述政府的公共性，但有两个共同特点：一是将政府置于现代的社会空间中，正是在现代社会中，人民主权意识才得以高扬，社会相对于国家才具有基础性意义，政治发展才能指向公共利益；二是以利益，进一步说是以公共利益作为这三种理论关系展开的核心，无论是人民主权的确立，社会作为国家的归宿的实现过程，还是政治发展中政府合法性的来源，公共利益的确立与实现都是其中最为核心的内容。所以，政府的公共性不仅提出了服务型政府建立的必要性，也间接指出了服务型政府构建中应关注的重要议题：

首先，公共政策的变迁。尽管政府处在一个变化的环境中，政府的行动方式或策略也可能在不断演进，但是政府应服务于民众的本质要求并没有改变。由于不同环境中民众的需求是变化的，因而，这就提出了政府服务方式、手段，包括公共政策的变迁性的议题，如，计划经济年代下的全能政府的公共政策不同于社会主义市场经济年代下的有限政府的公共政策；不同地域空间中的政府行为方式、行动策略并不是整齐划一的，而是各有侧重。

其次，公共利益的形成与实现机制。政府的公共性、服务性，是现代社会的应然性要求。这种"应然性"要在现实中显示出力量、形成影响力，这就需要"公共性"或"公共利益"的形成与实现机制与之配套。就公共利益的形成来说，政府应与利益相关方来共同界定公共利益；就公共利益的实现来说，政府应注重不同政策工具、手段或方式的选取。

---

① 樊纲：《论市场中的政府》，载中国（海南）改革发展研究院《市场经济条件下政府作用——市场经济条件下政府作用国际研讨会文集》，民主与建设出版社 1997 年版，第211 页。

最后，推动力的多元。在现代社会，服务型政府的建立并不是靠政府一家单打独斗，它离不开多元的推动力。由于政府一经建立，它就是一种既定的存在，因而，政府或者政府精英本身就是推动政府变革、建设服务型政府的重要力量；更重要的，就是行政力量也是多元的；同时，政府处在一定的社会空间中，其他主体对政府也有公共性的期待或压力，这些期待或压力构成了服务型政府建立的外源动力。随着社会的演进，利益的多元会显得更加明显，因而推动服务型政府建立的主体也愈益多元。

二　政府职能转变的动力与浦东的案例分析

在建设服务型政府过程中，有多种要素推动着政府职能的转变，它们构成了政府职能转变的动力结构。本部分在找出影响政府职能转变多种要素的基础上，结合浦东综合配套改革试点的实际，具体探讨政府职能转变过程中的动力结构。

（一）政府职能转变的动因

从政府所处的环境来分析，政府职能并不是恒定不变的。组织社会学认为："环境是诸种彼此相异的结构系统抑或亚结构系统的集合体，它因此呈现出数种具体的问题，而对于这些具体的问题，每一个组织的行动者都不得不加以解决。"①政府作为组织中的一种，其行动者也必须对来自环境的变化、需求做出有效的回应，环境中的变化与问题是政府职能调整的基本依据，对某一层级的政府或是政府机构来说更是如此。从行政生态学的角度来看，对政府的行为及其职能产生最重要影响的是政治圈、经济圈、社会圈和文化圈。在转型的中国社会，这四个"圈"所发生的变化构成了政府职能调

---

① ［法］米歇尔·克罗齐耶、埃哈尔·费埃德伯格：《行动者与系统——集体行动的政治学》，上海人民出版社 2007 年版，第 152 页。

整与变化的依据。

1. 从政治圈来看，政治系统战略的调整与变化直接影响到政府职能的转变。政府执行着政治系统的相关决策，本身就归属于政治圈。在中国的政治系统中，有很多政治主体都能对政府施加影响力，但尤以执政党和人大为重。中国共产党作为领导党、执政党，人大作为政府权力的直接委托者，它们的影响力渗透到整个行政系统，执政党系统和人大系统的变化直接会传导到行政系统，它们是转型期政府职能调整和变化的现实政治推动力。具体来说，党战略重心的转移、执政方式与领导方式的转变，是引发"全能政府"转型的最重要的政治上的原因，也为"有限政府"、"服务型政府"的建立提供了重要的政治保障；同时，改革开放以来，人大法定权的提高、监督功能的逐步加强以及与之相伴随的制度体系的出台，如关于人大及其专门委员会建设、《选举法》的多次修订与完善以及《监督法》的制定与实施，等等，这些变化及其相应的制度规定在改变人大"橡皮图章"的形象、"做实"人大的同时，也为政府职能的转变提供了制度支持和监督的法律手段。

2. 从经济圈来看，经济领域的变化是政府职能调整和变化的决定性力量。恩格斯认为："迄今为止在历史著作中根本不起作用或者只起极小作用的经济事实，至少在现代世界中是一个决定性的历史力量；这些经济事实形成了现代阶级对立所由产生的基础；这些阶级对立，在它们因大工业而得到充分发展的国家里……又是政党形成的基础，党派斗争的基础，因而也是全部政治历史的基础。"① 恩格斯在这里揭示出了政治发展后面的经济动因，正是经济领域的变动才引发了政治、社会和文化等层面深层次的变革与调整。经济领域的这种决定性影响来源于人们为了生存而对物质的渴求，"人们首先必须吃、喝、住、穿，然后才能从事政治、科学、艺术、宗教，等等；所以，直接的物质的生活资料的生产，因而一个民族或一个时代的一定的经济

_____

① 《马克思恩格斯选集》第 4 卷，人民出版社 1972 年版，第 192 页。

发展阶段，便构成为基础，人们的国家制度、法的观点、艺术以至宗教观念，就是从这个基础上发展起来的，因而，也必须由这个基础来解释，而不是像过去那样做得相反。"①一定的政府组织结构与功能与一定的经济发展阶段相适应，受制于一定的经济体制。新中国成立初期经济、社会重建的任务要求当时的政府提出一定的经济发展战略。林毅夫等人的研究认为，政府经济发展战略的选择直接影响到经济体制的形成，政府"一经选定了重工业优先发展战略，就会形成相应的扭曲价格的宏观政策环境，以及以计划为基本手段的资源配置制度和没有自主权的微观经营制度。"②在革命惯性的影响下，正是在这种发展战略及由之而来的计划经济体制催生了当时的"全能政府"，政府是"无所不包、无所不管"，政府的职能是全方位的。所以，计划经济体制的形成尽管是政府主导的产物，但后面根本的原因是革命后经济重建的迫切要求。在转型期，改革开放以来出台的一系列政策举措使市场在资源配置中逐步占据主导地位，市场力量的激活、市场机制的发挥需要政府职能的准确定位，它不仅要求政府提供市场经济运转的制度规则，更重要的是政府要规范和约束自己的行为，从"全能政府"逐渐走向"有限政府"，政府的职能是有限的。从根本上说，催生"有限政府"并支撑其运转的，还是强大的经济要素。之所以说"经济圈"的变动是政府职能调整与变化的决定性力量，是因为经济方面的要素可以直接渗透到其他"圈"中，进而引发这些领域的变化与调整。

3. 从社会圈来看，社会领域的变化是政府职能转变的现实依据。从上面关于政府公共性属性的论述中可以看出，社会是政府合法性基础和力量源泉。它作为回应和满足社会民众需求的工具，必须关注社会的需求与变化，并通过一定公共政策的制定与实施来有效回应这些需求与变化。政府具体的

① 《马克思恩格斯选集》第 3 卷，人民出版社 1972 年版，第 574 页。
② 林毅夫、蔡昉、李周：《中国的奇迹：发展战略与经济改革》，上海人民出版社 1999 年版，第 54 页。

公共政策是其职能的反映。因而，社会的变化会引发政府职能的调整，而政府职能的调整是通过其公共政策反映出来。密尔认为："政府的固有职能不是一成不变的东西，在不同的社会状态而有所不同，在落后的社会状态比在先进的社会状态要广泛得多。"①在计划经济年代，面对着现代化资源匮乏的现实和革命后一盘散沙的社会现状，政府必须将社会重组起来，通过这种重组来汲取资源和维持基本的社会秩序。这样，城市社会的"单位"体制和农村社会的"人民公社"体制就应运而生。政府在重组社会的过程中自觉或不自觉地将行政权力渗入其中，整个社会被行政所吸纳。由于没有相对独立、自主的社会，本该由市场组织、社会组织承担的功能不得不由政府来担当，政府就会变得无所不包、无所不管，"全能政府"就这样被生产出来。改革开放以来，随着市场力量的逐步释放和个体个性的张扬，社会流动资源的增多和个体自由活动空间的扩大，社会组织逐步发育、成长起来；同时，在社会中，随着市场机制的逐渐建立与完善，市场主体也日益脱离了政治与行政色彩成为独立运作的经济主体。这样，在计划经济年代被全能政府所主宰的社会被分为社会组织和市场组织，其逐渐发育、成长及其有效运转标志着社会领域发生了重大变化。这些重大变化要求政府从"全能政府"的阴影中走出，政府职能的调整与变化一方面要有利于增强政府的行政能力，另一方面也要有利于市场主体、社会主体的有效运转。之所以说，社会领域的变动是政府职能调整的"现实依据"，是因为如果政府不从"全能政府"的行为模式中走出，市场主体和社会组织的发育与成长就会受到"现实"制约。

4. 从文化圈来看，行政文化的变迁是政府职能转变的内在动因。"社会文化氛围包围着行政系统，构成行政系统的文化圈……文化圈的作用不仅为一个客观的过程，而且也是环境对行政系统的一种积极要求，即要求行政系统的活动和行为符合文化圈的规范和动态结构。"②从计划经济体制迈向社会

---

① ［英］J.S. 密尔：《代议制政府》，商务印书馆 1982 年版，第 17 页。
② 王沪宁：《行政生态分析》，复旦大学出版社 1989 年版，第 100 页。

主义市场经济体制，不仅意味着经济结构的调整和变迁，而且意味着社会价值观念的嬗变。对行政系统来说，一定的文化弥漫在其周围，对行政行为及其绩效具有引导和支撑作用。价值观念的嬗变集中体现在行政文化的变迁上。计划经济年代的"政治挂帅"、封闭型、集权式、人治型和依附性的行政文化逐渐要转化为注重经济绩效、开放型、分权式、法治型和自主性的行政文化①。改革开放的过程，正是这些价值理念逐步形成与散布的过程。具体来说，注重经济绩效，有助于将整个社会的创造力从"以阶级斗争为纲"、"斗私批修"等政治运动中解脱出来，在这种文化的引领下，整个社会的经济绩效才能得到提升，人们自由的实现也有着物质上的支撑；同时，开放型、分权式和自主性等文化的逐步形成，使人们从以前的封闭、被压抑的状态中走出，主体意识与创新观念被激活，为物质财富的涌流提供了内在的动力；最后，法律、契约观念的形成，它是市场经济体制正常运转的必不可少的条件，因为"在建构社会主义市场经济体制的过程中，政府在培育市场体系、完善制度体系等方面起到了主导作用，但政府与市场之间需要保持一定的距离，政府不得随意干预市场主体的微观运作，这种距离的划分就是通过法律的规范来实现的。"②行政文化中这些理念的形成是一个渐进的过程，它们构成了行政发展、政府职能转变的内在动力。

综上所述，政府存在与运转于不断变化的环境中，对一个现代性的政府而言，其公共性的价值导向要求它调整政府职能，以有效的公共政策来回应社会的需求。也就是说，现代政治发展已将政府的公共性职能定位为政府的本质属性，公共性也就成为政府自身努力的方向和外在监控主体的目标追求之一。在政府公共性的目标导向下，其职能并不是一个抽象的词汇，它是政

---

① 与以"政治挂帅"相对应的是"以经济建设为中心"，从文化层面上讲，实际上标志着从以前的单纯地注重意识形态转向注重提高治理绩效，党和政府治理绩效的提高有助于拓展和增强其合法性。参见罕岳《行政文化与中国现代化》，《政治学研究》1998 年第 2 期。

② 罗峰：《嵌入、整合与政党权威的重塑——对中国执政党、国家与社会关系的考察》，上海人民出版社 2009 年版，第 256 页。

府在追求和增进公共利益过程中所表现出的功能，对它的考量与界定必须放在具体的环境中。在转型期的中国，同计划经济年代相比，政府所处的政治圈、经济圈、社会圈和文化圈发生了很大的变化，这些变化是政府职能调整与定位的主要依据。

（二）浦东综合配套改革中的政府职能转变：动力结构分析

从上面的分析可以看出，政府职能的定位乃至转变受制于一定的生态环境，现实环境的压力、需求和支持等直接输入到政府系统，它们要求政府做出相应的回应。这里所说的环境既包括国际的，又包括国内的，它们推动着政府职能转变，形成了政府职能转变的动力结构。对浦东来说，政治支持、市场质量、社会组织的成长和国际规则等内外因素共同构成了政府职能转变的动力结构，这种动力结构推动着浦东政府职能的转变及其服务型政府的建立，也保证了浦东综合配套改革试点的顺畅进行。

1. 政治支持。浦东新区在行政层级上属于直辖市上海的辖区政府，无论是改革开放的启动，还是综合配套改革试点的进行，都属于国家战略。国家战略的定位为浦东各项改革的进行提供了政治保障。这里的政治支持主要是来自国家领导人的支持、部市相关部门的支持，还有党和国家的正式文件的支持。

在浦东开发开放之初，邓小平就指出：“上海是我们的王牌，把上海搞起来是一条捷径。”在他的推动下，使得浦东开发这一发展构想，上升成为党中央做出的国家重大战略决策。浦东的开发开放是“在我国改革开放的关键历史时期，由邓小平同志亲自倡导、以江泽民同志为核心的党的第三代中央领导集体高瞻远瞩、审时度势做出的这一重大决策，具有极为重要的战略意义。”[1] 胡锦涛同志更是给予浦东发展始终如一的关怀，到 2010 年，他已七次到浦东考察指导工作。中央高层对浦东的支持主要反应在党的正式文件

---

[1] 慎海雄、季明：《在改革开放的伟大旗帜下前进——党中央关怀浦东开发开放纪实》，《人民日报》2010 年 4 月 15 日。

中，从党的十四大到十七大，都有对浦东开发、开放的动员和部署①；不仅如此，还有中央各部委的大力支持，在浦东综合配套改革过程中，国家发改委与上海市政府几次联合召开试点工作会议，对浦东综合配套改革试点进行全面部署，科技部、监察部、民政部、人力资源与社会保障部、商务部、人民银行、海关总署、税务总局、工商总局、质检总局、知识产权局、银监会、证监会、保监会、外汇局 15 个部门积极响应和支持浦东的综合配套改革，开展了近 30 项专项改革试点。在上海市委的统一部署下，市人大、市政府和市政协加大了对浦东综合配套改革的支持力度：市人大专门做出了《关于促进和保障浦东新区综合配套改革试点工作的决定》，为其改革提供法制保障；按照"东事东办"的原则，凡是属于本市权限范围、浦东自己可以定的事情，原则上都下放给浦东，市政府先后两次放权，在规划管理、土地管理、人口管理、投资项目管理、社会事业管理、价格管理等方面，先后下放 28 项事权，赋予浦东更大的发展权；市政协每年安排视察，对浦东综合配套改革试点中的重大问题进行研究。上海市有关部门也与浦东建立了信息互通机制，先后将 30 多项试点工作放在浦东。总之，在中国的政治体系中，浦东新区所处的行政层级决定了其改革的政治支持来自上下左右各方，在综合配套改革中形成的"全市动员、各方参与、部市合作、市区联动"的推进机制保证了改革的顺利进行。这些来自方方面面的支持也推动着政府职能的转变。

2. 市场质量。市场质量是影响政府职能转变效果的基础性要素。政府

---

① 党的十四大提出"以上海浦东开发开放为龙头，进一步开放长江沿岸城市，尽快把上海建成国际经济、金融、贸易中心之一，带动长江三角洲和整个长江流域地区经济的新飞跃。"党的十五大提出"进一步办好经济特区、上海浦东新区。鼓励这些地区在体制创新、产业升级、扩大开放等方面继续走在前面，发挥对全国的示范、辐射、带动作用。"党的十六大提出"鼓励经济特区和上海浦东新区在制度创新和扩大开放等方面走在前列。"党的十七大提出："更好发挥经济特区、上海浦东新区、天津滨海新区在改革开放和自主创新中的重要作用。"

职能的转变是培育市场体系、提升市场质量的重要途径。目前，各种要素市场，如证券交易所、期货交易所和产权交易所等在浦东聚集，产业结构也渐趋优化，三次产业的比重由 1990 年的 3.7∶76.2∶20.1 调整为 2009 年的 0.8∶42.6∶56.6。各种企业，特别是外资企业竞相涌入，截至 2009 年底，累计有 1.7 万多家外资企业落户浦东，利用合同外资 511 亿美元，260 多家世界 500 强企业在浦东投资项目，经认定的跨国公司地区总部达到 135 家。[①] 这些要素市场、各种产业和国内外的各种市场主体在浦东的聚集本身就是政府职能转变的结果。经济增长方式只有从政府主导型转向市场主导型，各种市场要素、相关产业和市场主体才能有发挥作用的空间，也才谈得上提升市场质量这一命题。在转型的中国社会，经济增长方式的转变是政府主导的结果，需要政府职能的转变与之相配套。一方面，正是政府职能从以前的管制型走向服务型，才能吸引各种市场要素在浦东的集聚，也才能释放市场主体的运作空间；另一方面，这些市场要素和市场主体在浦东的聚集，也对政府的服务水平提出了更高的要求。要素市场和市场主体在一定空间的聚集及其有效运转，是市场质量提高的重要量度。所以，无论是对全球资本的吸纳、要素市场的培育，还是市场体系的有效运转，都离不开政府服务意识的增强和服务措施的到位，都吁求着政府职能的转变，而政府职能的转变及其服务能力的增强则推动着市场体系的建立和有效运转，进而有助于市场质量的提升。如，各类企业、产业大量、快速地向浦东汇集，它们对高端人才有很大的需求。如果浦东新区政府不在人才的引进、激励等方面进行制度创新，有针对性提供的服务，那么，高端人才的短缺会制约市场主体的发展、壮大。所以，在综合配套改革试点中，新区政府千方百计解决重点企业、产业对高层次人才的需求，在人才准入、安居和激励等方面，政府采取了一系列服务措施：建立了以企业需求为导向的准入机制，健全公开透明的办理机制，率

---

① 徐麟：《坚持浦东开发不动摇　勇当改革开放排头兵》，《求是》2010 年第 8 期。

先试点居住证与户籍对接机制，完善服务保障的绿色通道机制；在人才安居方面，实施"金梧桐工程"，3年内新建约4万套人才公寓；在人才激励方面，对金融和自主创新等重点产业急需人才，制定和实施地方财力分类补贴综合性激励政策。政府在人才方面的这种服务举措，加速了市场要素在浦东的有效配置，从而有助于市场质量的提高。

3. 社会组织的成长。在"浦东开发开放从一开始就'不是单纯的经济项目的开发和土地开发，而是功能的开发、社会的开发，是社会的全面进步'。正是这一点，使得浦东成为中国特色社会主义建设的经典案例，也是浦东得以持续快速发展的基本动力和社会基础所在。"[①]实际上，社会的成长不仅来自社会领域中的个体或组织主体自身发展的冲动，也来自经济领域、政治领域的推动。对经济领域来说，"社会系统不能简单地被看做是一个消耗资源的领域。社会系统也是有效益的，不仅有社会效益，而且有经济效益，尤其是宏观经济效益。此外，它还对经济发展中产生的负效应，具有消化和缓冲功能。"[②]对政治领域来说，全能政府的转变给政府提出了一个现实的亟须解决的问题：即由谁来承接原来由政府承担的职责，否则，主体的缺位会导致管理上的真空。在现代社会，由社会组织来承接政府转移过来的一部分职能是大势所趋。正是在这种理论背景下，浦东的社会组织得到了快速的发展。2008年底在浦东新区登记注册的社会组织共742家，包括社会团体203家，是1993年（33家）的6倍；民办非企业单位539家，是2001年（147家）的3.6倍[③]，到2010年初，浦东的社会组织更是达到了1291家。[④]

社会组织的成长与发展也对政府提出了新的要求：一方面，政府要承担起培育社会组织的任务；另一方面，政府又要承担起规范和引导社会组织发

① 马伊里：《经济社会协调发展的经典案例》，《解放日报》2010年4月17日。

② 马伊里：《从浦东实践看如何推进社会建设》，《解放日报》2007年7月13日。

③ 陶希东：《浦东之路：社会建设经验与展望》，上海人民出版社2010年版，第161页。

④ 徐麟：《坚持浦东开发不动摇 勇当改革开放排头兵》，《求是》2010年第8期。

展的任务。这些任务的完成同政府职能转变的命题紧密相连。在浦东综合配套改革试点中，设立"浦东新区社会组织孵化中心"，进驻对象为国家级、市级和浦东新区有影响的行业协会等公益类社会组织，孵化和培育提供支持性服务的公益性组织，并进行房租、运营费补贴。2007 年，已在中心内建立了中国首个"公益孵化器"，采取"政府支持、民间力量兴办、专业团队管理、政府和公众监督、民间公益组织受益"的模式，为初创阶段的公益组织提供场地设备、能力建设、注册协助和小额补贴等服务；随着工作的推进，该中心逐步探索了四个主要业务方向：即建立公益组织孵化器和公益创投基金，扶植中小 NPO 和社会企业的发展；推动企业承担社会责任，引导企业资源流入第三部门；承接政策研究和社区服务项目，争取政策环境的改善；以在职培训和机构实习方式培育公益经理人和社会企业家。① 不仅如此，浦东新区政府还为社会组织发展提供了制度支持。在 2007 年就连发了三个这方面的文件，即《关于着力转变政府职能　建立新型政社合作关系的指导意见》、《关于促进浦东新区民间组织发展的若干意见》和《浦东新区关于政府购买公共服务的实施意见（试行）》。

　　4. 国际规则。浦东的综合配套改革，并没有优惠政策或者特定的资金支持，不涉及任何财政上的补贴和让渡，只有国家赋予的在改革开放中先行先试的权力。由于没有现成的经验和模式可借鉴，浦东在发展过程中既要考虑国家大的法律框架的要求，也要考虑各种市场要素在浦东云集的现实。浦东吸纳、盘活市场要素的过程，也是政府职能转变、服务型政府构建的过程。因为"市场是建立在机构（制度）的基础之上的。这些机构（制度）提供的公共物品就像我们呼吸的空气那样普通，它们在日常经济活动中起最基本的作用，甚至不为世人所关注。但只有当这些物品不存在时，我们才注意到它们对于发展所具有的重要性，目前很多发展中国家就是这样。如果没有由各

---

① 　谢群慧：《浦东：力促社会组织发展》，《浦东开发》2008 年第 11 期。转引自陶希东：《浦东之路：社会建设经验与展望》，上海人民出版社 2010 年版，第 167 页。

种机构（制度）支持的社会秩序基础，市场就不能运转。"①而这些制度的供给是政府的责任，在行政主导的国家，政府在这方面的责任尤重。对浦东来说，要保证市场体系的有序运转，其政府在制度供给方面要解决的重要问题之一就是要遵循市场经济机制发挥作用的一般逻辑，对接国际规则和国际惯例，也即"在国家法律法规大框架内，浦东的支持政策能宽则宽、准入门槛能低则低、开放标准能向国际规范靠的要尽量靠、通行规则能与国际惯例衔接的要尽量衔接。"②对接国际规则与惯例，这不仅是国家的战略要求，也是浦东国际化、外向型经济的现实要求。据统计，"20 年来，世界 500 强企业中有 260 多家在浦东投资了 800 多个项目。浦东，已成为全中国对外资'吸附力'最强的城区之一。2009 年，浦东的外资企业创造了 4000 亿元工业产值，占新区工业总产值的 56.8%。"③如此大规模的国际资本活跃在浦东，如此众多的跨国企业落地在浦东，很难想象，如果我们的游戏规则还是承接计划经济年代的有关制度，这些国际资本和国际市场主体该怎样运作。

　　在浦东综合配套改革试点中，国际的规则和惯例对政府的服务职能提出了很高的要求，要求政府提供更多的与国际规则、惯例接轨的制度安排。因此，在《2008 年—2010 年浦东综合配套改革试点三年行动计划框架》中明确提出要"创造有利于金融业为重点的现代服务业的制度环境，争取国家将浦东新区明确为金融改革开放试验区，争取中国人民银行、证监会、银监会、保监会在浦东新区开展金融改革和创新的先行先试。深化口岸管理体制改革，进一步加大对外开放力度，加快建立与国际通行做法相衔接的经济运行规则体系。"有些试点已经进行，产生了较好的反响，如海关总署出台海

---

① 世界银行：《1997 年世界发展报告——变革世界中的政府》，中国财政经济出版社 1997 年版，第 41 页。这里的"institution"应翻译为"制度"而不是"机构"。

② 季明：《轻舟正过万重山——记浦东综合配套改革三年间》，http://www.gov.cn/jrzg/2008—06/21/content_1023521.htm，2008 年 6 月 21 日。

③ 郑红等：《开放格局下的自主创新——迎接浦东开发开放 20 周年系列报道之二》，《解放日报》2010 年 4 月 14 日。

关新十条，在浦东率先试点进口无纸化通关、特殊监管区功能整合、强化口岸中转功能。"'2010年上海综合保税区企业大会'不久前在浦东外高桥召开，海关、检验检疫、外汇等部门在会上联手推出了27项支持政策，通过创新监管模式，进一步促进贸易投资便利化等，企业表示'真是喜出望外'。"①

当然，以上四个方面并不是泾渭分明的，它们之间是相互影响的。正是这些要素及其相互组合共同构成了浦东政府职能转变中的动力结构。正是这些要素，推动着浦东政府职能的进一步转变，使之符合中央的战略定位、经济与社会发展的逻辑以及浦东新区的实际。

三　浦东新区政府职能的转变：探索中的路径

中央对浦东综合配套改革试点提出了"三个着力"的要求，即着力转变政府职能，着力转变经济运行方式，着力改变城乡二元经济与社会结构，因而，推动政府职能转变，建设服务型政府是综合配套改革中的核心命题。浦东在综合配套改革试点过程中，针对市场主体、社会主体对服务型政府的需求，围绕着市场质量的提高和社会组织的发育、成长，在政府职能的定位、大部制的机构设置、行政审批制度改革、"管"、"办"、"评"联动的政府服务机制创新等方面进行了探索，这些举措推动了政府职能的进一步转变，形成了政府职能转变的浦东路径。

（一）政府职能的定位体现公共性与服务性的价值内涵

政府职能公共性的价值导向决定了政府在职能定位过程中要注意其公共性和服务性的价值内涵。中央关于政府的四大职能，即经济调节、市场监管、社会管理和公共服务的定位就体现了这里所说的公共性与服务性。从理

---

① 孙小静：《新浦东　新跨越——写在上海浦东开发开放20周年之际》，《人民日报》2010年4月18日。

论上说，这"四大职能"只是一个原则性的、非常宏大的一个规定，对不同层级的政府及其职能部门而言，其履职的侧重点、进而其服务方式都可能是各异的。由于政府职能具有层级性、部门性甚至是地域性，同其他地方的政府职能部门和政府机构相比，浦东新区及以下街镇的职能具有一定的特殊性，这种特殊性主要体现在其职能的具体界定及其履职的方式和方法上。所以，浦东在政府职能的定位上，在以公共性、服务性为其价值导向的前提下，要进一步梳理各层级政府和各职能部门的职能，把"四大职能"同浦东的实际对接，使各级政府及其职能部门在行政过程中更具有操作性和针对性。在操作上，这种公共性、服务性的价值取向主要体现在政府管理体制的调整上，通过体制调整来厘清相应层级 ① 政府的职能。

在功能区 ② 存在的时候，浦东借助浦东综合配套改革试点和大部制改革的要求，进一步理顺新区、功能区、街镇之间的事权分工。在 2007 年出台了《关于进一步转变政府职能　充分发挥街道办事处社会管理综合协调作用的若干意见》，"全面实施社会管理重心下移，加快街道办事处的职能转变，进一步推进政事、政社、政企分开，街道办事处不再直接从事招商引资活动，街道办事处工作经费由功能区域管委会按有关规定予以保障，切实将街道办事处的工作重心转移到社会管理和公共服务上。" ③ 具体地将街道办事处的职能分为 4 个方面，即强化综合管理、监督专业管理、组织公共服务和指导自治组织。与此同时，推进街道财政保障机制改革，即通过加快社区公共财政体系建设，实施街道部门预算管理模式，街道经费由功能区域管委会

---

① 这里的政府层级主要是指区级以下的各级政府，在"功能区"存在的时候，浦东的行政层级主要包括新区政府—功能区—街道（镇）；在"功能区"撤销后，在浦东新区设有 8 个开发区管委会，街（镇）则保持不变，但"开发区"与街（镇）不存在行政隶属关系。

② "功能区"是浦东新区政府和街道（镇）两级政府之间的"中间层"，浦东共设陆家嘴、张江、外高桥、金桥、川沙、三林六大功能区，下面共有 23 个街镇，形成了"6 + 23"的管理格局。

③ 《上海市浦东新区人民政府公报》2007 年第 2 期。

按照有关规定和以事定财原则统筹保障。区财政部门根据区域面积、人口规模、管理项目和社会负担等情况，会同功能区域管委会制定街道基本公共支出保障标准，确保街道办事处履行公共服务、社会管理和社会稳定等职能所需的各类经费，促进街道基本公共服务的均等化和社区均衡发展。在原南汇区并入浦东新区后，上海浦东新区管理体制开始了一轮重大调整，在取消原有的六大功能区的同时，开始建立几大开发区管委会①，以实现扁平化的管理体制。这种扁平化管理也要求界定各层级政府的职能。开发区的这种布局不仅是生产力的布局，也是一种体制设计。在新的体制下，按照浦东新区区长姜樑的说法：市、区两级赋予各开发区管委会相应的权力和资源，力求做到"区内事区内办"，让开发区心无旁骛搞开发。同时，浦东新区对 38 个街镇，财力下沉、权力下放、重心下移。开发区和街镇互不隶属，直接接受新区政府管辖领导，整个体制是扁平的，有利于提高效率。形成"上面捏紧拳头、下面放开手脚"的格局，既有利于区级层面集中力量抓好"7+1"，也有利于 24 个镇、13 个街道的放开搞活。② 在具体的职能定位上，开发区、街和镇的职能都得到了明确定位，即"开发区、街道、镇，也将加强分类管理，其中开发区要突出功能开发，镇要抓好经济发展、社会管理和公共服务，街道侧重社会管理和公共服务。"③

（二）大部制的机构设置提供政府职能转变的组织依托

组织学家巴基（E.Wright Bakke）认为组织是："一个连续的系统，有明

---

① 在 2010 年 4 月 14 日的上海市政府新闻发布会上，浦东新区区长姜樑提出浦东发展的"7+1"生产力布局，这"7+1"指的是：上海综合保税区板块、上海临港产业区板块、陆家嘴金融贸易区板块、张江高科技园区板块、金桥出口加工区板块、临港主城区板块、国际旅游度假区板块以及后世博板块。

② 孙小静：《浦东探索行政管理体制：上面轻型化、下面扁平化》，人民网，http://politics.people.com.cn/GB/14562/11369617.html，2010 年 4 月 14 日。

③ 胥会云：《上海浦东启动扁平化改革 事权梳理刚起步》，《第一财经日报》2010 年 3 月 11 日。

确的人类行为的分工和合作，利用、转换和结合一系列具体的人类物质、资本、思想和自然资源，使之成为一个独特的、能解决问题的整体，以便满足在特定环境下与其他人类行为和资源系统相互作用中产生的特殊的人类需求。"①政府作为组织中的一种，为了满足一定环境下其他主体对其的期望和要求（这些期望和要求体现为政府的职能），必然要采取一定的行动，将"物质、资本、思想和自然资源"进行"利用、转换和结合"，这种"利用、转换和结合"需要有一定的组织载体，因而，在政府内部建立一定的组织机构，这既是政府克服内外部不确定性的需要，也是其履行职能的需要。对浦东新区政府来说，在明确了区政府以下各级政府及其相关部门的职能后，紧接的一个问题就是怎样履行这些职能，政府机构就是履行这些职能的载体，因而，职能的变化必然带来政府机构的调整与变动。

相对于计划经济年代的"全能政府"，社会主义市场经济年代的政府是一种"有限政府"。在"有限政府"的理念下，政府职能的定位要为其他主体的发展，如为市场主体和社会组织的发展留下空间，因而，相对于计划经济年代下的政府，现有的政府机构必然是精简和精干的，是一种"小政府"。对浦东来说，由于地处改革开放的前沿，加上综合配套改革试点的推动，其市场的成熟度与社会组织的发育度较其他地方，处在一种更高的水平，所以，在浦东，其"小政府"的推进就更有现实的基础。浦东的机构调整与变动从一开始就贯穿着"小政府、大社会"的理念，将"大部制"的改革思路贯穿始终。在浦东新区党工委、管委会阶段，在党政机构设置上，不是简单的与市委、市政府各委办局一一对应，仅设 10 个职能局（室、部、委），10 个部门全部编制为 800 名，其中党群组织 100 名，行政机构 700 名（不含公、检、法等）。与浦西各区相比，机构减少 2/3，人员减少 1/3。这一时期，党政机构按照职能模块综合设置，不强求机构设置上下对应，已体现出

———————————

① 转引自［美］尼古拉斯·亨利：《公共行政与公共事务》，华夏出版社 2002 年版，第 47 页。

大部制的雏形，如成立浦东新区社会发展局，统一承担新区范围内的教育、卫生、体育、计划生育等职能；城市建设局对应于浦西的建委、建设局、城市规划管理局、人防办，包括市政建设中的路、桥、建筑、建材、公用事业、园林、绿化、环保等，对应浦西 15 个部门。① 综合配套改革试点启动和党的十七大以后，浦东在大部门体制上更迈进了一步，到 2008 年，浦东新区政府机构数量不到浦西各区的 1/2，人口与行政编制配置比例基本为全市平均水平的 1/2，全市平均每万人配备 13 名行政编制，浦东新区为 7 名行政编制，为全市各区县最低。2009 年的《上海市浦东新区机构改革方案》中，浦东新区"区政府工作机构是 19 个，相对于本市区县的政府机构设置（郊区 28 个、中心城区 26 个）是少的；每万人行政编制数 4.8 人，是全市的一半还不到"。② 这种"小政府"，浦东现在的说法是"轻型化"。

浦东在开发升放，包括在综合配套改革过程中的"小政府"建设，是政府职能转变的重要组织依托；其政府机构的调整与变化始终贯穿着"大部制"的理念，尽管浦东的"扩容"③ 带来了各机构间的重新整合，各机构互补、协调为一个有机的整体还有待时日，但"大部制"的内涵已体现在职能调整和机构设置的过程之中。

（三）行政审批的提速推动政府职能的转变

政府的职能定位为行政行为提供了行动范围与边界，机构的调整则为行政行为的展开提供了组织载体，这两个方面都是理性政府行为得以展开的前提。在现代社会，尽管政府行为有着一定程度的自主性，但其公共性的价值定位决定了政府行为处在一种"拾遗补缺"的地位，即在市场组

---

① 毛力熊：《浦东新区政府体制创新和服务型政府建设的探索》，载陆沪根：《综合配套改革研究论文集》，华东师范大学出版社 2008 年版，第 48 页。

② 臧鸣：《大浦东布新局："7+1"新构想谋划下一个 20 年》，《东方早报》2010 年 4 月 15 日。

③ 即将原南汇区并入浦东新区，新的浦东新区幅员将由原先的 532.75 平方公里增至 1210.41 平方公里，扩大到原来的两倍多。

织、社会组织及公民个体能够解决与处理的问题上，政府应该"后置"，换句话说，政府的行为主要被用来纠正市场失灵、社会失灵，政府不能取代它们成为资源配置的主体，政府的规制行为，包括行政审批都应该遵循这一逻辑。同时，在中国的语境下，由于市场组织、社会组织还在成长过程中，行政行为，包括行政审批，还要考虑它们的成长与发育，其行为甚至包括政府的主动介入——如"孵化"，因而，政府的行政行为承载着比先发国家更多的内容。① 所以，浦东的行政审批是在两个前提之下展开的：一是职能的定位与机构的调整，这是行政审批权力的来源和审批行为的操作者，一般的政府机构都被赋予一定的审批权限；二是服务于市场主体和社会主体，这是行政审批的价值导向，行政审批行为要有利于市场体系的有效运转和社会自组织力的提高。在浦东综合配套改革过程中，其建设服务型政府的努力不仅体现在公共性的价值定位上，体现在职能模块的综合设置上和大部制的机构改革上，也体现在行政行为上，包括行政审批的提速上。

浦东新区从 2001 年以来进行了四轮行政审批制度改革。2006 年，在综合配套改革试点的推动下，启动了第四轮行政审批制度改革，在进一步减少审批事项的同时，积极探索"一口式"综合审批、建设项目联合验收、企业年检申报备案等审批机制创新，进一步优化审批流程，提高了审批效率。行政审批事项从原 724 项缩减为目前的 244 项，行政审批事项减少近 70%。同时，浦东新区先后实施取消或合并审批环节等，使新区的基本建设项目审批时限从原来的 281 个工作日减少到目前不到 100 个工作日。② 在综合配套改革中，行政审批的提速是政府职能转变的重要标志，也是服务型政府的重

---

① 在先发国家，政府的行政行为是在市场质量高、社会组织自组织能力强大的前提下展开的，其职能必然与后发国家有所不同。

② 蒋应时：《全力开展上海浦东综合配套改革试点　率先推进改革开放》，《宏观经济研究》2007 年第 3 期。

要表征。如在《浦东新区综合配套改革试点 2008 年重点工作实施要点》中，其在行政审批方面的举措就很好体现了政府转型和服务型政府的内涵：在市场准入审批制度改革中，加大对企业设立前置审批事项清理力度，对没有法律法规依据的前置审批予以取消；对确需保留但法律法规未明确"先证后照"的前置审批事项改为后置审批；对确需保留且审批权在浦东的审批事项纳入告知承诺或并联审批范围；对审批权限在市有关部门的事项积极争取授权浦东新区审批。对取消的事项加大监管力度，实行严格的市场清退机制。通过"一张表"等形式，实现审批过程中工商、质监和税务部门联动，将原来的 35 个工作日压缩至 11 个工作日。从综合配套改革试点伊始，浦东不断提速和规范行政审批，到 2009 年，已形成《浦东新区企业设立联动登记实施办法》，已开发完成并实施了企业准入电子审批应用系统和"三联动"（工商、税务、质检）登记系统；颁布实施了《上海市浦东新区招拍挂用地建设项目审批改革意见》和《上海市浦东新区建设项目设计文件审查管理办法》，大大地缩减审批时间，减少审批环节；全面启动技术审核与行政审批相分离改革，已有 45 个地块项目纳入改革范围，等等。新区政府通过这种不间断的行政审批改革，一方面，把企业主体在市场准入方面的成本降至最低，有利于其市场竞争力的提高，企业在浦东的投资回报率很高。据 2006 年世界银行对中国 120 座城市 12400 家外资企业调研后发现，外资企业在华的平均投资回报率为 22%，但上海为 24.73%，而浦东新区更高达 32.6%。① 另一方面，这种有利于市场主体发育和成长的行政审批是政府主动推动和运作的结果，它从深层次上更直接地推动着政府职能的转变。

政府服务方式的创新推动了政府职能的转变。政府作为公共管理的主体，在推动经济与社会发展方面负有不可替代的作用，这在后发国家显得尤为重要。但是，政府作为公共管理的主体并不等于政府是公共服务供给的唯

---

① 《上海投资环境良好——外商投资成功回报率均领先各地》，《解放日报》2007 年 8 月 22 日。

一主体，无论是行政手段、市场机制还是社会的自组织机制，都可能存在着失灵或失败，这就是"治理"概念提出的理论背景。治理理论强调社会各主体，在公共事务的处理和解决上的通力合作、协商互助，帕克特（Gilles Paquet）也认为"政府、工商界和市民社会之间的合作正成为民族国家竞争力和国家繁荣的基本构成要素。"①由于治理存在着失败的风险，这就要求政府充当"元治理"（Meta-governance）的角色，即在其他主体失灵的情况下作为补救者，按照杰索普的说法，政府应"保留对治理机制的开启、关闭、调整和另行建制的权力。"②治理理论启示我们，政府作为公共管理的主体，在公共服务的供给上不能单打独斗，要通过服务机制的创新和平台的搭建，充分发挥市场主体和社会组织的积极作用。政府通过这种服务方式的创新还直接引发、推动了政府职能的转变，政府不再从事对经济、社会的直接、微观管理，其职能应定位在多元共治平台的搭建、制度规则的供给和充当"元治理"或者是"兜底"的角色。温家宝总理在一篇文章中也指出政府要善于发挥其他组织主体在公共服务供给中的作用："在服务提供上，应该更多地利用社会资源，建立购买服务的机制。要逐步做到凡适合面向市场购买的基本公共服务，都采取购买服务的方式；不适合或不具备条件购买服务的，再由政府直接提供。要鼓励社会资本投资建立非营利性公益服务机构。各类社会机构和企业愿意参与基本公共服务的，只要具备资质、符合条件，就应当鼓励进入。政府择优为人民群众购买服务，基本公共服务领域就会逐步形成有序竞争和多元化参与的局面。"③

---

① Gilles Paquet, Governance Through Social Leaning, Ottawa: University of Ottawa Press，1999, p.214.

② 杰索普认为"元治理"是指"指导单个行动的共同世界观并确立有利于稳定主要行为主体的大方向、期望和行为准则。"［英］鲍勃·杰索普：《治理的兴起及其失败的风险：以经济发展为例的论述》，载俞可平：《治理与善治》，社会科学出版社 2000 年版，第 69、74 页。

③ 温家宝：《关于发展社会事业和改善民生的几个问题》，《求是》2010 年第 7 期。

在综合配套改革试点中，浦东探索的"管办评"的分立与联动机制就体现了这种服务机制的创新。在公共服务供给过程中，浦东从 2005 年起在教育领域开始探索监督管理、具体举办、评估评价相对分离的"管办评"机制，后拓展至卫生、体育和计划生育等领域。在这种机制下，政府重在实行宏观管理、行业指导、依法监督，委托具有相关资质的学校、医院以及社会专业机构依法自主举办，并由社会专业评估机构、社会事业服务对象等主体参与评估评价。"管办评"的分立与联动机制是一个"三赢"机制：为政府创新了资源配置机制，提高了管理服务水平；培育了非政府专业机构，活跃了市场经济背景下教育要素的生长与发展；提高了学校的办学水平，符合人民群众的根本利益。[①] 教育部曾派专人考察浦东的这一模式，并给予很高的评价。

从理论层面来说，这一服务机制的创新实际上是治理和元治理理论的一种展开：政府通过搭建平台，发挥了专业人士、社会组织等多元治理主体在公共服务方面的积极作用；同时通过政策扶持、资源输入等方式培育了社会组织，提高了它们的自组织力，避免了治理失败。在实践上，这一服务机制的创新除了实现"三赢"外，它为政府的职能转变提供了承接主体，有利于政府从全能政府中走出，因而是推动政府职能转变的有效路径。

四　进一步推进浦东综合配套
改革中的政府职能转变

浦东的综合配套改革离不开政府职能的转变，其在政府职能转变方面的有益探索为改革的深度推进奠定了基础。但是，由于改革推动主体的多元

---

① 尹后庆等：《"管办评联动"机制创新研究——基于上海浦东教育改革的探索》，《教育发展研究》2006 年第 20 期。

性、市场发育和社会成长的渐进性等方面的原因，政府职能转变的任务并不可能毕其功于一役，因而，要保证综合配套改革的进一步推进、加快服务型政府建设进程，政府职能转变仍然是其中的核心内容。根据浦东综合配套改革的现实，要进一步推进政府职能转变，以下问题需要着力解决。

（一）加大各层级政府的支持力度，形成推进政府职能转变的整体合力

在中国的行政体制下，除了国防、外交等少数行政事务外，大部分的行政事务均由中央政府和地方各层级政府共同承担，即所谓的"职责同构"。从这个意义上说，政府职能的转变并不是某一层级政府所能承载的，它需要整个行政体系的合力推进；也正是基于此，改革开放以来历次的行政改革，都是在中央政府的主导下推进的，没有中央政府的统一部署、着力推动，行政改革不可能达到预期的目标。但是，这并不等于中国的地方政府在政府职能转变方面没有推进的空间和操作的余地，相反，怎样把中央对政府四个方面的职能定位与地方的实际结合起来，在政府的作用范围、方式和手段等方面进行探索，这些是地方政府在职能转变过程中可以着力推进的重要方面，对浦东的政府来说，尤其如此。在前面关于浦东改革的动力结构的分析中，特别是在政治支持部分，我们分析了来自政治层面各方面的力量对浦东综合配套改革的支持。在中国的政治环境中，这些支持是保证改革顺利进行的必不可少的条件。尽管在浦东综合配套改革过程中也建立了部市合作制、市区联动等合作机制，但这些并不能说已经形成了改革的整体合力。实际上，按照"三个着力"和上海"四个中心"的定位，各种合作机制还有很大的完善空间。因而在浦东进一步推进政府职能转变的过程中，要根据中央对上海的要求，充分运用好综合配套改革赋予给浦东的"先行先试"的权力，根据浦东的产业布局和现实状况，特别是结合国际航运中心和国际金融中心建设，进一步完善部市合作机制：一是要按照浦东的经济社会发展状况，主动出击，争取更多的部委在浦东建立改革的试点；二是要加强与相关部委的合作力度，拓展其服务的范围；三是对于先现实中已有的合作制度，可考虑进一步完善和细化，特别是找出制度实施中的瓶颈和难题，并在此基础上进一步完善。同时，也要完善市区（新区）在综合配套改革上的合作机制，坚持在"东事东办、东西联动"的基础上，加强市级层面的高层协调，从市级层面明确、细化市相关部门在浦东综合配套改革中的职责与任务。另外，浦东政府内部也要加大整合力度，这个任务在浦东"扩容"后显得更加迫切。通过完善部市合作、市区联动机制，加大浦东政府的"内整合"力度，形成浦东改革的整体合力，为浦东的政府职能转变提供强劲的动力。

（二）推动政府的规范介入，进一步提升市场质量

在后发国家，政府与市场并不是一种相互替代的关系，行政力量与市场力量的博弈也并不是一种零和游戏。对于中国来说，由于受计划体制下全能政府的影响，相对于行政力量和行政体系来说，市场在资源配置中的基础作用是逐步树立的，市场要素的成长、市场体系的健全也需一个渐进的过程，并且在此过程中离不开行政力量的培育、引导与规范。如在综合配套改革中，为了构建金融创新的金融支持机制，促进担保市场的发展，在2009年浦东综合配套改革试点工作安排中，研究设立了政策性信用再担保机构，探索通过贴息的方式，建立财政资金对再担保机构的资本补偿和风险分担机制，这是政府促进担保市场机构在浦东集聚的重要举措，也是服务型政府构建的重要内容。在浦东，通过政府的有效介入，已经初步建立了比较完善的要素市场体系，已拥有土地、证券、期货、金融期货、石油、钻石等要素市场，货币、外汇、产权等市场也和浦东紧密相关。政府对市场要素的培育，"意味着政府角色的进一步转换——从'积极的经济主体'到'制度保障者、市场环境缔造者和公正仲裁者'的重心转移。"[1]但是，要素市场的建立是一

---

[1]　周志忍:《新时期深化政府职能转变的几点思考》,《中国行政管理》2006年第10期。

回事，而促进要素市场有效运转又是一回事，它需要政府相关配套措施的出台，这是进一步提升市场质量的重要举措，也是浦东下一步在政府职能转变方面应考虑的重要议题。因而，在浦东综合配套改革过程中，在政府与市场关系的处理上，有一个政府怎样与市场要素、市场体系相配套、从而提升市场质量的问题。如，浦东怎样利用这些要素市场，进一步提升产业发展的层次，如出台相关政策，充分利用证券市场的融资功能，为浦东创新型企业融资提供支持；利用货币市场的发育发展，成立相关货币经纪公司，为人民币资本项目下的自由兑换做好准备，等等。① 因此，在浦东的下一步发展进程中，怎样围绕已在浦东集聚的市场要素和已建立的市场体系，通过一定的制度创新和政策支持，让市场机制在资源配置中能真正、有效地发挥作用。这是政府职能与市场机制有效对接的保证，也是政府职能向深度转变的必然要求。

（三）进一步发展社会组织，培育政府职能转变的承接主体

社会组织是承接政府职能转移的重要主体，因此，社会组织的数量及其组织能力，不仅关涉公民社会的成长，也与政府职能能否真正转变到位紧密相连。在浦东开发开放，包括在综合配套改革试点过程中，形成了"小政府，大社会"的格局，社会组织无论在数量上，还是在质量上，都有着长足的进步。但是，由于社会组织发育成长的渐进性，再加上事业单位改革的滞后和新的市场要素和产业在浦东的聚集，这些都提出了进一步发展社会组织的要求。从事业单位改革的滞后上说，"新区'小政府'虽然减少了机构，却未能从总体上减少政府职能。比较普遍的情况是，一些政府机构把有些行政事务转移到了所属事业单位，致使一些事业单位不断行政化和相对膨胀，出现了'小机构、大尾巴'的情

---

① 陈建勋、梁朝晖：《浦东之路：产业发展经验与展望》，上海人民出版社 2010 年版，第 79 页。

况。"①这种情况直接挤压了社会组织成长的空间；从市场要素和产业结构升级上说，一定的市场要素和产业结构需要一定数量的社会中介组织（社会组织），这些中介组织是盘活市场要素和推动产业结构升级的重要主体，因此，在《国务院关于推进上海加快发展现代服务业和先进制造业　建设国际金融中心和国际航运中心的意见》中，明确要求上海"成为全国行政效能最高和行政收费最少的地区，成为中介服务最发达的地区"，要"规范发展中介服务，加快发展信用评级、资产评估、融资担保、投资咨询、会计审计、法律服务等中介服务机构，加强监管，增强行业自律，规范执业行为。"当前和今后一段时期，浦东在推动政府职能转变、培育社会组织的过程中，有三个方面的工作要做：一是进一步完善、细化促进社会组织发育和成长的有关制度安排，为社会组织发展提供良好的制度支持，同时，也要出台相关的制度，加强对社会组织的监督管理，特别要推动社会组织的诚信建设；二是要按照中央和上海关于事业单位改革的要求，同时结合浦东的实际，进一步推进事业单位分类改革，要剥离事业单位的行政属性和营利属性，为社会组织的发展提供一定的空间；三是根据浦东的市场要素和产业结构，在政府政策引导下，培育、孵化一批与之配套的社会中介组织。

（四）加快体制调整，深化行政审批制度改革

如前所述，行政审批是政府职能的具体表现，因而行政审批制度改革在政府职能转变中具有重要意义。因而，在《2008年—2010年浦东综合配套改革试点三年行动计划框架》中，更明确提出了要"深化行政审批制度改革"，并且在具体的推行过程中提出"深化市场准入审批制度改革，深化内外资企业投资改革，推进招拍挂用地建设项目基本建设程序审批改革"，并要求在2009年取得阶段性成果。浦东通过前后四轮行政审批制度改革，取

---

① 阴群：《浦东综合配套改革催生社会组织成长的思考》，载陆沪根《国家战略：区域制度创新新探索》，华东师范大学出版社2009年版，第309页。

得了很大的成绩，不仅推动了行政审批的提速，降低了市场主体的交易费用，也推进了电子政务的发展和社会组织的成长。但由于以下三个方面的原因，使浦东的行政审批制度改革还有很大的空间，使其改革步入体制调整阶段：一是浦东处在较低的行政层级，改革的深度推进需要有来自较高层级政府的积极支持；二是"7+1"生产力布局的提出意味着功能区体制的终结，而开发区体制的定型、特别是其有效运转还有待时日，特别是浦东"扩容"后，原南汇区与浦东在行政审批制度方面还存在着对接的问题；三是尽管在浦东建立了和完善了投诉、问责、评估和监察四项制度，但是由于社会中介组织发育滞后、服务对象缺乏制度化的监督渠道等原因，使行政审批制度改革缺乏刚性化的外在监督主体。要进一步推动政府职能转变和行政审批制度改革，下一步的行政审批制度改革需步入体制创新阶段，即行政审批不仅仅关注环节的减少、时间的缩短，更重要的是要建立推动行政审批改革的有效体制。这种体制至少包括以下内容：成立推进行政审批的专门机构和相关制度；健全部市、市区的联合推进行政审批的体制；建立起与行政审批相关的主体，包括民众、企业等参与的监督、反馈行政审批效能的体制和信息平台。

（五）探索政府的服务方式，进一步提升政府的服务质量

前面论述过，公共性作为现代政府的职能定位，它要求在现代社会打造服务型政府。而服务型政府能否真正建立，既与政府的职能定位密切相关，也与其服务供给的方式紧密相连，后者能为服务型政府的建立提供操作上和技术上的支持。因为，政府的服务方式与其服务质量紧密相连。"与西方国家的政府职能调整重在解决如何提高服务质量不同，我国政府职能转变重在解决由谁来承担社会管理和公共服务职能，同时也要提高服务质量。"[1]

---

[1]　应松年、杨伟东：《不断把政府职能转变推向深入》，《中国行政管理》2006年第4期。

因而，在我国，政府服务方式的探索，一方面包括要明确公共服务的承担主体，另一方面包括要探索不同服务的供给方式。前者属于政府职能定位的范畴，与政府管理体制、社会组织发展状况密切相关；后者是在体制框架确定后的具体探索，它包括在计划体制确立并延续至今的指令式、管制式的方式，也包括市场化、社会化的方式。在服务型政府的构建中，由于指令、管制型式的服务方式应该被限定在一定范围，因而，对浦东综合配套改革的推进具有直接关联是市场化、社会化方式的采用。美国学者萨瓦斯把公共服务市场化归纳为十种形式：政府服务、政府出售、政府间协议、合同承包、特许经营、政府补助、凭单制、自由市场、志愿服务和自我服务。① 在浦东开发开放过程中，萨瓦斯所说的很多市场化、社会化的方式已被采用，如"不断推出的土地生财滚动开发、政府可控资源的市场化运作、国外多种途径筹资融资、基础设施 BOT 投融资、国有资本的引智投资、股权投资等各种创新手段上"②，包括前面所述的管办评联动机制的创立与推广。但是，由于无论是市场体系还是社会组织，其发育和成长都是一个渐进的过程，因而，与西方发达国家不同，社会管理和公共服务的主体并不是一个自足的存在；同时，在市场化、社会化机制的引入及其运作的规范上，政府还需要提供进一步的政策支持与制度安排，这些政策与制度一方面要促进市场体系与社会组织的健全与成长，另一方面也对它们的发展与运作进行引导与规范。因此，在浦东下一步的政府职能转变过程中，在政府服务方式的探索上，在坚持充分发挥政府、市场和社会各自比较优势理念的基础上，在基础设施、社会管理和社区服务等领域渐进引入市场或社会主体参与公共服务的供给；梳理已有的市场化或社会化的服务方式，找出其中的问题并提出相关的对策参考；

---

① ［美］E.S.萨瓦斯：《民营化与公私部门的伙伴关系》，中国人民大学出版社 2002 年版，第 69 页。

② 陈建勋、梁朝晖：《浦东之路：产业发展经验与展望》，上海人民出版社 2010 年版，第 119 页。

进一步细化已出台的政府购买服务的相关制度安排，等等。通过这些措施，一方面使相关的市场或社会主体能遵循自身的逻辑有效运转，另一方面也使它们能按照相关的法律规定能有序运作。

以上五个方面并不是泾渭分明的，它们之间有着很多的交叉与勾连：政府体制的进一步理顺直接影响到各行政层级的政府职能定位，也影响到行政审批制度改革的推进和政府服务方式的创新；同时，社会组织和市场要发育、成长也与行政审批、政府服务方式等紧密相连。因而，在浦东的综合配套改革中，进一步推进政府职能转变，不应单兵突进，而要加强多方协调，注意形成政策与制度合力。

第二章　组织基础：优化浦东新区
政府组织结构

政府机构是指国家机构中除立法、司法机关以外的行政机关，是行政管理体制的组织表现形式，也是行政管理活动的主体。随着现代社会政治经济的发展，政府机构应进行相应的调整和改革。浦东开发开放20多年来，按照中央和上海市委、市政府要求，结合浦东实际，进行了多次政府机构改革，并取得了较大成效。体现了"小政府、大社会、大服务"的公共行政发展趋向，具有精简、统一、高效的特点。"十二五"期间，进一步优化浦东新区政府组织结构，是浦东新区推进综合配套改革，加快建立服务型政府的重要组织基础。本章通过阐析政府机构设置的基本理论，回顾浦东新区政府机构改革的历程，在历史发展新的方位，以新的视角加以审视，在此基础上思考进一步优化浦东新区政府组织结构的对策。

一　政府机构设置的基本理论

科学合理的机构设置是政府行为规范、运转协调、公正透明、廉洁高效的重要保证。党的十七大报告指出："加大机构整合力度，探索实行职能有机统一的大部门体制，健全部门间协调配合机制"[①]。为我国深化政府机构改革，优化政府组织结构指明了方向。现代公共管理学在总结企业组织管理、

---

① 胡锦涛：《高举中国特色社会主义伟大旗帜　为夺取全面建设小康社会新胜利而奋斗——在中国共产党第十七次全国代表大会上的报告》，人民出版社2007年版，第32页。

政府组织管理等实践的基础上，形成了若干带有规律性的机构设置的基本理论，这些理论也可以成为优化浦东新区政府组织结构的借鉴。

（一）大部门制的理论支撑——"整体性治理"和"整体性政府"

大部制是现代社会公共服务型政府的制度产物，也是市场经济成熟的国家普遍采用的政府体制模式。它的要旨是将政府机构中业务相似、职能相近的部门进行整合，集中由一个大部门实行统一管理。实行大部制，有助于改变当前政府机构重叠、职责交叉、政出多门等问题，提升行政效率，降低行政成本。当前深化浦东新区政府机构改革，其重点是紧紧围绕职能转变和理顺职责关系，进一步优化政府组织结构，规范机构设置，提高行政效率。从理论上说，建立职能有机统一的大部门体制，既能够缩减机构数目，通过部门内部"扁平化"再造行政层级，减少部门之间的职能交叉和权限冲突，简化公务手续；也能够在一定程度上解决长期存在的"政出多门"和部门之间的协调配合机制等问题，提高行政协调效果，有利于建立统一、精简、高效的符合市场经济和民主法治要求的现代化政府体制。

大部制改革背后反映的是什么？是整合，是协同，大部门制改革需要找到大部门制度背后的逻辑机理和根本理念的转变。大部门制建立的基础是"公民导向"和"问题导向"，核心是"整合"和"协调"，目标是建立"整体性治理"结构和"整体性政府"。

"公民导向"强调以公民的合理需求为核心整合公共服务，各个公共服务部门不应当是仅仅重视静态的职责，更为重要的是动态的功能，可以说，民众关心的不是谁解决了问题，而是问题是否被解决了。

"问题导向"，表现为政府职能方面功能主义的凸显。有些大部门的建立是针对问题的，这使得一些职能尽管相去较远但性质相同的部门也会被合并到一起。从管理角度来看，大部制结构主要想解决部门职能分工导致的部门和部门之间协调困难的问题，以提高管理的效率。大部结构可以把本来是部门和部门之间的关系变为部门内部之间的关系，以避免部门之间可能出现的因长时间的讨论磋商和讨价还价，甚至利害冲突而使政府工作受到影响的问题，大部能自行解决问题，可以制定自己的策略和决定自己的工作重点，并支持重要比较明确的策略。①

"整合"和"协调"要求大部门制改革不是仅仅做"减法"——部门数字的减少；也不仅仅是做"加法"——政府部门职能的简单叠加；更为重要的是通过整合和协调做好"乘法"——公民的合理诉求得到满足、政府部门形成无缝隙组织、政府效率效能不断提升、良好的政府形象得以形成。

"整体性治理"的思想是在对新公共管理的实践进行反思的基础上提出来的，整体性治理着眼于政府内部机构和部门的整体性运作，主张管理从分散走向集中，从部门走向整体，从破碎走向整合。整体性治理针对的是在 20 世纪 80 年代和 90 年代初政府改革所强化的碎片化状况，整体主义的对立面是破碎化。整体主义是以公众的需要为基础的，它与新公共管理强调企业过程管理不同，把重点放在确定一个真正以公民为基础的、以服务为基础的、以需要为基础的组织基础上。它的含义遍及所有相关的公共部门网络——确定新的宏观结构，组织重组，过程重新评价以及管理方式和信息系统的根本变革，对新问题灵活反应的新模式。②

整体性治理背后有三个假设。一是如果政府机构的文化、结构以及能力是问题取向，而不是有效的管理过程取向的话，那么就更有可能解决一些民众最担忧的问题。二是公众有一些需要合作解决的问题，也就是说，政府并不是完全按照它的功能来解决问题的，尽管它是按功能建立起来的。三是为了解决一些问题，政府各部门、专业、层级以及机构之间的整合的运作是必要的。

整体性治理包含以下方面的内容：(1) 互动的信息收集和提供；(2) 以

① 竺乾威：《"大部制"刍议》，《中国行政管理》2008 年第 3 期。
② 竺乾威：《从新公共管理到整体性治理》，《中国行政管理》2008 年第 10 期。

公民为基础和以功能主义为基础的组织重建；（3）一站式服务提供；（4）资源共享的数据库；（5）项目小组着重整个过程，而不人为地去划分现存机构的边界等各个方面。①

政府管理活动的整体性运作要求在三个层面上取得一种一贯性：一是它可以将不同层次的治理或同一层次的治理进行整合，比如地方机构内部的不同部门、中央机构与地方机构之间、或地方贸易政策制定官员与中央贸易管制者之间等。二是可以在一些功能内部进行协调，也可以在少数和许多功能之间进行协调。三是整合可以在公共部门内进行，也可以在政府部门与志愿组织或私人公司之间进行。

（二）组织"扁平化"再造理论

所谓扁平化组织，就是指在组织的决策层和操作层之间的中间管理层级越少越好，以便组织尽最大可能将决策权延至最远的底层，从而提高组织的效率。中间管理层级的减少，使得管理者更容易捕捉第一线动态，底层员工也更容易了解管理者的决策意图，组织也就变得更加柔性化了。现代扁平化组织结构理论强调：

1.用系统论的观点看问题。系统论专家、创始人冯·贝塔朗菲认为，任何组织都是由许多相互作用的子系统组成的一个开放式系统。管理人员应用系统论的方法就可阐明组织系统的目标，设定组织系统的工作标准，评价组织系统的工作成绩，并将组织与各种周边环境系统更好的联系起来综合考虑问题，以达到优化地解决问题的目的。学习型组织的创始人彼德·圣吉在所提出的五项修炼中，重要的一条内容就是"系统思考"。用系统论的观点思考问题，组织就不会狭隘地形成各部门、各子公司之间信息、资源互不相连接的孤岛。将组织视为一个有机的整体，视为一个系统进行思考，无疑也需

---

① 竺乾威：《从新公共管理到整体性治理》，《中国行政管理》2008 年第 10 期。

要从哲学层面进行概括与把握。因此，哲学方法可以看成是系统论方法的延伸，哲学强调抓住事物的本质特性。因此，必须研究组织系统的特性与内在规律。

2. 尽量减少中间层。管理学家德鲁克认为，"组织不良常见的病症，也就是最严重的病症，便是管理层次太多。组织结构上一项基本原则是尽量减少管理层次，尽量形成一条最短的指挥链。"管理者的指挥链最短，无疑使行政组织内部的信息传递最快，信息失真最少，决策更为快捷，从而提升管理效率。

3. 增加影响力。在扁平化组织中，管理者可以增加影响力。管理者的影响力除了传统的权威之外，还取决于知识、信息、人格魅力等因素。领导为了增加影响力必须更快捷地学习知识，掌握大量的相关信息，迅速提高自身的综合素质，塑造个人的人格魅力。

4. 强调灵活指挥。统一指挥是管理学上的一条重要原则，但是在大型组织以及其他一些组织中，为了便于指挥，往往采取像矩阵组织、混合型组织、虚拟组织等组织结构，以便管理者更加灵活地指挥。

5. 强调分权。20世纪后半叶"分权"已经成为一种西方政府和企业管理的潮流。所谓分权，就是领导者将一部分决策权下放到下级政府部门或职能管理部门，这样可以免去不少因沟通不顺畅造成的决策时间延迟。正因为组织机构精简了，业务部门相应的权限也就增大了。

6. 加大管理跨度。管理者能有效管理的下属人数取决于管理方式与手段、管理者与被管理者的知识和经验水平等因素。传统的管理思想、方法与手段决定了管理的跨度不宜过宽。现代信息技术、互联网的发展提高了管理者的管理能力，管理者更多的是间接管理与控制下属。就同样人员规模的组织而言，管理跨度的加大，必须产生组织结构的扁平化。

少层次、大幅度的扁平化组织结构是现代社会组织管理的主导模式。层次少，信息传递速度就快，决策层能够尽快地对信息加以处理，并及时采取相应的纠偏措施；同时，由于信息传递层次少，信息失落失真的可能性较小，这样也有利于保证国家政令的统一，提高行政效率。

总体上说，目前扩大政府管理幅度的可行性主要基于以下三个方面的原因：（1）以分散、自由为核心的市场经济体制的确立与运行，为扩大管理幅度提供了可能性。（2）区域经济关系日益密切，行政区域的经济结构、社会结构、文化结构受到严重冲击，原有的行政隶属关系在经济上日益淡化。（3）现代网络通信的普及和科学管理水平的提高，为扩大管理幅度，减少政府行政层级提供了有利的物质和技术保证。电脑、网络大大提高了人的办公能力，便利的交通缩短了上下级之间的距离。同时，人们专业文化水平和工作能力的提高使领导、管理者能从容自如地处理纷繁复杂的事务，这些都是世界上许多发达国家城市政府实行少层次、大幅度的扁平化组织结构的重要原因。

二　浦东新区政府机构设置的沿革与发展现状

自从 1990 年 4 月 18 日党中央、国务院宣布开发、开放浦东以来，浦东新区政府机构设置经历了"开发办—管委会—新区政府"的过程，具有精简、统一、高效和大系统综合管理等特点。体现了"小政府、大社会、大服务"的公共行政发展趋向。

（一）浦东开发开放办公室阶段（1990—1992 年)

1990 年，浦东新区筹备时期，上海市委、市政府在浦东建立了浦东开发开放办公室。从法律地位上看，这时的"开发办"是市政府的一个派出机构，拥有人员编制 120 名，市政府副秘书长兼任办公室主任，下面设秘书处、联络处、开发处等几个处，主要任务是"搭班子、构框架"，做好区划调整、规划设计、开发区筹建等准备工作。该机构直接依托浦东地区三区两县政府（黄浦区、杨浦区、南市区及川沙县、上海县）开展工作。在管理体制上，决策、执行、协调三个层次有分有合，共同管理，协力开发，即市委、市政府决策，三区两县政府具体实施，浦东开发办进行总体协调。①

浦东新区政府体制在这个阶段的主要特点可以概括为"宏观协调，分散管理"。就组织职能而言，浦东开发开放办公室对于浦东开发的具体事项不具有决策权，仅仅是一个协调机构。这种模式的优点在于：开发体制与管理体制界面清晰，各司其职，分工明确。在整个行政系统过程中，形成了决策、执行和协调三个清晰的互动子系统，即市委、市政府决策，三区两县政府执行，浦东开发办协调。这样不仅有利于调动各区县的积极性，更能在浦东新区正式建政之前形成一个相对运行有效的机构体系，为前期启动浦东开发奠定了一定的基础。②

但这种模式也存在一些问题，由于在具体行政过程中，开发主体是"三区两县"，在其与市政府行政隶属关系不变的情况下，各项指标和成绩均算在所在区县，虽有利于调动区县的积极性，但是由于区域分散管理，开发主体多，因此浦东开发办协调难度较大，容易导致统一规划方面的不足。③ 同时，三区两县政府往往拘泥自身利益，各自为政，造成资源配置难以优化整合，开发难以形成整体合力。

(二) 浦东新区党工委、管委会阶段 (1993—2000 年 7 月)

1993 年 1 月 1 日，经党中央、国务院批准，浦东新区成为一个完整的行政区域，大规模开发建设正式启动。为适应开发建设对统一规划、集中管理、提高效率的需要，成立了中共上海市浦东新区工作委员会、上海市浦东新区管理委员会。党工委和管委会是两块牌子一套班子。

---

① 李琪:《中国特大城市政府管理体制创新与职能转变》，上海人民出版社 2010 年版，第 335 页。

② 苏宁等:《浦东之路：政府制度创新经验与展望》，上海人民出版社 2010 年版，第 80 页。

③ 王佳宁、胡新华:《综合配套改革试验区管理体制考察：上海浦东与天津滨海》，《改革》2009 年第 8 期。

中共浦东新区党工委，作为中共上海市委的派出机构，在新区内起到总揽全局、协调各方的领导核心作用；浦东新区管委会，作为上海市政府的派出机构，是一个准政府机构，统一负责浦东新区开发开放的管理工作，履行国家法律所规定的地方行政机关应承担的行政管理职能，贯彻执行国家和上海市政府制定的有关浦东新区建设的方针、政策和规章，积极外引内联，把浦东新区建设成为外向型、多功能、现代化的社会主义新城区。

管委会在计划管理、项目审批、建设管理、财政税务、外经外事、劳动人事等方面，拥有国家计划单列市的各类权限（包括由中央批准扩权的部分）；凡涉及上海整体、浦东浦西密切相关的工作，由市政府统一规划、统一部署，新区管理部门配合落实；凡涉及新区需报请中央和国务院有关部门决定的事项，仍通过上海市委和市政府统一上报。从此，新区党工委、管委会肩负起了浦东开发开放的组织、领导重任。

在党政机构设置上，新区党工委、管委会以精简、统一、效能为原则，党政机构有分有合，强化大系统综合管理，未设置行业主管部门，体现了"小政府、大社会"的行政管理特色。启动阶段仅设立 10 个委办局，机关行政编制 800 名（不包括政法编制）（见表 1）。1995 年后，根据工作需要，相继设立了宣传部（统战部）、城工委、农工委（与农发局合署）、国资办等机构。①

表 1　浦东新区党工委、管委会机构设置情况表（1993 年）

机构名称	主要职能	机构名称	主要职能
党工委、管委会办公室	行政事务管理	农村发展局	大农业（农林牧副渔和农村社会事务）
组织部（劳动人事局）	大人事管理	城市建设局	城市建设、管理

---

① 陈奇星：《比较与创新——国际大都市政府管理体制研究》，上海人民出版社 2006 年版，第 306—307 页。

（续表）

机构名称	主要职能	机构名称	主要职能
纪委（监察委、审计局）	内部行政监督和纪律检查	社会发展局	社会事业发展、管理（教卫文体、民政）
综合规划土地局	社会经济计划与城市形态规划统一	财政税务局	财政、税务管理
经济贸易局	区域综合经济管理	工商局	工商行政管理
中共浦东新区党工委、浦东新区管委会 在计划管理、项目审批、财政金融、外经外事等方面拥有国家计划单列市的各类权限			

浦东新区管委会行使一级政府的权力，管理43个乡镇，中间不再设置区、县一级行政机构，即采用"管委会—乡镇机构（街道办事处）"二级制体制。新区这一新颖独特的行政运作机制，既不同于其他市属各区，也不同于已有的开发区、经济特区；既具有政府同等的开发事权和管理事权，又避免了与现行管理机构的机械对应。机构设置较为灵活，便于新事新办，具有较大的弹性，充分体现了浦东的体制创新实践。

中央和市有关部门直接管理或派出到新区的机构（公安局、检察院、法院、安全局、海关、商检局、邮电局等）和部门仍由中央和市有关主管部门管理。新闻、出版、广播、电视、电影等社会事业仍由市主管部门负责管理，逐步过渡。

社会团体和中介组织（如工、青、妇组织；科协、社联；教育培训中心、人才交流中心、外商投资服务中心；律师、会计、审计、计量事务所；国有资产评估所、土地估价所等）按照浦东开发的需要，逐步得到组建和发展。

总体上看，这一阶段浦东新区政府机构设置主要特点是以职能整合和机构功能创新为指导思想，实行大系统综合管理模式，如经济贸易局拥有多重综合经济管理职能，涵盖了经委、外经贸委、外资委、协作办、商委等管理机构的职责；社会发展局包括了上海其他区县的教育局、卫生局、民政局、文化局、体委、计生委等若干局委的全部职能；农村发展局管理的是大农业概念，包括农、林、牧、副、渔和水利建设，同时还要管乡镇规划建设以及农村社会事务。这样的管理模式，明显地精简了政府机构工作人员，既避免了机构重复设置，简化了办事程序，又提高了办事效率，增强了政府行政效能。

浦东新区党工委和管委会虽然在实践中运作良好，但是从行政体制而言，并不是真正意义上的政府。根据《地方人民政府组织法》，浦东新区党工委和管委会虽然能在职能上暂时替代浦东新区政府，但在缺失了人大和政协的情况下，管委会的行政管理缺乏合法性，长此以往不利于依法行政。从这个意义上而言，浦东新区建政势在必行。①

（三）浦东新区建政阶段（2000 年 8 月—2009 年 5 月）

2000 年 8 月，在浦东开发开放经历了十周年以后，根据浦东区域发展和行政管理的实际需要，上海市委、市政府在充分调研的基础上，决定撤销浦东新区党工委、管委会，正式建立区委、区政府，同时建立区人大和区政协。新区建政后仍保持"小政府、大社会"的行政管理格局。经过三年多的运作，根据管理需要，该体制进行了适度调整。2004 年区委工作部门设置 11 个，区政府工作部门设置 13 个（见表 2），机关行政编制 1080 名（不包括政法编制）。

表 2　浦东新区党政机构设置情况（2004 年）

区委工作部门（11 个）		区政府工作部门（13 个）	
区委办公室	城区工委	区政府办公室	建设局
组织部（人事局、编办）	农村工委	发展计划局	*环境保护和市容卫生管理局
宣传部（文广局）	*社会工委（试运行）	经济贸易局	农村发展局

---

① 苏宁等：《浦东之路：政府制度创新经验与展望》，上海人民出版社 2010 年版，第 87 页。

（续表）

区委工作部门（11个）		区政府工作部门（13个）	
统战部（台办、侨办、民族宗教办）	*企业工委（试运行）	*科学技术局	财政局
政法委	*机关工委	社会发展局	*审计局
纪委（监察委）		*劳动和社会保障局	公安分局
加*号单位为建政后新增加部门，国家安全局不计入个数。此外，设在新区的垂直管理机构有工商行政管理分局、质量技术监督局、食品药品监督管理局、税务局。			司法局

就组织机构架设而言，这一阶段浦东新区政府机构虽然比原来的管委会模式增加了一些职能部门，但与上海市其他区县相比，机构减少了一半，人员减少1/3，相当于国际同等规模区域的政府机构设置。因此，其组织机构依然较为精简和高效，并仍然保持了原有的大系统管理模式。[①]

同时，2004年以来，为了加快推进浦东的功能开发，进一步优化浦东的形态和功能布局，新区区委经过慎重研究、集思广益，做出了从规划、体制、机制上进一步深化"区镇联动"，积极探索功能区域一体化的决策。2004年10月9日，新区召开"区镇联动"工作会议，宣布成立四大功能区域党工委，统筹协调以四大开发园区为核心的陆家嘴、张江、金桥、外高桥四大功能区域经济与社会发展。"区镇联动"主要目的是充分调动开发区和周边街镇两个积极性，建立互利共赢机制，努力实现规划一体，发展联动、优势互补、利益共享。通过开发区的辐射带动，提升郊区发展的能级和水平，通过把郊区纳入浦东整体功能规划体系，整合发展资源，控制商务成本、拓展发展空间，更好地发挥开发区增长级作用，不断增强浦东的综合竞争力。"区镇联动"重点是突出功能开发、突出统筹协调、突出资源整合、突出联动发展。

2005年6月21日，国务院批准浦东新区进行综合配套改革试点，以此为契机，浦东新区进一步加大改革创新的力度，从打破城乡二元结构的体制机制障碍入手，建立了覆盖全区的六大功能区域。即陆家嘴功能区域包括花

---

① 苏宁等：《浦东之路：政府制度创新经验与展望》，上海人民出版社2010年版，第90页。

木镇、潍坊街道、梅园街道、洋泾街道、塘桥街道；张江功能区域包括张江高科技园区、孙桥现代农业开发区、张江镇、唐镇、合庆镇；金桥功能区域包括金桥出口加工区、金桥镇、曹路镇和三个街道；外高桥功能区域包括外高桥保税区、高桥镇、高东镇、高行镇；三林（世博）功能区域包括世博场馆区和周边两镇、四个街道；川沙功能区域包括两个镇。每个功能区域都有各具特色的主导功能。

将行政区划与经济区域相协调，建立覆盖全区的六大功能区域，探索"职能互补、条块整合"的行政体制改革，是浦东力推城乡一体、联动发展的大胆探索。

（四）新浦东规划阶段（2009 年 5 月—至今）

2009 年 4 月 24 日，国务院批复上海市《关于撤销南汇区建制将原南汇区行政区域划入浦东新区的请示》，同意撤销上海市南汇区，将其行政区域并入上海市浦东新区，新浦东的发展面临着新的机遇，这一重大决策的深远意义，显然不仅在于区界之扩，更在于它使得重大要素资源进一步汇拢与整合，重要产业聚集和引领功能大大增强。2009 年 5 月 13 日，上海市委、市政府举行"两区"合并工作会议，宣布建立中共"南汇区行政区划入浦东新区"联合工作委员会（简称"联合党委"）。联合党委明确了工作职责和会议制度，决定在两区工作部门中建立有关联合工作机构，作为联合党委的派出机构，在联合工作党委统一领导下开展工作。

2009 年 8 月，按照上海市委、市政府要求，浦东新区部署实施"两区"合并后的区级机构改革工作。目前，机构改革已基本完成，新的浦东新区区委、区政府已全面运作，区委工作部门设置 7 个，区政府工作部门设置 19 个，部门设置相对精简综合（见表 3），少于目前上海其他区县的政府机构配置（中心城区 26 个、郊区 28 个）；每万人行政编制数 4.9 人，少于全市的一半。浦东新区新一轮机构改革突出了以下特点：

表3 浦东新区党政机构设置情况（2009 年）

区委工作部门（7 个）	区政府工作部门（19 个）		
区委办公室 （研究室、信访办）	区政府办公室（研究室、法制办等）	发展和改革委员会（统计局）	*经济和信息化委员会（海洋局等）
组织部（编办）	*商务委员会	科学技术委员会（知识产权局）	人力资源和社会保障局
宣传部（文广局）	建设和交通委员会	*规划和土地管理局	环境保护和市容卫生管理局
统战部（台办、、侨办等）	教育局（体育局）	公安分局	财政局
政法委	司法局	审计局	卫生局
纪委（监察局）	民政局	*金融服务局	*农业委员会
社会工作党委*	*国有资产监督管理委员会		
加 * 号单位为改革后新增加部门，国家安全局不计入个数。此外，设在新区的垂直管理机构有工商行政管理分局、质量技术监督局、食品药品监督管理局、税务局等			

1. 改革总体方向是构建适应大区域特点、体现扁平化特征的新型行政管理体制。如前所述，所谓扁平化组织，是指在组织的决策层和操作层之间的中间管理层级越少越好，以便组织尽最大可能将决策权延至最远的底层，从而提高组织的效率。在城市管理结构中，构建层级精简的扁平化组织结构是当前各国城市治理中十分关注的方面。南汇划入浦东后，新浦东的面积由原先的 532.75 平方公里扩大到 1210.41 平方公里，户籍人口达到 268.60 万。行政区域的增大，人口的增多，也增加了政府管理的难度。同时浦东新区自建政以来，一直采用的是"小政府、大社会"的管理模式，机构和编制较为精干，而南汇采用的仍是较为传统的行政管理体制，因此，需要深化机构改革，构建适应大区域特点、体现扁平化特征的新型行政管理体制。

（1）指导思想上，坚持以转变政府职能为核心，建立与浦东经济社会发展相适应的扁平化行政管理体制。2009 年 7 月 22 日，中共上海市浦东新区代表会议第一次大会上，上海市委书记俞正声指出："要结合政府机构改革，进一步转变政府职能，积极探索适应大区域特点、体现扁平化特征的新型行政管理体制。"① 新浦东机构改革以转变政府职能为核心，进一步理顺政府、企业与社会组织之间的关系，把政府职能切实转到经济调节、市场监管、社会管理和公共服务上来。同时，把中央和上海市委关于构建职能有机统一的大部门体制和扁平化组织结构的要求与浦东实际相结合，在提高与市级机构设置对应度的同时，突出国家战略的功能导向，积极探索把原浦东新区的四大国家级开发区的各项优势覆盖到原南汇地区，把原南汇地区的空间优势发挥最大，构想新的产业格局和行政管理体系，撤销功能区，整合原浦东和原南汇的几大开发区，打造"7+1"板块。即上海综合保税区板块、上海临港产业区板块、陆家嘴金融贸易区板块、张江高科技园区板块、金桥出口加工区板块、南汇新城板块、国际旅游度假区板块这"7"个板块，再加"1"就是后世博板块，这一区域主要发展金融、会展、商务、文化等现代服务业。开发区和街镇统一接受副省级的新区政府管辖领导，以减少政府管理层级，体现扁平化特征。同时形成"上面捏紧拳头、下面放开手脚"的格局，既有利于区级层面集中力量抓好"7+1"，也有利于24个镇、13个街道的放开搞活，以突出开发导向、重心下沉、提高效率、服务基层。

（2）机构设置上，坚持以决策、执行、监督相互制约、相互协调为目标，按职能模块设置政府机构。将政府机构划分为综合统筹、经济服务、社会建设、城建管理、法制监督5个职能模块。在机构设置和运行机制上探索决策、执行、监督相互制约、相互协调。综合统筹模块强化决策统筹、战略研究职能，减少行政审批和一般性事务操作；经济服务模块强化产业研究、专业服务职能，提高服务的专业性和便捷度；社会建设模块强化服务基层、服务公民职能，着力保障和改善民生，优化公共服务；城建管理模块探索城市建设、管理与执法监督的合理分工，理顺行业指导、行业管理、行业执法和行业监督职能；法制监督模块强化监督保障职能，保证政府机构按照法定

---

① 俞正声：《举全市之力推进浦东综合配套改革试点》，《文汇报》2009年7月23日。

权限和程序行使权力、履行职责。①

2.改革内容体现"一个聚焦、两个凸显",即:聚焦"两个中心"、凸显服务经济和社会建设。2009 年,国务院出台《关于上海加快发展现代服务业和先进制造业,建设国际金融中心和国际航运中心的意见》,新浦东作为上海加快国际金融中心和国际航运中心建设的核心功能区和主战场,机构改革内容充分体现了"一个聚焦、两个凸显"。

(1)聚焦"两个中心"建设,推进金融业和航运业加快发展。首先在加快推进上海国际金融中心建设方面,此次机构改革,专门组建了浦东新区金融服务局。这是浦东为加快建设金融核心功能区,为上海加快国际金融中心建设、强化金融管理及服务功能所做的重大调整。目前,新区金融服务局主要承担新区金融业发展综合研究,拟定推进新区国际金融中心核心功能区建设规划;搞好金融服务和协调监管,以及制定相关配套政策,推进新区多层次的金融市场体系建设,推动金融与新区其他产业联动发展等职能。

其次在加快推进航运中心建设方面,浦东建立推进航运服务工作的有关领导小组,下设航运服务办公室作为其办事机构,设在经济和信息化委员会,并挂浦东新区海洋局的牌子。航运服务办公室主要承担加强对航运业发展规律的研究,组织开展航运物流、航运服务业、航运金融等专题研究;探索建立航运服务中心、航运公共服务平台、航运协会等相关机构;做好相关企业的引进、服务、管理工作,服务和协调中央和市航运管理机构;并履行海洋经济、海域管理、预报和防灾减灾等职能。

(2)突出服务经济特征,适应浦东新区经济发展的需要。浦东正处于经济发展转型时期,迫切要求以信息化带动全面提升制造业能级,推动产业融合发展,加快推动产业结构优化升级。为加强整体规划和统筹协调,改变目前管理分散,协调发展不足等问题,此次机构改革,组建了新区经济和信息

---

① 俞晓波:《新浦东政府机构改革探析》,《上海行政学院学报》2010 年专辑。

化委员会，将新区经济委员会的工业行业管理职责、新区科学技术委员会的信息化管理职责，整合划入新的经济和信息化委员会，并与安全生产监督管理局合署。不再保留新区经济委员会。

同时，结合新区城市高端化发展的需要，提升新区贸易和旅游发展水平，并最大限度发地挥世博效应，为国内外企业提供专业、有效的服务，做强浦东旅游产业，组建了新区商务委员会，挂旅游局、粮食局牌子，将新区经济委员会的内外贸易、会展、旅游、粮食等管理职责，整合划入商务委员会。

此外，两区合并后，为统筹规划和土地资源，实现城市规划和土地利用规划的有效衔接，进一步集约利用土地资源，保持新区经济社会可持续发展，组建新区规划和土地管理局，将新区发展和改革委员会承担的规划职责、新区建设和交通委员会承担的土地管理职责，整合划入新区规划和土地管理局。

（3）突出发展社会事业，实现浦东新区社会事业的均衡发展。随着经济和社会的全面发展和人民生活水平的普遍提高，新区群众对优质教育等公共服务的需求更为迫切。为解决管理幅度大、服务对象多的问题，组建新区教育局，挂新区体育局牌子，以提升新区教育公共服务专业化水平，解决浦东经济的快速发展与教育基础相对薄弱之间的矛盾。为促进新区卫生事业与国民经济和社会服务同步发展，组建新区卫生局，挂新区人口和计划生育委员会牌子，建立符合浦东新区社会经济发展需要的公共卫生服务体系和基本医疗服务体系。为加强引导新区社会组织发展和基层民主建设，强化政府民生保障和服务，加强对弱势群体的关怀，将新区劳动和社会保障局承担的民政、社会团体管理职责，整合划入新区民政局，挂新区社会团体管理局牌子。为打破人才市场与劳动力市场的分割，加强人力资源统一管理、合理流动和有效配置，完善就业、劳动权益和社会保障体系，组建新区人力资源和社会保障局，挂新区公务员局牌子，承担原人事局、劳动和社会保障局、医疗保险办公室职责。

同时，针对南汇划入后，浦东新区的农田增加到 40 万亩，农民增加到 26 万人，"三农"问题、城乡二元结构问题比以前突出的现状，将新区农业委员会重新单列，与中共浦东新区委员会农村工作办公室合署。以在更高起点上推进浦东"三农"工作，切实破解城乡二元结构，在全市率先形成城乡经济社会发展一体化新格局。①

3. 机构改革与相关配套改革整体设计。浦东新区将区级机构改革与开发区管理体制改革、街镇机构改革、事业单位改革和国资国企改革等统筹规划、整体设计，以机构改革为突破口、辅之以相配套的制度设计和流程再造，综合考虑政府职能转变、行政流程优化、运行机制创新、用人机制完善、公共服务体系改革。

同时，在区级层面组建决策咨询委员会，其办事机构设在新区区委办公室。整合、吸纳中央、市级、新区和社会的决策研究力量，建立设计浦东全局重大议题的开放型科学决策咨询机构和运行机制。

此外，根据上下对应、理顺关系的需要，党委部门也进行适当调整。组建新区社会工作党委；组建新区区级机关工作党委，与区委办公室合署；新区企业工作党委更名为国有资产监督管理委员会党委，与新区国有资产监督管理委员会合署；组建区委老干部局，由区委组织部管理；不再保留新区社会发展局党委、城区工作党委和农村工作党委。调整后的新区区委工作部门共计 7 个。

三 进一步优化浦东新区政府组织结构的对策

20 多年来，浦东新区根据中央和上海市委、市政府的要求，在政府机构改革与创新方面，进行了开创性的探索，取得了显著成效。但从深入贯彻落实科学发展观，深入推进综合配套改革试点，更好地发挥浦东的示范带动

---

① 俞晓波:《新浦东政府机构改革探析》,《上海行政学院学报》2010 年专辑。

作用、核心功能作用，把浦东开发开放推向新的高度，为落实国家战略和上海改革发展做出更大贡献的要求来看，政府管理体制和机构还有一些不相适应的地方，还存在着程度不同形式不一的问题：如政府职能转变尚未完全到位，特别是社会管理和公共服务职能尚需进一步强化；大部门制改革尚未"形神俱备"，"整体性政府"运行机制还不完善；区政府职能部门、开发区、街镇的关系有待进一步理顺，尤其是各管理主体的协作配合和联动发展尚需加强；事业单位改革相对滞后、社会组织有待进一步培育和发展等。针对存在的问题，当前进一步优化浦东新区政府组织结构，应从以下几方面着手。

（一）进一步转变政府职能，优化政府职能配置

转变政府职能是政府机构改革的核心，浦东综合配套改革试点的落脚点，也在于转变政府职能，建设服务型政府。为此，浦东应按照服务型政府的要求，加快推进政企分开、政资分开、政事分开、政府与市场中介组织分开的力度，改变政府职能"错位"、"缺位"、"越位"的状况，在履行好经济调节和市场监管职能的同时，更加注重强化社会管理和公共服务职能。尤其是依法加强对社会组织和社会公共事务的管理，更好地发挥公民和社会组织在社会公共事务管理中的作用，探索社会协商求同机制，妥善协调区域内的各种利益关系，增强维护公共安全和处置突发事件的能力，在重大事务和决策中尽量争取社会共识，维护社会的公正、秩序和稳定。加大政府对公共产品、服务和公益性事业的投入，逐步缩小不同群体、不同居住区域之间获得公共服务水平的差距，建立健全公平公正、惠及全民、水平适度、可持续发展的公共服务体系，推进基本公共服务均等化。同时，按照决策职能以新区为主导、管理服务职能以街镇为主导的要求，对区政府职能和街镇职能进行合理界定。

新区政府的主要职能是：把大局、谋思路、作决策、考成效。重点做好规划、土地、投资项目审批等方面的决策和管理，加快转变区域经济发展方

式，利用规划指导、政策引导和先进服务推动产业结构优化升级，加强现代服务业重点行业建设，大力推进开发区和重点项目建设，增强联动发展能力，加快构建区域创新体系。

街镇的主要职能是：做服务、强管理、抓民生、促和谐。要进一步弱化招商引资等经济职能，强化基层民主建设、社会参与引导、社会资本积累、公共服务供给等职能，谋划形成"党委领导、政府负责、社会协同、公众参与"的社会管理格局。新区政府有关部门应向街、镇下放更多的权力，如向街、镇逐步下放参与规划权、部分综合执法权、对本部门派出机构的综合协调权和监督权等，做到"责、权、利"相一致，形成"条"为"块"服务的工作局面。

（二）深化机构改革，进一步优化政府组织结构

政府机构改革和政府职能转变是整个行政管理体制改革密不可分的两个方面。机构改革需要职能转变的内在推动，职能不转变，机构精简了还会出现膨胀。同样，职能转变也需要机构改革的外在推动，机构不调整，原有的职能就不能真正转变。"十二五"期间，浦东新区应继续按照精简统一效能的原则和决策权、执行权、监督权既相互制约又相互协调的要求，紧紧围绕职能转变和理顺职责关系，深化机构改革，进一步优化政府组织结构。

1. 按照探索实行职能有机统一的大部门体制的要求，加大机构整合力度。如前所述大部制是现代社会公共服务型政府的制度产物，也是市场经济成熟的国家普遍采用的政府体制模式。它的要旨是将政府机构中业务相似、职能相近的部门进行整合，集中由一个大部门实行统一管理。实行大部制，有助于改变政府机构职责交叉、政出多门等问题，提升行政效率，降低行政成本。深化浦东新区政府机构改革，第一是应在区分经济调节、市场监管、社会管理和公共服务部门的基础上，采用"大部制"的思路进一步整合现有的政府组成部门，科学设计政府组织架构，大力压缩经济管理部门，合理归

并城市建设与管理部门，加强与整合社会管理和公共服务部门，尤其是适当增加公共服务部门在政府机构中的比例。

第二是应按照精简、统一、效能原则，整合优化部门内设机构，严格控制人员编制和领导职数，确保改革后新区政府行政编制总数不突破。进一步清理和规范议事协调机构和临时机构。该撤销的坚决撤销，任务交由职能部门承担，确需设立的严格按规定程序审批，一般不设实体性办事机构。同时，建立健全机构编制管理与财政预算、组织人事管理的配合制约机制，加强对机构编制执行情况的监督检查，切实做到在机构编制上，以精简高效为原则，以职能需要为准绳，实现编制管理的科学化、规范化和法制化。

第三是继续推进管理层级扁平化，"十二五"期间，浦东新区继续推进管理层级扁平化，并不是简单地裁撤某一层级管理机构，而是应当将基层管理机构具备的事权充分下放，进一步体现"充分授权、重心下沉"的特性，增强基层机构的行政效率和主动性、灵活性。同时在提高政府管理层级扁平化过程中，还应与职能转移，推动社会组织承担职责相结合，防止基层政府机构承担的职能过多过广。①

第四是创新政府组织结构，探索从上下对口型向职能互补型的行政管理体制转变，浦东新区政府机构设置可以不实行上下对口，履行错位管理的职能。同时，探索由垂直管理向分层分类互补型政府构架转变，争取将部分市垂直部门授权新区政府管理。

2. 按照决策权、执行权、监督权既相互制约又相互协调的要求，构建"4S"模式，探索形成决策、执行、监督相协调的政府组织体系。决策、执行、监督是现代行政管理过程连续体的三大环节，应实现职责明确，相互协调，运转有效。深化浦东新区政府机构改革应从行政层次上加强决策、执行、监督三方面的协调，建立决策、执行、监督相协调的政府组织体系，

---

① 苏宁等：《浦东之路：政府制度创新经验与展望》，上海人民出版社 2010 年版，第 318 页。

实行决策综合化、执行专门化、监督专业化。初步建议是：将政府应强化的经济调节、市场监管、社会管理和公共服务四项职能结构化、模式化和规范化，该模式包括与政府系统四项职能相适应的四个子系统（Sub—system）（简称"4S"），即经济调节子系统、市场监管子系统、社会管理子系统、公共服务子系统。在具体操作过程中，应该按照四大职能的要求，将现有的行政管理机构归并整合成四大子系统，各系统下各委办局的决策权上移，由新区分管领导和委办局主要领导构成该系统的决策层，各委办局构成执行层；并依照国际上特大城市政府管理运作的通则，在决策层和执行层之间建立委托授权、责任契约等关系模式，加强决策层对执行层的监督考核。

同时，为了进一步强化监督职能，建议设立浦东新区督查委员会，具体做法是督查委员会由区委办、区府办、组织部、人社局、发改委、监察局、审计局、财政局等部门组成，区委副书记或常委副区长担任委员会主任，新区监察局负责牵头工作。并赋予它高度的权威，由它统一行使对区直机关和街镇、开发区的督查权力。督察委员会的主要工作是督促检查和考核奖惩，包括负责上海市委、市政府和其他上级机关督办或转办事项的督促检查；市、区领导批示及交办事项的督促检查；区委、区政府重大会议、重要文件、重点工作、重点项目、领导批示以及社会反响大的热点、难点事项的督促检查与落实；行政效能监察情况的督促检查；区直机关和镇、开发区财政预算执行情况和其他财政收支情况的督促检查；街镇、开发区发展目标的考核奖惩等。以更好地统筹整合部门力量，优化配置资源要素，实现工作联动，增强整体合力，确保区委、区政府的重大决策、重要部署和重点工作的贯彻落实，确保政令畅通，进而提升政府的执行力和行政效能。同时，进一步加强人大等法定监督部门和社会公众对政府的监督。

（三）创新行政运行机制，努力打造"整体性政府"

整体性理论是英国的佩里·希克斯等学者在对新公共管理的实践进行反思的基础上提出来的，整体性理论着眼于政府内部机构和部门的整体性运作，主张管理从分散走向集中，从部门走向整体，从破碎走向整合。[①]浦东应在转变政府职能的基础上，重点推进政府部门、政府公务员之间的整合和协同，形成与"整体性政府"要求相适应的工作运行机制，努力打造"整体性政府"。

1. 转变观念，塑造行为。应当通过教育和制度等相应措施，使新区政府公务员转变态度，塑造行为，形成"整体性政府"、"无缝隙组织"的文化。促使公务员认识到每一个政府机构、政府公务员不是仅仅代表政府的一个点，也不仅仅是一个面，而是代表整个政府，特别是随着"互联网"时代的来临这种趋势越来越明显，内部有"边界"，有"职能"，有"权限"，外部表现出整体性。

2. 整合部门，协调配合。在大部制改革基础上，弱化以部门、职能为导向的政府运营模式，强化以功能、结果为导向的部门协作管理模式，建立健全新区政府部门之间的协调配合机制，增强部门之间的执行合力。对于合作监管工作，一方面要划清职责，理顺关系，防止部门之间互相推诿和扯皮，制约执行效率；另一方面要探索"牵头管理，多方配合"的部门合作机制，赋予牵头管理单位以一定的考核权和调配权，有效整合部门之间的执行人员、执行资源和执行力量，提高行政效能。

3. 整合人员，组建团队。如在新区街镇层面，按照社区事务设置岗位，合并相同或相近的工作岗位，分类整合原有工作人员，组建"一条龙"工作小组，将人员归并到工作小组；提倡团队协作配合，降低行政成本，减少人

---

①　竺乾威：《从新公共管理到整体性治理》，《中国行政管理》2008 年第 10 期。

力资源浪费，解决权责交叉和职责不清等问题。可以考虑分别成立信息采集录入工作小组、规制性服务工作小组、技术性服务工作小组、物业服务工作小组、居民参与和交往工作小组、社区自治管理工作小组六个"一条龙"工作小组。

4. 构建平台，共享信息。畅通信息传递，综合新区各相关职能部门的职能和要求，共享信息资源，使各部门的工作人员能够互相交流与沟通，打破信息"孤岛"现象，提高工作效能，进一步推广电子政务，结合信息平台，为新区政府决策提供所需的信息。①

（四）进一步完善开发区管理模式，增强统筹区域发展的能力

浦东开发开放 20 多年来，陆家嘴、金桥、张江、外高桥等开发区以区域发展为目标，以规划一体为先导，充分发挥开发区和街镇优势，取得了比较明显的成效，总体运行情况良好。"十二五"期间，进一步完善开发区管理模式，前提就是进一步明确定位，核心在于增强统筹区域发展的能力。

1. 进一步明确开发区的定位。一是在职能定位方面。开发区必须坚持突出功能开发、突出统筹协调、突出资源整合、突出联动发展的原则，切实履行区域发展的统筹管理、统筹协调职能。二是在管理体制方面。坚持"哑铃形"分层管理模式，坚持"两级政府"的管理体制，即由新区和镇（街）两级政府组成。

2. 进一步理顺事权分工。明确开发区与职能部门、街镇事权分工的几项原则：一是坚持职能互补、合理分工、形成合力的原则。新区层面、开发区层面、街镇层面的职能事权不是"同构型"而是"互补型"，对开发区实行有限授权，把有利于推进区域开发建设的职能委托给开发区，不与新区职能部门及街镇的职能一一对口，便于开发区集中精力推动开发建设；其他管理

---

① 陈奇星：《浦东行政管理体制改革 20 年的回顾与思考》，《上海行政学院学报》2010 年第 3 期。

职能仍由职能部门承担，街镇仍为相关事务的操作主体。通过职能分工、有限授权，减少层次。同时，积极调动多个积极性，形成发展经济、推进建设、管理社会、提供公共服务的合力。

二是坚持有利于提高效率、加强管理、促进发展的原则。凡涉及区域开发建设的计划与投资管理、规划管理（"一书两证"管理）、经贸管理、建设管理、环境保护方面的审批管理权限，以开发区为主、新区职能部门指导。必须在新区层面统管的、不能分割的，如规划、土地、城市骨干道及以上道路建设和养护，技术性比较强的，以新区职能部门为主。涉及社会保障、社会稳定、社区管理和基层党的建设等工作，以街镇为操作主体，新区职能部门指导。

三是坚持权责匹配、财随事转、人随事走的原则。坚持"以事定财"、重心下移，以适当的财权支撑相应的事权，提高权利与责任的匹配程度。坚持"人员编制总量不增，全区统筹调剂"，以相应的事权配备相应的开发区干部，加强人员培训，把能力强的同志派到开发区。

3. 进一步增强统筹能力。一是增强财力统筹协调能力。根据平稳过渡、以事定财、做大增量、均衡发展的原则，完善开发区财力体制，适当扩大开发区的财权，增强开发区在财力增量上的统筹能力。二是增强区域社会事业发展的统筹协调能力。对应开发区，设置相应的教育署、卫生署等社会事业管理部门，其行政隶属关系仍归口职能部门管理，作为职能局的派出机构，同时实行职能局和开发区双重管理，统筹协调区域社会事业发展。

4. 进一步健全工作机制，完善工作流程。新区各职能部门要会同开发区形成各自与开发区事权划分的实施意见和工作流程，明确委托各开发区行使的审批管理权限、职能部门与开发区共同行使的管理权限、职能部门行使的管理权限，明确各自的审批时限，明确工作程序和步骤。

（五）加快推进事业单位改革，进一步培育和发展社会组织

加快社会事业的发展，是促进经济社会协调发展的基本要求，也是政府

提供公共服务的一个重要方面。事业单位是我国社会事业发展的主要载体，积聚了大量的社会和人力资源。"十二五"期间，浦东新区在推进综合配套改革试点，建设服务型政府的进程中，应将事业单位改革与政府机构改革结合起来，进一步提高公共服务水平。加快推进事业单位改革应从以下方面着手：

1. 明确事业单位改革的原则。一是要坚持政事分开的原则。即要明晰政府机关与事业单位的事权界限，在转变政府职能，实行"管办分离"的同时，还要杜绝政府职能体外循环的问题；二是要坚持分类改革的原则。即根据事业单位的不同特点，按照行使具体行政行为类、公益类、经营类等不同类别，制定有针对性的改革措施；三是要坚持配套改革的原则。即加强与投融资体制、国有资产体制、公共财政体制、专业领域体制、人事制度改革等相关改革的协同配合，并辅以严密的社会保障、人员分流等配套政策，创造优良的改革大环境；四是要坚持积极稳妥的原则，即处理好改革、发展、稳定的关系，根据社会的现实承受能力，实际情况，总体规划，分步到位。

2. 推进事业单位分类改革。党的十七届二中全会通过的《关于深化行政管理体制改革的意见》明确提出："按照政事分开、事企分开和管办分离的原则，对现有事业单位分三类进行改革。主要承担行政职能的，逐步转为行政机构或将行政职能划归行政机构；主要从事生产经营活动的，逐步转为企业；主要从事公益服务的，强化公益属性，整合资源，完善法人治理结构，加强政府监管。推进事业单位养老保险制度和人事制度改革，完善相关财政政策。"按照中央精神，浦东新区推进事业单位分类改革，首先是将主要承担行政职能的事业单位确定为行政执行特殊法人。其管理体制和运行机制参照国家机关，其工作人员参照公务员法进行管理。同时，实行竞争上岗制度，分流不合格人员，实现人员的优化组合，以提高其队伍的整体素质。该类事业单位的经费来源由政府财政予以保障，有执法收入的事业单位，要严格实行"收支两条线"，严禁收支挂钩，从制度上防止腐败，其法人代表或领导班子和国有资产由政府严格管理和监督。此外，严格控制行政执行类事业单位的机构数量和规模，控制人员编制及工资发放总量，使其保持在与国民经济和社会发展相协调的水平。今后，除国家政策、法律法规有明确规定外，一般不再审批设立这类事业单位。现有的行政执行类事业单位的机构编制原则上不再增加。

其次是将主要从事生产经营活动的事业单位逐步转制为企业，成为营利性社会组织和市场主体。并调动社会各方面积极性，多元化兴办生产经营类事业单位。这类事业单位在转制改企后的 3—5 年内，继续享受国家对事业单位的税收优惠政策。同时，引入竞争机制，全面推行生产经营类事业单位行政管理人员和专业技术人员聘用和聘任制；建立健全考核制度，研究制定这类事业单位聘任制的配套改革措施；研究制定事业单位行政管理人员向职员制过渡办法。此外，加快生产经营类事业单位社会保障体制改革的步伐，建立起适应社会主义市场经济体制所需要的资金来源多渠道，待遇结构多层次和基金管理社会化的社会保障体系。

其三是将主要从事公益服务的事业单位，强化公益属性，整合资源。由于社会公益类事业单位中，有的不具备有偿服务和自我发展的能力，有的具有一定的有偿服务能力，但都达不到经费自理的程度，需要国家财政予以支持。根据公共财政"社会共同需要"的原则，可按照以下思路，对这类事业单位实施改革和管理：一是严格控制机构的数量和规模，控制人员编制和工资发放总量，使其与国民经济和社会发展相协调。要调整和优化社会公益类事业单位的布局结构，对规模小、效益差、业务相近或重复的单位，要适时进行合并或撤销。二是要充分运用经济杠杆的作用，改变过去那种财政无偿拨款的办法。可考虑建立起同财政之间的某种经济"契约"关系。如可按照其承担的基础性和公益性项目的多少拨付经费。也可采取先拨付 60％ 的经费作为"基本保障金"，保证单位的正常开支和职工的基本生活，另外 40％ 的经费视其完成工作任务的情况再酌情拨付。三是对一些不具备改变拨款方式，在国民经济和社会发展中，具有重要或特殊作用的财政补贴事业单位，在经费上应尽可能给予保证。但不能终身不变，要定期进行综合评估，适时进行调整。四是进行体制创新，实现举办主体的多元化。要统筹规划，全面改革，重点解决社会公益类事业单位投入不足的问题。要广开财源，建立多元化的社会资金筹措机制，动员社会力量兴办各类事业单位，改变社会公益类事业单位主要靠政府兴办，财政无偿拨款的状况。在举办主体上，要鼓励国内外经济、社会组织和公民个人广泛参与发展社会公益服务事业，扩大社会公益类事业单位对外开放的程度。在适当时机，可考虑划出一些领域，允许外商按照国家政策投资经营社会公益事业（涉及国家安全和政策规定必须由国家举办的社会公益类事业单位除外）；在资金来源上，可实行国家集体个人一起上，内资、外资一起上；在组织形式上，可推动一部分具备条件的事业单位，走企业化发展道路，实行独资、合资、股份制、合伙制等多种形式。五是运用产出原理，对这类事业单位应实现的经济效益、社会效益和对此应承担的行政法律责任做出明确规定，财政或审计部门要严格履行监督职责。对那些财政拨款不再增加或逐年递减的社会公益类事业单位，可实行工资增长与事业经费递减幅度或事业收入增长幅度挂钩的管理办法，鼓励其运用创收获得的资金，自行安排职工工资，以提高职工的生活待遇。

在加快推进事业单位改革的同时，进一步培育和发展社会组织，逐步形成政府与社会组织良性互动的新型合作关系。

（1）大力培育发展市场中介服务机构。将一些专业性、技术性、事务性工作、包括社会经济监督、市场服务、社会公证、行业协调等工作，从政府职能中分离出来，交给中介组织承担。同时，结合优先发展现代服务业，积聚一批具有知名品牌和良好经营理念的国际中介服务机构。

（2）推进行业协会等自律性组织的发展和改革。积极探索政府购买服务、公共资金支持等促进行业协会发展的有效机制，努力培育和发展具有浦东新区优势产业的区域性行业协会；支持行业协会开展行业服务，逐步将待业评估论证、资质考核等职能转移或委托行业协会承担；充分发挥行业协会在参与国际经济贸易合作，应对国际贸易摩擦的积极作用，维护企业的合法利益。

（3）积极稳妥发展非营利性社会组织。从实际出发，有组织、有步骤大力发展公益性、服务性的社会团体，以及社会福利型、文化教育型、医疗健康型和社区服务型民办非企业单位。加强制度建设，健全有利于非营利性社会组织健康稳步发展的政策法规体系。

（4）加强对中介组织从业人员的培训。强化从业人员的资格审查工作，建立定期学习和定期考核、资格审查的制度，保证中介服务的高水平、高质量。同时，建立合理公正的价格体系，使中介服务运行有序，向规范化、市场化方向发展。

第三章 法治条件：提升浦东新区 政府依法行政水平

依法行政同社会主义法治国家建设紧密相连，它是法治国家建设中最重要的一环。没有依法行政水平的提高，不仅法治国家无以建立，服务型政府建设也必将无法持续推进。浦东新区作为我国改革开放的前沿阵地，相对于其他行政区域，在市场化程度、公民意识和国际化程度等方面，都具有一定的优势，这必然会对浦东新区的依法行政水平提出更高的要求。本章在简要阐述依法行政与服务型政府建设相互关系的基础上，从历时性的维度出发，阐析浦东新区在政府法制建设、行政执法及行政法制监督这三个层面所进行的探索和所面临的一些问题，最后，针对存在的问题，提出进一步提升浦东新区依法行政水平的对策。

一　依法行政与服务型政府建设

（一）依法行政是建设服务型政府的前提

服务型政府建设要求政府按照现代法治理念依法提供公共服务，依法行政既是建设服务型政府的重要前提，也是服务型政府建设必须坚持的首要准则。离开依法行政这一重要前提，政府难以真正实现从管制型政府向服务型政府的根本转变。

1. 法律规范是政府提供公共服务的基本保证。服务型政府建设绝非权宜之计，更非空洞的口号。服务型政府理念只有通过相关的制度设计，才能外化为政府的行为准则。一些地方服务政府建设之所以进步缓慢，一个重要原因就是过多依赖于领导者个人的意志或单纯的政策推力，而没有在法治层面研究和解决相关问题。依靠政策推动服务政府建设，利弊兼有，但总的来说弊大于利，一旦政策制定者的想法和注意力发生变化，政策有波动，服务型政府建设便难以为继，政府提供的公共服务如果朝令夕改，始终处在各种政策波动的影响下，不但无法稳定提供优质公共服务，反而会给公众的日常生活带来诸多不便，进而影响政府的权威和公信力。

2. 依法行政能够将服务型政府可能带来的问题降到最低限度。按照行政法治理论，服务型政府本身并非完美无缺，服务型政府建设同样存在因政府权力膨胀带来腐败和权力滥用的可能，更严重的是，行政力量迅速扩张可能挤压私人空间，从而对民主、自由和公平理念造成威胁；同时，服务政府本身并不能消除资源分配使用的效率低下，人的生存和创造能力退化的隐患，因此，从理论上说"服务职能越强化，服务型政府发展越充分，服务项目越多，服务范围越广，服务越周到、充盈，意味着行政成本越高，纳税人的负担越重。"[1]服务政府可能存在的诸多问题，只有在法治框架内才能得以避免。因为，法治的一个基本要求就是规范公共权力，法治政府的基本理念就是将行政权力纳入法的框架下运行。因此，依法行政、建设法治政府，有利于将民主、平等、正义等诸多法治理念和规则贯彻到政府提供公共服务的活动中去，从而降低服务型政府建设过程对社会正义和个人自由可能带来的不利影响。

3. 依法行政有助于实现对政府权力运行的监督。政府提供公共服务，既可能是一种法治规范下的政府义务，同时也可能是一种失范的权力。从我国

---

① 江必新：《行政法学研究应如何回应服务型政府的实践》，《现代法学》2009 年第 1 期。

目前实际情况看，政府提供公共服务，由于缺乏制度规范，政府相应的自由裁量范围很大，而司法又难以对此进行审查。同时，由于客观上公众对政府活动的参与程度还不高，难以实现对此类活动的有效监督，服务型政府演进的规范化程度还比较低。政府公共服务的提供，必须有严格的制度规范，尤其是程序制度的规范，在此基础上完善相关监督制度，只有这样，服务型政府建设才能获得强大、稳定、持续的动力。

总之，服务政府与法治政府是两个既相对独立又密切相关的概念。法治政府并不必然是服务型政府，但服务型政府必须是法治政府。正如有学者指出的那样：法治政府是一种关于政府运作方式的理念，在不同的历史时期有不同的内容，其与服务型政府并不必然会结合，如在自由资本主义时期人们并不需要政府提供过多的服务，因此，就那个时期而言是有法治政府而无服务型政府①。但是，时代发展至今，两者之间更多的是一种契合，两者相互影响、相互推动，有学者甚至认为服务应当是当代行政法的精神实质。② 因此，必须充分认识依法行政、法治政府建设对于服务型政府构建的重要性。

（二）服务型政府建设促进依法行政的发展

服务型政府建设既离不开一定的法治条件，同时又在一定程度上推动着依法行政和法治政府建设的发展。

1. 服务型政府推进依法行政的制度建设。服务理念要求政府既注意积极引导经济秩序的变革，更注重促进政府自身管理体制和职能的转变；既注重对行政权力的保障，又注重对权力行使的监督以及对公民权利的维护。因此，服务型政府建设过程中，在回应现代服务理念这些基本要求的同时，政府依法行政的制度体系必将被不断推进和完善：其一，促进行政组织法律制度的完善。服务型政府建设必将大大推进政府职能定位、机构设置等方面的

① 江必新:《行政法学研究应如何回应服务型政府的实践》,《现代法学》2009 年第 1 期。
② 叶必丰:《行政法的人文精神》,北京大学出版社 2005 年版，第 137—161 页。

法治化，从而"实现政府组织机构及人员编制向科学化、规范化、法制化的根本转变，实现行政运行机制和政府管理方式向规范有序、公开透明、便民高效的根本转变，建设人民满意的政府"①。其二，推进民生方面行政立法的加强。服务型政府建设内在地要求政府切实关注民生，更加注重社会领域立法，进一步健全社会救助、教育卫生、就业促进、权利救济等方面的规章制度。其三，服务型政府建设促进行政监督制度的完善。服务型政府建设强调政府权力和责任的统一，要求政府依法行政，切实做到执法有保障、有权必有责、用权受监督、违法受追究、侵权须赔偿，服务型政府建设必将不断促进行政监督和救济制度的完善。

2. 服务型政府建设促进行政执法理念的转变。服务政府理念要求改变目前在行政执法中普遍存在行政执法主体价值观念错位、服务意识薄弱和行政特权思想严重等问题，改变重实体轻程序，重审批轻管理、重处罚轻服务、重强制轻教育等传统行政执法方式。

服务型政府理念内在地要求大力提倡人性化执法，尤其是对行政裁量权及时予以细化、量化，便于执法机构操作，又便于相对人认可和接受；服务理念也要求政府更加善于运用包括行政合同、行政指导和行政奖励等柔性行政方式，既保证行政目标的实现，又能促进行政管理双方的互相沟通，消除不必要的对抗。其中，行政合同制度吸收了民法中的平等、契约自由、意思自治精神，行政相对人的意志和利益通过这种具有弹性的行政管理方式得到更多的体现和保障；行政指导，则通过行政主体在信息和资源方面的优势来引导行政相对人的行为，行政相对人可以根据自己的实际情况来选择是否接受这种引导；而行政奖励也是采用利益机制，调动行政相对人的积极性，有效实现行政目的。

服务政府理念也要求政府更加重视行政给付行为，即在公民年老、疾

① 中国共产党十七届二中全会：《关于深化行政管理体制改革的意见》，2008 年 2 月 27 日。

病、丧失劳动能力或遭遇生活困难等情况下，政府依法赋予其一定的物质权益或与物质有关的权益。行政机关通过给特定行政相对人发放抚恤金、救济金、养老金、失业补助、最低生活补贴等，以维持处在年老、疾病、贫穷、失业和其他困难情境下的相对人的基本生活，并进而维持社会的安定和社会正常的生产、生活秩序。

总之，服务型政府理念下，行政执法已经不具有传统行政法认为的纯粹单方性、无条件强制性等特征，在相当多时候已经表现为双方性和互动性，在有些时候行政执法、行政决定要受到行政相对人观点和意见的影响。

3. 服务型政府建设推动行政监督机制的完善。行政权力的公共性和一定的强制性的特点，决定了它在运作过程中有可能发生背离公共利益、损害行政相对人合法权益的情况。因此，服务型政府建设必须重视对行政行为进行监督的制度设计。在我国的政治体系中，对政府的行政行为进行监督的形式多种多样，如人大的监督、政党的监督、司法监督以及行政系统的内部监督（行政复议、行政监察、审计监督）、社会监督等，服务型政府内在地要求不断完善行政监督的机制，保障服务型政府建设的健康发展。

尤其是，政府公共服务提供有相当的自由裁量性。法律本身不可能涵盖一切行政领域，更何况在公共服务领域，行政自由裁量行为广泛存在于政府服务领域，这是一个不争的事实。然而，自由裁量是一把双刃剑，政府既可能依据法律规定和事实公正地裁断，也可能主观臆断，错误裁决。尤其是行政过程一旦存在干扰或执法人员素质不高等情况，就更容易出现差错，极容易损害公民、法人或其他组织的合法权利。因此，为了能使行政行为符合法律的要求，切实保护行政相对人的合法权利，当今世界各国都十分重视监督制度建设，以各种方式经常性地监督行政行为是否合法、合理。行政法制监督的广度和深度直接反映了行政法治化的程度，建立和健全各项行政法制监督机制，对于推进依法行政、建设服务型政府具有重要意义。

总之，服务型政府建设，必将催生一系列新的制度规范，从而为依法行政和法治政府建设提供新的制度动力，也正是在上述意义上，法国公法学者狄骥强调公共服务的概念应当是建构政府的公法理论的基础所在。① 更为重要的是，在依法行政的框架下，公共服务能够在规范、有序的程序下进行，通过制度使公众对政府服务形成一种合理的预期，这必将极大提高政府的公信力，使法治政府、服务政府建设在良性互动中得到全面提升。

二 浦东新区依法行政现状分析

改革开放以来，尤其是20世纪90年代以后，我国颁布实施了一系列旨在规范政府行为的重要法律、法规。其中，有规范行政主体的法律，如《公务员法》；有规范行政立法行为的法律规范，如《立法法》、《行政法规制定程序条例》和《规章制定程序条例》；有直接规范行政行为法律，如《行政处罚法》、《行政许可法》，更有行政监督方面规范，如《行政诉讼法》、《国家赔偿法》、《行政监察法》、《行政复议法》等。因此，如果说"行政权力、行政行为和行政责任的法律规定，构成了行政法的三元结构"②，那么这样一个基本法律制度框架在我国已经初步形成。

2004年4月，国务院《全面推进依法行政实施纲要》明确提出，要"经过十年左右坚持不懈的努力，基本实现建设法治政府的目标"。其后，全国各地政府纷纷制定全面推进依法行政的五年或十年规划。2008年6月，上海市人民政府进一步要求围绕建设法治政府目标，以政府职能转变为核心，加快把上海市建设成为全国行政效率最高、行政透明度最高和行政收费最少的行政区之一。2009年4月，上海市提出进一步改善上海的法治环境，加

---

① ［法］莱昂·狄骥：《公法的变迁·法律与国家》，郑戈等译，辽海出版社1999年版，第50—58页。

② 孙笑侠：《法律对行政的控制——现代行政法的法理理解》，山东人民出版社1999年版，第164页。

强公平执法、公正执法，推进上海率先转变发展方式、率先提高自主创新能力、率先推进改革开放、率先构建社会主义和谐社会，加快建设国际经济、金融、贸易、航运中心。

近年来，浦东新区在推进综合配套改革试点、构建服务政府和法治政府进程中，注重通过制度规范政府行为，通过制度推进政府公开透明和依法监督水平，政府依法行政水平不断提高。

（一）政府法制建设状况

浦东开发开放，一贯坚持"规划先行，法制先行"，坚持把依法行政理念贯彻到政府各项工作中去，在符合法律基本精神和原则的前提下，努力突破政府管理体制、经济运行方式、城乡二元经济与社会结构等深层次体制机制障碍，进行综合性制度创新，推进依法行政，促进服务型政府建设。

"法制先行"是浦东改革开放的基本经验和原则。浦东在服务型政府建设过程中，注意处理好改革创新和依法行政的关系，使改革与规范处于协调和谐的良性互动状态。浦东开发开放20多年来，其相应的制度建设主要集中在两个方面，一是上海市通过法规、规章的形式落实国家关于浦东开发开放的各项政策，二是浦东新区制定根据需要和授权制定的政府规范性文件。

仅在浦东开发开放的前10年中，上海市人民政府和市人大就出台了20多件相关的政府法规、规章及重要的规范性文件，如1990年上海市政府发布了《上海市浦东新区土地管理规定》、《关于上海浦东新区规划建设管理若干规定》、《关于上海浦东新区外商投资企业审批办法》等7个规章；1991年和1992年又相继制定了《上海市鼓励外地投资浦东新区的暂行办法》等；浦东开发建设进入相对成熟阶段后，上海市又专门针对新区的重点开发区分别制定了规章和地方性法规，重点推进开发区的功能开发。如出台《上海市陆家嘴金融贸易中心区综合管理暂行规定》，《上海市外高桥保税区管理办法》，后者后来又上升为地方性法规《上海市外高桥保税区条例》。2007年

4 月 26 日，市人大常委会通过了《关于促进和保证浦东新区综合配套改革试点工作的决定》。2010 年底，浦东新区政府通过了《浦东新区关于进一步发挥律师在法治政府、法治社会建设中的重要作用的实施意见》，要求各职能部门牢固树立依法执政理念，充分发挥律师在推进依法治区、建设法治政府中的积极作用，引导和组织律师开展政府法律咨询、法制宣传、矛盾化解、基层法律服务等工作，为律师参与浦东法治建设提供积极保障和有力支持。应该说，这些地方性法规、规章和决定不但为推进浦东开发建设起到了至关重要的作用，同时也为理顺管理体制，明确管理职责，提高新区依法管理的水平和效能，发挥了积极地引导、规范和保障的作用，推动了浦东开发开放的健康有序发展。

从浦东新区层面来说，其推进依法行政和制度创新所制定的规范性文件主要集中在三个方面：

1. 营造有利于浦东开发开放局面的制度规范。浦东新区政府在率先探索建立现代市场运行机制，创造有利于开发开放环境方面制定了大量规范性文件，如《加快新区现代企业制度建设的指导意见》、《浦东新区集贸市场管理暂行办法》等。这些规范性文件不少在上海市乃至全国都是首创的。如1998 年制定的《浦东新区实行"一门式"服务的若干意见》，实行项目审批"一门式"服务，这在当时是一种首创，现在这种"一门式"服务方式已经在全市各区县乃至全国推广。再如通过《浦东新区土地使用权出让招标、拍卖、挂牌实施办法》等规范土地公开交易行为，使浦东地区的土地交易长期以来处于比较规范的状态；通过 1998 年制定的《浦东新区财政性专项拨款采购设备管理办法》，浦东新区率先实行政府集中招标采购制度，公开、公平的政府采购流程保证了政府采购行为的合法性。

近年来，为充分发挥浦东在推进上海"四个率先"中的示范带头作用和在加快建设"四个中心"中的核心功能作用，新区发布了一系列制度，如《浦东新区促进自主创新若干意见》、《浦东新区人民政府关于实行重大行政决策公开的指导意见》、《浦东新区行政效能投诉暂行办法》、《关于进一步转变政府职能充分发挥街道办事处社会管理综合协调作用的若干意见》等，为浦东综合配套改革和先行先试过程中突破制度性"瓶颈"提供了一定的法制保障。

2. 全面推进新区政府依法行政的制度规范。围绕依法治国的治国方略和国务院全面推进依法行政的决定，新区政府全面推进依法行政的制度建设。《立法法》和《行政规章制定程序条例》颁布后，浦东新区在 2003 年通过了《浦东新区实施〈上海市行政机关规范性文件制定程序规定〉细则》；2004年国务院《全面推进依法行政实施纲要》颁布后，新区政府发布了《浦东新区全面推进依法行政实施方案》；2004 年行政许可法实施后，浦东新区人民政府通过了《浦东新区深化行政审批制度改革方案》、《浦东新区企业设立、开业试行告知承诺审批方式的细则》、《浦东新区企业注册登记实行并联审批制度的细则》和《浦东新区"一门式"服务机构行政效能检查工作实施意见》；为全面提高行政执法水平，2004 年新区政府通过了《浦东新区行政执法监督检查办法》，2005 年 4 月通过了《上海市浦东新区行政过错责任追究暂行办法》，这些制度保证了新区行政执法水平的不断提升。

3. 促进新区政府信息公开的制度规范。浦东新区关于信息公开的制度建设在全国始终处于比较领先的地位。2004 年，上海在全国率先制定《上海市政府信息公开规定》后，浦东新区政府以此为契机，制定了一系列具体制度，如《关于加强浦东新区信息公开全面性和及时性工作意见》，扩大了信息公开的范围，丰富了信息公开的内容，缩短了公文信息从审签形成到提供发布的时间，确保可公开的政府信息第一时间向社会公布。从 2004 年 5 月 1 日开始，浦东就设立了 52 个政府信息申请专门受理点，30 个政府公报开放点，政府各部门设立了公共查阅室、政府信息公开告知栏、触摸屏查阅点等。2008 年 5 月，国务院《信息公开条例》实施后，浦东新区大力推进电子政务信息公开，制定了《关于加强浦东新区门户网站信息管理的暂行规定》、《新区推进电子政府建设实施纲要》，新区各政府部门均制定了相应的政务公开制度、信息公开指南等，使浦东新区政府信息公开实现了规范化。目前，浦东新区已经初步形成了"一站式"的申请政府信息公开机制——任何一个查询点都能为政府信息公开申请者提供其他部门的政府信息。

尽管浦东新区依法行政和制度建设取得了较大成就，但是与全面推进浦东综合配套改革试点和服务型政府建设要求想比，无论在制度建设方面还是在政府行为的规范性方面，浦东新区还存在一些值得注意的问题，就制度建设而言，主要问题有：

第一，规范性文件的地位有待提高。浦东新区属于上海的一个市辖区，其立法权限十分有限。许多重要改革措施，主要是通过规范性文件方式颁行。如近年来，浦东新区政府及所属部门先后出台 70 余件行政规范性文件，内容涉及推进企业履行社会责任，培育社会自律机制，改革政府管理方式；加强全区财政预算管理、完善街镇财政体制、实行社区详细规划听取公众意见、绩效预算改革试点来强化政府公共服务，建设公共财政体制等方面，这些制度对于推进浦东服务型政府建设发挥了重要作用。但是，规范性文件的法律层级较低，缺乏应有的权威性和有效性，在推进更高层级立法或者争取更高层级立法授权方面，浦东新区还有很大的发展空间。

第二，规范性文件的创新力度有待加强。上海市人大常委会通过了《关于促进和保证浦东新区综合配套改革试点工作的决定》，强调在坚持国家法制统一原则和本市地方性法规基本原则的前提下，上海市人民政府和浦东新区人民政府可以就浦东新区综合配套改革制定相关文件在浦东新区先行先试，并报市人民代表大会常务委员会备案；浦东新区人民代表大会及其常务委员会可以就推进浦东新区综合配套改革试点工作做出相关决议、决定，并报市人民代表大会常务委员会备案，这一决定授予了新区较大的立法自主权。如何在上位法授权下，促进新区制度创新力度，推进依法行政和服务型政府的制度建设，通过制度建设促进科学化、民主化、规范化的行政决策，推动以人为本的行政文化建设，这是需要浦东新区深入研究的紧迫问题。

第三，规范性文件的制定程序有待完善。新区政府颁布了《浦东新区行政规范性文件制定和备案实施细则》，把法律审查把关制度、协调论证制度、集体讨论制度、效用评估制度落到实处，强调要扩大公众参与程度，采取多种形式听取相对人意见。建立了规范性文件实施效果跟踪评估机制，对实施满一年的规范性文件，新区政府相关部门组织开展对其实施效果进行调查评估。但总体而言，这些制度还比较原则，操作性还不强，实施效果有待进一步提高。尤其是，在规范性文件的制定过程中，如何更好发挥专家作用，如何更好完善公众参与的机制和平台，还有较大的发展空间。

（二）行政执法状况

行政执法是行政法治建设的重要组成部分，离开合法高效的行政执法工作，再好的行政法规和制度也只能停留在理论形态。从某种意义上说，行政执法是依法行政的核心内容。浦东新区开发开放以来，随着市场经济体系的逐步建立和完善，城区管理力度的逐步加大，新区的行政执法状况也逐步在规范和完善，行政执法水平得到了较大提升。

1. 行政执法体制初步理顺。我国早期行政执法体制一个显著特点是"立一部法规或规章，设立一支执法队伍"，每个执法部门都单独养了一支执法队伍，专业执法领域狭窄，覆盖面小，导致执法力量分散，执法成本上升而执法质量不断下降。为适应法治政府建设背景下依法执法、提高效能的要求，我国以法律形式确立了相对集中行政处罚权和行政许可权制度。

浦东很早就开始探索行政综合执法体制，早在 1998 年 10 月就将市容监察、城市路政管理、公路路政管理、园林绿化监察等六支队伍合组为浦东新区城市管理监察总队，隶属于新区市政委，集中行使总共涉及 26 部法律、法规和规章的市容环境卫生、园林绿化、城市道路等方面的行政处罚权。浦东新区城管监察总队虽然综合执法实践时间不长，但其综合执法的优势得到了初步显现：一是改变了大盖帽过多过滥的现象；二是提高了监管效率，加强了执法力度，扩大了巡察覆盖面。

2000年7月13日，上海市第十一届人民代表大会常务委员会第二十次会议通过了《上海市人民代表大会常务委员会关于同意在本市进行城市管理综合执法试点工作的决定》。2000年12月，经市政府同意在浦东新区、黄浦、徐汇率先成立城市管理监察大队，开展综合执法的试点工作。2002年8月，国务院《关于进一步推进相对集中行政处罚权工作的决定》授权省级政府可以决定城市管理以及其他领域实行相对集中行政处罚权。浦东相对集中行政处罚权工作的开展更加卓有成效，集中范围在上海市的基础上进一步扩大。

2005年6月，市政府发布了《上海市人民政府关于本市开展市级层面城市管理领域相对集中行政处罚权工作的决定》，明确自2005年8月1日，设立上海市城市管理行政执法局。此后，各区县设立相应分支机构，综合执法工作在包括浦东新区在内的全市范围内展开。2005年底，浦东新区城市管理综合执法体制进行了重大改革。根据《关于浦东新区城市管理行政综合执法体制调整的通知》和《浦东新区人民政府关于理顺和完善浦东新区城市管理行政综合执法工作的通知》。2006年3月，新区城管执法局和六个功能区域执法大队成立。新体制边运行、边磨合、边完善，稳步有序推进各项工作，积极构建城管执法新机制，夯实依法行政基础，优势逐步显现，区域执法力度得到加强，执法资源得到了整合。2006年9月1日，上海市人民政府颁发了《关于扩大浦东新区城市管理领域相对集中行政处罚权范围的决定》，明确由新区城管执法局统一行使市容、市政、水务、城市规划管理、环境保护、公安交通、工商、建设、房地产、绿化、城市交通、卫生、食品药品监督、文化市场、建制镇城市管理等方面全部或部分行政处罚权及与行政处罚相关的权力，应该说，通过改革基本解决了城市管理领域执法交叉、重叠的现象。这一系列改革使浦东新区的行政管理重心不断下移，城管执法更贴近基层、贴近社区、贴近群众，城管工作不但能在第一时间及时发现和处理问题，更为重要的是更好地实现了与群众之间的互动和沟通。

2. 行政执法方式更加多样。国务院《全面推进依法行政实施纲要》强调要"改革行政管理方式……要充分运用间接管理、动态管理和事后监督管理等手段对经济和社会事务实施管理；充分发挥行政规划、行政指导、行政合同等方式的作用；加快电子政务建设，推进政府上网工程的建设和运用，扩大政府网上办公的范围；政府部门之间应当尽快做到信息互通和资源共享，提高政府办事效率，降低管理成本，创新管理方式，方便人民群众。"

浦东新区这方面的探索成果，较典型地体现在其行政指导方式的广泛运用上。行政指导是行政机关为适应复杂多样化的经济和社会管理需要，基于国家的法律精神、原则、规则或政策，适时灵活地采取指导、劝告、建议等非强制性方法，谋求相对人同意或协力，以有效地实现一定行政目的之行为。"许多重要市场经济国家对行政指导的态度都陆续发生了由否定到暧昧到肯定到注意采用的变化过程，行政指导作为对传统行政的一种必要补充和一种灵活有效的行政活动方式，已越来越多地运用于市场经济国家的经济与行政管理过程中。"①浦东新区积极探索行政指导这一新颖执法方式，如新区工商局，针对监管的难点和盲点，积极探索在日常监管工作中，试点实施以行政规劝、提醒、预警和建设为主要内容的行政指导制度，实行事前预警告诫，事中纠正制止，事后教育规范，对严重违法行为依法处罚的工作方式。如对存在经营期限到期等潜在违法因素的企业，发放《行政指导告知书》，通过到期提醒、申办提示等方式，提前告知法律规定，有效揭示法律风险，督促其尽快办理相关手续，避免违法行为的发生。对消费者申（投）诉较为集中的企业，及时上门检查，了解情况，帮助其对照法律规定查找根源，尽快予以解决，在维护消费者合法权益的同时，促进企业规范发展。同时，通过《行政指导建议书》的形式，先督促企业自觉纠正违法行为，如果企业逾期不改，再予以行政处罚。如 2009 年，对外高桥保税区内 30 家酒类进口企

---

① 莫于川：《行政指导法治化问题研究》，《行政法论丛》（第 4 卷），法律出版社 2001 年版，第 248 页。

业开展专项检查，向相关企业发放《行政指导建议书》15份，促使企业主动纠正违法行为13起，并对上海某葡萄酒贸易有限公司等两家未按照《行政指导建议书》要求及时改正违法行为的企业予以立案查处，有效规范了外高桥保税区酒类进口行业经营秩序。①

3.执法队伍素质不断提高。为了保证行政执法的有效性，新区政府十分重视提升执法人员素质。一是通过细化制度，凸显制度刚性来规范执法行为，提升执法人员素质，如新区城管执法局制定发布了《关于停放和处置非法营运车辆的暂行规定》、《视听设备使用及视听资料管理暂行规定》、《行政执法过错责任追究实施细则》、《执法文书编号编写规定》、《相对集中行政处罚权执法程序实施细则》等规范性文件，细化了执法流程和规范，从而大大规范了执法人员执法行为。二是通过执法培训提升执法人员素质。除参加市级层面执法人员培训以外，新区每年组织大量对执法人员进行的专项执法培训和常规培训。如近年来，城管执法局组织新区一千多名执法人员参加岗位培训；每年结合专项执法要求，组织春运执法、停车场库管理、机动车驾驶员管理、交通执法岗位培训、出租行业非法营运执法等培训；结合市执法局工作部署，组织户外广告、景观灯光执法培训、组织分队建设培训，取得了良好的效果。

浦东新区的行政执法，尽管取得了一定的成效，但在实践中也存在着一些问题：

第一，行政执法方式和执法制度需要进一步改进。浦东新区执法水平总体上比较规范。但是，2009年10月发生的交通行政"钓鱼执法"事件②，折

① 《工商浦东新区分局通过行政指导规范外高桥保税区企业发展显成效》，http://credit.pudong.gov.cn/credit_jgdt/Info/Detail_272189.htm，2009年6月26日。
② 2009年10月14日晚上7时许，上海某公司18岁司机孙中界驾驶一辆金杯面包车好心搭载路人，却被浦东新区城市管理行政执法局使用不正当取证手段，认定为"非法营运"。孙中界在遭遇"钓鱼执法"后，无法接受做好事被冤枉遭受屈辱的事实，断指以示清白，引发社会广泛关注。

射了浦东新区执法部门在行政执法方式和执法制度方面仍然存在一些问题。浦东新区在努力消弭"钓鱼执法"事件负面影响的同时，更应关注事件背后的制度性根源，寻求根本性的解决方案，努力在市场经济体制下、在法治的框架内，重构政府的管理模式、权力边界以及行为规范；在法治理念下，审慎研究行政执法行为的合法性和合理性，切实提高政府的依法行政能力和水平。

第二，行政执法程序在一些重要执法领域尚未得到应有重视。重实体、轻程序一直是我国执法过程中的一个老大难问题。虽然，近年来浦东新区比较重视在行政执法过程中逐步完善行政执法程序，根据法律法规和规章的规定，对行政执法环节、步骤进行细化，以做到流程清楚、要求明确、期限具体、便于操作。但行政执法程序观念的确立和程序制度的完善是一个漫长的过程。由于执法事务繁忙，在效率和公平之间发生矛盾的时候，执法部门客观上容易重效率而忽视程序。"钓鱼执法"事件的发生说明，严格依照法定程序行政在我国这样一个法治刚刚起步的国家并非易事。在"钓鱼执法"事件中，执法部门利用特殊乘客进行取证，就比较明显违反了行政处罚法关于执法取证程序的基本规定，这一事件发生的主要原因是我们有些执法人员的程序观念还不强。

第三，行政执法中的自由裁量权尚未得到有效规范。我国行政执法的自由裁量权比较大，往往对同一类违法事实，不同区域间处罚结果却不相同，有的处以最低处罚，有的则处以较高的处罚，造成执法不公现象。同时，即便是同类处罚在不同区域间处罚相同，但是由于处罚幅度弹性不足，自由裁量权没有得到较好规范，畸重畸轻现象值得引起注意。

裁量基准即"裁量基本标准"，它有助于克服行政裁量的恣意性。通过对处罚幅度的分解、细化，合理地收缩了执法人员的裁量空间，从而约束执法人员的裁量行为，防止执法的随意性，增强行政行为的可预测性和正当性。通过明细化的行政裁量基准，让执法人员和相对人更加清楚明了行政运作过程，尽可能地缩小法律规范的不确定性所带来的争议，自然容易使行政裁量权行使的结果得到社会公众更多的认同。"钓鱼执法"事件在一定程度上反映了浦东乃至全国在行政执法方面自由裁量权行使的过度"自由性"。因此，浦东在探索自由裁量基准制度方面，还有较大的完善空间。

（三）行政法制监督状况

行政法制监督是指对依法行政工作实施监督的制度规范，其目的在于落实责任、规范行为，保障依法行政工作的有序推进。近年来，浦东新区政府从行政执法监督检查、行政复议、行政诉讼等方面推进行政法制监督建设，为行政权力合法运行提供了坚实有力的保障。

1. 细化行政执法监督检查制度。新区政府将行政执法检查作为重要制度加以推进。2008 年新区制定了相关文件，明确规定了行政执法监督检查的 10 个方面，尤其是明确了卷宗抽查制度。2009 年发布了《2009 年度浦东新区行政执法案件监督检查意见》，按照精简归并、自查与抽查相结合的原则，组织开展行政执法案卷评查工作。主要包括行政处罚、行政许可、行政给付、政府信息公开、行政收费、行政强制措施等类型的案件，检查行政执法主体、职权、依据、事实、证据、程序、文书等方面的合法性和合理性。2009 年，在各单位自查 1886 件的基础上，新区法制办一共随机抽查了 311 件案卷，通过自查、互查、抽查，较好地保证了执法的质量。被检查发现执法瑕疵的执法部门，及时完善内部制度，坚决避免同类瑕疵重复产生。

2. 积极做好行政复议工作。浦东新区积极发挥行政复议在法治政府建设中的重要作用。行政复议是监督行政的一种制度化、规范化的行政救济行为，也是国家行政机关系统内部为依法行政而进行自我约束的重要机制。[①]行政复议与行政诉讼相比，兼顾效率和公平，它在化解行政争议方面有很多

---

① 竺乾威：《公共管理（MPA）简明读本》（第二版），复旦大学出版社 2006 年版，第 354 页。

行政诉讼所无法比拟的优势。因此，新区政府十分重视行政复议工作。畅通口头申请、信函申请、信访申请、网上申请等复议渠道，在符合复议法规定的前提下，对不影响实质问题的复议申请，尽可能受理。并创新行政复议办理方式，除书面审理外，对事实不清、争议较大的案件，尝试采取听取专家意见、当面审理、公开听证等多种方式，同时，加强和规范复议过程中的争议化解机制，明确和解、调解的原则和方法，争取在政府行政程序中解决争议，努力做到"定纷止争，案结事了"，促进社会和谐。

新区还成立了由各主要执法部门为成员的依法行政联席会议，每季度召开一次会议，对行政复议中发现的共性问题进行交流和沟通，对典型案例进行分析研讨，很好地促进了各执法部门行政执法能力的提高。在行政复议中一旦发现行政机关违法行政，在依法审理的同时，发出《依法行政建议书》，督促其及时纠正违法或者不当行为。

2008年，新区共办结行政复议案件130件，2009年行政复议案件数量有所上升，达到190件。在2009年的190件行政复议案件中，因为各种原因未进入实体审查程序的一共有27件，受理的163件复议案件中，维持行政决定的87件，驳回复议申请的15件，撤销、确认违法的5件，纠错率达到3.1%。

当然，由于社会矛盾不断增多，复议案件审理的难度也不断加大，如涉及非法运营的行政处罚，案件所涉及的法律难点与案件背后所反映的社会热点交织在一起。同时，分析这些行政复议案件，也不难发现新区基层执法能力尚有提升空间。在2009年新区复议决定的纠错案件中，都存在实体性违法或被确认违法。其中有的适用法律错误，有的认定事实不清，也有的则超越法定职权。复议工作中也发现行政执法领域自由裁量权有待规范，尤其是同领域行政执法的区域不平衡导致行政执法行为适当性的欠缺，造成执法不公的现象。

3. 认真做好行政应诉工作。随着依法治国方略的实施，群众法律意识的提高，人们依法维护自己合法权益的意识大大增强，浦东新区行政诉讼案件大量增加。浦东新区 2007 年受理行政案件 201 件，2008 年受理 267 件，2009 年受理 451 件，行政案件每年都有较大增加。从案件类型看，2009 年公安类案件收案数为 97 件，占收案总数的 21.8%，房屋土地案件 213 件，占 48%，工商案件 6 件，占 1.4%，劳动和社会保障案件 30 件，占 6.8%，规划案件 26 件，占 5.9%，综合执法 16 件，占 3.6%，信息公开案件 16 件，占 3.6%，其他类型 24 件，占 5.4%。

总体来说，近年来公安类案件、房屋土地资源类案件、劳动和社会保障类案件都有很大的上升（见下图）。

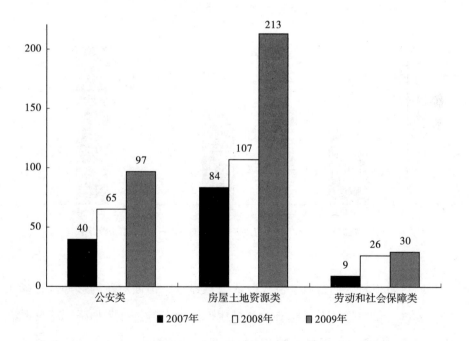

新区政府十分重视行政诉讼应诉工作，及时分析案件情况，提出改进措施。新区各政府部门重视法院的司法建议，切实将司法建议落实到政府工作中去，提高依法行政水平。尤其是法院每年将本年度行政诉讼的基本特点、亮点工作、败诉情况和对策建议四个方面对浦东新区政府部门行政诉讼案件

进行司法审查并汇总了翔实的数据，编制了司法审查白皮书，既对过去一年新区政府部门在提高依法行政意识和水平、探索多元纠纷解决机制等方面取得成绩予以肯定，也指出新区政府部门在过去一年的执法工作中尚需引起重视和改进的一些问题，并提出相应的改进建议。

近年来，浦东行政诉讼的新型案件较多，主要集中在信息公开、行政奖励、金融管理、政府采购等领域，新区政府注意通过对典型案件、新型案件的分析研究，不断改进行政工作，依法行政水平不断提高。浦东新区的行政诉讼败诉率持续降低在一定程度上也说明其依法行政水平在不断提高，2007年浦东新区的行政诉讼败诉率为10.9%，2008年行政诉讼败诉率为8.5%左右，2009年行政诉讼败诉率为5.7%（见下图）。

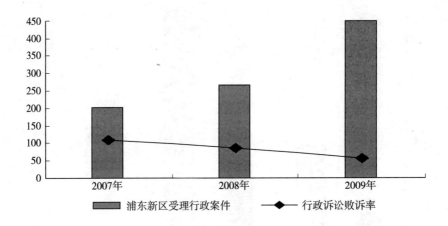

尽管浦东新区的行政法制监督成效较显著，但面对新的形势，有些问题需要进一步改进。尤其是行政领导应诉制度有待进一步加强。行政诉讼中，行政领导亲自应诉有利于行政领导更好直接了解群众的需求和本机关工作存在的不足，更好改进自身的工作。国务院在《全面推进依法行政实施纲要》中指出，对人民法院受理的行政案件，行政机关应当积极出庭应诉、答辩。2004年浦东新区法院有近10名行政领导坐上被告席出庭应诉，其中3人是行政机关首长，之后这一数字逐年上升，但在2009年却开始出现下降，

2009 年和 2010 年分别只有 4 个行政案件的行政领导出庭应诉。出现这种情况的原因比较复杂，其中有缺乏刚性制度规定的因素，也有观念上的因素，一些行政领导和执法人员对行政审判还存在不少认识误区，有的行政领导认为自己地位比法院的办案人员高、权力大、阅历多，"不屑"参与庭审过程；有的行政领导干部则法制观念淡薄，法律素养不高，没有依法行政的意识，"不能"有效应诉。

三　进一步提升浦东新区依法行政水平的对策

2011 年 3 月 28 日，中共中央政治局就推进依法行政和弘扬社会主义法治精神进行第二十七次集体学习。胡锦涛总书记在主持学习时强调，全面推进依法行政、弘扬社会主义法治精神，是坚持立党为公、执政为民的必然要求，是推动科学发展、促进社会和谐的必然要求。我们必须增强全面推进依法行政、弘扬社会主义法治精神的自觉性和主动性，加快建设社会主义法治国家。[①] 近年来，浦东新区在推进综合配套改革试点、构建服务政府和法治政府进程中，依法行政的能力和水平有长足进步。但由于法治意识养成的长期性以及法治进步的渐进性，浦东新区依法行政尚存一些问题，需要在实践中不断改进，以进一步提高依法行政水平，切实保障服务型政府建设的顺利推进。

（一）完善公众参与机制，使制度和决策更加科学

要保证服务型政府建设持续发展，有两个基本条件必须得到满足，其一，必须有系统、具体的制度保证；其二，必须有持续的动力供给机制存在。前者着眼于其规范有序发展问题，后者着眼于其内生动力机制问题，没

① 胡锦涛：《推进依法行政弘扬社会主义法治精神》，新华网，http://news.xinhuanet.com/politics/2011—03/29/c_121244258.htm，2011 年 3 月 29 日。

有这两个基本条件，政府自身的惰性和权力惯性足以使服务型政府建设流于形式。服务型政府的服务特性决定了公众意愿在整个管理过程中，尤其是涉及公共利益的行政决策中居于特别重要的地位。公众参与对于持续、稳定推动服务型政府建设具有重要意义。因此，对浦东新区政府而言，完善公众参与机制既是现代法治政府的内在需求，也是服务型政府建设的内在要求。

1. 构建政府与社会的良性互动机制。浦东新区这方面有一些有益的尝试，如 2005 年开始的每月一次的区长网上办公制度运作情况良好，内容涉及马路设摊的监管、法律服务进社区、医药零售网点布局等与群众生活密切相关的各个领域。在全区范围广泛推行听证会制度，凡涉及人民群众切身利益的事项，诸如公交环线、市民生活质量评价指标体系、菜场建设等决策事项等，广泛听取市民意见。但是，政府与社会良性互动机制是一个系统工程，市民会议、网上交流、听证会等都是其中行之有效的重要方式。尤其是浦东新区国际化程度较高，目前世界五百强中有近半公司云集浦东，外籍人士增多，国际社区增多，现在已经有小区中选出了一些外籍人士担任居民委员会委员。因此，浦东新区必须用更大努力，大力依托社会自治组织，积极探索有浦东特色的民主参与方式。尤其要积极探索，发挥社会组织在市民与政府之间沟通的桥梁作用，不断完善社会组织，发挥其社会性、公益性和部分监督职能，发挥其沟通政府、企业和市场的桥梁和纽带作用。

2. 完善重大行政决策规则和程序。公众参与是一种制度，不是一种权宜之计，因此，必须不断完善征求意见、听证、专家评论等制度，推进重大行政决策民主化、科学化、规范化。深入推进浦东新区的公众参与，必须在制度层面对公众参与的实现途径、程序保障、权利救济等做出体系化的规定，使听证制度、吸纳社情民意制度、市民意见反馈制度等更加完善，更具有操作性。要特别重视建立专家决策咨询制度、社情民意征集制度，释放"决策气球"，试探民意方向；要重视社会公示制度，应当公开行政决策的过程，特别是借助媒体使公众咨询意见和专家论证意见得以公开；尤其是要完善听证会制度，听证会要引入辩论机制；听证记录要真实、完整；严格遵守案卷排他原则，听证意见不采纳的反馈说明制度，保证听证不走过场，打造诚信政府的形象。

3. 提高公民参与公共事务的能力。公众参与既是一种制度，也是一种有效表达自己的能力。公众参与能力的培养取决于很多因素，参与便利平台的构建、参与机会的提供、参与宽松氛围的营造，对于提高公众参与的积极性，提高公众参与能力至关重要。客观而论，目前浦东新区公众参与公共事务能力不强，需要更多反思的不是公众而恰恰是政府自身，因为公众参与能力不强与传统体制未赋予公众足够的参与机会有关。浦东新区居民素质相对较高，有条件在推进公众参与方面有更多的实践创新，在实践中不断提升公民参与能力。

（二）完善行政执法程序，进一步提高执法水平

正如王名扬先生所说的那样，程序合法是行政合法的重要标志，"行政机关掌握巨大权力，权力的行使必须公平而且有效率。达到公平和效率的目的，在很大程度取决于行政机关所使用的程序。从抽象的观点来说，实体法是基础，处于首要地位，程序法是执行，处于次要地位。然而从实际观点来说，程序法的重要性超过实体法，法律的生命在于执行。一部健全的法律，如果用一个健全的程序去执行，可以限制或削弱不良效果。"① 合理的程序与公正的结果之间有内在的必然联系，程序构筑行政权力的过程，维护行政的正义秉性，塑造行政的法治品格。

正因为如此，国务院颁布的《全面推进依法行政实施纲要》把我国行政程序制度建设作为推进依法行政突出重点，"行政机关实施行政管理，除涉

---

① 王名扬：《美国行政法》，中国法制出版社 1995 年版，第 41 页。

及国家秘密和依法受到保护的商业秘密、个人隐私外，应当公开，注意听取公民、法人和其他组织的意见；要严格遵循法定程序，依法保障行政管理相对人、利害关系人的知情权、参与权和救济权。行政机关工作人员履行职责，与行政管理相对人存在利害关系时，应当回避。"在行政决策程序、行政立法程序、执法程序以及监督程序等方面，《纲要》都作了明确的规定。

程序制度内容丰富，它包括行政行为的步骤、顺序、时限、方式等各个方面。从浦东行政执法情况（尤其是"钓鱼执法"事件教训）看，程序方面还存在不少问题。因此，进一步提高浦东新区依法行政水平，应在实践中特别注意完善以下程序制度：

1.听取陈述和申辩制度。在执法过程中，行政机关应当认真听取相对人的意见，并加以充分考虑，如认为合理、适当，则应予以采纳；如认为不合理、不适当则不予采纳，并耐心向相对人解释、说明。行政机关听取相对人的陈述和申辩一般应记录在案。

2.政府信息公开制度。浦东新区信息公开有诸多实践创新，但与服务型政府要求相比还有一定差距，需要继续聚焦公权力大、公益性强、公众关注度高的部门，加大财政性资金和社会公共资金信息公开力度，及时公开广大群众普遍关注的政府工作信息，使政府各项工作在科学的体制之下更好地接受社会各方面监督；要大力推进项目和规划信息公开；继续加大政策的全过程公开；尤其是要结合电子政务建设，加大行政审批公开力度；优化各类信息公开渠道；不断推动政府信息公开向基层延伸。

3.行政回避制度。回避制度是指行政机关在行政执法过程中，如相应事项与本人有利害关系或者其他关系可能影响公正处理的，不得参与该事项的处理的制度。回避制度也源于普通法上的自然公正原则，这项原则要求"任何人都不得做自己案件的法官"。实行回避制度，有利于排除与所处理的事项有利害关系的行政执法人员主持行政程序，从而实现行政公正，这项制度有利于增加相对人对行政机关的信任感，保障行政管理活动的顺利进行。

（三）规范行政自由裁量权，提高执法公信力

近年来，城管、交通等执法领域危机频现，作为政府公信力建设关键的行政执法公信力问题引起了社会广泛关注。行政执法的公信力体现了行政执法行为的权威性及其在社会中的信誉度和影响力，它在很大程度上表明了社会公众对执法的信任和尊重程度。

提高执法公信力，要求行政机关遵守法定程序，廉洁执法、公正执法。提高执法公信力，也要求执法机关合理行政，正确运用自由裁量权。现代社会的行政裁量权以其令人震惊的速度增长和扩张，最大限度地影响和控制着现代社会的方方面面。日本著名的行政法学者田中二郎曾指出，行政法的精髓即在于裁量[①]。行政裁量以其专业性、灵活性、适时性，恰好弥补了立法的局限，可以使得行政裁量兼具合法性与合理性。但行政裁量权又是一项易被滥用的权力，如何在对裁量权进行规制的同时又能保持裁量的活力与弹性，一直是理论界和实际部门关注的话题。浦东新区行政执法的社会和制度基础相对较好，在规范执法自由裁量权方面应有更多作为。

1. 提高执法者对法律精神的理解。执法者正确理解法律是科学适用法律的重要前提，必须加强对执法者执法理念的培训，而不是法律条文的简单解读。同时，必须通过各种内部和外部的程序控制其自由裁量权的行使，如通过公开原则，就可以较好限制自由裁量权的滥用。内部的程序控制，对于自由裁量权的控制也是十分必要的，如对行政处罚中裁量权核审方式、内容及程序做出明确规定，使内部执法监督有法可依，有章可循。

2. 自由裁量基准制度的设计应注重科学性。避免形式主义和一刀切，应根据各执法领域的实践情况设定自由裁量的基准，在设定自由裁量基准时应

---

① 杨建顺：《行政裁量的运作及其监督》，《法制建设》2001 年第 5 期。

广泛征求行政相对人的意见，保证裁量基准的科学性。同时，裁量基准应该保持开放性，即要保证基准本身的延展性，不宜僵硬地、一成不变地对待裁量基准，裁量基准本身也需要与时俱进、不断修正。①

3. 自由裁量基准应当刚柔并济，保持必要的弹性和活力。裁量基准的目的在于规范裁量权，而非禁锢裁量权，否则就违背了立法赋予行政裁量权的本意，一个设计良好的裁量基准运作机制，应保持行政裁量权"便宜行事"的特性，为个案衡量余留适当的空间，裁量基准只应成为行政裁量遵循的一个基础性轴线，围绕着这根轴线，面对复杂多样的万千个案和社会环境，上下进行波动和微调。

（四）健全监督制度，提高行政法制监督水平

监督制度的存在对于保证政府坚持合法、合理行政，自觉维护人民群众的利益具有关键意义。为了使行政行为符合法律的要求，切实保护行政相对人的合法权利，客观上需要建立一系列监督制度，以各种方式经常性地监督行政行为是否合法、合理。尤其是行政法制监督的广度和深度直接反映了行政法治化的程度，建立健全各项行政法制监督制度和机制，既是浦东新区法治政府建设的重要任务，也是浦东新区法治政府建设的重要保障。

1. 完善行政执法责任制度。行政执法责任制度是通过个案评价，对行政执法主体及其行政执法人员在行政执法过程中办了错案或者具有其他行政过错，追究其行政执法责任的监督制度。浦东新区在人大外部监督、政府内部监督等方面做了很多有益的探索，尤其是经过多年努力，其行政执法责任制度已逐步完善，如 2005 年 1 月 1 日《浦东新区行政过错责任追究暂行办法》正式实施。行政机关及其工作人员不作为或乱作为，办事人员将被责令书面检查，甚至可能被辞退。这一制度加之浦东新区制定实施的《浦东新区行政

---

① 余凌云:《行政法案分析和研究方法》，中国人民大学出版社 2008 年版，第 306 页。

效能投诉暂行办法》、《浦东新区行政首长问责暂行办法》、《浦东新区行政效能评估暂行办法》和《浦东新区行政审批电子监察暂行办法》等制度，初步建立了体制内外的监督机制和评估机制，提高了法制监督的水平和政府行政效能。但是这些制度要真正发挥作用，还有相当的路程要走。为此，要遵循权责一致的原则，进一步明确执法程序、条件、标准和责任，以便出现问题时便于追究责任，从而强化执法人员责任心和守法意识。要加大行政问责制建设力度，按照"谁决策、谁负责"的原则，对于超越职权、滥用职权、违法法定程序决策，造成损失的行为要追究其责任。加强行政责任追究制度的执行力度，做到执法责任明确、执法主体固定、执法结果有效，避免已经出现过的行政责任追究无疾而终的现象。

2. 创新行政复议机制。行政复议不仅能提高行政机关内部的工作效率，还能增加政府的公信力，缓解社会矛盾，对信访和行政诉讼有一定的过滤作用。目前，行政复议机关不独立、不超脱，行政复议中的"官官相护"现象屡见不鲜。同时，受行政首长影响，主持复议的行政机构往往没有自主决定权，难以公正地进行复议裁决，这方面的问题同样存在于浦东新区。行政复议案件中，复议机关决定维持原行政决定所占的比例在逐年提高，在一定程度上就反映了这方面的问题。浦东新区应在这方面不断探索，创新机制，维护行政复议的公正性和公信力。如可以借鉴一些国家和地区的做法，改变行政复议案件由复议机构独家定夺的情形，对于争议比较大或者社会影响较大的复议案件，可以选聘一些社会人士、学者、专家担任复议委员会委员，由复议机构工作人员、人大代表、学者等共同研究这些案件，做出相对独立、有权威的裁决，维护行政复议的权威性。

3. 建立督察专员制度。提高行政法制监督水平，必须创新监督制度。如一些国家和地区的督察专员制度，就值得研究和借鉴。督察专员人数不多，但能发挥较大的作用。督查专员通过视察、调查和受理申诉等方式进行监督，专员可以查阅会议记录、谈话记录、文件，可以参加有关会议，直接与有关官员交谈，在主动调查时，可以举行听证会。督察专员的视察报告、对官吏做出的处理决定以及每年向议会作的书面报告，都具有很高的权威性；对于确有违法或不当行为的行政官员，督察专员可以直接给予忠告或者公开批评，也可以要求有关政府机关给予更加严厉的处分。

因此，有必要研究有中国特色的督察专员制度。事实上，人大制度建设的一个重点就是如何加强对行政机关的监督。浦东新区可以研究由人大选任、聘请专业人员作为督察专员，受理相对人的控诉，通过一系列制度创新，实现人大对行政机关的监督，这符合我国人大的性质和人大制度发展的方向，也符合法治政府建设的要求。

总之，"十二五"期间，浦东新区应继续按照国务院《全面推进依法行政实施纲要》的要求，依法界定执法职责，不断深化行政执法体制和执法方式改革，不断创新行政监督方式，细化和完善相关规定，使浦东新区的服务型政府建设得到更好的法治保障。

第四章　审批改革：深化浦东新区
行政审批制度改革

行政审批制度改革是政府的一场"自我革命"，是行政体制改革的突破口，涉及政府部门职能定位和权力调整，管理理念和管理方式的更新与变革。2001年以来，浦东新区将行政审批制度改革作为转变政府职能，深化行政体制改革的的突破口，先后进行了四轮改革，取得了较大成效。但从进一步构建服务型政府，深入推进综合配套改革试点，促进浦东新区经济社会又好又快发展要求来看，行政审批制度改革尚需进一步深化。本章通过阐析浦东新区行政审批制度改革的动因，尤其是在阐析浦东新区行政审批制度改革的主要做法、成效和问题的基础上，提出进一步深化新区行政审批制度改革的思路和对策。

一　浦东新区行政审批制度改革的动因

行政审批是行政机关对社会、经济事务实行事前管理的一种手段，主要是指行政机关（包括有行政审批权的其他组织）根据自然人、法人或者其他组织提出的申请，对其进入市场获取资源资格，或从事某一活动的审查和核准。行政审批制度改革是一定历史阶段的产物，浦东新区行政审批制度改革是适应浦东经济社会发展需要，是由市场经济发展的内因与中国融入经济全球化的外因综合作用的结果。它既是转变政府职能，深化行政管理体制改革的突破口，也是建立和完善社会主义市场经济体制，解决改革与发展深层次矛盾的切入点。①

(一) 市场经济的发展是浦东行政审批制度改革的内在动因

在计划经济年代，行政审批是我国政府实施行政管理的一个重要手段，涵盖面广、涉及领域多，对社会各方面的发展影响大，在我国政治、经济、文化和社会生活中发挥过重要作用。但随着我国改革开放和社会主义市场经济的发展，原有行政审批制度的弊端日渐突出，妨碍了社会主义市场经济的进一步发展。②

市场经济是一种法治经济，它的价值取向是自由、公平、公正、竞争、平等、效益等。市场经济的运行对政府提出了一些基本要求：一是市场作为配置资源的基本手段，要求政府干预经济主要依靠经济和法律的手段而不是传统的计划行政手段。二是市场经济是竞争经济，要求政府放松对市场的管制，给市场的发展提供自由的充分的发展空间，但同时也要求政府为市场经济的健康运行创造公平公正的法治环境。三是市场经济尽管是一种自由经济，但不是一种放任自流的经济，需要政府对市场监管和服务，防止市场经济违背自身的价值取向，给社会发展带来负面影响。由此，要求政府不能迷恋于过去的直接审批经济的思维，忽视为培育市场而提供必要的服务，而是必须加强对市场的监管，提供市场所需要的服务。四是市场经济是一种效率与效益并重的经济形态，要求政府在管理经济过程中，尊重市场经济的运行规律、降低政府和市场的运作成本。因此，政府应在尊重市场规律的前提下，转变政府职能，逐步减少对市场直接的干预，实现政府管理由直接干预向宏观间接调控转变，使计划经济条件下的全能型政府向社会主义市场经济条件下的有限型政府过渡，使"有限型政府"成为政府处理与市场经济协调发展的有效模式。

20世纪90年代初，我国确立了经济体制改革的目标是建立社会主义市

---

① 唐铁汉：《行政管理体制改革的前沿问题》，国家行政学院出版社2008年版，第277页。

② 唐铁汉等：《中国行政管理体制改革战略研究》，国家行政学院出版社2009年版，第215页。

场经济体制。在社会主义市场经济条件下，市场机制逐渐取代计划行政手段在社会资源配置中的主导地位，市场在经济发展中应起到基础性作用。但长期以来，我国行政审批制度带有一定程度的计划经济色彩，存在着行政审批事项太多，范围太广；审批环节太多，时间太长；审批标准不明确，程序不规范；审批过程缺乏透明度，暗箱操作，审批权力运作缺乏有效的监督机制等问题。政府配置资源的行政审批手段妨碍了市场机制对社会经济资源配置的基础性作用正常发挥，严重影响了市场经济体制的完善和社会生产力的发展。同时，由于政府管了很多不该管的事情，超出行政审批的依据和权限，与政府依法行政的目标相距甚远，政府审批失灵的现象时有发生，造成政府权责不明，降低了政府的运作效率，增加了政府的运作成本。所有这些都与市场经济的发展要求是背道而驰的，成为社会主义市场经济进一步发展的制约因素。这些问题在浦东原有的行政审批制度中或多或少也存在。

特别是浦东新区作为我国改革开放的前沿地区，作为上海深化改革开发的先行先试区，中央和上海市委、市政府明确要求浦东新区率先实施市场经济体制改革，建立起完善的社会主义市场经济体制，为推动全国改革起示范作用。因此，行政审批制度改革势在必行。

进入 21 世纪，浦东新区将行政审批制度改革作为转变政府职能，深化行政管理体制改革的的突破口，先后进行了四轮改革，在精简行政审批事项，改革行政审批方式，优化行政审批程序，提高行政审批效率，强化事后监管，完善服务机制等方面取得了较大成效。浦东新区行政审批制度改革对于充分发挥市场在资源配置中的基础性作用，率先建立符合社会主义市场经济规律、符合浦东新区发展实际需要的新的管理体制、机制和模式，进一步改善浦东新区的投资环境，促进新区经济和社会事业的持续、稳定、快速发展有着十分重要的意义。①

---

① 苏宁等：《浦东之路：政府制度创新经验与展望》，上海人民出版社 2010 年版，第 43 页。

(二) 中国融入经济全球化是浦东行政审批改革的外部动因

经济全球化是世界经济发展的客观趋势，其特征是生产、贸易、投资、金融，以及资本、商品、技术、信息等经济行为和经济要素超越国家的界限，在全球范围内广泛活动和配置，并通过国际分工，提高资源配置效率，从而使世界各国经济相互依赖程度日益加深。经济全球化进程肇始于18世纪，但在第二次世界大战特别是在20世纪80年代以后进入了加速发展的时期。世界贸易组织、国际货币基金、世界银行、欧盟、北美自由贸易区等国际性和区域性组织成为经济全球化的主要推动力量，它们制定的规则对有关成员方政府的行为会产生直接影响。

20世纪90年代初，我国面临经济全球化带来的重要机遇：世界性产业结构大调整，形成全球化供大于求的买方市场，发达国家积极寻找新的投资方向，大量资本在寻找出路，跨国公司把眼光投向了已经对外开放、经济实力迅速增长、投资环境日趋完善、市场潜力巨大的中国。[①]2001年12月，我国加入世界贸易组织（WTO），标志着我国以更加主动的姿态融入经济全球化进程。"入世"不仅对中国经济发展带来了一系列机遇和挑战，也对我国的政府管理模式产生了极大的影响，政府的管理理念、管理职能、管理方式、管理手段首先要与国际通行规则接轨。如WTO作为一个规制国际贸易行为的世界性组织，其规定的市场准入原则要求成员国政府开放市场，减少政府对企业等市场经济主体进入市场的管制；公平贸易、关税减让原则就是倡导贸易的自由化，降低关税，并取消数量限制和其他非关税壁垒。诸如配额、进出口许可的约束和禁止等限制。总之，WTO的通行规则要求各成员方政府创造开放、统一、公平的市场竞争环境，把过多的行政干预管制功能转变为一视同仁的服务保障功能，降低市场准入的门槛，促进全球经济贸

---

① 苏宁等：《浦东之路：政府制度创新经验与展望》，上海人民出版社2010年版，第63页。

易自由的发展。但我国原有的行政审批制度中的一些审批事项和管理方式（尤其是对市场过度的规制）显然不适应国际通行规则的要求，阻碍了我国经济和国际接轨的步伐。因此，必须推进行政审批制度改革，放松对市场的管制，降低市场准入的门槛，改变"重审批、轻监管，重管理、轻服务，重行政手段，轻契约"等与国际通行规则不相适应的局面。①

浦东新区作为我国改革开放的前沿地区，中国融入经济全球化带来的贸易自由化、国际金融体系的发展和重组、城市信息化的飞速发展等无时不在影响浦东的发展，这种经济全球化的趋势和影响必然要求浦东新区在政府管理体制上与时俱进，进一步推进政府职能转变和政府管理体制创新②，尤其是推进与经济发展密切相关的行政审批制度改革，树立国际规则理念，加快和国际接轨的步伐，建立既适应社会主义市场经济发展，又符合国际通行规则要求的行政审批制度。因此，从这一意义上说，中国融入经济全球化是推进浦东新区行政审批制度改革的外部动因。

二　浦东行政审批制度改革历程和现状分析

2001 年以来，浦东新区作为上海行政审批制度改革的综合试验区。先后进行了四轮行政审批制度的改革。行政审批事项从最初的 724 项减少到 244 项，改革率达到了 66.3%。

（一）浦东行政审批制度改革历程

浦东新区第一轮行政审批制度改革自 2001 年 10 月在上海市率先进行，重点是在全面清理的基础上，改革行政审批方式，精简行政审批事项，建立

---

① 邢颖、胡仙芝、张霁星：《中国加入 WTO 与行政审批制度改革研讨会综述》，《中国行政管理》2002 年第 8 期，第 21 页。

② 苏宁等：《浦东之路：政府制度创新经验与展望》，上海人民出版社 2010 年版，第 64 页。

行政审批约束机制，加大事后监管力度，力争在体制创新、机制创新和管理创新上取得明显进展，在为企业减轻负担、提供方便和优质服务方面取得实质性突破，使企业明显感受到政府行政审批制度改革的成效。经过清理，浦东新区所涉及的行政审批事项有 724 个，其中，保留和完善的审批事项 348个，占审批事项总数的 48%；不再审批（包括转为备案、合并审批、事权移交中介机构和其他行业组织等）292 个，占审批事项总数的 40%；改变审批方式（包括批准转核准、实行"告知承诺制"、联合会审、"一门式"联合认定等）84 个，占审批事项总数的 12%。浦东新区总体改革率（包括不再审批和改变审批方式）为 52%。①

第二轮浦东新区行政审批制度改革自 2002 年 7 月启动，在继续贯彻落实 2001 年各项行政审批制度改革措施的基础上，进一步转变政府职能、创新管理制度、提高办事效率、改善服务质量，逐步形成科学合理的审批管理机制、规范高效的审批运行机制和严密完善的审批制约机制。通过第二轮改革，继续保留和完善的审批事项 253 个，占审批事项总数的 57%；不再审批事项（包括转为备案、合并审批、事权移交行业协会或中介机构等）80 个，占审批总数的 18%；改革审批方式（包括事权下放、归并审批环节、批准转核准、实行告知与承诺制、联合会审等）112 个，占审批总数的 25%。总体改革率（包括不再审批和改变审批方式）为 43%。

第三轮浦东新区行政审批制度改革自 2003 年 11 月启动，以在转变政府职能方面有新的突破、在创新审批方式方面有新的拓展、在规范监管措施方面有新的举措、在行政管理手段方面有新的载体、在整合管理职能方面有实质性的探索、在优化开发小区管理平台方面有新的措施为目标。经过前两轮改革，浦东新区行使的行政审批事项尚存 349 个。通过第三轮改革，保留审批事项 313 个，占审批事项总数的 89.7%；不再审批的 36 个，占审批事项总

---

① 李琪：《新世纪中国特大城市公共行政管理：以上海为个案的发展战略研究》，文汇出版社 2002 年版，第 303 页。

数的 10.3%。

第四轮浦东新区行政审批制度改革自 2006 年 6 月启动，以精减审批事项，使政府职能更加明确；优化审批程序，使审批办理更加便捷；深化监管创新，使政府行为更加规范；培育社会组织，使社会共治更加有效；改革审批体制，使政府审批更加高效；完善服务机制，使政府与社会的沟通更加顺畅；加强行政监察，使审批行为更加透明为目标。经过前三轮审改后，新区保留的行政审批事项共计 366 个，其中行政许可事项 251 个，非许可类行政审批事项 115 个。通过第四轮改革，保留 244 个行政审批事项。①

（二）浦东行政审批制度改革的主要做法和成效

回顾近十年来浦东新区行政审批制度改革，特别是浦东综合配套改革试点以来，新区审改工作在探索制度创新，推进流程优化，促进公开透明等方面进行了积极尝试，其主要做法和成效有以下几个方面：

1. 实行"告知承诺"制度，降低企业准入门槛。2001 年上海浦东新区工商分局率先在全国试行用"告知承诺"代替以往的行政审批，其基本做法是，由新区工商行政管理部门一门式受理，通过书面形式，把法律、法规、规章以及相关技术规范中规定的企业设立、开业应当符合或者达到的条件、标准和要求，以及企业应承担的法律责任，清楚地告知申请人，申请人对照许可条件进行准备，"承诺"履行相关告知事项后，审批机关根据申请人的承诺做出认定，并在 7 个工作日内由审批机关和工商部门分别颁发许可证和营业执照。与此同时，审批机关应视所申请事项的具体情况，在 3 个月内对申请人的承诺进行核查。对经核查不符合或者未达到相关条件、标准和要求的，可给予必要的行政处罚或者行政措施，直至撤销相关证照。

根据浦东新区工商分局率先试行的这项"告知承诺"制，除了涉及国家

① 苏宁等：《浦东之路：政府制度创新经验与展望》，上海人民出版社 2010 年版，第 44—45 页。

安全、公民人身安全以及国家严格控制的项目外，对 6 个行业的 14 类企业的设立、开业所涉及的 10 项审批事项试行告知承诺制。2002 年以来，在总结经验的基础上，经上海市政府批准，扩大了实行告知承诺审批方式的审批事项范围，其中包括核发《食品卫生许可证》、《烟草专卖零售许可证》、《科技经营证书》、《对外贸易经营批准证书》以及《人才交流服务许可证》审核等。并且在部分基本建设审批环节和其他管理领域也开始试行告知承诺审批方式。目前，经上海市政府批准并进行实际操作的审批事项为 19 项①，占浦东新区目前有最终审批权的 50 项前置审批事项的 38%（见下图）。

告知承诺制度作为浦东新区在行政审批制度改革中进行制度创新的一种探索，引入的是一种服务市场和企业的全新的行政理念，克服了传统行政审批的弊端，运用契约形式来处理法律强制性规定，实现了管制行政向契约行政的转化，降低了企业准入门槛和开办效率。如目前在浦东开办一家连锁超市，一次可以同时办理公共场所卫生、食品卫生和酒类商品零售 3 个许可证和工商营业执照，时限为 7 个工作日。而按原有审批方式办理的话，要分别跑 3 个政府部门办理有关审批手续，如不发生申报材料退、补情况，办好许可证和营业执照的周期在 45 天左右。同时，实施告知承诺制，改变了政府机关"重事先审批、轻后续监管"和"重管理、轻服务"的状况，加强了对企业的行政指导和服务，并强化事后监管，提高了社会对政府管理的满

---

① 由于有 5 个项目的审批权限在上海市政府有关部门，这些审批事权未能按原计划下放给浦东新区，故没有实际操作。

意度。

此外，浦东新区为了进一步降低企业准入门槛，在创设告知承诺制基础上，不断深化企业设立环节改革。如在第二轮行政审批制度改革中，对新区审批权限内的鼓励类和允许类外商投资企业的设立，试行"一口受理，并联审批，各司其职，限时办结"的审批方式，制定了《浦东新区外商投资企业直接登记办法》，设定了操作流程。这项制度将原来的串联审批改为并联审批，将原来由工商和经贸两个部门的窗口受理改为由工商一个窗口集中受理，将原来的两道审批程序改为一道联合审批程序，审批时限从改革前的17个工作日缩短到7—9个工作日。第三轮审批制度改革进一步扩大直接登记方式在变更事项(除企业合并、分立、减资以外)审批中的运用。第四轮行政审批制度改革，浦东新区在张江高科技园区试点建立"一表制"审批机制，即在新区范围内，从企业提出设立申请到正式开业，政府审批部门将相关环节中企业需要填写的各类申请表格中共性的内容集中在一张申请表上，由投资者（申请人）填写完毕后由工商部门统一受理，登录系统。2007年1月1日，张江高科技园区正式开展内资"一表制"受理工作，同年2月1日，实施外资"一表制"审批试点。目前，"一表制"审批平台建设日趋完善，成效显著，可以说是行政审批的一次大提速——在审批流程不变，审批资料不变的基础上，将企业登记设立需填写的15张表格400多项内容进行整合，简化成"张江高科技园区企业开业注册统一登记表"，投资者填表总时间从六七个小时减少至最少只要20分钟。截至2008年1月28日，"一表制"已受理完成超过500家内外资企业。①

2. 优化行政审批流程，提高基建工程审批效率。近年来，浦东新区在行政审批制度改革进程中，着重从优化行政审批流程、简化行政审批手续等方面着手，提高基建工程审批效率，加快基本建设项目开工建设，促进新区经

---

① 苏宁等：《浦东之路：政府制度创新经验与展望》，上海人民出版社2010年版，第58—59页。

济发展。具体举措包括：

（1）精简环节、缩短时限。浦东新区大力推进基建工程审批环节集成和审批时限压缩，目前，新区基本建设项目审批时限从原来的281个工作日压缩到了50个工作日以内。同时，推行分类管理的方式，对控制性详细规划已批准的区域范围内的生产性项目、研发机构以及临时性建设项目试行60个工作日的简易审批程序。张江园区等重点开发小区实行告知承诺、综合审批，审批时限为23—27个工作日。2009年2月又召开新区招拍挂用地建设项目审批改革新闻发布会，推进建设项目审批由6个环节减为4个环节、行政审批时限从100个工作日缩减到50个工作日。此外，在投资者、审批主办部门及协办部门之间建立起了高效、便捷、公开的项目审批快速通道，充分发挥一门式协调服务机制的作用。如在规划选址环节，主办部门征询有关部门意见的时限，从15—20个工作日减至8个工作日内，对重要项目实行三色件袋传递制度，反馈征询意见只要3—5个工作日。为了让浦东行政审批再"提速"，2010年5月，工商、质监、税务3个部门联动，试行"一口受理、一表登记、一次审查、一网流转、一次发证、一口收费"，企业只需一次提交申请材料，即可以一次领取一照二证。直接受益的就是像旗星建筑设计有限公司这样的企业。联动审批实现后，企业最快在1个工作日就领取到了一照两证，平均下来，4.5个工作日即可完成手续。

（2）实行技术审批与行政审批相分离。以建筑工程消防审批的改革为突破口，将技术审查的工作向有资质的社会技术中介组织转移，积极探索技术审批和行政审批相分离。具体内容是：在消防审批领域，将工程项目的方案、扩初设计审批，转移给消防技术咨询服务机构等社会中介组织，由社会中介组织承担工程项目的技术审核、施工现场技术指导等技术服务工作。对凡经过技术咨询服务的工程项目，消防部门实行简易审批和程序验收。消防部门对建筑项目的监管方式从以审批为主转变为以日常监督管理为主，并强化了随机抽查的力度。在上海市消防协会的支持下，2003年推出《上海市消防技术咨询服务机构暂行管理办法》，实现对技术咨询机构的管理，保证技术审批和行政审批相分离的实施质量。据市消防局介绍，这项改革措施得到了全国人大常委会的肯定，并在《消防法》的修改中被采纳。在对基本建设审批环节审批服务的满意度评价调查中，消防部门以 79.17 分位列第一。

（3）探索建设项目"相对集中联合验收"工作机制。建设工程的竣工验收涉及环保、民防等 15 个行政审批部门，很多企业反映验收时间过长、手续烦琐等问题。针对这种情况，浦东新区经反复研究，提出了《浦东新区建设工程竣工验收改革方案》，主要特点为：一是综合窗口一口受理。在市民中心内设立建设工程竣工验收专门服务窗口。二是验收标准公开透明。验收实施部门要将具体验收标准和技术规范在办事大厅及其他载体上完全公开。三是企业自定验收事项。办事对象可根据自身工程进展情况，自行选择若干部门现场联合验收或者单项验收。四是现场验收同步实施。专门服务窗口工作人员根据企业提出的联合验收的意愿，在 7 个工作日内安排相关部门到现场开展联合同步验收。五是结果及时统一反馈。被验收企业按照各验收部门法定验收时限在综合受理窗口领取证书。六是建设工程档案数字化。以浦东实施国家区域信息化综合试点为契机，改革申报手段，推广《建设工程项目数字化档案编报软件》，将纸质档案改为数字化档案。

3. 实施"零收费"政策，推进行政事业收费改革。对行政事业收费的改革，始自浦东张江高科技园区 2004 年实施的"零收费"政策。根据上海市委、市政府"聚焦张江"战略中"先行先试，体现张江先发效应"的要求，浦东新区决定自 2004 年 1 月 1 日起，对注册在张江高科技园区内的中外资企业和研发机构免收包括"企业注册登记费"在内的 61 项行政审批和政府服务收费。其中，属新区部分的，不再收取；属中央和市级的，有关部门正在清理，在此期间由新区财政代缴。张江园区内实行"零收费"登记卡制度，经公告后由企业凭营业执照申领，新办企业随营业执照一并发放。持登记卡的企业有权拒付已公布的由新区单位执收的免交收费项目。截至 2008 年 7 月 31 日，张江园区已对注册在园区内的企业发放《零收费登记卡》4983 份，免费受惠 78209 户（次），其中，最多一户（微电子港公司）免费 92.23 万元；累计免费总额 3114.25 万元，其中，由张江专项资金支付 1858.43 万元，占总额的 59.7％，由各部门直接免缴数（非张江资金）为 1255.82 万元，占总额的 40.3％。由第三方专业机构独立开展的绩效评估结果显示，"零收费"改革的社会满意度高达 96.5％。

在张江高科技园区改革试点的基础上，新区政府通过对各收费项目的改革建议逐一进行研究和论证，形成了《浦东新区行政审批和服务收费改革方案》，在全区范围内停止征收一批不符合市场经济规律和发展要求的收费项目。2008 年 7 月 1 日，浦东新区按照市政府的统一部署，停止征收 148 项行政事业性收费项目，同时，除资源补偿类、教育类、惩罚类收费外，又于 2008 年 8 月 1 日增加停止征收 62 项收费项目。经市政府协调，再于 2009 年 4 月 1 日起停止征收涉及市和国家财政的 22 项收费项目。据此，新区共停止征收 232 项收费项目，进一步降低了商务成本，优化了政府公共服务，为企业发展营造了良好环境。

4. 推进电子政务建设，提升政府审批信息公开和服务水平。浦东新区在行政审批制度改革进程中，大力推进电子政务建设，整合信息系统资源，以提升政府审批信息公开和服务水平。具体举措包括：

（1）加快"浦东新区企业管理与服务信息系统"建设，实现管理信息共享。一是建立政府管理信息即时导入制度，将各部门的企业申报信息、日常管理信息、行政执法信息、行政审批信息即时导入系统，不断扩充系统信息量，目前已汇集了组织机构代码信息、非正规就业信息，以及涉及食品安全的许可信息等，共纳入技监数据 13 万多个、统计数据 3 万多个、税务数据 5 万余户。二是进一步加强系统功能，目前已具备食品安全监管领域的联合执法、行政许可、信息查询统计、区域分类管理、执法监督和效能监察等功能，可比较及时地反映浦东新区企业发展状况，同时，为浦东新区诚信体系和法人库建设打下了基础。

（2）建立行政审批电子监察系统。2006年7月24日，浦东新区行政效能投诉中心成立，制定了《浦东新区行政审批电子监察暂行办法》，并正式启动运行"行政审批电子监察系统"，对具有行政审批职能的部门和单位施行行政审批的过程进行实时监控，实现审批信息和管理信息共享，促进行政效能的提高。目前该系统一方面通过实时监控、预警纠错、绩效评估和信息统计四个模块的20多项功能，对已经进入系统的事项进行管理和监察；另一方面在审批办公场所设施视频监控设备对工作人员的工作作风和接待态度进行实时、自动监控，实现了事前、事中和事后全面的监察。

（3）建立浦东市民中心办事导航系统。浦东新区为了更好地体现政务"亲和"，对办事公开的方式进行了重新设计，将传统的公文式的政务公开方式改变为人性化、便民化、亲民化的导航式公开，进一步提升新区服务型政府的形象。2007年10月18日，试点单位环保局审批事项告知以导航方式在市民中心等离子显示屏发布。目前，正在推动全部审批事项都通过这种形式向社会公开。该形式的特点是：一是物理指示形象化。将行政审批服务所涉及的单位、窗口通过三维定位，给市民清晰、易记的指示。二是材料告知集约化。通过漫画手段将各类办事材料形式、来源、领取办法集中说明，一次告知，并在网站提供在线表格下载和填报。三是流程描述故事化。突破传统的文字、方块图告知方式，设置市民中心"小博士"，用讲故事的方式，引导市民身临其境，体验办事流程。

（4）推进政府信息公开"一体化"互动服务机制建设。浦东新区按照"多个部门、一个政府"的理念，为进一步畅通公众行使知情权、参与权、表达权和监督权的途径，规范信息公开行为，提高工作效能，搭建由全区53个点构建的"立体式"政府信息服务"一体化"体系，实现"政府信息百姓触手可及"的目标。一是制定五项制定。形成了《浦东新区建设政府信息公开"一体化"服务机制的意见》及其四个配套制度。二是建立四项机制。即窗口综合服务工作机制，各政府部门信息公开服务窗口，统一作为新区政府信息公开"一体化"服务的综合服务窗口；信息材料内部流转机制，所有材料通过信息公开"一体化"网络系统进行内部传递；信息更新同步机制，政府信息产生与属性确定同步；操作流程公开机制，办理情况和操作流程实现实时查询、监督。三是推进"一体化"系统开发。开发了区级信息公开"一体化"系统，形成"多元窗口、一体服务；多个部门、一网运作；多类信息、一次同步；多点查询、一号监督；多方合作、一个平台"的公开体系。

5. 深化企业年检制度改革，提高审批监管效能。浦东新区为了更好地方便企业，更好地提高审批监管效能，不断深化企业年检制度改革，具体改革措施有：

（1）实施"四个一"的联合年检方式。经过四轮审批制度改革，浦东新区从最初的"一门式"年检，到"一口受理、分别审查"的方式"，再到"一口受理、一套表式、一网运作、一次办理"的"四个一"联合年检方式。实施"四个一"联合年检后，浦东企业年检集中办理事项从8项增加到15项，并实现了三个突破：一是企业填报资料采用一套电子表式，包括企业公共信息和专业信息两部分，其中公共信息可供不同管理部门共享；二是年检审核逐步实现网上运作，企业可通过"浦东新区企业管理与服务信息系统"进行年检申请，审批通过网络在各部门之间流转，企业不必派人四处奔波；三是取消除上海市政府公示的准予保留年检收费项目外的所有面向企业的年检收费。

（2）实行企业分类年检制度。浦东新区在第三轮审批制度改革中，实行企业分类年检制度，对企业进行分类监管。即对守法经营、信誉良好的企业实行免检，企业只需提交年检表等相关资料，免交审计报告；对一般行业中没有违法记录的企业实行承诺备案制度，企业提交年检报告书并做出提交的材料是真实有效的承诺即通过年检；对重点行业、特殊行业以及关系到人身健康、安全生产等行业的企业实行联合年检，综合监管。

（3）推行企业年检申报备案制度。浦东新区在第四轮审批制度改革中，推行企业年检申报备案制度。即企业可以通过现场提交、网上传递等方式申报有关材料，涉及多部门申报的，企业可以通过新区联合申报网络平台一次申报相关材料，并由企业对其提交材料的真实性予以承诺；行政机关可以根据需要对企业申报的材料进行书面检查，对检查合格的，行政机关可以不向企业反馈检查结果；对书面检查发现企业有违法行为的，或者企业未申报有关生产经营活动情况的，行政机关应当采取实地检查或者重点检查等监管措施，并将检查结果存档备案。

（三）浦东行政审批制度存在的主要问题

浦东新区行政审批制度改革虽然取得了较大成效，但总的来说，浦东行政审批的现状与服务型政府建设要求还有一定差距，存在的主要问题有以下几个方面：

1. 行政审批制度改革和发展自主权有限。浦东是上海经济发展、体制改革的"试验田"，自20世纪90年代初开发开放以来就确立了开拓创新、先走一步的发展思路。在发展的初期主要依靠的是国家政策优势，浦东自身也制定了大量的规范性文件，在促进其发展方面起到了积极的作用。随着国家经济体制改革的不断深化，浦东囿于市辖区的特殊性质，其先发优势在不断弱化，许可设定的权力在和特事特办的空间在缩小，尤其是浦东没有独立的立法权，行政审批制度改革和发展自主权有限，使得其在相关政策和法规的制定上受到一定的限制。同时，还需承担部分区政府层面无法调整的、由上级政府委托或依法代行的相关审批事项，如海关、金融、工商、税务等属于中央和上海市政府垂直管理部门的事项，因此，需要进一步争取中央和上海市有关部门支持，以进一步深化审批制度改革。

2. 行政审批职能的实体界定尚不够清晰。行政审批改革是一项系统工程，是政府职能转变中的重要组成部分，它需要其他各项工作的配合和协调。如政府各个部门职能的优化和清晰，对行政审批有着非常重要的支撑作用。而当前浦东新区政府内"条"与"块"之间依旧存在较多的协调问题，如"条"与"块"之间部分事项分段管理，边界模糊区域就容易出现"真空"，从而造成大量协调成本。如食品的质量管理分为初级农产品、生产／加工、流通和消费四阶段，分别由农委、质量技术监督局及食品药品监督局进行监管。在两个事项的边界处，容易出现执法真空，此外同时涉及两个及两个以上事项的执法，容易出现互相推诿或者同时执法的情况。"块"内委办局之间职责权限划分不尽合理，造成事权与责任脱节，协调性事务人为增多，导致协调成本增加。如区委办下属的电子政务管理中心与科委下属的信息化推进处都在管理浦东新区政府信息化工作。审批事项并未真正减少，如有些部门在审改中，通过替换、打包合并审批项目等方式来达到表面减少审批事项的要求，以至于无法真正做到"审批程序减少、递交文件减少、上门检查减少"的改革目的。

3. 行政审批的程序性制度尚不完善。从行政机关实施审批和登记行为的规范角度来看，每一项审批和登记事项都具有完整的专业性单行法律、法规或者规章、法规性文件作为依据，每一次审批和登记行为都符合受理、审查和批准的基本程序，以及在法律文书、申请材料、档案要求等方面的规范。而从公民和企业方便办事的角度来看，特别是在市场准入和建设项目审批等具有密切关联性的领域中，由于缺乏统一、完整、协同的程序性制度，给公民和企业造成了较大的不便。一是在受理环节，由于各部门都要求本部门审批材料的齐全，因此，重复材料多次提交，共性信息重复填写等现象非常普遍；二是在审查环节，由于各部门职能还有交叉和重叠的问题，前道审完后道再审，结论矛盾，责任推诿的现象也时有发生；三是在批准环节，由于各部门之间没有法定的协作义务，后道审批部门只是从申请人提交的材料中得到前道审批部门颁发的证照，并再对证照的真实性进行审查，既增加了行政成本，又增加了企业负担，降低了行政效率。

4. 行政审批的监督机制尚不健全。行政审批监督机制包括两个方面的内容：一是对行政机关行使审批权力的监督机制；二是对审批之后的项目执行情况的后续监管机制。针对第一个方面的监督机制，浦东新区已于2006年实施行政效能投诉、行政首长问责、行政审批电子监察、行政效能评估制等监督制度，建立了行政效能投诉中心。但内部监督往往缺乏制约和强制性保障，人大、政协、司法机关、人民群众和新闻媒体为监督主体的外部监督作用还不够明显。尤其是缺乏专门针对行政审批的责任追究制度，对行政审批权力的运行及程序性规定的执行予以监督。第二个方面的监督机制是涉及行政审批制度改革的一个重要内容，就是要改变"重审批、轻监管"的做法，除了要减少审批项目的数量，还需要相应的事后监管予以配合，才能实现审批制度改革的目的。近年来，浦东新区在加大事后监管力度方面也进行了不少改革，如通过不断深化企业年检制度改革，最大限度地方便了企业年检，并提高了监管效能。但较之于其他审改方面的探索，尚未建立起科学有效的监管机制，对审批事项后续监管的范围比较有限，监督力度不尽如人意，监督效果不很理想。

5. 社会组织有待进一步培育和发展。改革行政审批制度，需要将政府不该管的或管不好的、管不了的一些审批事项转给行业协会和中介组织等社会组织。近年来，浦东新区在行政审批制度改革进程中，注重发挥行业协会和中介组织的作用，将行政审批中部分专业性、技术性、服务性工作委托给行业协会和中介组织承担，如积极推进消防审批制度改革，实行技术审批与行政审批相分离等。但目前，浦东行业协会和中介组织等社会组织发展也存在着一些问题，主要表现在：一是总量不足，设置不够合理，主要集中分布在工业、商业和建筑行业等产业。而在第三产业、新兴行业，尤其是高新技术领域的行业协会和中介组织明显不足。二是行业协会地位不明确。有些政府部门希望行业协会作为行业管理的辅助工具，而有些行业协会也习惯于在政府的领导下开展工作，成为政府机构的延伸，而忽视了它首先是应代表企业利益的。三是一些行业协会和中介组织管理机制不健全。人员素质不高，服务意识较缺乏，自律机制不完善。这些问题制约了政府职能的转变，一些通过行政审批制度改革而调整或取消的管理职能，无法由行业协会和中介组织等社会组织独立承接，一定程度上影响了行政审批制度改革的进程。因此，需要进一步培育和发展社会组织。

三 深化浦东行政审批制度改革的思路和对策

中共中央关于制定国民经济和社会发展第十二个五年规划的建议明确提出，"十二五"期间，要进一步转变政府职能，深化行政审批制度改革，加快推进政企分开，减少政府对微观经济活动的干预，加快建设法治政府和服务型政府。近十年来，浦东新区的行政审批制度改革，经历了一个从技术性流程改良，到管理理念的不断创新，并逐步探索制度完善的过程。在这个过程中，既取得了较大成效，但也存在一些问题。"十二五"期间，结合综合配套改革试点的深入推进，浦东应进一步转变政府职能，深化行政审批制度改革，加快建设服务型政府，具体可从以下几方面着手：

（一）坚持行政审批制度改革的价值取向

深化浦东新区行政审批制度改革应坚持行之有效的价值取向：一是市场化取向。在行政审批制度改革中，通过转变政府职能，使政府职能定位市场化，遵循市场优先的原则，发挥市场的基础性作用。市场能解决的问题，政府尽量退出，放松对企业的直接管制，让市场主体有更多的自主权，政府主要加强宏观监控权，提高政府的管理能力；同时在政府权力的行使中引入市场竞争机制，提高公共服务产品供给质量。二是社会化取向。在行政审批制度改革中，充分发挥社会各种主体的功能，使公共产品服务社会化。在改革中坚持社会自治原则，加快社会中介组织、非营利性组织的发展，将原来由政府承担的部分职能放手给非政府公共组织去完成，提高服务的质量，满足公众的需要。三是分权化取向。在行政审批制度改革中，缩小政府审批权的范围，使本来越位的权力恢复到原来的位置，将政府集中的部分权力分散给市场、社会，扩大市场和社会的自主权，通过各种市场主体之间的竞争，提高公共服务的水平。四是法治化取向。在行政审批制度改革中，注重法制建设，使行政审批的行为有法可依，使监督行为有据可依，提高政府的法治水平。五是绩效化取向。在行政审批制度改革中，引进企业的管理手段和方法，进行成本和效益的核算，对行政审批的事项和行政审批改革的成果进行绩效评估，把提高行政审批及其改革的效果和质量放在突出位置。六是民主化取向。在行政审批改革中，充分发扬民主，调动各种社会主体的积极性。对哪些事务应该审批、哪些不应审批、有些审批项目取消后政府应如何进行监管等问题，应听取各行专家的意见，发挥专家智囊团的功能，集思广益，博采众长，充分提高决策的民主性和科学性。

（二）赋予浦东在行政审批制度改革方面更大的自主权

针对浦东在行政审批制度改革和发展自主权有限的问题，应进一步落实上海市政府《关于完善市区两级管理体制，赋予浦东新区更大发展自主权的意见》和上海市人大常委会《关于促进和保障浦东新区综合配套改革试点工作的决定》的精神，赋予浦东新区在行政审批制度改革方面更大的自主权，为浦东先行先试、深化行政审批制度改革，推进政府管理体制创新创造条件。如授权浦东新区政府与深化行政审批制度改革相应的管理事权，以及必要的特殊管理权，将浦东行政区域内的审批事务，交由浦东管理；将市级部门可以下放的权力和向中央争取到的权力全部下放到浦东；将上海拟开展的各项审改试点率先安排在浦东进行；并争取中央有关部门的协调支持，对审批依据属于国务院行政法规和国务院文件范畴内的经济事务和行政许可，在浦东新区试行备案制、告知承诺等改革。同时，赋予浦东新区一定的立法权，为深化行政审批制度改革提供立法保障。

（三）继续减少和调整行政审批事项

通过四轮改革，浦东新区行政审批项目虽已大幅减少，但随着社会主义市场经济体制的完善，综合配套改革试点的深入推进，行政体制改革的逐步深化，政府职能的进一步转变，仍需要继续取消和调整。一是要按照依法设定原则，对法律、行政法规和国务院文件明确规定的审批事项，予以保留；对地方性法规、规章设立的审批事项，根据实际情况进行清理；对没有法律依据的审批事项，一律取消；对新增审批事项，必须有明确的法律、法规、规章依据，并按规定程序报批。同时要建立健全新设行政审批项目审核论证机制，尤其对涉及重大公共利益的审批项目要通过专家咨询、民意征集等多种形式听取社会各界的意见，防止政府机关随意增设行政审批项目。相关部门要加强沟通协商，做好新设定行政审批项目与已有行政审批项目的衔接归并，避免出现新的多头审批、重复审批。二是要按照符合经济社会发展实际需要的原则，对涉及社会稳定、公共安全、意识形态、资源管理、公共财政、规划土地和环境保护等领域的审批事项，原则上予以保留；对不符合政企分开、政资分开、政事分开、政府与市场中介组织分开原则，可以通过市场机制或其他方式运作的项目；对通过加强事中、事后监管就可以达到管理目的，而不必设立审批的项目；对多个部门或环节重复交叉审批，增加了行政成本和行政管理相对人负担的项目等，要本着"应减必减"、"该放就放"的原则，提出进一步取消和调整的处理意见。对可以有企业、社会团体、中介机构和公民个人自主决定，且不损害公共利益和个体合法权利的事项，以及可以通过民事赔偿或者追究其他民事责任解决的事项，改变审批方式或不再审批。

（四）进一步规范行政审批行为和优化审批流程

第一是进一步规范行政审批行为。对保留的行政审批项目，应按照公开、公平、公正、高效的原则，规范程序、简化环节，逐步把行政审批纳入规范化、制度化的轨道；应编制并公布保留的行政审批项目目录，逐项公开审批项目的依据、申请条件、审批期限、收费标准，推动行政审批公开、透明，防止"暗箱操作"。"十二五"期间，应将浦东新区保留的行政审批项目全部纳入一个数据库，接受电子信息化管理，使所有的行政审批项目从设立到运行的全过程透明可控。第二是针对行政审批项目的性质、特点和复杂程度，科学设定审批流程，推行行政审批标准化和精细化管理。第三是进一步压缩政府机关内部的审批环节，明确审批权力和责任，同时完善行政审批统一受理、集中办理、首问负责、限时办结等制度，并加快网上审批平台建设，改进审批方式，优化审批流程，提高审批效率。第四是针对行政审批的程序性制度尚不完善等问题，探索专业性和完整性有机结合的制度建设，在市场准入和建设项目审批等领域中，加快建立一套完整的、综合的、协调的程序性制度，以适应当前社会主义市场经济发展的新要求，促进行政程序法律制度更加科学、合理和完善。

（五）健全行政审批的监管机制

行政审批制度改革的成功与否不能仅从静态上考虑取消了多少审批项目数量，调整了多少审批方式，政府让渡了多少权力，而主要应从审批制度改革后带来长远的效益分析，创造了什么样的市场和社会环境，维持了什么样的经济秩序，提供了什么样的公共服务产品来进行评价。为此，应消除浦东新区一些政府部门对审批事项后续监管乏力等现象，健全行政审批的监管机制。首先是应按照"谁审批，谁负责"及权力和责任相统一的要求，建立审批责任制和过错追究制，在赋予行政机关审批权时，规定其相应责任，发生过错要追究责任。对不按法律规定进行审批，甚至越权审批、滥用职权、徇私舞弊的，要追究审批主管领导和直接责任人的行政法律责任，以规范审批行为和权力。其次是建立审批绩效评价制度。在行政审批改革中引入企业成本效益评价制度，对行政审批项目进行评估，根据评估的结果对审批项目进行科学分类，采取不同的管理方式，降低行政审批的成本；同时，对行政审批实施情况进行评估，保证行政审批与法律授权目标的一致性，以增强行政部门的责任性，使行政审批遵循正当的法律程序，提高行政审批的效率和质量。最后是完善政府综合监管机制，即政府依据法律规定和行政法规的要求，在政府相关职能部门相互协调的基础上，对市场及其市场经营主体的行为进行整体性、全过程、多方位的监督和管理。政府综合监管机制应由预警机制（采用信号显示的方法来反映市场及其企业市场行为的总体变动趋势，根据不同的情况采取不同的措施）、共享机制（为了加强政府部门之间及政府与企业之间的信息沟通，建立政府部门之间、政府与企业之间的信息沟通的网络，实现信息资源共享，提高政府对企业和市场的监控）、协调机制（通过全方位、多层次的协调，整合政府部门职能和能力，发挥统一整体监督功效）、快速反应机制（要求政府部门具备对市场、企业的违法、违纪行为及时处理应对的能力）等构成，以提高监管的效率和水平。

（六）进一步培育和发展社会组织

在社会主义市场经济下，社会组织以其所具有的特定功能和作用，是转变政府职能的重要载体。尤其是行政审批制度改革必然要下放政府管制经济的一些具体权力，这就需要有社会组织来承担这方面的职能。因此，进一步培育和发展社会组织，有助于为浦东新区深化行政审批制度改革，转化政府部分职能创造条件。针对新区社会组织发展进程中存在的问题，进一步培育和发展社会中介组织，应采取以下措施：首先，应注重总体规划，建立健全社会组织发展体系，加快培育和发展一批符合经济和社会发展方向、布局合理、门类齐全、素质较高、规模较大的社会组织，使其成为经济建设和社会发展中最为活跃的组织要素，成为联系政府与社会、政府与市场、政府与企业之间的桥梁和纽带。特别是在第三产业、新兴行业，尤其是高新技术领域，培育和组建一批具有国际一流水平、有较强市场竞争力和社会影响力的社会组织。同时，浦东新区政府应对承接职能转移的社会组织在资金、税收、人才等方面给予政策支持。其次，应切断政府与行业协会的从属关系、亲缘关系，确立行业协会等社会组织的独立地位，使其成为既能代表行业利益，又能维护公共利益的组织。尤其是在浦东新区政府深化行政审批制度改革，进一步减少行政审批事项的形势下，充分发挥行业协会引导和服务企业的功能，通过制定和执行行业标准、信息发布、业务培训等服务功能，拓展对浦东新区企业的指导和服务；通过加强与国外同行的交流，建立联系渠道，沟通信息，为企业开拓海外市场牵线搭桥，扩大企业和品牌的影响；通过加强与政府相关部门的联系与沟通，为政府了解市场情况和制定政策提供有价值的建议，等等。其三，完善社会组织内部自律机制，健全内部治理结构，制定适合于自身管理需要的规章制度和职业道德行为规范，形成规范有序的工作秩序。同时，通过优化人员结构，提高从业人员素质，完善内部自律机制。一方面，社会组织应积极吸纳年富力强、文化程度高、专业能力强，胜任中介职能的人员；另一方面，应建立系统的教育培训制度，加强对从业人员的思想品质、职业道德、法律法规和业务知识的培训，不断提升社会组织从业人员的整体素质，强化职业道德和服务意识，以保证中介服务的高水平、高质量和运行有序，为浦东新区深化行政审批制度改革创造良好的外部条件。

第五章 体系完善: 健全浦东新区 公共服务体系

公共服务体系以满足公共需求为目的，通过整合政府、社会、市场各方面资源，为民众提供良好的公共服务。浦东新区开发开放以来，新区政府在"小政府、大社会"的治理理念下，在公共服务领域改进和创新公共服务方式，注重公共服务平台建设和社会组织培育，不断提高公共服务质量和水平，公共服务体系建设取得了较大成效，但也存在一些问题，有待进一步改进和完善。本章通过阐析公共服务体系的理论内涵和特征，尤其是在浦东新区公共服务体系建设现状分析的基础上，提出"十二五"期间，进一步健全浦东新区公共服务体系的思路和对策。

一 公共服务体系的理论内涵和特征

政府在义务教育、基本医疗、公共卫生安全等公共服务领域具有不可推卸的责任。新中国成立后，我国开始建立惠及全民的公共服务体系，由于受计划经济体制的影响，大部分公共服务资源集中于城市，公共服务体系具有城乡不均等、水平低等缺陷。改革开放以后，尤其是明确提出建立社会主义市场体制以后，我国开始逐步建立与市场经济相适应的公共服务体系。在这一背景下，如何使政府、非营利组织、企业发挥各自优势参与公共服务体系的建设，成为公共管理学界和实际部门广泛关注的问题。

（一）公共服务体系的理论内涵

学界对于"公共服务体系"这一概念的内涵和范围尚没有统一且清晰的界定，理论文献中"公共服务"、"公共服务体系"、"基本公共服务体系"等概念交互使用率很高。而探讨公共服务体系的内涵离不开厘清公共服务的内涵。

第一种观点是把与民众生活息息相关的领域纳入公共服务的范围。中共十六届六中全会在《关于构建社会主义和谐社会若干重大问题的决定》中，把教育、卫生、文化、就业再就业服务、社会保障、生态环境、公共基础设施、社会治安等列为公共服务领域。2004 年 2 月温家宝总理在省部级主要领导干部"树立和落实科学发展观"专题研究班结业式上的讲话中，将公共服务定义为"提供公共产品和服务，包括加强城乡公共设施建设，发展社会就业、社会保障服务和教育、科技、文化、卫生、体育等公共事业，发布公共信息等，为社会公众生活和参与社会经济、政治、文化活动提供保障和创造条件，努力建设服务型政府"[1]。由此观点引申，公共服务体系就是一国政府根据本国国情和经济社会发展不同阶段的特点，对涵盖基础教育、基本医疗卫生、就业服务、基本社会保障、保障性住房、基础科技和公共文化、公共安全、环境保护、基础设施等方面进行总体建设的有机系统，同时也可以指其中某一方面的子系统。[2]

第二种观点是从公共产品的角度定义公共服务，认为公共服务是政府在纯粹公共物品、混合性公共物品，以及带有生产的弱竞争性和消费的弱选择性私人物品的生产与供给中的职责，公共服务体系就是确保公共产品生产和

---

[1] 温家宝：《提高认识统一思想牢固树立和认真落实科学发展观》，新华网 2004 年 2 月 29 日，http://news.xinhuanet.com/newscenter/2004—02/29/content_1337121_2.htm。

[2] 国家行政学院课题组：《关于公共服务体系和服务型政府建设的几个问题（上）》，《国家行政学院学报》2008 年第 4 期。

流通的服务体系。从这一角度，公共服务体系被理解为动态的整体系统，包括服务的结构、服务规划、服务融资、服务政策方案评估、服务的提供和服务质量的监督六个环节。①

还有观点从个人权利的角度出发，将公共服务体系定义为对全民生活的普遍保障系统，把公平作为首要价值理念，遵循"全民普及、公平公正"的原则，突出强调公共服务体系的价值取向。联合国1948年12月10日颁布的《世界人权宣言》，详细规定了个人作为社会权利主体应该享受的公共服务，联合国大会于1966年12月16日通过的《经济、社会和文化权利国际公约》更详细规定了个人所应享有的公共服务内容。社会权利作为组成公民身份的三个重要权利之一，与之紧密相连的机构是教育体制和社会公共服务体系。②

综上所述，公共服务体系作为社会服务体系的子系统，是在一定的社会经济发展条件下，保障一国全体公民基于社会共识基础上平等享受普遍服务的机制安排和系统组合，公共服务体系的主要建构者是政府，提供公共服务的主体包括政府、非营利组织和企业，公共服务的对象是不分种族、收入、地位差异的全体公民。随着时代的发展，公共服务体系会与其他社会服务体系发生交换和变化，对公共服务体系的理解，既不能大而化之地囊括社会生活方方面面，也不能单纯从权利出发提出超出实际的过高要求，应该理解为与社会发展、公众生活需求相适应的服务体系，它的内涵不能超出时代的要求和范围。

---

① 马庆钰：《公共服务的几个基本理论问题》，《中共中央党校学报》2005年第2期。

② "citizenship"翻译为"公民身份"，国内也有"公民权利"、"公民权责"等多种译法，T.H.马歇尔把公民身份分为三个部分，第一部分是公民权利由个人自由所必需的权利组成，第二部分为政治权利指的是参与行使政治权力的权利，第三部分是社会权利指的是从某种程度的经济福利与安全到充分享有社会遗产并依据社会通行标准享受文明生活的权利等一系列权利。T.H.马歇尔：《公民身份与社会阶级》，江苏人民出版社2008年版，第10—11页。

公共服务体系与基本公共服务体系、服务型政府等概念密切相关，准确把握公共服务体系的基本内涵需要认清这三者之间的关系。

基本公共服务体系是指一国为了保护公民最基本的生存权和发展权所建立的提供公共服务的机制系统，它的理论渊源是宪法中规定的基本人权。基本公共服务体系是一个国家和社会能够正常运转的最低的公共服务保障系统，是公共服务体系的最初级阶段。公共服务体系最初都是从基本的公共服务体系建立开始，逐步发展到能够满足公民多种权利诉求和社会发展需要的阶段。

服务型政府，就是强调以公共服务为价值理念，以社会公众为服务对象，以多元参与为服务形式，以合作协调为服务基础，以不断满足人民群众日益增长的公共需求的政府。[①] 服务型政府是一个多层次、全方位、立体式的复合概念，多层次指服务型政府具有公共性、服务性、有限性、法治性、透明性等特性；全方位是服务型政府在规定范围内全面承担公共服务的责任和义务；立体式体现了服务型政府通过各种手段不断丰富和完善提供公共产品的方式和途径。服务型政府与公共服务体系密切相关，公共服务体系建设离不开服务型政府的构建，同时也为政府提供公共服务拓展方式和渠道。

公共服务体系建立的过程伴随着政府职能转变、服务型政府的建立，同时也离不开非营利性组织的成长和公民社会的成熟。公共服务体系的建设是一个系统的战略工程，政府承担着主要职责，中央政府与地方政府需密切配合，在保障不同地区之间、城乡之间、居民个人之间享受最基本的公共服务前提下，满足公民日益增长的多元公共服务需求，提供更优质廉价的公共产品与服务。

公共服务体系作为一个有机的系统体系，涵盖多方面的内容，按照满足民众的不同服务需求来划分，可以将公共服务体系基本内容分为四个方面：

---

① 李琪：《中国特大城市政府管理体制创新与职能转变》，上海人民出版社 2010 年版，第227 页。

第一，底线生存服务。底线生存服务是为了满足和维持人的基本生存需要而提供的服务内容与项目，包括基本社会保障、社会福利、就业服务等。这是公共服务体系的基础和根本，也是实现基本人权的规定和要求。

第二，公共安全服务。公共安全服务是民众安居乐业的重要基础，是社会稳定的基石，包括国防安全、消费安全、公共卫生安全。公共安全服务直接关系到民众的生命财产安全，是社会稳定的阀门。

第三，生活环境服务。生活环境服务是社会运作的基本保障，是民众日常生活和自由活动的基础。包括住房服务、环境保护、公共交通等。

第四，公众发展服务。公众发展服务是指满足公众自身全面发展要求的服务，包括教育、文化、体育等。公众发展服务中义务教育、公共文化体育设施需要由政府提供，更高层次的发展需求通过政府和个人共同承担来实现，个性化需求越高个人承担的部分将越多。

这一分类方式基本涵盖了公共服务体系的全部子系统，但是，随着经济的发展和社会的全面进步，民众对于公共服务的需求也在日益丰富化和多样化，公共服务体系的内容也会随着时代的发展处于不断变化之中，每一类别所涵盖的服务内容也有所调整、补充，比如属于生活环境服务中的住房服务，政府要保证社会低收入家庭最基本的住房保障，这一部分内容将划归底线生存服务当中。

（二）公共服务体系的特征

公共服务体系作为承担公共产品提供的服务体系，有别于社会上其他服务体系，具有自身鲜明的特征，主要体现在四个方面：

1. 公共性。公共性是指公共服务体系必须满足公共利益的要求。公共性是公共服务体系的本质属性，公共服务体系的建立、运行、调整、完善都应围绕着公共利益的诉求。首先，需要根据当时民众的需求，建立与经济条件、社会发展水平相适应的公共服务体系。其次，在公共服务体系运行过程中，公共服务体系能及时、有效地回应民众的诉求，调整自身内部各子系统的运转，满足公共利益的取向和偏好。再次，公共利益处于不断变化、调整当中，公共服务体系在经过一段时间的稳定运行以后，会面对民众新的利益诉求，这就要求公共服务体系具有满足不断发展的公共利益的能力。最后，公共服务体系的建设是一个长期过程，完善公共服务体系就是要减少影响公共利益最大化的干扰因素，通过服务技术、服务体制、服务手段的完善，防止公共服务体系的运行偏离公共利益的轨道。

2. 服务性。服务性是公共服务体系的价值取向和客观要求。公共服务体系是为民众的基本生活、发展提供基础服务的有机系统，而不是对民众的管制，更不是为了盈利。服务性主要体现在以下三个方面：一是公共服务的提供者应具有服务精神，公共服务体系中的服务人员主要是政府部门和非营利性组织的工作人员，公共服务体系的服务性要求他们在面对民众时必须具有服务精神，改变原来"官本位"的思想，树立为民服务思想。二是公共服务体系运行过程中管理方式的服务性，传统的行政命令式的管理方式已经不能适应公共服务体系的要求，只有在管理过程中，更加重视对民意的了解、更加公开透明管理流程和细节，才能赢得民众的满意，才能真正做到服务民众。三是公共服务体系具有非营利性，公共服务体系允许企业部门参与到公共物品的提供，但其目的是为了更好地提供公共服务，而不是为了获得利润的最大化。公共服务体系只有坚持非营利性，才能体现服务性，保证最大多数民众能够享受基本的公共服务。

3. 均等化。均等化是指每一位公民都有均等的机会和平等的权利享受公共服务体系带来的福利。但是在实际的运作过程中由于城乡差距、地区差距等客观因素，公共服务体系很难实现均等化运作。均等化作为公共服务体系的基本特征，不仅仅在价值层面上体现了公民平等的生存权、发展权，更在实际运作层面对公共服务体系提出了要求，是判断公共服务体系是否运行良好的重要标准。宏观层面上，公共服务体系作为涵盖社会各基本方面的有机系统，必须面向全体公民；微观层面上，公共服务体系提供的服务最终要落实到每一位公民。由于个人能力的差异、所处地区经济发展的快慢、城乡二元经济结构等因素的存在，所以就要求公共服务体系在运行过程中具有较强的调整能力，既不能对某一特定的民众群体形成失衡的公共物品供给，也不能不顾历史、社会、经济条件而"一刀切"地提供完全一致的无差别的公共服务。只有在公共财政制度的基础上，明晰中央政府与地方政府的事权，建立事权与财权相匹配的财政体制，调动非营利性组织、企业部门参与的积极性，才能逐步消除影响均等化的诸多因素，实现公共服务体系在个人层面上的落实，实现每个公民所应享有的平等权利。

4.多中心。多中心是指多个权力中心和组织机制治理公共事务，提供公共服务。它涉及广泛的公共领域，在公共治理中主要指生产的多中心和治理体制的多中心。在多中心治理机制中，需要借助多样化权力和政府单位，以解决不同范围的公共治理问题。[1] 公共服务体系的建立和完善离不开政府部门，然而，公共服务的供应能力和生产能力有着各自不同的动力源泉。一个地方政府可能是许多公共服务的出色供应者，然而，它却不能直接生产这些服务。[2] 所以，公共服务体系建设需要非营利性组织和企业的参与，使之投入到公共服务的生产当中，形成多中心供给主体的协作模式。政府可以通过一系列的制度安排，如税收政策鼓励、财政资金支持等手段来充分调动社会和市场的力量，尤其是非营利组织、企业参与到公共服务的供给中来，构建公共服务供给的政府与社会分担机制。

二 浦东新区公共服务体系建设的主要做法和成效

作为国家级开发区，浦东新区经济发展、社会建设走在上海甚至全国的

---

[1] 王兴伦:《多中心治理:一种新的公共管理理论》,《江苏行政学院学报》2005 年第 1 期。
[2] ［美］罗纳德·J.奥克森:《治理地方公共经济》,北京大学出版社 2005 年版,第 3 页。

前列，公共服务体系建设也取得了较大成效。在新区区委、区政府的领导下，浦东新区坚持以人为本，确保政府提供最基本的公共服务，注重公共服务平台建设，着力培育社会组织，赋予其提供公共服务的空间，同时引入市场机制，降低服务成本，加快郊区城市化的进程，推进"城乡一体、共同发展"，寻求为浦东新区民众提供优质公共服务的有效途径，公共服务方面凸显了"浦东特色"。

（一）公共服务体系建设步伐加快

自 1990 年 4 月 18 日中央宣布开发开放浦东以来，浦东公共服务体系建设经历了从无到有、从低水平建设向高质量发展的阶段。1993 年浦东新区政府在"小政府、大社会"治理理念的指导下创立了社会发展局，主要负责浦东新区公共服务体系建设，涵盖教育、卫生、文化、体育、民政等七个公共服务领域。20 世纪 90 年代，浦东新区发展刚刚起步，社会组织尚未发育，政府完全承担了公共服务体系的建设任务。由于对公共服务的投资仍然保持在消费性支出的传统观念上，经济开发作为政府工作的重心，所以，这一时期公共服务体系建设资金的投入并不是很大，但公共服务体系的发展思路和基本框架已开始确立。

进入 21 世纪，特别是综合配套改革实施以来，浦东新区公共服务体系建设步伐明显加快，政策扶持、资金项目、人力资源等方面的投入得到提高。一方面加强政策引导力度，新区政府出台了一系列推动公共服务体系建设的规范性文件，主要包括：2005 年《上海市浦东新区水域环境卫生管理办法》、《关于大力推进浦东新区职业教育和职业培训改革与发展的若干意见》，2006 年《关于加快发展浦东新区公共交通的意见》，2007 年《关于推进浦东新区农村卫生事业发展的若干意见》、《浦东新区全面推进社区事务受理服务中心标准化建设的实施意见》、《关于着力转变政府职能建立新型政社合作关系的指导意见》、《关于促进浦东新区民间组织发展的若干意见》，

2008 年《浦东新区农村社会养老保险试行办法》、《促进养老服务事业发展的财政扶持意见的通知》。这些规范性文件的制定确保了公共服务体系建设的长效机制。另一方面推动事业单位改革，先后对城建、环卫、市容、园林、绿化等养护作业单位以及机关后勤、投资咨询、经济鉴证等 4000 余名事业编制进行了转制改企等工作①，迈出了事业单位改革的第一步，逐步将事业单位转变为公共服务体系建设的重要力量。

2005 年以来，浦东新区每年推动的区实事项目计划 10 类左右，涉及几十个具体项目，基本涵盖了公共服务体系的各个方面，并规定了具体的落实部门和完成指标。其中，就业改善、公共交通改进、居住环境优化、医疗水平提高、公共卫生和安全保障成为每年实事项目计划的重点，使浦东新区公共服务体系建设水平有了大幅度的提高。对于公共服务发展较为落后的农村地区，采取区级统筹的管理方式，区级财政对农村社会养老保险加大投入，统一教育、医疗卫生硬件设施、经费投入标准，使优秀人才在城乡间实现双向交流，通过资金支持、政策倾斜等方式逐步缩小城乡公共服务体系建设上的差距。

（二）非营利组织逐步参与公共服务

浦东新区政府大力支持非营利组织发展，特别是社区公益性、服务性社会组织的发展，社会组织在提供社会管理和公共服务方面的优势得到了一定的发挥。2005 年 9 月，浦东新区政府出台《关于促进浦东新区社会事业发展的财政扶持意见》，对参与医疗、教育、社会福利等公共服务体系建设的非营利组织从建设、运行等方面进行补贴，2007 年 4 月制定的《关于着力转变政府职能建立新型政社合作关系的指导意见》、《关于促进浦东新区民间组织发展的若干意见》及《浦东新区关于政府购买公共服务的实施意见

---

① 陆沪根：《浦东综合配套改革试点的总体进展与进一步改革思考》，《上海行政学院学报》2010 年专辑。

（试行）》，明确了非营利组织在"满足社会公共服务、整合社会资源"上的优势，指出了非营利组织的发展方向即"六个分开"①，重点推动就业指导、环境保护、助残帮困、为老服务等公共服务领域非营利组织的发展。

浦东新区率先组建了全国第一家社区服务行业协会，积极推动社会组织承担政府委托的社会服务事项，包括社会工作者专业队伍的招募、培训、管理和评估工作。1999 年成立的社工协会在"非典"期间开展了"抗击非典，与你同行"社工服务活动。经过 10 年的努力和发展，社工协会已经进入了一个高速发展的时期，2009 年协会直接项目收入已超过 200 万元，2005 年9 月到 2010 年 6 月运作资金达到 1200 万元，解决了成立之初最为困扰的资金问题。协会乐耆项目组更在 2008 年 5 月正式注册成为上海浦东新区乐耆社工服务社，专门从事老年社会工作服务，一个以社工协会为核心的多领域多层次的社工体系已在浦东初见规模。

2007 年 4 月，由南都基金会与上海浦东非营利组织发展中心合作成立了全国首个公益组织孵化器（Non—profit incubator），应用"政府支持、民间力量兴办、专业团队管理、政府和公众监督、民间公益组织受益"的孵化器模式，旨在为初创期民间公益组织提供关键性支持的公益项目。公益组织孵化器利用自身资源为初创时期的公益组织提供服务，帮助其获得合法身份，通过创设良性互动环境，有效地解决发展中的瓶颈问题，进而打造出专业、高效的管理团队，规范的运作及管理模式，对被孵化机构提供包括场地设备、小额补贴等非营利组织创业期最亟须的资源，扶助非营利组织逐渐成长。孵化流程具体分为"接受申请—筛选评估—入壳—孵化—出壳—跟踪辅导"六个阶段。社会组织孵化时间，从接受申请至筛选评估需要大约 3—5个月，入壳孵化至出壳大约为 1 年到 1 年半。NPI 已经成功孵化了上海新途

---

① 《关于着力转变政府职能建立新型政社合作关系的指导意见》指出，建立健全民间组织和社会组织的组织机制，创造条件，逐步实现政府与民间组织和社会组织的"六个分开"，即主体、机构、职能、人员、资产、住所分开。

健康促进社、"多背一公斤"等 5 家公益组织，促进了浦东新区社区公共健康、特殊疾病群体、城乡儿童综合发展等公共服务领域的发展，2009 年有 6 家民间公益组织进行孵化。

2008 年 5 月，新区劳保局与新区财政局合作设立"浦东新区社会组织（NPO）孵化中心项目"，针对目前非营利组织不能扩大免税优惠的情况下，通过扩大地方财力补贴范围，实施 NPO 孵化中心项目方案，对办公场所改建，建立浦东新区 NPO 孵化中心，进驻对象为国家级、市级和浦东新区有影响的行业协会等公益类社会组织，孵化和培育提供支持性服务的公益性组织，并通过制定房租补贴方案给予扶持。

近年来，浦东新区非营利组织每年均以 10% 以上的速度增长，年发展数、总数均居上海各区县首位，截至 2009 年 12 月 11 日共有 1307 家社会组织，其中社团 362 家、民办非企业单位 945 家，已经有 46 家社会组织通过规范化建设评估。2004 年浦东新区有 14 个政府职能部门出资 2228.2 万元购买民间组织服务；2005 年共有 15 个政府职能部门出资 4197.3 万元购买民间组织服务，出资总额比 2004 年同期增长了 88.37%。①

（三）公共服务平台初见规模

浦东新区根据服务对象和服务内容的不同，打造"市民服务中心——社区事务受理服务中心"公共事务办理平台，"市民服务中心——基层政府"公共服务供给平台，形成宏观层面上政社互动，微观层面上企业、社会组织、个人各取所需的服务格局。

2006 年，浦东建立了上海市第一家区级市民服务中心，主要承担公共服务和政社合作两项工作任务，作为办事服务的综合性平台，各委办局 140 多条专线与市民服务中心平台连接，提供区级权限的公共服务项目，服务

---

① 《2007 年浦东新区推动政社互动、培育社会组织的工作情况》，http://www.sh.gov.cn/shang-hai/node2314/node18598/node18599/userobject31ai2258.html。

对象主要是企业，在其提供的 310 项服务中，只有 50 余项是涉及个人，其余均为企业服务。作为政府与社会互动的平台，政府在制定重大决策和事项前会征询社会组织和社会公众的意见，先在市民服务中心公示。同时，市民服务中心定期举行"区长网上办公会议"，截至 2010 年 3 月已经举行 60 多次，解决政府部门在公共服务中存在的实际问题。此外，还举行了多次有关公共服务项目收费的听证会。涉及居民个人的公共服务项目遵照就近办理原则，在各社区设有社区事务受理服务中心，处理与居民生活息息相关的公共服务事务，具体包括失业登记、就业申请、社会保险办理、社会救助、社会福利、房地部门的廉租住房受理等事务。从 2007 年起，浦东新区全面推进社区事务受理服务中心标准化建设，进一步提升服务质量和水平。

区级市民服务中心与社区事务受理服务中心的建立为新区公共服务体系建设提供了物理平台，创新了政府公共服务的理念和实现方式。依托公共服务平台，政府与社会组织实现多渠道沟通和即时信息互动，更好地为居民提供公共服务。同时，浦东新区进一步提高基层政府公共服务职能，把街道社区打造成直接服务居民的公共服务平台。2006 年 5 月，浦东新区选择两个街道开展转变街道管理职能改革试点，2007 年在全区 12 个街道全面推开。改革内容包括：重新调整街道管理职能，街道不再承担经济职能，进一步完善街道的公共服务和社会管理职能；改革街道财政管理体制，建立公共财政保障机制，实行街道全额财政拨付制度；改革街道社区管理体制，实现党建工作全覆盖，实现社会组织全覆盖管理。改革后街道的工作重心放在社区管理、社区服务、社区党建、社区安全、社会保障和就业、社会事业和城市维护六个方面，根据街道社区管理与服务方面的职责任务和保障标准，按照"以事定财"的原则由区级财政实施保障公共支出，改变原先与税收挂钩的财力保障模式，通过统一规范支出标准，控制行政成本，加大社区公共服务投入，社区公共服务与管理支出比重从过去的 31% 大幅上升到 79%，提高了公共服务水平。①

(四) 公共服务方式开始转变

新区政府积极拓展多种形式的公共服务方式，率先探索政府购买服务、提供公共服务新模式，将涉及公共服务事务性较强的部分事项，通过公开招标、项目发包、项目申请、委托管理等方式，由政府购买社会组织的服务，建立起以项目为导向的契约化管理模式。特别是综合配套改革全面实施以后，浦东制定了政府购买公共服务实施意见，政府各职能部门将购买民间组织公共服务的资金列入部门年度预算，同时，强化契约式管理，政府和民间组织的责任、义务以及服务标准，全部在合同中体现。购买服务的主要项目包括调查统计、课题研究、项目管理、老年人服务补贴、职业技能培训补贴等。

公共服务方式多元化使得居民享受到了更优质的公共服务。早在 1995 年 10 月，浦东新区就组织实施了公交改革方案，以"社会化、市场化、规范化"为目标，将原来独家经营的浦交公司一分为三，以参股方式分别组建了三个股份制公司，彻底改变了过去完全由政府办公交的格局，形成了社会办公交和适度竞争格局。在以公交改革为先导的同时，先后推行了绿化环卫社会化招标、文教体育走产业化道路以及社区管理方式多元化等一系列改革试点，推动浦东新区公共服务方式多元化，使公共服务的质量和效率得到了较大的提升，罗山市民会馆就是社区管理方式多元化中最具代表性的实践模式。

在传统的社区管理体制中，主要以街道为主体，以居民委员会为依托，实际上是政府行政机构的延伸。而浦东罗山市民会馆以独立身份介入社会，政府不以行政方式要求会馆如何建制，会馆没有传统社区服务中行政命令式

---

① 　浦东新区财政局:《浦东新区公共财政建设与绩效预算管理》(内部文稿)。

地安排活动内容，而是围绕"以人为本"的原则，遵循"真真切切的服务，实实在在的关怀"这一社区服务理念，在社会参与、社区教育、社区体育、社区文化、社区志愿者活动等方面大力推进，将会馆建设为当地居民进行社会交往、社会教育、文化娱乐、体育健身、享受公共福利服务的开放式的社区公共场所。

此外，针对公共服务方式转变的新局面，新区创造性地对公共服务流程进行重塑，切分为"管、办、评"三大块，政府更多地"掌舵"，把需要专业技能的"划桨"任务交给有能力的社会组织，并委托第三方专业机构进行绩效评估，以确保公共服务的质量。如在公共教育方面，东沟中学成为"管、办、评"分离制度成功的典型。2005年6月，浦东新区政府将东沟中学委托给上海市成功教育管理咨询中心进行管理，在学校性质、行政隶属关系、政府拨款、学生学习支出不变的情况下，新区政府每年支付给咨询中心一定的管理费用，一年以后，通过中介评估机构上海浦发教育评估中心的评估，东沟中学教学成果与委托前发生了重大变化，改变了过去陈旧的教学模式、管理方式，输入了先进的教育理念和师资队伍，无记名调查结果显示，教师、学生、家长对学校教育的满意度分别达到92.2%、94.7%、97.7%。①

三 浦东新区公共服务体系建设过程中存在的问题

经过多年的发展，特别是综合配套改革全面推进以来，浦东新区公共服务体系建设取得了较大成效，但由于政府职能转变不彻底、社会组织发展滞后等因素，公共服务体系建设还存在一些问题。

---

① 《浦东新区民办教育管理建立"管办评"联动机制》，中国教育先锋网，http://www.ep-china.net/content/news/c/20070823104846.htm。

(一) 公共服务体系建设主体自身转型尚不彻底

建立优质高效的公共服务体系首先需要打造以公共服务为导向的建设主体，目前，浦东新区公共服务体系建设最主要的两类主体——政府和事业单位尚未建成以公共服务为导向的制度机制，导致公共服务体系建设受到一定阻碍。

公共服务体系要求浦东新区政府以人为本、为民服务，在公共服务体系建设过程中，新区政府行为方式上还多以方便政府管理为出发点，未能贯彻公民本位思想，具体表现为：政府服务侧重于企业，对于公民的服务尚未成为公共服务的核心内容。由于政府自身建设不够、定位不清造成公共服务体系在浦东虽已初步形成，但是作用尚未得到充分发挥，一些公共服务领域获得的政府、民间资源投资不够，公共需求不能得到很好的满足，在浦东社会、经济、文化高速发展的情况下，某些领域公共服务供给和需求矛盾的状况凸显。

目前，我国地方政府是推动地方经济发展的主要参与者，直接介入地方经济发展。浦东新区作为全国综合配套改革的试点，承担着中央各部委改革试点的工作，肩负着带动上海经济发展乃至长三角地区经济发展的重任。如何加快政府职能转变，协调好经济发展与公共服务之间的关系，是新区政府必须面对的现实问题。经济发展将增加政府的财政收入，如果不强化政府的公共服务职能，在公共服务领域投入更多的资金，使民众都能享受经济发展带来的成果，则将影响区域内社会的公平正义。

浦东新区同时还存在由政府职能部门管理，有编制、有经费、有行政权力的事业单位，代表政府管理着浦东新区大多数的中介机构及行业组织，在一定程度上造成了公共服务体系建设中市场不能发挥其应有的作用，市场的中介职能被事业单位代替，这些单位逐渐成为政府自身改革和公共服务体系建设的障碍。由于严格的控制和管理，中介机构、行业组织对内不能充分实行独立自主的决策、运作，对外难以开展公正、公开、公平的市场竞争，其作用得不到充分发挥，也直接影响到行业间竞争，造成一定的垄断性。如在市政环卫领域，公共绿地原先由事业单位负责保养维护，在进行"事转企"之后，其他竞争主体仍无法平等参与到市政服务的竞争中，没有起到打破垄断、提高效率、降低成本的作用。

（二）社会力量参与公共服务体系建设程度有待提升

社会力量在建设公共服务体系过程中可以发挥重要作用，非营利组织、社区居民组织，甚至居民个人都可以提供有效的公共服务，与政府组织相比具有更大的灵活性和针对性。浦东新区坚持"小政府，大社会"的思路，在政府与社会管理互动、培育社会组织成长方面做了许多有益探索，但非营利性组织在公共服务体系中发挥的作用有限，深度和广度有待提升。

首先，社会力量参与公共服务体系建设受困于资金的限制，国际上通常采用政府专项补贴或购买服务预算来解决资金问题。而浦东新区真正用于扶持社会组织的支出水平占 GDP 的比重为 0.04%，远远低于发达国家 7% 的水平，也低于 4.6% 的世界水平和 0.73% 的中国平均水平，资金扶持力度显著不够。[①]

其次，新区政府对于非营利性组织的管理方式还停留在传统阶段。非营利组织的建立往往是自下而上、从小到大的过程，直接反映组织成员之间的共同需求或者是社会公共需求，一旦其成立的需求被政府忽视，那么非营利组织很难在民政部门获得登记注册，直接影响其合法性和活动的开展。虽然浦东新区在 2007 年出台了《关于着力转变政府职能建立新型政社合作关系的指导意见》作为政社分开、管理非营利性组织的规范性文件，但仍然缺乏完善的配套法律制度，亟须通过法律的形式明确规范非营利性组织的性质、

---

① 陶希东:《浦东之路：社会建设经验与展望》，上海人民出版社 2010 年版，第 211 页。

管理体制、财产关系、内部制度、参与公共服务的资质等，使非营利性组织制度化、规范化和法治化，积极吸纳、扶持合格的非营利性组织参与到公共服务中。管理方式落后也阻碍了非营利组织进一步参与公共服务体系的建设，主要表现在：对于非营利性组织管理僵化，多部门管理现象存在，造成多头审批，重复管理；非营利性组织参与的公共服务领域有限，尤其是在一些重大公共服务项目和领域，非营利性组织没能发挥其作用和功能；一些政府部门垄断与本部门行业相关的服务业务，照顾"嫡系"机构，造成非营利性组织不能公平参与公共服务相关领域，特别是中介服务的相关业务。

最后，在推进非营利组织发展过程中，政府为了促进地区和区域经济，主要推动行业协会类的非营利组织的发展，如国际会展、金融服务、现代物流等现代服务业和新型产业。对于直接为居民提供公共服务的非营利组织重视不够，在享受减免税收与人才资源引进问题上，体现不出非营利组织的特性，政策导向性不强。截至 2008 年 9 月底，浦东新区非营利性组织 710 家，包括社会团体 199 家、民办非企业 511 家，其中 213 家致力于养老、社区公益或志愿服务、社会工作等领域①，仅占总数的 30%，难以满足普通民众的公共需求。

（三）公共服务体系建设资金亟须增加

公共服务体系建设依赖大量的资金投入，需要坚实的物质保障基础。虽然浦东新区在公共服务体系建设上资金投入每年增幅较大，但是与财政收入的增长速度、占财政收入的比重以及占 GDP 的比重相比仍然较低。

从 2000 年至 2008 年浦东新区地方财政收入支出的情况来看，公共教育方面的支出虽然每年增加，但是一直落后于财政收入的增长幅度，只有 2004 年、2005 年、2007 年三年比财政支出增长幅度略微高一点，其他年份的增长

---

① 浦东新区政协社会和法制委员会：《加快培育浦东新区公益类社会组织》，http://www.pdzx.gov.cn/pdzx/ShowInfom.aspx?infoid=8358&siteid=1。

速度则大幅度落后，同时占财政支出的比例逐年下降。这意味着浦东新区每年新创造的社会财富在二次分配中没有能够及时投入到教育领域。同时，医疗卫生方面的支出在 2002 年、2005 年竟然出现了负增长现象，虽然近两年提高的幅度较大，但仍未达到 2000 年占财政总支出 4% 以上的水平（见表 1）。

表 1　2000—2008 年浦东新区地方财政收入和支出情况表

年份	地方财政总收入		地方财政总支出		公共教育			医疗卫生		
	亿元	比上年增长（%）	亿元	比上年增长（%）	亿元	占财政支出比例（%）	比上年增长（%）	亿元	占财政支出比例（%）	比上年增长（%）
2000	103.21		69.60		9.56	13.74		2.99	4.30	
2001	143.53	39.07	88.30	26.87	10.67	12.08	11.61	3.19	3.61	6.69
2002	202.63	41.18	120.92	36.94	12.15	10.05	13.87	3.07	2.54	-3.76
2003	296.12	46.14	160.35	32.61	14.55	9.07	19.75	3.86	2.41	25.73
2004	402.23	35.83	193.58	20.72	17.68	9.13	21.51	4.77	2.46	23.57
2005	494.94	23.05	198.80	2.70	18.85	9.48	6.62	4.49	2.26	-5.87
2006	587.49	18.70	222.58	11.96	20.76	9.33	10.13	5.31	2.39	18.26
2007	854.49	45.45	287.23	29.05	26.93	9.38	29.72	8.20	2.85	54.42
2008	1042.44	21.99	370.30	28.92	30.90	8.34	14.74	12.18	3.29	48.53

资料来源：吴津：《浦东行政审批制度改革的回顾和思考》，《上海行政学院学报》2010 年专辑。

从社会经济发展的角度看，浦东新区在公共服务体系重要项目上的投入占区域内生产总值的比重过小，不利于持续健康发展。2006 年新区教育、医疗卫生、社会保障和就业、社区管理服务的支出分别是 20.7 亿元、5.3 亿元、23.7 亿元、8.2 亿元，2007 年这四项的财政支出分别增加了 21.7%、43.3%、27.9%、125.6%，但是这四项基本公共服务只占 2007 年浦东新区 GDP 的 2.69%，而 1994—1997 年欧盟国家仅教育、社会保障、公共卫生保健三项社会公共服务支出相加，占 GDP 的比重在 34% 以上。[1] 公共服务体系的总投入占 GDP 的比重应该成为衡量公共服务体系建设状况的重要指标，每年在保持绝对资金量增长的情况下，还要在比例份额上有所提高（见表 2）。

---

[1]　唐铁汉、李军鹏：《国外政府公共服务的做法、经验教训与启示》，《国家行政学院学报》2004 年第 5 期。

表2 2000—2008年浦东新区公共教育和医疗卫生支出情况表

年份	公共教育和医疗卫生支出（亿元）	GDP总量（亿元）	占GDP的比重（%）
2000	12.55	923.51	1.36
2001	13.86	1082.36	1.28
2002	15.22	1253.13	1.21
2003	18.41	1507.44	1.22
2004	22.45	1852.43	1.21
2005	23.34	2108.79	1.11
2006	26.07	2365.33	1.10
2007	35.13	2750.76	1.28
2008	43.08	3150.99	1.37

资料来源：根据上海浦东新区历年统计年鉴作者自制。

（四）公共服务体系建设方式手段较单一

传统公共服务体系建设的方式是政府垄断公共服务的生产和供给，浦东新区开发开放以来，经过多年实践，政府购买服务等多种方式开始兴起。但从总体上看，浦东新区公共服务体系建设过程中，公共服务的供给方式手段仍然较单一，政府兼顾生产和供给的方式普遍存在，其他服务方式所占公共服务比例很小，仅仅以购买服务的方式为主。

购买服务是浦东新区政府利用较多的一种新的公共服务供给方式。从国外经验来看，购买服务与政府直接提供相比，具有降低成本的优势。浦东新区在推行这一供给方式时，对于原先供给方式成本的核算、购买后成本的变化以及由此带来的民众满意度的变化都没有进行精确的测量，在各部门之间容易造成一种为了购买而购买的盲目举动，具体表现为购买标准流程不规范、没有形成契约化、制度化的购买程序。购买服务也为政府官员权力寻租提供了空间，政府对承包商执行合同进行监督的成本较高也成为需要解决的难题，如果处理不好，反而增加了成本，降低服务质量，产生腐败等一系列的问题。在公共环境服务领域，城市垃圾清扫处理已经作为政府合同购买服务进行处理，但是在实际运作过程中，由于清洁公司是原来事业单位转轨改制形成，不具有市场竞争力，政府每年不但要出资购买垃圾处理服务，还要承担器械的损耗和购买，包括洒水车、垃圾装运车、垃圾桶，等等，提供方式的转变并没有达到降低成本的目的，反而带来了管理体制上的不顺。

（五）公共服务体系发展不均衡

浦东新区公共服务体系经过多年的发展虽然有了飞跃性的进步，但是整体上仍然处于不均衡状态，主要表现在以下三个方面。

第一，公共服务体系在浦东新区不同地区发展不均衡。浦东新区在公共服务体系建设过程中将均等化列为重要目标之一，但在实际建设过程中，由于街道、乡镇之间经济发展速度不一，街道与乡镇、不同的乡镇之间公共资源的配置都有所差异。尤其是乡镇之间公共服务资源的分配差别明显，某些边远的乡镇公共服务建设较为落后。根据近期农业普查资料，北蔡镇、唐镇、三林镇农村从业人员中参加养老保险的人数比例大大低于全区水平，即使在经济较为发达的花木街道农村从业人员参加养老保险的人数比例也很低，公共服务体系建设落实到不同的社区、不同的群体，当中产生了一定的差距（见表3）。

表3　2006年浦东新区乡镇农村从业人员参加养老保险情况表

农村从业人员所在街道乡镇	农村从业人员数（人）	农村从业人员参加养老保险人数（人）	农村从业人员参加养老保险比例（%）
花木街道	10692	2733	25.56
川沙新镇	113077	53895	47.66
高桥镇	38827	24198	62.32
北蔡镇	53053	17620	33.21
合庆镇	51977	26284	50.57
唐镇	51563	18797	36.45
曹路镇	59806	35429	59.24
金桥镇	49738	23333	46.91

（续表）

农村从业人员 所在街道乡镇	农村从业人员数 （人）	农村从业人员参加养 老保险人数（人）	农村从业人员参加养 老保险比例（%）
高行镇	22581	13418	59.42
高东镇	40363	30995	76.79
张江镇	26862	11502	42.82
三林镇	84644	26330	31.11
全区总计	597183	284534	47.65

注：农村人员从业人数包括从事农业人数和从事非农业人数，农村从业人员参加养老保险人数包括
    城镇职工养老保险、综合保险、农村社会养老保险（镇保、农保、征地养老）人数。
资料来源：根据《上海浦东新区统计年鉴2008》中农村第二次农业普查资料有关数据作者自制。

第二，浦东新区人均享有的公共服务与上海市人均水平存在一定差距。浦东新区自从开发开放以来，成为人口迁移的主要地区，每年一般保持在15‰以上的人口净迁移率，2000年甚至高达35.4‰。[①] 这对浦东新区公共服务体系的建设形成了巨大压力，如每万人拥有卫生机构床位数，浦东新区仅为27.13张，上海市平均水平为51.77张；普通中学每千名学生拥有专任教师人数，浦东新区为75.5名，而上海市平均水平为81.5名。[②] 公共服务体系整体建设与人均享有的服务水平如何同步发展成为浦东新区必须解决的难题。

第三，弱势群体享受的公共服务有待提升，主要体现在乡村教育和外来务工人员子女教育方面，乡镇中小学教师的流失使得每位老师必须教授更多的学生，这势必影响教学的质量和效果。虽然浦东新区在城乡教育均等化方面做了许多有益的探索，包括"管办评"分离模式、城乡间教师互换交流制度，但是乡镇中小学教育的弱势地位没有能够得到根本的改变。在外来

---

① 上海市浦东新区统计局：《上海浦东新区统计年鉴2009》，中国统计出版社2009年版，第43页。

② 根据上海市统计局：《上海统计年鉴2009》，中国统计出版社2009年版，第10、411、425页；上海市浦东新区统计局编：《上海浦东新区统计年鉴2009》，中国统计出版社2009年版，第14页数据计算得出。

务工人员子女教育方面，民工子弟学校的教职员工数呈现逐年下降的趋势，2007—2008 年间，民工子弟小学学生人数从 20141 名增加到 20279 名，而教职员工数却从 943 名下降到 825 名，流失率达 12.5%。①

四　健全浦东新区公共服务体系的思路和对策

中共中央关于制定国民经济和社会发展第十二个五年规划的建议明确提出，"十二五"期间，着力保障和改善民生，必须逐步完善符合国情、比较完整、覆盖城乡、可持续的基本公共服务体系，提高政府保障能力，推进基本公共服务均等化。公共服务体系的健全和完善是一项系统工程，仅就现存的问题进行单方面的改进不能确保公共服务体系整体上质的提高。认清浦东新区公共服务体系之于浦东、上海乃至全国的重要意义，是进一步健全公共服务体系的前提，在此基础上借助国家级综合配套改革试验区优势，立足浦东区情，合理构建政府、市场与社会的关系，整合政府、非营利组织、企业三者资源，才能有效健全公共服务体系，建成与浦东经济社会发展相适应的公共服务体系。

（一）健全浦东新区公共服务体系的重要意义

随着浦东新区经济发展和城市化进程的加快，公共服务体系成为改革和发展的关键因素。健全和完善公共服务体系建设，对于浦东新区加快建立适应经济社会转型要求的服务型政府，深入推进浦东综合配套改革试点和科学发展具有重要意义。

1. 健全公共服务体系是推进浦东新区综合配套改革试点的重要环节。浦东从被确立为综合配套改革试点地区的那一天起，就背负起国家战略的

① 上海市浦东新区统计局：《上海浦东新区统计年鉴 2009》，中国统计出版社 2009 年版，第 247 页。

使命。着力转变政府职能、着力转变经济运行方式、着力改变城乡二元经济与社会结构这"三个着力"，是中央对于浦东综合配套改革试点的要求，也涵盖了浦东综合配套改革试点的全部，而健全公共服务体系是推进浦东新区综合配套改革试点的重要环节。一方面公共服务体系建设涉及基础教育、医疗卫生、就业服务、社会保障、保障性住房、环境保护、基础设施等社会全方位总体建设，需要政府、社会组织、企业多元主体的参与，关系到政府职能转变、社会组织成长、企业社会责任等改革的重大领域和问题，与民众的日常工作生活息息相关。完善公共服务体系可以调动各方面积极性，获得民众的支持，为政府职能的转变、社会组织的成企业的发展提供有利条件，形成推动综合配套改革试点的动力源泉，促进综合配套改革试点目标的实现。另一方面政府作为公共服务体系的主要推动者和建设者，其重要职能之一就是提供公共物品和公共服务，公共服务体系的建设状况是政府履行职能的重要评判标准，也是公共服务型政府制度框架是否建立的衡量尺度。完善公共服务体系，有助于促进政府推进就业、收入分配、社会保障制度和教育、卫生体制改革，为民众提供更好的就业、医疗、卫生、教育等各方面的公共服务，有效平衡城乡间公共物品和公共服务的提供，统筹城乡发展，缩小城乡差别，逐步改变城乡二元经济与社会结构，推进基本公共服务均等化。

2. 健全公共服务体系是浦东新区服务型政府建设的内在要求。首先，服务型政府是公共服务体系建设的主要承担者。传统的管制型政府虽然也承担公共服务的某些职能，但是提供公共服务的出发点是为了更好地控制、管理民众，只保持低水平的公共服务，无法满足不同层次的服务需求。公共服务行业的高度垄断，使得服务质量低下、服务体制僵硬、服务手段单一，民众只能被动接受服务。所以，只有切实转变政府职能，建设服务型政府，从民众本位出发，以民众需求为导向，尊重民众选择权，才能承担起公共服务体系建设的重任。其次，服务型政府与公共服务体系具有相同的价值取向。服务型政府遵循公民本位原则，行政权力运行的目标是实现公共利益，政府行政行为最终指向民众的服务需求。公共服务体系的特征是公共性、服务性、均等化，建立的基础是公共利益，直接服务对象是民众，最终的价值目标是使全体人民都能享受到均等的公共服务。服务型政府与公共服务体系价值上高度的同一性使得两者建设过程中相互促进，相互补充，不断推进公共利益的实现，更好服务于民众。最后，健全公共服务体系是对服务型政府能力不足的弥补。服务型政府的服务功能主要通过提供优质的公共产品来实现，公共服务体系所担负的是全部公共产品的提供，包括政府部门提供不了、提供不好的公共产品，没有公共服务体系提供这类公共产品，将影响到社会经济的发展。只有加快推动公共服务体系建设，才能形成政府与市场、社会分工承担公共产品供给的局面，有利于政府专注于自身所应提供的公共产品，提高服务质量和水平，加快服务型政府建设。

3. 健全公共服务体系是浦东新区新一轮发展的重要保障。2008 年，我国人均 GDP 超过 3000 美元。按照国外的经验教训，这一阶段是经济增长的"瓶颈"阶段，也是经济高速增长阶段。一些国家在这一阶段都陷入了发展停滞与中断状态，其原因之一是忽视了公共服务体系的建设和完善。而德国、日本、法国等国，由于全面完善公共服务制度，成功地越过了这一阶段，跨入了高收入国家的行列。① 浦东新区 2008 年人均 GDP 已经超过 20000 美元，与发达国家和地区的差距在渐渐缩短，但是公共服务体系方面的差距却较大。

为了保证浦东新区新一轮的发展，公共服务体系的建设不能按照全国普遍标准，而是要建立与社会经济发展相适应的高标准公共服务体系，这样才能符合浦东新一轮发展的需要。浦东新区公共服务体系建设应该全面覆盖底

---

① 唐铁汉、李军鹏：《国外政府公共服务的做法、经验教训与启示》，《国家行政学院学报》2004 年第 5 期。

线生存服务，加强对公共基础设施的建设和投入，保证教育、科技方面的投入，为浦东新一轮发展保证技术、人才优势，同时，深化医疗卫生、住房、社会保障等服务的改革，保障社会稳定，为新一轮发展创造良好的环境。

4.健全浦东新区公共服务体系具有示范作用。目前，我国民众对于公共服务的需求已经进入的高速增长时期，经过多年的改革开放，各级政府也拥有了一定的资源进行公共服务体系建设，社会主义市场经济体制逐渐完善，民间服务力量开始成长，这些都有利于公共服务体系的建立和完善。同时，由于缺乏合适的公共服务供给机制和制度平台，使得政府对于公共服务的投入资金长期不足、投入与产出比不对称，无法满足社会上大多数民众的需求；另外，由于地区差距、城乡差距的长期存在，使得公共服务提供不平衡、不均等的现象长期存在，影响和谐社会的建设。

浦东作为国家级综合配套改革试验区，公共服务体系的建设不仅关系到浦东新一轮的发展，而且对于解决中央与地方在公共服务体系建设方面事权与财权的划分这一难题具有实践指导作用。通过浦东的公共服务体系的建设实践，可以逐步摸索出适合我国国情的公共服务体系建设路径，为公共服务体系全国范围内的完善提供经验借鉴。

（二）健全浦东新区公共服务体系的对策

浦东开发开放以来，在公共服务体系建设方面，进行了积极探索和实践，取得了较大成效。但从深入推进综合配套改革试点，进一步转变政府职能，构建服务型政府的要求来看，公共服务体系建设还存在着一些问题。针对存在的问题，"十二五"期间，健全浦东新区公共服务体系应从以下几方面着手：

1.确立政府主导、社会参与型公共服务体系的建设模式。公共服务体系建设过程中必须明确政府的权责，确保最基本公共物品供给。我国是人民当家做主的社会主义国家，国家性质决定了我国政府必须确保每个公民都能享受到最基本的公共服务，改革开放的目的是为了更好地解放和发展生产力，实现共同富裕。作为改革开放前沿的浦东新区实现了社会经济的飞速发展，更要让新区居民享受到经济社会发展的成果，特别是浦东新区的农村村民和外来务工人员，为新区的建设做出了较大的贡献，政府必须承担公共服务体系建设的职责，提供最基本的公共服务，使浦东新区的居民不分城乡、不分户籍都能享受到均等的基本公共服务。

所谓政府主导、社会参与型公共服务体系建设模式，要求政府在公共服务中肩负起"核心供给者"的责任，提供基本的公共物品，最重要的就是政府承担基本公共服务。基本公共服务涉及就业、教育、卫生、安全、生活等各个方面，关系到社会稳定、经济持续发展。首先，浦东新区政府必须加大在教育和医疗卫生领域的资金投入。2000年，新区在教育和医疗卫生支出占政府财政支出比例一度达到18.04%，以后便逐年下降，2008年为11.63%（见表1）。这种低投资的公共服务不利于浦东新区人口素质的整体提高，影响人才的吸引和培养，必须通过公共财政制度的完善，使教育和医疗卫生支出占政府财政支出比例至少恢复到2000年的水平。其次，促进就业保障民生。从浦东新区就业结构上来看，第二、三产业吸引了绝大多数就业人口，特别是第三产业就业人口达到87.7万人，占浦东新区总就业人口的58%，但是从发展水平上看，浦东新区第三产业占上海市比重仅为22.4%，低于浦东新区生产总值占全市比例的22.6%。浦东新区作为上海现代服务业的重点发展地区，需要进一步通过政策扶持、就业引导等措施，推动产业结构的调整和发展，增加就业岗位，促进居民就业。最后，继续完善各类社会保障制度，着力推动外来人员综合保险和农村社会养老保险的普及。2008年末，浦东新区外来人员综合保险参保人数为59.7万，参保率仅为53.6%，农村社会养老保险期末参保人数为71141人，只占农村劳动力的49.5%。[1] 这要

---

[1]　上海市浦东新区统计局：《上海浦东新区统计年鉴2009》，中国统计出版社2009年版，第14、80、234页。百分比为计算得出。

求政府在公共服务体系建设过程中更加注重对外来人员和农村地区的投入，让每一位劳动者都能"老有所养，病有所医"。

政府主导社会参与型公共服务体系建设模式，并不意味着政府主导一切，而是对政府自身的服务方式、职能转变提出更高的要求。从过去行政命令式的管理转变为引导、调控多种主体参与到公共服务当中，创新服务手段和供给方式，在职能转变和优化的基础上，为非营利组织、企业留出空间，使社会力量能够真正参与到公共服务体系的建设中。如浦东目前拥有 5 个国际化居住社区，上海常住外籍人士的 1/3 居住在浦东，国际学校、涉外医疗机构数量的不足，使浦东新区在教育医疗领域面临着来自外籍人士的巨大压力。这类群体的服务质量要求较高，属于高端公共服务，必须依靠社会、市场的力量进行提供。但是，国际学校的审批权在教育部，提供涉外医疗和国际医疗保险结算业务的医疗机构只有 15 家。这就需要政府健全公共服务领域的准入机制，调动社会、企业积极性，促进国际教育、涉外医疗产业化发展，减轻自身压力，更好地为民众提供基本公共服务。

2. 明确市场作用逐步开放公共服务领域。明确政府的责任并不意味着市场不需要参与到公共服务中，相反，市场恰恰能够弥补政府在提供公共物品时能力不足，对于公共服务而言，"主要的区别不在于公营对私营，而在于垄断对竞争"①。由政府单一主体提供公共服务容易导致方式落后、手段僵化、效率低下，开放公共服务领域，引入市场竞争机制，能够较好地实现公平与效率的统一，改变由政府垄断公共服务供给的局面。市场机制天然要求主体间的公平竞争，竞争的结果是资源的优化配置，带来了公共服务成本的降低、服务质量的提高和社会总体效益的增加。

开放公共服务领域的过程，就是让民众拥有选择的权利。传统管制型政府垄断社会一切公共事务，管了许多不该管、管不了、也管不好的事务，造

---

① ［美］戴维·奥斯本、特德·盖布勒：《改革政府：企业精神如何改革着公营部门》，上海译文出版社 2006 年版，第 45 页。

成机构臃肿、组织僵化、财政不堪重负。通过开放公共服务领域，引入竞争机制，一方面可以剥离原本不属于政府应该管辖的机构和职能，另一方面促进公共服务供给主体之间的竞争，使用最低的成本购买到最优质的公共服务。浦东新区政府一直保持着"小政府"的设置规模，但是大量拥有一定行政权力的事业单位以及受到行政权力保护的"事改企"企业垄断着公共服务的大部分领域，使得市场竞争不充分，购买公共服务倾向于原来属于本部门管理的单位或企业。① 这就首先要求浦东新区政府明确公共服务领域的准入门槛，使国有企业、私营企业、外资企业都能以平等的方式参与市场的竞争，打破"事改企"企业依靠原先单位垄断公共服务的局面，对于已经实现市场化的行业，如在基础设施建设、城市公用事业等领域，一定要引入竞争的方式，降低公共服务成本。其次，通过市场机制，吸引优质资源和企业参与公共服务。浦东新区众多公共服务领域具有需求层次多、涉及人群广的特点，既有大量的外来务工人员、一定比例的农村人口，也有外籍人士和国内各类人才，满足各类人群的需求成为公共服务的难点。政府的资源和力量是有限的，只有通过市场机制，将上海浦西地区、全国甚至国际优质企业引入浦东新区，参与公共服务的建设，才能更好地满足各类人群的需求。如在教育领域，浦东新区通过引入由著名教育家刘京海领衔的民办企业——成功教育管理咨询中心，实现了东沟中学教学质量的提升。今后在教育、医疗和高端服务中可以更多采取市场化方式，满足不同民众的需求。最后，引入市场机制还要加强监督和管理。市场机制也会带来一定的弊端，在公共服务过程中同样会出现为了追求利润最大化损害服务对象利益的行为，比如抬高服务收费标准、降低服务质量，这就需要进行项目监管。浦东新区政府放开公共服务领域的过程也应该是制定与公共服务有关的质量标准、管理规则的过

---

① "事改企"把原先的事业单位或者事业单位某一部分转变为企业，前提是改制单位所涉及的领域可以通过市场化进行运作。改制完成的企业一般有三年的过渡期，受到政策上的倾斜和保护，避免被市场竞争冲垮。

程，同时引入第三方专业机构进行服务效果的评估，使监督结果更客观、更公正。

3. 构建公共服务体系供给主体多元化格局。"一个负担过重和过于官僚化的政府没有能力完成不断安排给它的日益增长的任务"①，由于公共物品的"外部性"，企业在某些公共服务供给方面也存在功能缺陷，公共服务体系供给主体多元化需要非营利性组织的参与。非营利性组织具有公益性、直接面对民众、服务形式多样、服务手段灵活多样的特点，特别是公众需求日益多样化和专业化，信息咨询、行业标准制定、特殊人群服务等领域，非营利性组织可以填补公共服务空缺。近年来，浦东新区非营利性组织作为提供公共服务一支重要力量，虽然发展较快，但是在政策环境、组织建设方面还有待完善，需要对非营利组织进行分类管理，针对不同类型的非营利组织采取合适的措施。

首先，剥离非营利组织的行政职能。浦东新区行业协会类的非营利组织很多是在政府支持下建立的，有些本身就是从政府职能部门转变过来的，一些行业协会的法定代表人就是政府官员。这使得行业协会在发展理念、内部管理、活动方式依赖于与其业务相关的政府部门，政府部门也乐于通过支持行业协会的方式对其进行管理。这就需要加强行业协会类非营利组织的内部管理和规范，淡化行政色彩，政府部门主要履行监督职责。

其次，强化对民办非企业类非营利组织的支持力度。浦东新区民办非营利组织包括民办学校、民办养老院和民办医疗机构，主要弥补公办教育、医疗的不足，其中承担义务阶段教育的民办教育机构就有二十多所。这就需要浦东新区政府在税收政策、财政支出上加以支持，推动民办非企业类的非营利组织服务水平、服务质量的提高。

再次，加快推进志愿组织的发展。在浦东新区所有的非营利组织中，志

---

① ［美］莱斯特·萨拉蒙：《非营利部门的兴起》，《公民社会与第三部门》，社会科学文献出版社 2000 年版，第 250 页。

愿服务类非营利组织最少，而志愿组织恰恰是反映一个地区公民社会发展状况、公众参与程度最重要的标志。行业协会可以通过收取会费等方式运行，民办非企业也有一定的营业收入，困扰志愿组织发展最根本的原因还是资金短缺、场地设备缺乏等问题。在目前的情况下，志愿组织发展离不开政府资金的支持，即使是在市场化程度最高的美国，联邦政府在社会服务方面的支出50%以上投向非营利组织。① 因此，浦东新区政府应为志愿组织提供日常运转资金和场地的最基本支持，采取政府购买方式推动志愿组织服务项目的实施，从而支持志愿组织参与公共服务。

总之，"十二五"期间，浦东新区应通过非营利性组织的发展，让更多的社会主体参与到公共服务中，使民众通过自己的努力来实现自己的利益需求，提升公民意识，促进公民社会的发育和成长，最终形成数量众多、形式多样、功能发达、专业性强的非营利性组织，促进浦东新区公共服务体系供给主体多元化。

4. 创新公共服务体系的供给方式。公共服务的供给应依据公开、公平、参与原则，通过创新多种公共服务的供给方式，让政府、企业、非营利性组织通过不同方式提供公共服务。

购买服务是浦东新区政府利用较多的一种公共服务供给方式。在不扩大行政规模、不增加财政支出的情况下，浦东新区政府以合同的形式在公共服务领域引入市场竞争机制，通过投标将原先政府垄断的公共物品的生产、提供权转让给企业、非营利组织等机构，而政府通过购买承包商提供的公共服务并依据合同对其进行监管。浦东新区已将政府购买服务所需经费纳入各部门每年财政预算，投入资金也逐年增加，出租项目趋于多元化，但在服务质量监管、成本核算上需要继续完善购买服务方式。

除了购买服务，浦东新区还可以引入其他比较成熟的供给方式，增强公

① 孙倩:《美国的非营利组织》，《社会》2003年第7期。

共服务领域间的竞争，促进多种供给方式的形成。凭单制是政府部门给予有资格消费某种服务的个体发放优惠券，在政府指定的公共服务供给组织中消费者凭借其手中的凭单换取服务，然后政府用现金兑换各组织接收的凭单。因为"任何组织，不管是政府的还是私人的，一旦具有垄断性，就会缺乏强烈刺激去提供它的服务对象所期望的服务"①，通过凭单制可以有效地激活公共服务提供主体之间的竞争，提高公共服务的质量。在政府的规制下，企业主体通过面向消费者的价格机制来实现投资回报，既能有效通过社会资源提供公共服务，又能通过价格机制反映消费者需求，浦东新区在义务教育领域可以适当采用。浦东新区目前拥有208所中小学，其中近30所是民办教育机构，承担了一定数量的义务教育的学生，但是却享受不到国家财政的生均教育经费拨款。② 如果实行凭单制，使所有中小学平等参与竞争，学生家长持教育券自主选择学校，学校凭借接收到的教育券数量从财政部门领取相应的生均教育经费，这样既为民办教育机构创造良好的发展环境，也可以促进教育资源的合理配置。

政府还可以通过加强与企业主体、非营利性组织之间的合作，以各种形式吸引企业、非营利性组织参与公共设施建设或提供某项服务，主要包括特许经营和共同生产两种方式。特许经营是政府首先确定服务的生产、提供标准，然后限定提供主体的资质，授权某一主体在一定期限内的生产权或服务权。浦东新区在餐厨垃圾资源循环处理上就运用了这一方式，与生物高科技企业签订项目特许经营协议，让企业对餐饮厨卫方面产生的垃圾进行无害化处理，变废为宝，产生出蛋白饲料和生物菌剂，保护公共生态环境。今后在垃圾处理、环境保护这类专业性较强、外部正效应较广的公共服务领域，通过设置必要的准入门槛，对优良公共服务的提供者开放，同时确保特许资格

---

① ［美］詹姆士·Q. 威尔逊:《美国官僚政治》，中国社会科学出版社1995年版，第430页。
② 《浦东新区民办非企业单位》，上海社会组织网，http://stj.sh.gov.cn/Info.aspx? ReportId=416db4ab—2716—4002—b52f—089b92f4d7ae。

不被异化为敛财的工具。共同生产是指政府部门与企业、非营利组织就公共服务的某一项目形成合作的伙伴关系，相互在资源上取长补短，发挥各自优势，共同推进公共事务服务民众，其中包括一定比例的志愿服务或公民自我服务。如在养老服务方面，2008 年浦东新区养老机构床位数为 10282 张，居家养老护理人员数 1813 人。[①] 养老机构以民办非企业单位为主，规模普遍较小，满足不了实际的养老需求。浦东新区政府应该发挥政策制定方面的优势，通过一系列优惠措施，吸引和鼓励社会资金、人力资源共同投入到养老等供需缺口较大的公共服务中，以弥补政府资源及服务能力的不足。

5. 加强公共服务体系的制度规范。浦东新区目前在公共服务过程中主要存在三类问题需要政府加强制度建设，提供制度规范：一是在公共服务领域竞争过程中，企业为了获取利益，有时会采取不正当手段争取政府合同，比如在招投标过程中对专家、政府官员进行贿赂；二是在对参与公共服务的非营利组织进行监管时，存在多头监管的现象，一定程度上降低了监管的力度，如民办教育机构就受到来自浦东新区教育局基础教育处、成教办等多个部门的监管；三是政府机关对企业、非营利组织监管缺乏硬性制度规范，有些政府机关在部门利益驱动下，往往形成"管理就是收费，收费就是管理"，以收费替代管理的不正常状况。因此，浦东新区政府应加强公共服务体系的制度规范，针对不同的公共服务领域制定相应的监管制度和管理办法，以作为企业、非营利组织参与公共服务的门槛和行为规范，包括资金使用办法等。如在社会养老服务行业，浦东新区政府已经出台了《浦东新区进一步促进养老服务事业发展的财政扶持意见》，对非营利组织进行资金支持，一张养老床位最高可获市区两级政府补贴 4.5 万元，而对于资金如何运作缺乏相应规定，容易导致资金使用不当等问题的出现。同时，界定好政府部门之间的职能界限。政府部门职能应该以法律法规的授权为依据，依法分工，依法

----

① 上海市浦东新区统计局：《上海浦东新区统计年鉴 2009》，中国统计出版社 2009 年版，第235 页。

监管。此外，对弄虚作假，损害公共利益的企业、非营利性组织实行"黑名单"制度，禁止参与任何涉及公共服务领域的活动。

6.转变公共服务体系的服务模式。目前浦东新区公共服务体系建设基本停留在"政府生产——民众接受"的初级阶段，以民众需求为导向的服务模式尚未建立，造成资金上的加大投入、服务方式上的改进有时候并不能够满足民众的实际需求，获得民众的认可。国外的实践经验也表明，公共服务供给方式的多元化改革无法在传统的治理架构内推进，只有在公共性、回应性、责任性、透明性和有效性较高的治理框架内，才能为公共服务多元供给方式提供制度化平台。建立新的服务模式，就是要求在治理层面实行决策、执行、评估三分离，使民众参与到公共服务的全过程中来。

对民众而言，"政府的行动直接关系人们的福祉，因而人们有权参与对国家的控制和为国家的决策贡献力量"①，所以，在公共服务的决策过程中必须扩大民众参与的范围，只有民众参与到公共服务中来，政府才能准确把握公共服务现状与公共需求之间的差距，选择合适的供给手段为民众提供服务；同时，民众参与有利于增加公共服务的合法性，获得民众对公共服务项目、手段的支持，防止服务项目的异化为"面子工程"。近年来，浦东新区已开始改变由政府单方面决策公共服务项目的局面，在涉及老百姓切身利益的公共服务收费价格调整等问题上召开听证会，在重大公共服务项目决策前进行公示，通过市民中心搭建的平台与民众进行互动。在此基础上，浦东新区应继续深化公众的参与程度，加强行政公开、听证制度、行政民主法制化等制度建设来拓宽公众参与公共服务事务的渠道和途径。

在公共服务项目的执行环节要注重绩效管理，公共服务的具体提供者以民意的真实需求为导向，按照公共服务的质量标准和规范为民众提供合格的公共物品。发达国家和地区把公共服务的绩效放在非常突出的地位，主要包

---

① 〔美〕莱斯利·里普森:《政治学的重大问题: 政治学导论》，华夏出版社 2001 年版，第101 页。

括效率、效果和公平三个指标，对于公共资金的使用有严格的规定和限制。浦东新区应逐步转变重投入、轻评估的传统公共服务体系建设模式，建立以结果为导向、民众参与评估的绩效管理方法，结合浦东具体情况，不断提升公共服务的质量和效率，保障公共资金不被非法侵占和运行，公共资金的使用满足民众的实际需求，以最少的投入获得最优的服务。

最后，民众是公共服务的直接接受者，有意愿和能力对公共服务提供的质量和绩效做出直接评价。[①] 浦东新区在对公共服务进行评价时已开始关注民众的反馈，同时在一些公共服务领域开展了第三方评估，比如上海瑞尔医院管理评估咨询中心对浦东新区30家社区卫生服务中心的绩效评估。但在多数公共服务领域，主要评估程序还是通过行政体制内部完成，评估主体本质上还是政府自身。这就需要建立健全多重评估机制，不仅包括政府机关的自我评估、上级评估，还应当包括相关专业的专家评估，更重要的是引进公共服务对象即民众的评估，逐步实现官方评估与民间评估并重，以促进公共服务质量的提高，建立让民众高兴和满意的公共服务体系。

---

① 卢映川、万鹏飞等：《创新公共服务的组织与管理》，人民出版社2007年版，第480页。

第六章　制度供给：浦东新区政府公共服务制度供给的模式构建与能力提升

　　制度是一种稀缺的公共物品，由于制度设计与制度变迁的成本性和执行的强制性，制度供给必须由政府来承担，这也是政府公共服务的重要内容。政府通过制度供给，又能提供更多的公共服务，满足社会公共需求。浦东开发开放 20 年来，整体功能得到显著提升，经济社会有了长足进步。与此同时，浦东公共管理也产生了许多新情况、面临着诸多新问题，公共管理的矛盾发生了深刻的变化。尤其是浦东开发开放的深入性、经济社会发展的迅速性、公民结构的多层次性和复杂性等，近年来，浦东社会公民的基本公共需求日渐上升，而政府公共服务的供给则显得相对不足。因此，如何构建符合浦东发展特点的政府公共服务的制度供给模式，如何提升浦东政府公共服务的制度供给能力，探索走向供求平衡的制度化的政府公共服务之路，以增进浦东新区社会公共福祉，成为浦东深入推进综合配套改革试点，构建服务型政府的重要内容。本章在阐析浦东新区公共服务的特殊性与制度供给的必要性，以及公共服务制度供给的效益分析基础上，提出浦东新区政府公共服务制度供给模式构建与制度供给能力提升的若干对策。

一　制度供给：走向制度化的公共服务之路

　　"制度"（institution）是制度经济学的最重要概念。在制度主义的分析传统中，学者们主要探讨制度对经济增长、发展的影响。尤其是新制度经济学，它在新古典经济分析的基础上假设制度不是给定的，可以适用于不同类型的经济制度、政治制度的比较研究，其学术传统是跨学科性质的，与法学、社会学、人类学、历史性、组织学、管理学和道德哲学本身的学术传统和问题都有很大的关系[1]。制度经济学这种宽泛的制度分析方式，为将制度分析的方法引入到行政领域的公共服务提供了理论基础。

（一）浦东新区政府公共服务的制度诉求

制度是一种稀缺的公共物品，正如制度经济学者们认为的，对于经济发展，制度是重要的，对于政府公共服务的良好供给，制度同样重要。当前浦东新区政府公共服务的现状，决定了其对制度的诉求和经济发展的制度诉求一样迫切。

1. 公共服务的相对不足是当前浦东公共服务的基本现状，这又主要体现为制度供给的不足。一些专家认为，目前我国的公共服务水平有了大幅度提高，但是在发展理念、政策与制度安排等各方面尚有缺陷，公共服务支出水平难以满足公众日益增长的物质、文化需求，尤其是公共服务的非均等化发展使得社会弱势群体享受到的公共服务水平与强势群体有较大差距，公共服务存在着很大的发展与提升空间。[2] 近年来，浦东新区虽然通过"减、降、扩、增"（减少审批事项，降低市场准入门槛，扩大市民参与社会管理的渠道，增强社会监督）的加减法，使服务型政府的轮廓初现，但是，面对高端国际金融贸易机构、多种市场主体和多层次城市市民的公共服务需求，公共服务的不足仍然是突出问题，甚至在某些方面稍显捉襟见肘。有专家认为，公共服务的实际供给不足，除了主要与政府财政收入有关外，根本上是体制

---

[1]　有关新制度经济学的基本选题，参见［德］柯武刚、史漫飞著：《制度经济学——社会秩序与公共政策》，韩朝华译，商务印书馆 2000 年版。

[2]　姜健健、张有义：《我国公共服务仍存五项不足》，《法制日报》2008 年 1 月 13 日。

和机制问题。具体表现为：一是公共服务供给中没有形成规范的分工和问责制，在事实上造成了公共服务指标的软化。二是没有形成可持续的财政支持机制，中国财政仍然是经济建设型财政。三是政府转型的滞后。① 因此，要满足浦东新区社会公民和市场主体的公共服务需求，生产更多的公共产品，提供更多的公共服务，必须进行有效的公共服务制度供给。

2. 政府行为需要制度的约束，公共服务必须在制度的框架内进行。制度具有根本性、全局性、稳定性和长期性的特质，作为一种规则，"它抑制着可能出现的、机会主义的和乖僻的个人行为，使人们的行为更可预见并由此促进着劳动分工和财富创造"②，在公共服务的过程中，它能够限制政府工作人员的个人偏见和官僚主义倾向，使政府的行为按照人们的意志，在预定的轨道内运行。没有制度的框架，公共服务就失去了载体、平台和保障。因此，建立一整套适合浦东新区发展的公共服务制度体系，也是规范政府公共服务的现实需要。

3. 公共服务活动的扩大需要制度来支撑和保障。浦东新区的市场经济和市民社会发育较成熟，市场自治和社会自组织治理能力较高，对政府包揽公共服务的依赖程度较低，而对政府在政策制定和制度供给方面的服务需求较为迫切。特别是随着浦东新区又一次的区域整合，城市规模不断扩大，城市化程度不断提高，公共事业不断发展，市场主体和社会公众对提供新型的服务有不可抗拒的要求，服务性的活动已经远远超过了控制性的活动。在这种情况下，如果没有制度来加以规范和支撑，政府的公共服务性活动很难得到保障而有序、有效地开展。

4. 制度供给可以避免公共行政的"诺斯悖论"。道格拉斯·诺斯认为，政府各部门本来应该提供公共产品，但由于种种原因，却打着提供社会公共

---

① 顾时洪：《公共服务不足根源在体制》，《新世纪周刊》2006 年第 23 期。
② ［德］柯武刚、史漫飞：《制度经济学——社会秩序与公共政策》，商务印书馆 2000 年版，第 35 页。

产品的招牌，为政府部门的利益而损害社会利益，最后提供的可能就是公共灾祸。① 因此，正是由于政府部门存在诺斯悖论，才需要通过制度的途径，构建和供给一系列制度，保证政府公共服务的有效供给。

（二）制度均衡：浦东新区政府公共服务制度供给的目标模式

"所谓制度均衡，就是人们对既定制度安排和制度结构的一种满足状态或满意状态，因而无意也无力改变现行制度。从供求关系来看，制度均衡是指在影响人们的制度需求和制度供给的因素一定时，制度的供给适应制度需求。"② 在公共服务领域，公共服务的制度体系还没有完全建立起来，制度供给不足和制度供求的结构性失衡却是制度非均衡的两大主要表现。同时，浦东新区公共服务需求密集、供给复杂等特点，亟待政府供给一整套行之有效的制度来保障公共服务的提供和生产。因此，探索浦东新区公共服务的制度供给模式，进一步提升制度供给能力，实现制度供求的均衡化，理应成为其政府公共服务制度供给的目标追求。

政府公共服务的制度均衡主要表现在两个方面：一是数量均衡，指公共服务制度的需求数量和供给数量正好相等；二是制度供求中行为均衡，是指制度供求双方中任何一方都不具有改变现状的动机和动力。需要指出的是，这里所说的制度均衡并不意味着制度的静态，而是指动态中的均衡。这种动态的制度均衡实质上是指制度达到了"帕累托最优"（Pareto efficiency）③，这种状态的实现必然会使浦东新区公共服务不断逼近"帕累托最优"。这就涉及了公共服务的制度绩效问题。

---

① 潘伟杰：《制度、制度变迁与政府规制》，上海三联书店 2005 年版，第 162 页。
② 卢现祥：《西方新制度经济学》，中国发展出版社 1996 年版，第 153 页。
③ 卢现祥：《西方新制度经济学》，中国发展出版社 1996 年版，第 154 页。

（三）制度绩效：制度供求平衡下的浦东新区公共服务效益

制度可以为人们提供有价值的服务，并且带来良好的经济、政治和社会效益，这就是制度绩效。制度绩效的衡量可以从两个方面来进行：一是"制度的绩效如何取决于制度是否健全、完满，是否有漏洞可寻，因为经济人追逐自身效用最大化的动机是不会消失的，他们总是要从存在着的制度中寻找机会来谋求利益。"①二是一种制度得以制度化的形式出现，必然是交易各方共同选择的结果，这种共同选择根植于各方在这种制度选择中实现了各自"成本投入—利益收益"之间的均衡。所以，"通过比较制度的成本与收益就可以确定制度实施的效率状况，当实现一个同样的有效激励或同样的资源优化配置时，所需费用最低的制度（或制度安排）就是最有效率的制度（或制度安排）。"②

实现浦东新区政府公共服务制度的供求平衡，体现了制度在公共服务领域的无缺失和全覆盖，这样就能很好地规范公共服务的方方面面，从而带来公共服务的良好效益。制度供求平衡下的公共服务效益主要表现在公共服务态度的好转、公共服务流程的顺畅、公共服务数量的增加、公共服务效率的提高、公共服务质量的提高等方面。

评估制度绩效必须坚持以城市公众对政府公共服务的满意度为标准，正如 Hatry 指出的，"评估所需要的是尽可能反映政府基本的、基础性目标的标准，即对人民的影响。"③用公式表示如下：

公众的公共服务满意度 = 政府公共服务绩效／公众公共服务需求（期望）

从上面的讨论中可以得出，公共服务制度能够带来很大的政府效益，所

---

① 汪洪涛：《制度经济学——制度及制度变迁性质解释》，复旦大学出版社 2003 年版，第65—66 页。

② 罗必良：《新制度经济学》，山西经济出版社 2005 年版，第 38 页。

③ Hatry, Harry P. "Reflections: Sources of the Public Unhappiness", The New Yorker. 1969, January 4: 38–58.

以，只有积极探索浦东新区公共服务制度供给模式，大力提升公共服务制度供给能力，才能不断满足公众的公共服务要求，进而提高公众的公共服务满意度。

（四）城市善治：浦东新区政府公共服务制度供给的公共福祉取向

"寻求城市'善治'已是一场全球行动。"① 从本质上讲，善治是一种立足于公民社会，探究治理主体（主要是政府）建构一个什么样的组织、选择什么样的制度以及如何最大效能地提供最好公共产品和最优公共服务以实现公共利益最大化的治理模式。浦东新区服务型政府的建立及其社会治理的探索，其实就是一个追求城市善治的过程。在浦东新区追求善治的过程中，制度、公共产品和公共服务以及公共利益都是公共治理的关键词，城市善治也就是以公共利益为核心，以公共服务为目标，以制度安排为途径，实现城市政府、市场和社会协同互动的治理过程。

浦东新区在推进综合配套改革试点的进程中，明确提出了建设服务型政府的目标。服务型政府最好和最大的服务就是良好的制度供给。"我们有理由提出政府的主要功能就是制度供给、制度实施、制度裁定以及适时的制度创新。一句话，政府功能必须以制度方式向社会提供，并且政府本身也必须按照制度行事。"② 政府提供了良好的制度服务，人民的生活和工作就有了保障。因此，我们判断政府服务的好坏和优劣，主要要看其提供的制度框架和制度创新好还是不好 ③，而"评价一项制度的优劣关键要看它能否最大限度地增加社会的总体福利水平。"④ 浦东新区政府公共服务的制度供给，就是要

① 钱振明：《善治城市》"前言"，中国计划出版社 2005 年版。
② 李文良：《中国政府职能转变问题报告》，中国人民大学出版社 2003 年版，第 235 页。
③ 吴玉宗：《服务型政府：概念、内涵与特点》，《西南民族大学学报（人文社科版）》2004 年第 2 期。
④ 汪洪涛：《制度经济学——制度及制度变迁性质解释》，复旦大学出版社 2003 年版，第 27 页。

供给适合浦东新区城市发展特点及其公共服务自身特点的优良的制度，通过制度设计和制度安排"建立起发展型的互惠关系，以达致民富国强之目的，以确保发展使有关的人和共同体都能受益。"①

所以，立足浦东实际，面对快速增长的公共需求，浦东新区加快建立以人为本的、均等化的公共服务体系已是刻不容缓。在此，制度关怀必须秉持城市"善治"的价值取向，通过制度供给实现浦东新区公共服务的制度均衡化，通过制度均衡实现公共服务制度绩效的最大化，进而维护和发展浦东新区社会公共利益，增进城市公共福祉。

二 政府公共服务制度供给的效益分析——以浦东新区公共服务的政府购买机制为例

"效益"是一综合概念，与增长、发展等相联系。在经济领域，效益是指获得的使用价值与所消耗和占用的劳动及资源之比；在管理领域，效益是指通过对已有资源的重新整合，发挥其最大潜能，获得最大的效用。② 政府公共服务的效益，我们可以这样界定：是指政府在公共服务的生产和供给过程中，整合利用各种资源，以最小的投入，所获得的公共事业发展、公共利益增加和公共福祉提高等方面的最大产出。公共服务效益既体现为全社会公众提供优质的公共物品和公共服务，又体现为社会成员生活质量和公共利益最大限度的提高与实现，公共服务效益的增长，离不开有效的制度供给。下面以浦东新区建立政府购买公共服务机制为例③，来分析制度供给与公共服务效益之间的关系。

---

① 潘伟杰：《制度、制度变迁与政府规制》，上海三联书店2005年版，第203页。
② 王伟：《政府公共权力效益问题研究》，人民出版社2005年版，第20—21页。
③ 本部分主要引自和参考《上海市浦东新区建立政府购买公共服务机制》，《中国社会报》2008年4月18日。

政府购买公共服务（Purchase of Public Services）是政府履行职能的一种新型方式，也是推进行政管理体制改革和政社合作互动的重要内容。近年来，浦东新区以建立健全政府购买公共服务机制为突破口，积极推动政府职能转变和社会组织发展，社会组织的新作用日益凸现，政府与社会组织的新关系逐渐重构，政府对社会组织管理服务的新方式逐步形成。

（一）浦东新区公共服务政府购买机制的供给

浦东新区通过建立机制，规范政府购买公共服务行为，将原来由政府主办、为社会发展和人民日常生活提供服务的事项交给有资质的社会组织来完成，探索形成"政府承担、定项委托、合同管理、评估兑现"的新型政府提供公共服务方式。

1. 建立政府购买公共服务新机制。浦东新区制定了政府购买公共服务实施意见，在上海全市率先建立了政府购买公共服务新机制，明确了购买公共服务的相关内容：一是实现预算管理，将购买公共服务的费用纳入预算；二是强化契约式管理，政府和社会组织的责任、义务以及服务要求，全部在合同中体现；三是建立评估机制和规则，委托第三方专业机构，对社会组织做到项目合作前有资质审查，合作过程中有跟踪了解，在合作完成后有社会绩效评估。如2007年，区民政局安排近3000万元资金，将30多个公共服务项目委托100余家有资质的社会组织、中介机构承接。同时，集中组织49家培训机构签订购买服务协议书，进一步扩大了政府购买公共服务的引导效应。

2. 规范政府购买公共服务的程序。区民政局的关于购买公共服务的试行办法，确保购买公共服务制度可操作、有实效。一是明确范围和项目；二是明确工作职责；三是明确操作程序；四是明确项目购买方式；五是明确评估方式。从服务提供方、服务承接方和服务事项三个方面，对购买公共服务行为进行合理界定；将项目的协调、督办、评估等工作职责，分解至各相关处室；对服务供应方的资质、服务质量、服务成果进行评价，并采取服务提供方内部评估和第三方绩效评估的方式，将评估结果作为项目经费支付依据和今后项目招标的重要参考。

3. 加快政府职能转变，推进政社分开和政社互动。浦东新区政府的相关指导意见明确，推进政府与社会组织在主体、机构、职能、资产、住所、人员方面"六分开"，理清公共服务提供方（政府）和承接方（社会组织）之间的职责边界。为转变街道办事处职能，该区 12 个街道办事处不再直接从事招商引资活动，把主要精力放在社区就业、养老服务等职能上，并将社会和社区可以承担的一些公共职能，通过购买服务方式委托给社会组织和社工机构承担。

搭建政社合作互动平台。在全市率先形成"1+23+6"的社区政务事务受理服务体系，作为政社合作的有形平台。建立市民中心，政府重大决策、重大事项征询社会组织和社会公众的意见，政府与市民、政府与社会组织、社会组织与市民以及社会组织之间的互动交流都可在这个平台上进行。这个平台的运作，由政府委托区社工协会承担，目前累计已有 115 家社会组织举办活动 528 次，参与群众达 4 万余人次。

完善扶持政策，促进社会组织健康发展。制定专项政策，对行业协会、民非单位的培训机构和养老机构，从建设、运营等各方面给予扶持。出台一系列扶持政策，如对区经济发展有贡献的行业协会补贴 3 万元工作经费，对社区公益性以及涉农社会组织给予 4 万元开办费、运行费、房租补贴等。在各类综合性政策中，体现对社会组织的支持。如区政府出台的促进现代服务业发展的财政扶持意见、促进浦东新区社会事业发展的财政扶持意见等，都有支持社会组织引进发展的政策。

4. 探索委托社会组织管理的机制。充分发挥社区公益性社会组织在提供社区服务、承担社区管理等方面的作用，探索委托社会组织管理的机制，开展网上公开招标，增强社区的社会服务功能；建立全市首家社会工作者组成的社区专业服务组织——上海公益社工师事务所，事务所与政府签订购买公共服务的项目合同，接受政府委托，承接从居委会剥离的一些社区社会工作和居民事务；成立上海全市首家区级综合治理类社工组织——中致社区服务社，专门为社区提供社会工作帮教服务；委托阳光慈善救助服务社，运用社会工作个案访谈方法，对街头流浪乞讨人员提供救助服务。

（二）浦东新区政府购买公共服务机制的效益分析

政府购买服务是西方国家的一项社会福利制度方面的改革，从20世纪60年代至今已有近50年的实践，对社会服务领域产生了深刻的影响。政府购买服务在我国还属新鲜事物，但是这种"政府承担、定项委托、合同管理、评估兑现"的政府提供公共服务的新模式已经成为当前中国公共服务改革的新途径。浦东新区建立健全政府购买公共服务机制，重新确立了一系列新的城市公共服务制度，带来了巨大的公共服务效益。

1.降低公共行政成本，提高公共服务质量。由于政府的天然垄断地位使得其直接去充当公共服务的生产者缺乏竞争对手和竞争压力，从而容易导致资金使用的低效，机构人员膨胀，有限的公共资源得不到充分利用，"豆腐渣"工程、权力寻租时有发生。同时，与细分市场上的各类专业公司相比，政府不是万能的专家，这也容易导致政府直接生产公共服务的劣质与低效。[①] 政府购买公共服务是一种新型的政府提供公共服务的方式，它将公共服务的提供和生产的概念区分开来。

公共服务的生产是指将各种有形（如资金和设备等）和无形（制度和政策）的资源转化为产品和服务的技术过程。这种生产的任务在原有的以官僚制为基本组织架构的大政府模式中，一般来说都是由政府自己来承担

---

① 文政：《政府购买公共服务的制度创新——对罗湖区在政府购买公共服务方面探索实践的思考》，《深圳特区报》2007年4月30日。

的，政府既是提供者又是生产者的双重身份，造成了政府规模的日益膨胀以及公共服务的高成本和低效率。将公共服务的提供和生产分开，政府以购买者的姿态出现，通过一定的制度安排由其他非政府组织来承担公共服务的生产任务，在行政成本中就省去了生产的成本，并且提高了政府行政效率。

政府购买公共服务也保证了公共服务的质量。在这个过程中，政府的任务在于决定某种公共服务是否需要提供；确定提供什么样的公共服务；确定公共服务的消费边界；对生产过程和生产结果进行监督和评估；制定一些强制性的规则，以规制个人的消费行为，确保公共服务在供求均衡的前提下得到合理使用，等等。政府的这种功能从根本上说是对公共服务有了"质"的规定性，有利于提高公共服务的质量。

2. 促进公民社会发育，形成政社良性互动。政府购买社会公共服务，就是把原本政府生产公共服务的功能转移给了市场主体和社会组织，政府与他们形成了一种契约性质的购买关系，两者是平等的主体。一方面，政府公共服务生产功能的转移大大促进了社会公共服务生产组织的出现；另一方面，两者的买卖关系实现了政府与社会的合作与互动。

积极培育非营利性、专业化的社会中介组织，才能使委托管理、购买服务成为可能。浦东新区以构建新型政社合作关系为突破口，以政府购买公共服务为推动力，大力发展社会组织，各类社会组织呈现出蓬勃发展的势头，截至 2007 年 12 月，新区有民间组织 661 家，备案群众团体 3000 多个，其中社会团体 186 家，民办非企业单位 475 家。这些民间组织的诞生与发展，极大地促进了一个相对独立的公民社会的迅速崛起，并且对完善市场经济体制、转变政府职能、扩大公民参与、推进基层民主、推动政务公开、改善社会管理、促进公益事业发挥着日益重要的作用。

在政府购买公共服务制度的供给之下，政府对社会组织的孵化与培育，以及社会组织对政府的回馈与支持，构成了政府与社会良性互动的内在动力。这种互动预示着多中心的、自主的、分工合作互为补充的治理结构的形成，也形成了政府和民间组织、公共部门和私人部门之间的合作管理和伙伴关系。这正是"善治"的本质追求与内在真谛。①

3. 解决社会民生问题，推进社会公平和谐。政府购买公共服务是政府不断加大对公共服务的投入，让百姓安居乐业，共享改革发展成果，共沐公共财政阳光，不断增进社会公共福祉的重要方式。浦东新区建立政府购买公共服务机制以来，解决了大量民生问题，使得公共服务进一步向着特殊困难群体倾斜，从而促进了社会整体的公平和谐。我们可以从以下数据中得到证明：②

——据不完全统计，2006 年该区有关部门委托社会组织承接公共服务项目的资金近 6000 万元，并专门组织 8 个政府部门和 13 个社会组织集中签订购买服务合同，涵盖慈善救助、农民工子女教育等领域，社会反响良好。

——浦东新区委托阳光慈善救助服务社，运用社会工作个案访谈方法，对街头流浪乞讨人员提供救助服务，近 3 年来提供服务达 4000 余人次。

——目前，区政府补贴培训费用的工种达 177 个，近 8 万人享受政府补贴的技能培训；依托中高职院校、企业的社会办学力量，扶持包括数字动漫在内的 10 个专业的实训基地平台，免费向社会开放，形成每年可接受 2 万人实训的规模。

——委托社工协会开展主题社工培训计划，2007 年通过培训考试获得社工资格证书的有 213 人，并率先在全国建立了社工专业的实训基地和见习基地。还成立了老年社工、青少年事务社工等 10 个领域的 25 个职业见习点。浦东新区专业社工机构目前有 11 家，专业社工服务拓展至社会保障和民政专项事务等领域。

①　俞可平认为，所谓善治就是政府和民间组织、公共部门和私人部门之间的合作管理和伙伴关系，以促进社会公共利益的最大化。俞可平：《引论：治理与善治》，载俞可平：《治理与善治》，中国社会科学文献出版社 2000 年版，第 8 页。

②　《上海市浦东新区建立政府购买公共服务机制》，《中国社会报》第 1 版，2008 年 4 月 18 日。

　　总之，制度对于浦东这样的国际大都市特大城区政府公共服务有着至关重要的作用和功能。一个充满活力的城市的构建，有赖于好的制度建设作为保障，因为"一个经过充分论证的制度应该是可以实现政府的发展目的的，并进而达到提高整个社会的福利水准的目标。"① 通过上文分析，我们认为，有效的制度供给就是为了消除原有的制度无效益，通过制度创新，重建和安排新的制度模式，能够大大提升特大城区政府公共服务的效益，实现服务效益的递增。有效的制度供给可能并不是取得公共服务效益的唯一原因，但却是重要的、最具有影响力的原因，制度供给的有效性越大，公共服务效益也会成正比递增（见图1）。

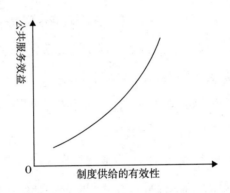

图1　公共服务效益与制度供给的有效性成正比关系

三　浦东新区政府公共服务制度供给的模式构建

　　政府公共服务的制度供给模式，就是政府在公共服务的供给和生产中，建立、创设和安排什么样的公共服务体制与机制，用以满足公共服务需求，实现公共服务的高效率、高质量、全方位、无缝隙的供给。按照

---

① 汪洪涛:《制度经济学——制度及制度变迁性质解释》，复旦大学出版社2003年版，第159页。

制度供给的主体来讲，主要有政府主导、社会主导和市场主导三种供给模式。

（一）公共服务制度的政府主导供给模式

公共服务制度的政府主导供给模式，就是政府根据公共治理的现实需要，或迫于公共服务的现实需求，为了更好地提供公共服务而自觉进行的制度创新，从而推动了公共服务的制度变迁。

从制度变迁的方式来看，公共服务制度的政府主导供给模式，既属于强制性制度变迁，也属于供给主导型制度变迁，具有以下几方面的特征：一是制度供给的主体是政府，由于"在政治力量与资源配置权力上均处于优势地位，所以政府主体是决定制度供给的方向、形式、进程及战略安排的主导力量"①；二是制度变迁的手段是政府的政策、命令和法律等，政府可以通过这些手段来推行并保证供给目标的实现；三是制度变迁或制度供给的效果明显，能立竿见影。

政府在哪些情况下供给制度是有效的呢？诺斯"分析了在制度变迁的过程中，由政府进行创新，在下列情形下最具优越性：①当政府机构发展比较严密，但私人市场并未得到充分发展时；②当潜在利益的获得受到私人财产权的阻碍，必须依靠政府的强制力量来进行时；③当制度创新实行之后所获得收益不归于从事创新的个别成员，这样的创新只能由政府来进行时；④制度创新设计收入再分配，减少了收入的居民必定反对时。"②这些情形才是政府发挥作用的领域，也是公共服务制度政府主导供给的适用范围。

在政府公共服务进程中，服务制度的供给由政府来进行，具有强制优势、超脱优势、组织优势和效率优势③。首先，政府掌握着"暴力潜能"，是

---

①　卢现祥：《西方新制度经济学》，中国发展出版社1996年版，第122页。

②　罗必良：《新制度经济学》，山西经济出版社2005年版，第143页。

③　王玉明：《论政府供给型制度创新》，《学海》2005年第2期。

决定全社会制度供给的主导力量。其次，政府与个人、团体对某一制度创新收益预期是不一样的，政府往往从宏观、整体、长远角度权衡新制度的成本收益，具有超脱性，因而有提高制度创新的认同感和合法性的优势。第三，政府是一个严密的组织系统，具有有序的组织机制和实施规则的强制力，通过组织优势来弱化外部性和不确定性因素，可以执行不同的制度创新。最后，政府制度创新不需要承担一致性同意成本，政府能够运用其资源优势和权威优势，迅速地在社会中推行新的制度，使这些制度为社会所接受。

然而，政府主导供给制度的模式也存在着一定的不足和缺点。首先是政府面临着信息成本的负担，斯蒂格勒认为，很难有人付得起从一无所知到无所不知这一过程的信息成本[1]；其次，容易产生制度设计和安排上的政府偏向性，由于政府也是"经济人"，具有自利性和自身利益最大化的动机，"制度产品生产者自身作为一个利益集团，也会利用手中的权力，推出一些直接向自身转移利益的规则产品和执行产品"[2]，从而导致政府制度创新中会出现"制度寻租"或"制度腐败"现象；最后，单中心的政府制度供给往往会造成制度供求不平衡或制度供给过剩，"由于目标函数与约束条件的差异，政府主体与非政府主体对某一新的制度安排的成本与收益的预期值是不一样的，这就难以避免非政府主体对制度安排的需求与政府制度供给的差异，即存在制度供求上的矛盾。"[3] 同时，很多情况下，"如果国家强制性做出制度安排的话，制度必不是适意的，其与制度环境不自恰，即存在制度过剩。"[4]

---

[1] ［德］柯武刚、史漫飞:《制度经济学——社会秩序与公共政策》，商务印书馆 2000 年版，第 64 页。
[2] 李晓光:《我国制度性产品供给体制及其改革》，《中国行政管理》2003 年第 1 期。
[3] 卢现祥:《西方新制度经济学》，中国发展出版社 1996 年版，第 123 页。
[4] 吕之望、李雄斌:《关于制度供给过剩的一个框架》，《西北大学学报（哲学社会科学版）》2004 年第 2 期。

（二）公共服务制度的社会自主供给模式——以浦东新区罗山会馆模式为例

尽管政府是制度的当然供给者，但并不意味着它是决定制度安排、制度变迁和制度供给的唯一主体。事实上社会也是制度建构的推动者。公共服务制度政府主导供给模式是一种"政府主导—社会反应"的自上而下的制度建构模式，而制度的形成还有另一种路径——"社会主导—政府反应"的自下而上的制度建构模式，即政府对社会自发形成的秩序与规范予以制度化，或者政府根据社会已形成的对某种规范的要求和趋向制定相应的制度。①

1. 浦东新区罗山会馆的制度供给模式。"罗山会馆"是由浦东新区社会发展局、浦东新区社会发展基金会、基督教上海青年会和罗山街道办事处共同创建、上海青年会受托管理的一个集社区服务、社区教育、社区文化为一体的开放式的社区福利服务机构。会馆于 1996 年 2 月开业，主要托管"市民休闲中心"、"999 市民求助中心"和罗山敬老院三大服务设施。罗山会馆的基本模式如下：②

（1）政府委托、社团营运的托管模式。三大服务设施都是上海浦东社会发展局与上海市基督教青年会通过签约的方式委托管理。罗山会馆在运营试验中，初步形成了政府与社会组织协作，提供公共服务的政策性意见和实施委托工作的一套程序和程序文件。其中包括被托管的社会公共财产的维护与管理政策、委托方对于受托方的财政支持政策、评估与监督的政策，以及签约前对受托方的资格审查认定程序、受托单位提出管理目标规划与成本测算的程序、委托单位进行财务审核的程序，等等。

---

① 邓莉雅、王金红：《中国 NGO 生存与发展的制约因素——以广东番禺打工族文书处理服务部为例》，中国论文下载中心，http://www.studa.net/minzhu/060327/15154999.html，2006年 3 月 27 日。

② 杨团：《社区公共服务设施托管的新模式》，载《非营利性机构评估——上海罗山市民会馆个案研究》，华夏出版社 2001 年版。

（2）罗山会馆的运行与管理模式。罗山市民会馆建设与管理的参与各方对机构运行模式的概括表述是："政府主导、各方协作、市民参与、社团管理"。①政府主导是指在提出会馆共建设想、动员社会资源、参与投资创办、委托社团管理、扩大会馆规模、改善会馆管理的每一阶段每一步骤，浦东社会发展局都作为社区建设的规划者、新方式的倡导者、各方关系的协调者起到了主导作用。②各方协作是指浦东社会发展局、罗山街道（后并入金杨街道）、浦东新区社会事业发展基金会和上海青年会出资金出设备出人力共建会馆。各方协作还体现在社区的事情社区做，各方积极为会馆营运出力。③市民参与不仅是指让更多市民参与会馆活动或享受会馆服务，而且更是指让市民参与会馆的建设。其主要的途径是参与会馆的志愿者活动、提供建议和意见，并选派代表进入管理委员会。④社团管理是罗山模式的核心部分。最初，会馆实行的是管委会制，后来实行馆长负责制。从而形成了管委会管大的决策，青年会管项目和财务监督，由馆长负责日常事务的较为完整的一套运营管理模式。此外，在组织创新的同时，也出现了制度创新。它不仅仅是政府委托社团管理，而且是以模拟市场的管理中心的方式进行从服务方向、服务质量到服务价格、服务成本的整套公共服务产业化管理。

（3）受托方的成本核算与效益度量体制。在中国社会科学院社会政策研究中心评估小组的帮助下，建立了项目核算制，在上每个项目之前，先根据项目的运营性质和运营成本的测算对项目进行分类，分为无偿、收支不抵（有收入但是亏大于赢）、盈亏平衡、有微利四个类别，力争通过项目组合的结构性选择，有重点地进行服务资源的组合，以达到资金平衡或者接近平衡。① 与此同时，评估小组还与罗山会馆共同制定了一个衡量会馆设施空间使用率的指标系统。首先根据设施日常开放时间计算出最大可能的使用时间即设定标准，然后运用保留的设施使用记录，计算一段时间内实际使用的时

---

① 吴建荣、申利民：《在体制创新中奋进的上海罗山市民会馆》，浦东志愿者家园网，http://www.pdvolunteer.org.cn:8088/website/zlxz/news_template.asp?id=673，2006 年 2 月 25 日。

间即实际度量，再用实际度量的数据与设定的标准相比，得出实际的设施利用率。

（4）罗山会馆的公民自助与志愿服务体制。罗山会馆导入公民自助理念，开展的所有活动都体现着这一理念，并在活动中用制度保证每个参与者亲身实践这一理念。上海青年会（YMCA）总干事吴建荣说，"我们就是要告诉市民，这里的设施不是政府对你的恩赐，也不是上海YMCA给你的，而是真正意义上属于社区每一个成员的。"同时，会馆建立了志愿精神的第三部门调动机制，志愿者的力量也得到开发，已形成专业服务和社区居民共同关心、参与的志愿服务相结合的服务体系，现在罗山市民会馆有1000多名志愿者在服务，每年的志愿服务人次超过10000人次。

2. 公共服务制度的社会自主供给：特征、适用范围与优缺点。罗山会馆试验的意义已经超出了城市社区服务中心的管理范畴，成为在政府掌握所有权的前提下社会自主供给制度进行公共服务的典型。作为上海市首家采取公有民营托管方式的社区公共服务机构，"它尝试了一种对于社会公共财产的新的社会管理机制，由政府推动有经验、有能有为的专业社团在探索中发挥其潜力，走上充分发挥社会公共设施功能的公共服务产业的道路。"[①] 通过制度的社会自主供给，实现了社区公民的自主治理。

公共服务制度的社会自主供给模式具有以下特征：一是制度供给通过协商方式产生，不存在强制性，却具有契约性的普遍约束力；二是社会组织成员的价值偏好与利益取向能够通过制度的安排与供给得到真实的体现；三是社会自主供给制度一般是在一定群体范围内进行的，具有很强的针对性，能

---

① 杨团：《非营利性机构评估——上海罗山市民会馆个案研究》，华夏出版社2001年版，第132页。

够通过小规模化和"选择性刺激"①的制度安排，来抑制和克服"搭便车"行为和其他机会主义倾向；四是制度通过社会自主供给以后，还要得到政府的支持和鼓励才能良好地运作。

这种公共服务制度的供给模式主要适用范围是：（1）社会力量发展较为成熟、组织自治能力较高、志愿精神突出和志愿服务热情较高的基层社会组织；（2）适用于公共物品和公共服务的志愿型供给领域，能够在无偿捐赠、志愿服务和非营利性收费服务等机制中发挥作用；（3）适用于公共物品和公共服务的自主型供给领域，适合在社会资本的运作中供给制度。

公共服务制度的社会自主供给模式具有明显的优点：首先，它是公民参与治理的形式体现，能够为社区提供更为有效的公共服务，正如"托克维尔观察到，正是公民的参与才使那些社区有了更好的公路、学校和更有效的法律执行。"②其次，这种制度供给模式避免了城市"街道办事处模式"的制度供给弊端。罗山会馆的经验对于怎样通过制度创新使社区服务成为非政府操作的独立事业，具有重大的意义，它冲破了旧体制，形成了一整套新的组织关系和组织形式。政府只保留所有者的权利，而将生产经营权交由一家体制外的社团独立执掌，这就避免了政府制度供给的种种弊端。最后，这种制度供给模式能够使政府从社区具体制度供给的大包大揽中超脱出来，从而提高治理的质量。"治理的质量，即治理如何更好地服务于老百姓的利益，取决于发生在政府和市民之间那些互动的质量。"③而"长期以来形成的'婆婆'偏好使政府习惯于大包

---

① 小规模化及"选择性刺激"这种制度安排是奥尔森提出来的。使组织小规模化可以达到这样的目的：每个成员都能相互注意、相互监督着对方的行为，能识别他人是否为公共利益尽力，从而通过威胁、允诺而实现集体物品的生产。对于一些大的组织，则必须建立"选择性刺激"，即建立存在着某种迫使或诱惑个人努力谋取集体利益的激励机制。唐娟：《政府治理论》，中国社会科学出版社 2006 年版，第 391 页。

② ［美］罗纳德·J. 奥克森：《治理地方公共经济》，北京大学出版社 2005 年版，第 7 页。

③ ［美］罗纳德·J. 奥克森：《治理地方公共经济》，北京大学出版社 2005 年版，中文版"序言"，第 15 页。

大揽，在包揽的过程中忽视了对自身能力的冷静审视。"①社会自主的制度供给模式可以使政府超脱于社会自治领域而实现社会自组织的"良治"。

公共服务制度的社会自主供给模式的缺点在于：一是各社会组织或社区主体由于自身特殊性而强调制度安排的特殊性，容易造成社会制度"原子化"，为政府的"制度管理"带来困难。二是容易和政府组织的有关制度安排重复，造成制度的浪费和无效率。三是相比较政府的制度供给，这种模式供给的制度的规制功能和和惩罚力度一般都较小。

（三）公共服务制度的市场自发供给模式

浦东经过开发开放 20 多年的发展，具有市场体制比较完善、发展相对成熟、力量相对壮大的特点，市场具有很强的自我调适能力，其作用和功能的发挥比其他地方的市场要充分得多。根据哈耶克的市场自发秩序理论，我们可以得到这样的启示：在市场领域，由于市场运转和自身对于公共服务的需要，以及市场的内在属性要求，人们在市场活动中，同样也会无意识地、非刻意安排地形成某些规则性、契约性的公共服务制度，来供给公共服务，保护私人领域利益。这就是公共服务制度的市场自发供给模式。

1. 公共服务制度的市场自发供给模式的特征。公共服务制度的市场自发供给模式带有某些诱致性制度供给的特色。一是自发性，这种制度供给模式是市场主体或某个市场群体对公共服务制度不均衡的一种自发性的反应，其诱因在于外部利润的存在，或出于公共利益维护、增加和改进的需要；二是渐进性，它是一种自下而上、从局部到整体的制度变迁过程，制度的形成需要制度相关者在"潜移默化"中达成一致同意，制度的转换、替代与扩展都需要时间；三是在这种模式下形成的制度往往带有约定俗成的特点，一旦约定俗成，就具有普遍的约束力，政府必须予以承认，社会必须予以支持，公众必须进行遵守。

---

① 汪洪涛：《制度经济学——制度及制度变迁性质解释》，复旦大学出版社 2003 年版，第 147 页。

2. 公共服务制度的市场自发供给模式的适用范围。公共服务制度的市场自发供给模式主要适用于：（1）市场经济发展基础较好、市场体制比较完善、市场力量比较壮大的区域；（2）发生在公共服务适合市场（私人）生产的领域，在合同外包、特许经营、用者付费、凭单制度、内部市场等公共服务的市场机制中容易发挥作用（见表1）。

表1　合同外包、特许经营、用者付费、凭单制度、内部市场的应用领域

市场机制的方式	应用范围
合同外包	适用于垃圾收集、供水、消防等领域
特许经营	适用于石油天然气勘探开发、公益事业、交通等可收费公共物品
用者付费	广泛运用于城市交通控制、公用事业、垃圾收集、娱乐设施、公园、住宅服务、保健服务、特殊事项上的警察服务等方面
凭单制度	主要运用于政府提供的食品补助、医疗补助、教育补助和住房补助等领域
内部市场	比较适用于交易费用高、行业外部效应强的那些地方公共服务类型，如地方电力、地方公立医院等

3. 公共服务制度的市场自发供给模式的优缺点。这一模式的优点在于：（1）能够基于制度需求的情形来进行制度供给，制度供给具有针对性强的优点；（2）这一模式形成的制度具有"潜移默化"的特点，所形成的公共服务制度兼容性较好；（3）能够将市场的契约、高效等优点引入到制度中去，有利于提高公共服务绩效。其缺点主要在于形成制度的时间可能会相对漫长，并且由于机会主义和市场盲目性的存在，较易形成一些保护既得利益性的制度，不利于保护社会的公平正义。

（四）构建浦东新区政府公共服务制度供给的综合联动模式

政府公共服务制度供给的政府主导模式、社会自主模式和市场自发模式是按照供给主体来划分的三种基本供给模式，各自的适用范围和优缺点在上文中进行了分析。我们认为，一个完善的公共服务制度供给模式，应该是三

者协同、协作、协调地进行制度供给。所以，构建政府公共服务制度供给的综合联动模式成为一种可行选择。

1. 浦东新区政府公共服务制度供给的综合联动模式。政府、社会和市场是公共服务制度供给的三大主体，其供给制度的方式也构成了公共服务制度供给的三大模式。然而，在公共治理中，尤其在浦东新区这样复杂程度高的区域中，任何一种制度供给模式都很难满足现代治理复杂性、动态性和多样性的现实需要。传统政治管理基于"单方面的控制"的立场，往往把复杂性、动态性、多样性看做是有害的负面效应，而治理理论则认为复杂性、动态性和多样性恰恰是治理的基础。协同治理追求政府、社会和市场的互动，公共服务的制度供给同样也需要政府自觉主导供给、社会自主供给和市场自发供给三种模式相结合，构建一种综合联动型的公共服务制度供给模式（见图2）。这是适应浦东新区发展特点的公共服务制度供给模式。

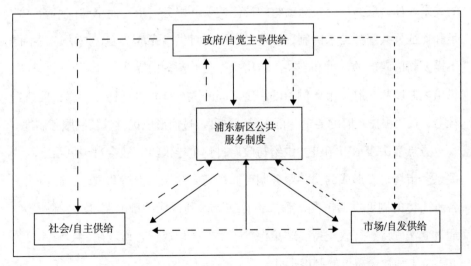

图2 浦东新区政府公共服务制度供给的综合联动模式

在图2中，分别用实线箭头、长画线箭头、方点箭头和长画线—点式箭头表示各自的关系或关联，我们力图用这样一个模式图来表示浦东新区公共服务的制度供给的政府自觉主导供给、社会自主供给和市场自发供给相结合而形成的综合联动型的制度供给模式。

实线箭头表示政府自觉主导供给与社会自主供给、市场自发供给之间的关系。浦东新区政府根据公共治理的形势压力或自身发现公共服务的制度需求，会进行制度设计和制度安排，进而推动制度创新和制度变迁，供给新的公共服务制度。这种公共服务制度又会通过政府的强制性的行政命令、行政法规等方式贯彻到社会和市场中，为社会公众和市场主体所接受和遵守，并在这种制度框架中不断进行公共服务的供给和生产，以期满足社会和市场的公共服务需求。同时，市场和社会又会根据各自的制度需求情况对这一制度进行反馈（图中长划线—点式箭头表示社会和市场两者的互应），然后政府再根据反馈情况进行制度调试，从而构建更为流畅、高效的公共服务制度。

长划线箭头表示社会自主供给与政府自觉主导供给、市场自发供给之间的关系。社会根据社会公众或组织群体的公共服务需求，而主动供给能够满足和保证公共服务需求的制度。这种制度一旦供给完成或变迁成功，就不得不需要新区政府的认可和支持。政府根据公共治理的需要，会不断平衡社会供给的制度和政府、市场供给的制度之间的关系，并将这种平衡意见反馈到社会，社会根据政府的要求，再次调试制度，进而形成优良的公共服务制度。

方点箭头表示市场自发供给与政府自觉主导供给、社会自主供给之间的关系。市场自发形成的公共服务制度同样需要政府的支持和推动，政府根据各种主体的制度供给情况，筛选不存在既得利益保护型的制度并发扬光大，通过立法确认、行政支持、政策保护等手段，形成适合市场属性、政府（公共）意志和社会需求的制度形式。

2. 浦东新区政府公共服务制度供给的综合联动模式的矢量分析。以上模式为我们分析浦东新区公共服务的制度供给提供了框架，在这一基本框架下，我们可以根据公共服务制度需求的发觉主体和制度的供给主体这两个矢量关系，将政府公共服务的基本模式分为政府供给、社会供给和市场供给三大类，在各类模式中，政府、社会、市场三大主体又是相互联动的（见表2）。

表2　浦东新区政府公共服务制度供给的综合联动模式的矢量分析

制度供给需求发觉	政府（G）	社会（S）	市场（M）
政府（G）	G—G	G—S	G—M
社会（S）	S—G	S—S	S—M
市场（M）	M—G	M—S	M—M

（1）浦东新区公共服务制度的政府供给。G—G模式：即浦东新区政府发觉了公共服务的制度需求，并根据需求状况进行了制度供给，此即政府主导型的制度供给模式。在这一模式中，政府居于制度供给的主导地位，社会和市场则相对处于被动状态。政府供给的公共服务制度将面临社会或市场的两种选择：要么认可接受并遵循制度规范，要么不认可。社会或市场对政府供给的公共服务制度不认可，充分表明了政府对公共服务制度需求的发觉与判断是失误的或错误的，在这种情况下，政府供给的这一制度就需要重新判断、重新供给（见图3）。

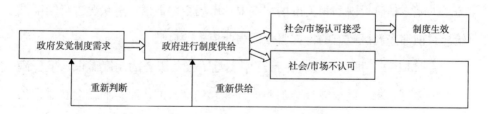

图3　政府主导型的公共服务制度供给模式

S—G模式和M—G模式：即社会或市场发觉了公共服务的制度需求，将需求信息通过正式或非正式的途径反映给政府，政府再根据制度的基本需求情况进行制度供给。这两种服务制度供给模式主要发生在政府应该发生作用的领域，或政府力量强大，但社会或市场发育尚不充分不完善、依然需要依靠政府力量的领域。

（2）浦东新区公共服务制度的社会供给。G—S 模式：即政府发觉了城市对公共服务制度的需求，并将制度需求的基本情况反映给社会相关组织，社会进行制度供给。这种模式多发生于不属于政府发挥作用的社会领域，或政府不能提供良好制度供给，社会自行供给制度会比较有效的领域，如慈善事业。

S—S 模式：即社会发觉了城市对公共服务制度的需求，并根据制度需求的基本情况自行进行制度供给的模式。此即社会主导型的制度供给。一般来说，社会供给的公共服务制度要经过政府的认可，并不阻碍市场经济的运行，这样的制度才能生效。如在社区治理中，浦东新区比较注重基层市民的自主治理。

M—S 模式：即市场在按照经济规律的运行过程中，发觉了公共服务制度的需求，但满足这一需求的最佳主体是社会组织而非政府，市场主体便将这种需求反映到相关的社会组织，社会再在准确判断需求情况的基础上进行制度供给的模式。它主要发生在市场竞争原则不能有效，但社会能有效供给公共服务制度的领域。如志愿服务。

（3）浦东新区公共服务制度的市场供给。G—M 模式：即政府发觉了公共服务的制度需求，但政府进行制度供给却会无效率，这时政府就要把制度需求的基本信息反映到相关市场主体中，市场主体根据需求状况进行制度供给。目前浦东新区政府的特许服务即为此模式的典型。

S—M 模式：即社会在自主治理中发觉了公共服务的制度需求，但要满足这一制度需求，政府或社会不能很好地起到应有的作用，而社会将需求信息反映给市场主体，市场进行有效供给的模式。这一模式多发生在社会公共治理的市场化运营的领域中。

M—M 模式：即市场发觉了公共服务的制度需求，并自行进行制度供给的模式。此即市场主导型的公共服务制度供给。一般来说，在市场主导型的制度供给模式中，政府力量介入最少，而宏观指导居多。

政府追求公平的价值，社会崇尚正义的理念，市场遵循效率的法则。在公共服务的制度供给模式中，政府供给、社会供给和市场供给三种模式必然会将公平、正义、效率的价值理念引入到公共服务的制度中去，从而使这种公共服务的制度容三者所长，能更好地为浦东新区带来公共服务的效益。

3. 浦东新区政府在公共服务供给模式中的作用。正如曾峻教授指出，"政府、市场、社会在治理中所占'比重'的大小因具体国情的不同而不同。在相当长时期里，政府将在中国公共治理中扮演主导性角色。"① 特别是在浦东目前的公共治理结构中，尤其需要"强政府—强社会"的国家与社会互动模式。我们仍在"公共服务"之前冠以"政府"二字，也正是基于政府在公共服务制度供给中处于主导地位、发挥主导作用的考虑。在这一制度供给的模式中，浦东新区政府的主导作用主要表现在以下方面：

第一，新区政府要对公共服务的制度需求保持高度的敏感性。当前，浦东新区的公共事物高度密聚，公共服务的需求也是高密度的，而且需求量大，各个层面、各个领域都有制度需求。新区政府的首要作用，是对这种分散、细微而又具体、切实的公共服务制度需求进行敏感觉察，这也是制度供给的第一步。

第二，新区政府要在公共治理中防范"治理失灵"，保证公共服务制度供给的有效与公正。治理理论认为，治理也不是万能的，它不能代替国家而享有政治强制力，也不能代替市场而自发地对大多数资源进行有效的配置，同样存在着"失灵"的问题。面对治理失灵，很多学者提出了"元治理"（meta—governance），政府重新被拉回到治理本原的位置上，充当"元治理"的角色。② 在浦东新区公共服务的制度供给中强调政府的作用，同样也是基于"治理失灵"会导致"制度无效"和"制度不公"的考虑。

第三，在浦东新区公共服务制度供给的综合联动模型中，政府还有一个重要任务，就是避免制度的重复，同时又要保证制度的富余。因为"重复是服务提供的特色，把它看做是浪费的、无效率的是正确的。另一方面，富余

---

① 曾峻：《公共管理新论——体系、价值与工具》，人民出版社 2006 年版，第 107 页。
② 俞可平：《治理与善治》，社会科学文献出版社 2000 年版。

也是服务能力的特色，在一定的限度之内，它有助于增强效率。"①通过这种综合联动的制度供给，浦东新区政府在公共服务进程中，必然能够供给疏通流畅、有效互补、协同呼应的公共服务制度。

四　浦东新区政府公共服务制度供给的能力提升

能力是实现目标的关键。在构建了浦东新区公共服务的制度供给模式的基础上，我们还要集中探索提高浦东新区政府公共服务制度供给能力的路径、手段、方式和方法，以提高制度供给效率，使新区政府更好地提供公共服务。提升浦东新区政府公共服务的制度供给能力是一个综合性、系统性的工程，需要从理念、过程和方法三个角度，以及宪政层面、集体选择层面和操作层面三个层面来着手。

（一）价值与理念：坚持公共性取向和善治城市理念

公共性是公共行政的根本属性，是制度供给的根本取向，也是提升制度供给能力的价值前提。公共性的缺失会直接导致治理能力的下降，没有公共性的公共服务制度将成为公物私用、权力寻租的庇护伞。提升浦东新区政府公共服务制度供给能力，必须坚持政府公共服务制度供给的公共性，坚持公益性取向，体现"制度公益"②；坚持非营利性取向，真正建立满足公众公共服务需求的、保护社会公众的公共利益的制度；坚持服务性取向，把公共服务的理念融入制度设计和制度安排的过程中去，使之成为制度的精神属性；坚持公开性取向，将制度供给的缘由、目的、任务等方面进行公开；坚持责

① ［美］迈克尔·麦金尼斯：《多中心体制与地方公共经济》，上海三联书店 2000 年版，第427 页。
② "制度公益"是社会公益研究学者陶传进提出的一个概念，他认为，在制度的约束下提供社会公益的组织就是制度公益人，由制度公益人提供的社会公益称为制度公益。陶传进：《社会公益供给——NPO、公共部门与市场》，清华大学出版社 2005 年版，第 90—91 页。

任性取向，制度供给主体要以谋求公共利益为责任，并对为什么供给、怎样供给以及制度供给的效果如何承担责任。

善治城市是城市治理的美好追求，提升制度供给能力是其内在要求。坚持善治城市的理念，提升浦东新区政府公共服务制度供给的能力，就要做到坚持以人为本，体现人文关怀；坚持提高效率，注重社会公正；坚持上下互动，实现多中心合作；坚持科学发展，追求城市和谐。只有这样，才能关怀市民的物质需要、精神追求和个体价值，提供全方位、无缝隙的公共服务，创建一个充满活力和包容力的和谐城市，促进浦东市民公共福祉的改善和提高。

（二）过程与流程：完善制度生产过程并优化供给流程

制度的创立是一个系统的过程。我们将其看成是一个系统性的生产过程，包括对理论的制度表达、对制度需求的感知、制度的创立和制度的输出等环节。这一过程可以用图 4 表示：

图 4　制度生产的系统过程

1. 提高理论的制度表达能力。"任何制度都是理论的转型，从基础理论到制度的转型又可以称之为理论的制度表达。理论的制度表达是把思想观念转化为行为规范和操作规程的过程。"① 提高理论的制度表达能力是提升浦东新区政府公共服务的制度供给能力的重要环节，其本质就是增强浦东新区政府将城市公共治理的基本价值理念转化为实际运作制度的能力。为此，必须经过三个阶段：第一个阶段是基础理论向应用理论的转化，第二个阶段是

---

① 陈朝宗、赵育林：《制度创立过程研究》，《华东经济管理》2004 年第 2 期。

应用理论向决策理论的转化，第三个阶段是决策理论向制度体系的转型。①

2. 提高对制度需求的感知能力。正如企业生产者对商品市场需求的快速反应一样，浦东新区政府也要提高城市社会和公众对公共服务制度的感知能力，提高制度需求的敏感性。公共服务制度创立的主体要经常亲临生产生活的一线和现场，如社区、企业、公众组织等，深入了解和把握社会对公共服务制度的需求情况。

3. 提高创设或生产制度的能力。在把握制度需求的基础上，要进行制度的生产和创设。它包括五个阶段：一是根据浦东新区公共服务的特殊性和制度需求情况来起草制度；二是将制度草案进行民主研讨，广泛征求社会各界的意见；三是制度的合法化阶段，将制度纳入浦东新区决策机关的表决程序予以合法化；四是制度在浦东新区某一范围内的试行、评估与调试；五是制度的正式实施。

此外，政府公共服务的制度供给本身也是一个流程，是制度设计、制度安排、制度调试等一系列活动的有序组合。如何才能做好浦东新区政府公共服务制度供给的流程优化呢？我们设计了这样一个流程优化模型（见图5）：

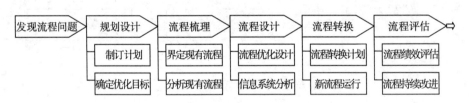

图5　制度供给的流程优化方法

其中各个环节的目标与方法如表3所示。

表3　制度供给的流程优化环节的目标与方法

优化环节	优化任务	目标	方法
规划设计	制定计划	指导制度供给	座谈、研讨等
	确定计划目标	确定制度需求和设定具体目标	结构化调研、座谈会等

① 陈朝宗、赵育林：《制度创立过程研究》，《华东经济管理》2004年第2期。

（续表）

优化环节	优化任务	目标	方法
流程梳理	界定现有流程	梳理和界定现有制度供给流程状况	基于活动的成本分析、结构化访问、优化能力评估
	分析现有流程	分析现有制度供给流程	基于活动的成本分析、鱼骨分析法
流程设计	流程优化设计	新流程的定义与分析、新流程的原型和详细分析	基于活动的成本分析
	信息系统分析	确定流程的信息化应用	结构化调研、座谈会等
流程转换	流程转换计划	组织调整、信息系统应用	基于活动的成本分析、成本/收益/风险分析、系统测试分析
	新流程运行	制度供给流程转换	流程转换技术
流程评估	流程绩效评估	评估流程绩效	基于活动的成本分析、结构化分析、座谈会、价值分析、预估分析等
	流程持续改进	持续流程改进	全面跟踪

注：鱼骨分析法是咨询人员进行因果分析时经常采用的一种方法。

政府公共服务制度供给的流程优化，实质是对制度供给的主体内部和主体之间的工作流和制度供给过程的分析和设计，为此，优化浦东新区政府公共服务制度供给的流程，必须进行 ESIA 四步程序：

E——清除（Eliminate），即将非必要的、形式性的、象征性的和重复性的制度供给环节和相关程序予以清除，以避免造成供给制度流程的重复。

S——简化（Simplify），即在清除了非必要的制度供给环节和相关程序以后，将剩下的制度供给程序和办事环节简化，以过分复杂的程序为简化流程的切入点，要求在制度供给过程中，浦东新区政府应按制度级别下放供给权力，减少审批层次，做到简政放权。

I——整合（Integrate），即将分散在原来各个职能部门的作业集成为一个工作流程，将重复、相近，甚至是相关的制度供给、制度设计的职能和业务予以整合，以流程为导向进行制度供给模式的全面创新。

A——自动化（Automate），即运用电子数据交换（EDI）、管理信息系统（MIS）、决策支持系统（DSS）等政府电子化、自动化方式，采用规范化的自动化措施来加强制度的处理过程，从而提高制度供给流程的运作效率、效果和效益。

（三）框架与规则：加强浦东新区政府行政能力建设

政府行政能力建设是公共服务制度供给能力提升的大环境，关涉宪政和集体选择的层面。只有不断提高和加强政府行政能力建设，才能为政府公共服务制度供给能力的提升提供宪政的框架、环境的支撑和规则的支持。浦东新区政府加强行政能力建设，关键是寻求政府行政能力生成和提高的基础资源、支撑平台和手段方式，转变传统的粗放式政府行政能力生成机制为集约式的政府行政能力生成机制，使得"任何财力资源的投入都要'衡工量值'，任何权力资源的运用要保持目的的纯洁性，要充分发挥人力资源的主观能动性、信息资源对其他要素的倍增效应、系统结构优化对其他要素效能的放大效应、文化资源对其他要素效能的催化效应，实现政府能力的可持续提升。"[①]

1. 权力路径：加强浦东新区政府权能建设。汉密尔顿指出，足够的权力是行政部门能够强而有力所需要的因素之一[②]，表明行政能力同行政权力是正相关的，因此，"最大限度地加强政府的权力能力，使政府手中现有的权力得到高效、充分的使用，这是提高政府能力的关键。"[③] 浦东开发开放以来，新区政府紧紧抓住上海政府间进行"两级政府，三级管理"的权力配置契机，有效整合行政部门的职能，力求将相同或相近的职能交由同一部门承担，个别确需几个部门分管或共管的，也明确了主管和协管的关系，做到了

---

① 汪永成：《经济全球化进程中政府能力的供求变化及平衡战略》，《武汉大学学报（社会科学版）》2002 年第 2 期。

② ［美］汉密尔顿等：《联邦党人文集》，商务印书馆 1980 年版，第 356 页。

③ 辛向阳：《新政府论》，中国工人出版社 1994 年版，第 24 页。

行政权力的统一行使。

2. 制度路径：重振浦东新区政府制度供给能力。"制度化程度低下的政府不仅仅是个弱政府，而且还是一个坏政府。"①当前，在城市发展过程中出现的有关问题，可以归因于政府行政能力和治理能力的相对弱化，而这又导因于某一方面的"制度缺失"所造成的"软政权化"。因此，提升政府行政能力的第二个有效路径，就是整合政府制度资源，重振政府的制度供给能力。开发开放以来，浦东新区之所以能够持续快速稳步发展，离不开完善的制度体系建设和较高的行政体制供给能力，这主要表现在：形成了有效的公共财政体制、深化改革行政审批制度、建立和完善了市场秩序综合监管体制、加强公务员制度建设，等等。浦东新区的发展实践告诉我们，"制度先导是我国城市跨越式发展的实践路径"②。

3. 法治路径：提高浦东新区政府依法行政能力。提高政府依法行政能力是加强政府能力建设的重要内容。在法治背景下，政府行政能力很大程度上体现在遵循法治路径（Nomocracy—Approach）行使行政公权力，即提高社会福祉和人民福利，不但依法，更要合法。在"无法律即无行政"和"适法行政"的法治时代，行政权作为公共权力，"绝不能因为它的起源而被认为合法，而只能因为它依照法律法规所作的服务而被认为合法"③，能力政府的法治含义在于，只有依法的才是有能力的，只有合法的才是有效益的。

4. 市场路径：推进浦东新区政府市场化改革。市场路径就是将市场机制引入政府行政改革中，利用市场和社会力量来推进公共服务的市场化，在市政服务和管理中，主要体现为"特许经营制度"，其形式主要有 BOT 模式、合资模式、并购模式、民营模式、TOT 模式、PPP 模式、TOD 模式、SOD 模式、

---

① ［美］塞缪尔·P. 亨廷顿：《变化世界中的政治秩序》，上海三联书店 1989 年版，第 26 页。
② 陈忠：《城市制度：城市发展的核心构架》，《城市问题》2003 年第 4 期。
③ ［英］狄骥：《宪法论》，商务印书馆 1962 年版，第 8 页。

AOD模式等①。浦东新区政府在行政改革过程中，应大力依循市场路径，进一步推进政企、政事、政社分开，通过委托、授权、承包、合同等形式，将政府职能转移给非营利性社会组织或社会中介组织，政府主要承担组织、调控、监管职能，这样既有助于节约政府行政成本，也可通过市场竞争提高城市管理的工作效率和投资效益，以最有效的成本为公众提供高质量的服务。

5. 治理路径：实现政府与社会的协同治理。针对城市政府主体重复和多头管理的现状，一些学者和联合国官员（J.S.Edralin等）提出了大都市协管治理（Metropolitan Governance）的理念，强调城市协同治理。城市协同治理通过重新认识和界定政府、市场与社会之间的相互关系，确立了政府与社会的合作共治、协同治理的模式，成为行政改革的重要路径——"治理路径"（Government—Approach），这一路径会大大增强浦东新区行政能力的含量，进一步提升行政能力。浦东作为我国综合配套改革试验区，其有着特殊的行政生态：政府层级少，呈现出扁平化状态，政府与社会之间的距离相对较小；市场发育较充分，市场主体力量较强；市民的现代公民意识较强，社会

---

① BOT（Build—Operate—Transfer）即建设—营运—移交，"BOT投融资方式"在中国称为"特许权投融资方式"，是指国家或地方政府部门通过特许权协议，授予签约方承担公共性基础设施项目的投融资、建造、经营和维护；合资模式是指国家或地方政府部门与其他企业或其他投资者合资建设和经营公用事业项目；并购模式是指投资者通过兼并或收购的方式直接参与介入公用行业建设和经营；民营模式是指由民营或私营资本独资建设和经营公用事业；TOT（Transfer—Operate—Transfer）模式是指业主把已经投产的项目转交（T）给外资经营（O），凭借项目在未来若干年内的现金流量，一次性地从外商那里融得一部分资金，用于建设新的项目，经营期满，承包商再把项目移交（T）给业主的模式；PPP模式是国际上新近兴起的一种政府与私人合作建设城市基础设施的形式，称为国家私人合营公司（Private Public Partnership）；TOD（Transit—Oriented Development）模式是指政府利用垄断城市规划形成的信息优势，对规划发展区的用地以较低的价格收购征用并进行基础设施的建设，使该地域迅速升值，然后再通过出售从而获取建设前后的增值差价，以平衡城市整体建设成本；SOD（Service—Oriented Development）模式是通过社会服务设施引导开发建设的模式；AOD（Anticipation—Oriented Development）模式即规划理性预期引导的开发模式，是一种城市规划与城市公共资源开发利用相结合的经营理念，是政府充分利用发布规划信息的诱导作用来实施城市公用事业经营。杭永宝、王荣：《市政公用行业市场化改革形式与成效、问题与对策》，《经济体制改革》2004年第3期。

组织发展较为成熟。这些都这为政府与社会、市场之间的良性互动与合作共治提供了条件。所以，浦东应该充分发挥政府、市场和社会三大主体的力量，取长补短，合作共治。

以上五种政府行政能力提升的构建路径，是一个彼此联系、相互作用的整体，行政能力的提升，在于五种路径选择的统一。其中，权力路径提供的是能力资源基础，制度路径和法治路径为其提供了支撑平台与运行环境，市场路径和治理路径更多的是从转变和完善政府行政手段和方式入手，实现政府行政能力的提升和集聚。可以说，五种路径的统一成为浦东新区政府行政能力建设的有效选择。

（四）方法与工具：运用科学方法和先进技术提升浦东新区政府制度供给能力

政府公共服务制度供给的方法与工具的选择，属于可操作层面的内容，"工欲善其事，必先利其器"，改善和改进方法与工具，对于提升制度供给能力的重要性不言而喻。这里主要介绍三种实用的方法与工具。

1. 制度供给的全面质量管理。全面质量管理（TQM，Total Quality Management）是一个组织以质量为中心，以全员参与为基础，目的在于通过让顾客满意和本组织所有成员及社会受益而达到长期成功的管理途径。它包括"对全面质量的管理"、"全过程的管理"、"全员参与的管理"三个方面的含义。全面质量管理的实施就是要遵循"PDCA（计划—实施—核查—改进）"循环原则，不断推动"质量环"发展，从而解决质量问题，提高产品和服务质量。如图6所示。

浦东新区政府在公共服务的制度供给中实行全面质量管理，目的在于提高公共服务制度的质量和效益。为此，浦东新区政府应该对制度供给的全过程实施质量监控，对制度的质量进行全面把关，使城市内的制度利益相关者参与到制度供给的过程中。

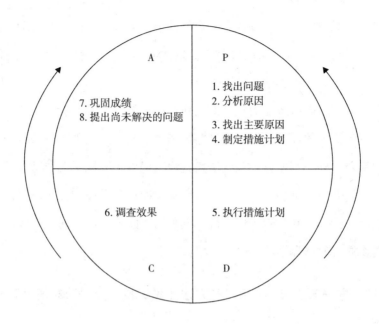

图 6　解决质量问题的步骤与"质量环"的推动

2. 制度供给的项目管理方法。项目管理（Project Management）是指在特定的工作环境中通过项目管理者和项目组织者的努力，运用系统理论和方法对项目及其资源进行计划、组织、指挥、协调、控制，实现项目全过程的综合动态管理，旨在实现项目目标的管理方法。在浦东新区政府公共服务的制度供给中引入项目管理方法，就是将制度供给看成是一个政府项目，政府根据制度这一项目的要求，把握好制度供给的计划、组织、质量管理、费用控制、进度控制五项主要任务。

3. 制度供给的目标管理。"目标管理"（MBO，Management By Objective）是指由组织的最高领导层通过参与式的目标设置，制定出一定时期内组织所要达到的总目标，然后上下协商将总目标层层分解落实到各部门直至每个成员，形成一个目标体系，并制定实现目标的措施和对目标完成情况的考核与奖惩办法。目标管理的过程分为目标制定和分解、目标执行和实施、成果评价和奖励等环节，如图 7 所示。

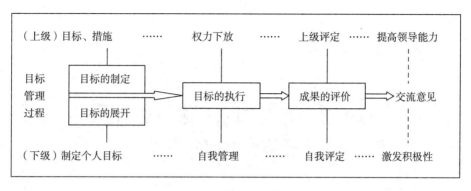

图7 目标管理过程

　　政府公共服务制度供给中的目标管理方法，主要应用于浦东新区公共服务制度体系的构建。在一个公共服务的制度体系中，必然有一个制度处于核心位置或是最高位置，我们可以把这一制度设定为制度总目标，然后将制度总目标分解为不同的制度子目标，在新区政府、社会组织和市场主体范围内进行分工，落实到有关政府部门、社区组织、市场主体中去，通过各方制定，进而形成适应不同主体需求的完整的公共服务制度体系。

第七章 方式改进：创新浦东新区 政府公共服务方式

公共服务供给是政府的基本职能之一。政府公共服务的过程，就是综合运用各种服务方式，实现政府公共服务目标、满足社会公众和市场主体对公共服务需求的过程。公共服务方式选取是否得当，运用是否科学，作用是否有效，直接决定着政府公共服务水平和质量的高低。政府只有在科学有效的公共服务方法论指导下，运用恰当的公共服务方式，才能不断提高公共服务水平，进一步增进社会的公共福祉。浦东新区综合配套改革试点以来，尤其是原上海南汇区行政区域划入浦东新区以来，新区政府积极实施流程再造，探索扁平化行政管理，努力构建电子政府，不断优化行政资源，大力推进政府公共服务的市场化和社会化，在公共服务方式创新方面取得了良好成效。本章在探讨治理范式视阈下的公共服务方式多元化的理论基础上，提出了浦东新区政府公共服务方式创新的基本路径，即实施流程再造，实现公共服务的一站式供给；构建电子政府，实现公共服务的电子化供给；引入竞争机制，实现公共服务的市场化供给；建立志愿机制，实现公共服务的社会化供给。

一 治理范式视阈下的公共服务方式多元化

20世纪70年代以来，人们在充分认识"单中心"治理主体失灵——政府失灵和市场失灵的基础上，得出了"多中心治理"、"协同治理"等结论，直接催化了治理理论的勃然兴起。20 世纪 80 年代末，世界银行在概括非洲情形时首次使用了"治理危机"（crisis governance）一词。此后，"治理"一词反复应用于政治学、经济学等的研究之中。20 世纪 90 年代以来，随着全球化的发展，西方政治学家和经济学家赋予 governance 以新的含义，成了一个广泛流行于各个领域的时髦用语。虽然治理理论涉及各个领域，治理学家对其内涵、概念也莫衷一是①，但作为一种新兴的社会管理理念，其理论主旨是清晰的：它的理论焦点由传统的国家政治控制，转移到民间社会之间、民间社会与国家政府之间的良性互动网络机制和体系，强调的是政治国家与公民社会的合作、政府与非政府的合作、公共机构与私人机构的合作、强制与自愿的合作。它提出了一套不同于传统行政范式的治理理念和善治的制度架构，认为"治理是各种公共的或私人的机构管理其共同事务的诸多方式的总和，它是使相互冲突的或不同的利益得以调和并且采取联合行动的持续的过程，它既包括有权迫使人们服从的正式制度和规则，也包括各种人们同意或以为符合其利益的非正式的制度安排。"②

　　复杂社会是治理的现实语境。库伊曼认为，市民社会的新治理形式必定与我们生活其中的世界的复杂性、动态性和多样性的逐渐体现有关。治理理论认为复杂性、动态性和多样性恰是治理的基础，政府的治理能力不仅仅在于政府对社会系统单方面的控制操作，而在政府与社会子系统之间、社会子系统之间的互动之中。相互影响的互动为政府和社会有目的的、有计划的相互干预提供了潜在的可能性，或者"弹性"。相互影响的弹性强化了社会

---

① 格里·斯托克对于目前流行的治理的概念进行了总结，分为以下五种主要观点：（1）治理指出自政府，但又不限于政府的社会公共机构和行为者。（2）治理明确指出在为社会和经济问题寻求解决方案的过程中，存在着界线和责任方面的模糊之点。（3）治理明确肯定了在涉及集体行为的各个社会公共机构之间存在着权力依赖。（4）治理意味着参与者最终将形成网络自治自主。（5）治理认定，办好事情的能力并不仅限于政府的权力，不在于政府的发号施令或运用权威。[英] 格里·斯托克：《作为理论的治理：五个论点》，载俞可平主编《治理与善治》，社会科学文献出版社 2000 年版，第 34—35 页。

② 全球治理委员会：《我们的伙伴关系》，牛津大学出版社 1995 年版，第 23 页。

政治治理能力。如果治理能够理解、反映并利用现代社会的动态性、复杂性和多样性，那么，这个社会是"一个能够自我控制的社会"（be master of itself）。① 治理范式的确立更多地是基于复杂社会的多元诉求，这主要表现在三个层面上：一是治理主体的多元化，经历了从政府单一治理向政府、市场、社会三方协同共治的转变；二是治理手段的多样化，除了传统的行政手段和权威机制外，以市场为核心的经济手段、法律手段和以社会为核心的自治手段、志愿手段都可以成为有效治理的工具；三是治理权威的多中心化，随着全能政府无限权威的终结，治理的权威也呈现出多中心的态势，尤其在以网络技术为基础的信息社会中，更强调的是以信息为核心的话语权，当前，治理信息被诸如政府、民意调查机构、智囊机构、中介组织、知识分子等不同的主体掌握，形成了蜂窝状的信息中心，良好治理的实现有赖于这些权威源的信息共享与协同共治。

在治理的理论视阈与现实要求下，作为政府公共治理重要内容之一的政府公共服务，同样也面临着由传统的政府单一供给方式向多元供给方式的转变，在这个过程中，市场和社会的力量被充分挖掘，已经形成了上下互动、协同参与、协商对话、合作供给的公共服务态势。创新公共服务方式，关键在于公共服务多元方式与技术工具的集成运用。

第一，公共服务主体的多中心化决定了公共服务方式的多元化。服务主体的性质和角色定位决定了它应该做什么、不应该做什么以及怎么做。政府、市场主体和社会组织分属于不同领域，具有不同的性质，政府在公共服务的制度供给、规则制定、维持公平、关系国计民生的行业领域发挥作用最为明显，市场则在公共产品的生产、销售等方面具有效率优势和成本优势，而社会组织的公益性、自治性、志愿服务性则较强。政府、市场和社会作为多元的公共服务主体，应该在公共服务中扬长避短，充分发挥各自服务方式和手

---

① ［美］詹·库伊曼：《治理和治理能力：利用复杂性、动态性和多样性》，载俞可平《治理与善治》，社会科学文献出版社 2000 年版，第 236 页。

段的优势与长处，实现公共服务的协调、有序、高质量和高效率地供给。

第二，公共服务需求的复杂化决定了公共服务方式的多元化。国家人口计生委副主任赵白鸽在 2006 年 10 月召开的"中国公共服务体制：中央与地方关系"国际研讨会上指出：在中国经济与社会的快速转型中，公民在公共需求的层次和特征方面都发生了深刻的变化：一是经济发展导致公民需求层次的变化，即由生存型向发展型转变；二是社会的转型导致了公民需求特征的变化，即由于社会主流意识、行为方式的多元化，导致了公民需求向多样化、个性化和法制化转变，追求幸福感和高质量的生活，渴望实现机会均等的价值趋向。公民开始关注自己在政治、经济、社会和文化等方面的权利，并寻求高质量的、个性化的公共服务和公共产品。① 这种公共服务需求的复杂化在我国经济发达、行业分工专业化强、国际化程度高的区域尤为明显。这就决定了传统的政府主导的"一刀切"的公共服务方式完全不能适应公共服务的需求，必须针对不同的需求进行多元化、个性化的供给，这就要采用不同的公共服务方式。

第三，现代科学技术与工具手段的发展为公共服务方式的多元化提供了技术支撑。这主要体现为科技的、数理的、管理的、经济的等多重方法与工具向公共服务领域的介入。如不断将数学、几何学、统计学、经济学、物理学等数理科学引入公共管理实践中，采取诸如量化方法、指标体系、统计分析等手段；不断将新兴的现代科学技术引入到公共服务中，如网络技术和电子信息技术的引入，实现了政府政务的电子化；不断引入"B—路径"②

---

① 赵白鸽：《以人的全面发展为中心　加快建立公共服务体制——在"中国公共服务体制：中央与地方关系"国际研讨会上的讲话》，载中国（海南）改革发展研究院：《中国公共服务体制：中央与地方关系》，中国经济出版社 2006 年版。

② 公共管理学家波兹曼认为，就公共管理概念的演进过程而言，大致分为两种研究路径，即公共政策路径（Public Policy Approach，简称 P—路径）和企业管理路径（Business Approach，简称 B—路径）。Bozeman, B. "Introduction: Two Concepts of Public Management", In J. L. Perry (ed.) Public Management: The State of Art. San Francisco: Jossey—Bass Publishers, 1993, 1–5.

（Business Approach）的管理思维，强调企业管理的方法、技术及其模式在公共服务领域中的应用；开始注意综合运用系统分析方法、网络计划方法、全面质量管理、目标管理、项目管理等多种方法，多管齐下，系统、综合地进行供给公共服务；等等。

二 实施流程再造：浦东新区公共服务的一站式供给

政府公共服务职能的强化，要求政府转变高高在上的角色定位，直接面向并服务"顾客"，这对政府传统的以职能分工为基础的、金字塔式的行政体制架构提出了挑战。因此，实施流程再造，大力推进以公共服务中心或公共事务受理大厅为载体的一站式服务体制建设，是政府进行高质量、高效率、无缝隙、全方位公共服务供给的内在要求。对于浦东新区来说，又恰逢综合配套改革试点和新浦东新一轮发展的良好契机，通过流程再造实现行政体制的扁平化改革和公共服务的一站式供给，具有"先行先试"的示范意义和增进公共福祉的实践价值。

（一）流程再造：政府公共服务职能对体制变革的要求

依据行政管理学理论，我们知道，政府职能反映着公共行政的基本内容和活动方向，是公共行政的本质表现，是政府一切活动的逻辑与现实起点。政府职能与机构设置之间存在着紧密的关联：一方面，政府职能是建立行政组织和进行机构设置、人员配备的最基本依据；另一方面，政府职能的变化必然带来行政机构、人员编制以及运作方式的调整或改造，政府职能的发展变动是机构改革的内在动因，机构设置与改变必须服从职能的变化。当前，对政府公共服务职能的强调，必然需要对传统的政府行政机构设置及其运作方式进行调整和改革，对政府原有的行政流程进行重新梳理与再造。

当前的政府体制基本沿袭了官僚制的基本理念和设置规则,符合追求效率的单一目标,但是却不能再适应人们对公共利益发展的基本需求。政府公共服务职能对流程再造的要求,对传统的政府官僚体制或科层体制提出了巨大挑战。

1.对政府理念的挑战:从效率导向到顾客导向。以理性行为、专业分工、权力集中和层级节制为基础价值取向的官僚制行政体制,坚持效率主义行政典范,将行政效率奉为政府行政的首要目标,它的一切组织设计与制度选择都是以提高政府工作效率为价值核心。政府流程再造的推行,首先挑战的是官僚体制的政府理念,要求将其效率导向转变为顾客导向,因为政府流程再造的根本目的是为政府构建一个"把顾客需求放在中心地位"的有效流程体系。政府流程再造的顾客导向,要求政府的公共产品和公共服务的提供要有强烈的"当事人"取向(Strong Client Orientation),政府行政以公民需求为考虑,将顾客作为关怀的对象,让公民参与到公共行政决策和公共事务管理中去,寻求政府与社会、公民的良好合作,对顾客负责,并将顾客满意度作为政府行政的标准,也即推行民主行政典范。

2.对工作流程的挑战:从职能分工到链式流程。当前政府体制在职能专业化的基础上进行劳动分工。"在专业化训练的基础上形成的行为虽然在一定的条件下会取得成功,但'在一种发生变化的条件下',就很有可能发生不良反应。"①主要表现在部门利益中心、官僚主义与效率低下、政府与公众关系的紧张等方面。而政府流程再造以有序、畅通、整合为特点,更好地为政府顾客提供服务是其价值追求,这就对传统意义上的官僚行政体制下以职能分工为基础的工作流程提出了挑战,主张重构一种"直接面对顾客"的全程链式服务流程。其基本思想有:(1)转变政府内部关系,即将政府内部的上下级和部门之间的业务关系由原来的单纯行政机制转变成平等的相互服

---

① [美]罗伯特·默顿:《官僚结构和人格》,转引自彭和平、竹立家《国外公共行政理论精选》,中共中央党校出版社 1997 年版,第 98—103 页。

务、相互协作、密切配合关系，政府内部的每个部门和个人互为"客户"；（2）推行政府"订单"服务，即将公众的每一次服务请求和业务需求当成是向政府下的一次"订单"，把每次政府提供服务的过程看成是一次执行"订单"的过程，公众的"订单支付"为税收、业务费用、政府信任以及政治支持与认同等；（3）完成公众"订单"任务，即将公众的"订单"进行分解，分配到政府相关服务部门或综合职能组，从而形成以"订单"为中心、各个部门和岗位之间相互配合和协作的政府内部服务链；（4）将服务产品提供给社会公众，并主动接受社会公众的服务质量评定。① 总而言之，政府流程再造就是要建构一种链式流程，围绕结果而不是职能组织流程，"使职能永远处于流动状态"②，从而为社会公众提供以"服务链"为纽带的"一站式"服务。

3. 对组织结构的挑战：从"金字塔—鸽笼式"结构到"扁平化—适应型"组织。传统政府体制的组织建构，专注于各种规章制度及其层叠的指挥系统。在政府行政组织内部横向关系上，依赖等级结构在组织内部层层授权，上级与下级是"命令—执行"、"监督—负责"的关系；在横向关系上，由于坚持"职能导向"，强调专业化分工，越来越多的政府职能部门被设置出来。这种在"授权模式"和"职能导向"下设计的官僚制行政组织，呈现出纵向上的金字塔结构和横向上的"鸽笼式"结构，使得信息沟通不畅，造成了行政成本加大，信息传递的失真，又导致了行政效率的低下。

流程再造的对象虽然是工作流程，不是组织结构，但必然伴随着组织结构的变革，保持原有陈旧的组织结构而进行流程再造不可能达到预期的效果。政府流程再造明确将以流程为主导的"扁平化—适应型"组织体制替代

---

① 黄建华、邢光军：《电子政务与基于"服务链"式的政府流程再造》，《现代管理科学》2004 年第 5 期。

② 路易斯·亨利·沙利文为了说明围绕结果进行组织，阐述了"使职能永远处于流动状态"这一基本的结构性原则。[美]拉塞尔·M. 林登：《无缝隙政府》，中国人民大学出版社2002 年版，第 70 页。

传统的"金字塔—鸽笼式"的科层制组织结构提上政府再造日程。在以公共服务为导向的政府改革中，政府流程再造就应建构一种能够提供便捷服务、灵活回应顾客需求、具有动态适应性的"扁平化—适应型"政府组织结构。

（二）浦东市民中心：流程再造基础上的"一站式"公共服务平台

浦东作为全国改革开放的前沿阵地，又是全国第一个综合配套试点改革的地区。在构建"小政府、大社会"的过程中，如何更好地凝聚、发挥社会组织的能量，实现政府、市场和社会三位一体的有机互动，是浦东新区行政体制改革面临的重要课题。为了应对政府公共服务职能对传统政府模式的挑战，浦东新区政府大力推进政府改革，重塑政府服务理念，实施政府流程再造，创新政府服务工具，整合政府服务产品，强化政府服务监督，不断探索建立扁平化—适应型的公共服务机构。在这种背景下，2006年10月，上海首家市民中心——浦东市民中心正式启动，不断实现着政府事务的组织水平一流、电子政府实现程度一流、政府与社会组织合作模式一流、行政与社会监督一流的目标。

浦东市民中心是上海市浦东新区政府投资建设的主要承担公共服务和市民沟通等功能的一项政府工程，是浦东新区行政体制改革的产物，是浦东新区贯彻科学发展观、构建社会主义和谐社会，深入推进综合配套改革试点的重要探索；是改进政府服务、推进工作创新、促进政社关系、加强社会建设的一个重要平台。浦东新区市民中心突出体现了以下几个方面的特点与特色：

1. 公共服务职能的整合。市民中心凸显公共服务职能，这主要采取了两方面的措施：一方面是将原有政府部门对外公共服务职能划转到市民中心，原本涉及公安、社保、民政、药监、环保等57个部门，分散在浦东新区47个不同地方的379件市民和企业的办事项目统统纳入，并集中到84个前台窗口，如原招商中心涉及的投资、税务、财政、卫生审核，人才服务中心的居住证办理、人才引进，文化管理的营业性演出许可、接收卫星节目许可等，都可以在这里办理。另一方面是服务性功能单位整体进入，如法律援助中心、结婚登记所、城市网格化管理指挥和监督中心、政府采购中心、建设工程交易中心、行政效能投诉中心以及市民热线等完全服务性的功能单位和部门整体进入市民中心，原新区招商中心的有关委办局职能部门也进入市民中心。此外，市民还可通过中心大门左侧的综合类信息查询终端，查询到个人信用、医疗账户、公积金、收费标准等信息。经过再造流程、整合资源、凝聚合力、创新发展，市民中心的职能包括行政许可、公共管理、公共服务、政府信息公开、政府与社会组织合作、效能监察六个方面。市民中心体现了"一站式"公共服务的便捷化，据悉，379件事项当天办结率可达40%左右。

2. 服务窗口背后的后台体系。浦东市民中心的功能定位是"两个窗口、六个平台"，即建设成为服务政府、责任政府和法治政府的窗口，及政府、市场和社会三位一体互动的窗口；并建成政府服务的平台、政府与社会合作的平台、市民与市民交流及社会组织与社会组织交流的平台、市民自我服务的平台、政府事务重组的平台、政府体制内自我监察的平台。在此功能定位下，市民中心通过信息化手段，整合资源，重组事务，创新服务模式，将"多个部门一个政府、多个条线一个系统、多个岗位一个目标"的公共服务理念化为实践，在84个前台窗口的背后，设置了77个后台支持，形成了强大的后台支持系统，为广大企业和市民提供终端服务，其目的就是让市民"少跑一趟路、少踏一个门槛、少走一道程序"。市民中心"一站式"服务体现了政府职能的转变，是政府流程再造的结果。

3. 公共服务质量的监督。在市民中心，通过三个途径保证公共服务的质量：一是满意度测评。在市民中心的每一个办事窗口，都设有满意度测评器，市民可根据自己的亲身经历对工作人员的服务进行评价。二是受理督办。监察委在市民中心设立了电子显示屏，实时显示浦东行政机关受理市民事务的流程及其办事效率，一旦事项超时办理，显示屏上该事项的字体会变成红色，提示"违规"，监察部门就会进行督办，提醒各相关职能部门及时受理要办的事务。三是效能投诉。浦东新区行政效能投诉中心也入驻市民中心，有近10名工作人员每日通过电话、传真、网络、信件等多个渠道接受市民对政府行政效能的各类投诉，办事市民若发现工作人员推诿扯皮，或态度不好、效率不高，都可以提出投诉。对于市民的投诉，中心一律都会在2天内给予回音，告知是否受理，一旦受理也必定在20个工作日内办结投诉。这样就将政府部门全方位地置于市民的监督之下。

4. 公共服务网络平台的打造。在中心实体运作的基础上，浦东市民中心还开通了门户网站，网站汇集新闻动态、办事大厅、信息公开、在线互动、市民百宝箱、中心活动和监督投诉7个栏目，市民和企业进入市民中心门户网站获取所需的信息。同时，浦东市民中心与新区23个街镇的市民分中心联网，居民可凭带有条形码的受理单，通过电话、网络等查询具体办事流程。同时，市民热线"962341"全天候为市民服务。市民热线提供信息查询、政策了解、志愿者服务、政务进度查询、市民意见及投诉等服务。

5. 人性化公共服务环境的营造。市民中心在努力打造"政府的窗口、社会的平台、市民的天地"的过程中，强化公共服务，凸显人性化和便民化。在市民中心，手机没电了有自助充电站，排队等候的空档还可以上上网，累了可以坐在皮沙发上休息，办事过程中想要取款、寄信或是复印些材料很方便，大厅内银行、邮局、商务中心应有尽有。同时，中心建立了一支由500多名普通市民组成的"红马甲"志愿者队伍，每天10人，轮流在入口处、服务台值班，负责提供指引、咨询等服务，遇到年纪大、行动不便者，志愿者还会全程陪同。

总之，浦东新区市民中心是在实施政府流程再造基础上形成的一个提供一站式服务和政府、市场、社会"三位一体"互动的全新的市民公共服务平台。通过创新公共服务工具、培育社会公共领域、增强市民主体意识、强化内部监察和社会监督，树立了浦东新区政府高效、透明、廉洁的崭新形象。

（三）浦东公共服务方式改进的新要求：再造"扁平化—适应型"组织

浦东市民中心的建立和运行，是浦东新区综合配套改革试点和服务型政府建设成果的鲜明体现，凸显了政府公共服务的姿态，提高了公共服务的质量和效率，是一次成效显著的尝试，具有良好的示范意义。然而，原南汇区行政区域划入浦东新区以后，新浦东面临着新一轮的发展契机，仅仅依靠一个市民中心来承载全区的公共服务职能，又显能力不足。因此，站在新的发展起点上，改进浦东新区公共服务方式，要进一步深化浦东新区行政体制改革，整合原来两区的行政建制和功能区的行政定位，积极探索"扁平化—适应型"政府组织。

《第一财经日报》指出，"自原南汇区并入浦东新区后，上海浦东新区管理体制开始了一轮重大调整，在取消原有的六大功能区的同时，开始建立几大开发区管委会，以实现扁平化的管理体制。而目前，各开发区内部的管理政策还没有实现统一，新的区层面正在梳理相关事权，改革刚起步。"[1]浦东新区顺应公共服务方式的创新潮流，建立"扁平化—适应型"的政府组织结构，应该具有以下特点：

1. 扁平化。以流程为中心的组织结构注重公共服务与事务处理的通畅性与无阻碍，强调线式服务流程，改善垂直领导，扩大管理幅度，减少管理的层级。浦东新区应该在街镇与区级层面之间形成扁平化体制和运行机制，并根据街道的不同情况，建立投资促进、稳商留商的机制和平台。

2. 弹性化。弹性化的行政组织注重结构的高度分化和决策权、控制权的下放，同时促使政府人员跨越功能界限，将专业职能部门转变为综合职能组。面对浦东新区的实际情况，应该按照管理下沉、权力下沉、财力下沉

---

[1] 胥会云：《上海浦东新区启动扁平化改革 事权梳理刚起步》，《第一财经日报》2010年3月11日。

的指导思想，积极稳妥地做好事权、财权下放工作，坚持有先有后、分批下放。

3. 开放性。政府组织结构是一个开放的系统，能够有效地回应外在环境的变动与要求，能够经过输入、输出和反馈的过程维持自组织的平衡，便于内外部的信息沟通与资讯交流。浦东新区政府应该加强积极努力打造信息交互平台，加强政府、市场和社会之间的互动。

4. 动态适应性。这主要表现在两个方面：一是能够适应时代的变化并满足社会的需求；二是能够灵活运用权变的观点迅速地解决公共问题，应对公共危机，从而大幅度提高行政效能。

5. 功能个性化。在浦东新区的公共服务格局中，区级政府、街道、镇和开发区都扮演着不同的角色，具有不同的功能定位，在公共服务过程中，要注重分类管理，其中开发区要突出功能开放和经济发展，街道、镇应侧重社会管理和公共服务。

三　构建电子政府：浦东新区公共服务的电子化供给

20 世纪 60 年代诞生的电子计算机与 90 年代初期开始普及的国际互联网相结合，革命性地改变了人类社会获取信息的方式和效率，更预示了信息社会、数字时代的到来。电子政务正是在这样的技术背景下兴起并不断发展，它是科学技术创新与体制管理创新的结合。

（一）电子政府的公共服务价值

建设电子政府，实施电子政务，就是政府在公共管理过程中，应用现代计算机技术和网络技术，在互联网上通过政府组织结构的优化重组和工作流程的梳理再造，将管理和服务进行集成，建成一个精简、高效、廉洁、公平的政府运作模式，从而实现透明、回应、便捷的公共管理和优质、全面、无缝隙的公共服务。与传统政府管理相比较，电子政府具有虚拟性、开放性、网络化、系统程序性、管理便捷化和服务高效化等特点。

道格拉斯·霍姆斯认为，推动电子政府建设的目的在于降低成本，提高效率；满足公众的期望，改善政府与民众的关系；促进经济发展。① 同样，建设电子政府，对于公共服务具有极大的现实价值，是改进公共服务方式的重要途径。

首先，电子政府的政治价值在于利用技术重塑政府与公民之间的关系，并将公民置于核心位置。一方面，电子政府可以成为新时期民主行政的助推器，加快民主政治的发展，推动社会公共生活的民主进程；另一方面，发展电子政府的根本价值是要"把人民放在事物的中央"，以公民为中心，实现公共服务的便捷化、全程化和人性化，从而维护和实现社会公众的公共利益。

其次，电子政府的社会价值在于通过技术改善公共服务方式，增进社会公共效益和公共福祉。电子政府建设可以促进政府信息的公开化，让民众能够容易地获得政府政策方向，从而为社会公众的社会活动创造更高的附加值；可以利用网络优势，为社会公众提供高质量、高效率、全方位、便捷化的服务。可以说，"电子政务的最终目的是增加全社会的福利水平，电子政务的价值体现在它引起的消费福利变化的大小上。"②

最后，电子政府的经济价值在于通过技术为市场提供优质的经济性公共服务，整合经济信息资源，促进电子商务发展，从而直接或间接地提高经济效益。电子政府可以降低行政成本，缓解政府财政压力，为政府带来直接的经济效益；可以通过技术需求，推动信息产业的发展；可以通过信息互通，

---

① ［美］道格拉斯·霍姆斯著，詹俊峰、李怀璋、曹济译：《电子政务》，机械工业出版社2003年版，"引言"，第 VIII 页。

② 杨雷：《电子政务效益的经济分析与评价》，经济科学出版社 2005 年版，第 89 页。

构建起一个国际化的或者是全国和地方性的电子商务平台，为企业带来积极效益。

（二）浦东新区电子政府建设的现状

建设电子政府，是浦东新区政府在综合配套改革试点的历史大背景下为推进行政体制改革、提高政府效能提出的重要举措。浦东新区自20世纪90年代初开始开发建设以来，一贯重视政府信息化工作，因此，浦东信息化在上海素有"排头兵"之称，这不但推进了公共服务发展，也拓展了公共服务领域。

2000年，浦东提出了信息化建设的"153"计划，"1"指的是一个信息基础网络建设；"5"指的是以政务信息系统、社会发展信息系统、城市管理信息系统、社区服务管理信息系统和产业发展为内容的五个重点工程，"3"则是指三项保障，分别为落实机构和经费、体制机制创新和宣传培训。在"153"的指导下，浦东率先建成政府各委办局政务办公和业务应用系统，并不断向纵深拓展，率先建成区县最大的公安三级应用网络，最完整的教育网应用系统和劳动社会保障应用网络，应用范围最广的数十个地理信息技术应用系统，四大开发区服务于园区企业的特色应用系统，以及社区管理、电子商务、企业信息化试点应用等如雨后春笋般遍布新区，为新区经济和社会发展起到了有效的服务作用。①

2003年又推出了"135"计划，争取比全市信息化发展"领先一步"。"135"即"紧扣一目标，再跨三大步，构建五工程"。其中，"1"指在2010年前率先全市基本实现国民经济和社会信息化；"3"指再跨三大步：从2003年开始分三步走：第一步：2005年前浦东城区信息化要率先达到发达国家中心城市的平均水平；第二步：2007年前初步构建"数字浦东"框架体系；第

---

① 张丹:《领先的浦东信息化》,《上海信息化》2005年第1期。

三步：2010 年前率先全市基本实现国民经济和社会信息化。"5"指"构建五工程"，分别是深化电子政务工程、打造电子社区工程、推进企业信息化工程、完善城市管理信息化工程和拓展社会事业信息化工程。[①] 这一年，政府网站推出了"办事大厅"频道，公共服务的网上平台开始显现。

2006 年底，新区政府颁布下发了《关于加强浦东新区门户网站信息管理的暂行规定》，就部门分工、责任落实、流程审核、信息安全、维护绩效、网站评议、责任监督等方面的内容做出了明确的规定。截至 2006 年底，网上公共服务进一步发展，通过后台业务系统的整合和异构交换，已成功实现29 项行政审批事项的"一办到底"。

2007 年 8 月，新区政府颁布了《浦东新区推进电子政府建设实施纲要》，确立了"网、线、门"（门户网站、市民热线、"一门式"政务办理系统）三位一体，"前、中、后"（居于表现层的门户网站、呼叫中心、"一门式"政务办理系统和居于后台的业务办理系统通过中台）三台贯通的基本原则，要求"以用户为中心，以需求为导向"，构建为公众提供"一站式"服务的政府门户网站，核心是要建设网上政府，通过完善"信息公开、在线办事、网上服务、公众参与"四大功能，为建设法制政府、透明政府、服务政府服务。

2008 年 9 月，浦东新区召开电子政府数字认证体系建设研讨会，提出了根据"有用、简约、和谐、同步"的原则，推进电子政府数字认证体系建设。

从浦东新区信息委获悉，2008 年，新区政府已实现各部门、各功能区和各街镇之间的政府信息化系统全面互联互通；到 2010 年，基本实现"跨系统资源整合、跨部门业务协同、跨领域公共服务"。政府服务项目的电子化覆盖率将达到 90% 以上，政务信息公开度和共享度达到 95% 以上。[②]

---

① 张丹:《领先的浦东信息化》,《上海信息化》2005 年第 1 期。
② 刘东辉:《2010 年浦东新区 90% 政府服务项目将实现电子化》, http://news.qq.com/a/20071216/001809.htm, 2007 年 12 月 16 日。

（三）浦东新区公共服务的电子化供给：原则与策略

1. 浦东新区公共服务的电子化供给的原则。

（1）以人为本，服务主导。从电子政务的动力来看，满足公众需求是电子政务的出发点和落脚点，是"以外促内"的强大动力。推进电子政府建设要坚持"以人为本"的根本理念，把握公共服务这一关键所在。

（2）政府统筹，部门共建。浦东新区政府要对整个电子政务进行统一规划和统筹安排，加强各部门之间的协调，统一各部门的步调，稳步推进，共同建设。

（3）应用导向，注重实效。推进公共服务电子化的一个重要目的就是加强在网路应用中改进公共服务，追求公共服务的整体社会效益，因此，要把电子政府建设真正应用到公共服务中去。

2. 浦东新区公共服务电子化的策略。

第一，完善政府门户网站建设，打造成熟的"一站式"公共服务的电子平台。进一步完善"中国·浦东"门户网站，整合其附属网站的公共服务资源，拓展网站的公共服务功能，建立立足浦东、面向全国和全球的公共服务的"单一窗口"，给民众提供"一站到底"的公共服务。

第二，坚持"顾客导向"，不断推动公共服务电子化向纵深方向发展。苏武荣指出，政府门户网站的定位决定了网站的建设和发展方向，一个定位于政府信息公开、公众参与互动、在线事务处理和网上便民服务的政府门户网站，需要通过整合所有政府业务部门的资源以及政务协同，实现"一站式服务"、"不间断服务"、"网站群服务"和"为公众服务"。[①] 加快浦东新区电子政府建设，一方面要拓展公共服务的领域，另一方面要深化公共服务的内容，要把基本公共服务都整合到网上，实现公共服务的便捷化、不间断、

---

① 苏武荣：《服务是政府门户网站的灵魂》，《计算机世界·技术与应用》2007 年第 35 期。

全方位和无缝隙，达到"顾客满意"的目标。

第三，坚持公共服务的均等化取向，逐步缩小"数字鸿沟"。"数字鸿沟"是"信息富有者和信息贫困者之间的鸿沟"，更多地体现为"知识鸿沟"和"教育鸿沟"。在信息社会，"数字鸿沟"会造成贫富差异和阶层分化，在建设电子政府、推进公共服务电子化进程中，"数字鸿沟"也会造成公共服务的不均等。当前，浦东新区正在努力探索改变城乡二元经济与社会结构的途径，要让农民与城市居民一样享有均等的公共产品与公共服务。互联网是一种让机会均等的新力量，通过电子政府建设，有效整合公共服务资源，大力促进公共服务的电子化，对于缩小浦东新区公共服务的城乡差异，实现浦东新区公共服务均等化具有重要的现实意义。

四　引入竞争机制：浦东新区公共服务的市场化供给

公共服务市场化是 20 世纪 70 年代以来世界各国政府改革的一个趋势，是各国政府改革的核心主题。关于公共服务市场化，学术界有不同的表述，如"民营化"（Privatization，Savas 萨瓦斯）、"代理政府"（Government by the Proxy，Kettl 凯特勒）、"国家的市场化"(the Marketization of the State，JonPierre 皮埃尔)、"市场治理"（Government by the Market，Peterself 皮得塞尔夫）等。也有学者将其内涵归纳为决策与执行分开、以市场竞争打破政府垄断、市场检验和顾客导向、公共机制与市场机制的融合四个方面。①

我们认为，政府公共服务市场化，就是指在公共服务领域打破政府垄断，引入市场竞争机制，通过充分发挥市场优化资源配置的作用，以降低公共服务成本，从而达到提高和改善公共服务的效率和质量的目的。从本质上

---

① 程样国、韩艺：《西方公共服务市场化的启示与反思》，《江西社会科学》2004 年第 4 期。

看，公共服务市场化的实质是政府部分职能的市场化，其要解决的问题是政府如何运用市场手段提供高效率、高质量的公共服务。

（一）公共服务市场化的动因

公共服务市场化的推动力量是多元的、复杂的和综合的，而且各国的情况也不一样。西方国家的公共服务市场化一般是基于财政压力、官僚制危机、新技术革命、公众舆论、民主化发展等原因。民营化大师 E.S. 萨瓦斯从现实压力、经济推动力、意识形态动力、商业动力、平民主义方面分析了市场化的动力。[①] 见表1。

表1 E.S. 萨瓦斯关于市场化的推动力量

推动力量	追求目标	理由
现实压力	更好的政府	审慎的市场化会导致成本收益比更高的公共服务。
经济推动力	减少对政府的依赖	由于经济的日益富裕，人们能够自己提供各种服务，因而更乐于接受市场化。
意识形态动力	有限政府	政府规模和权力过大，对公众生活干预过多，对民主构成了威胁。政府的政治决策较市场决策更不值得信赖。市场化可以减少政府的作用。
商业动力	更多商业机会	政府开支是经济的重要组成部分，其中的更大份额应该转向私营企业。运用私营部门，国有部门和国有资产可以得到更好的利用。
平民主义	更好的社会	公众应拥有更多的公共服务选择权。他们应被赋予确认和满足共同需求的权利，减少对高高在上的官僚机构的依赖，更多依靠家庭、邻里、教会、种族和自愿团体，从而树立社区感。

资料来源：句华：《公共服务中的市场机制：理论、方式与技术》，北京大学出版社2006年版，第57页。

结合我国政府的现实情况和公共服务的具体现状，我们认为，我国政府公共服务市场化的动因主要来源于以下几个方面：

第一，政府对公共供求信息往往反映迟缓，需要发挥市场对服务供求反

---

① ［美］E.S. 萨瓦斯：《民营化与公私部门的伙伴关系》，中国人民大学出版社2002年版，第6—7页。

应灵敏的长处，促进公共服务供给与需求之间的及时协调。如果坚持公共服务的"产业取向"①，将政府公共服务看成是一个生产性的产业体系，公共服务的社会需求和生产供给就具有了与市场供求相类似的特征。将市场机制引入到公共服务中，就是要发挥市场这个供求"晴雨表"的作用，有效收集公共服务的供求关系信息，及时调节公共服务供求失衡的状况，实现公共服务的供求平衡。

第二，政府公共服务垄断供给的低效率和低质量，需要发挥市场竞争机制的优势，实现公共服务供给的优质高效。政府垄断性生产和供给公共服务，势必会造成公共服务供给的低效率和低质量。引入市场竞争机制，就是要打破垄断，让市场主体加入到政府公共服务中，它们之间的竞争往往会让公共服务变得更有活力与效率。

第三，政府对公共服务资源的配置会不尽合理，需要发挥市场优化资源配置的优势，把公共资源配置到公共效益好的环节中去。市场能够使经济活动遵循价值规律的要求，通过价格杠杆和竞争机制的功能，把资源配置到效益好的环节中去。推行公共服务市场化，同样也是为了克服地方政府对公共服务资源配置不尽合理的现象，把公共资源配置到服务需求多、服务收益好的领域和环节中去。

总体来说，政府引入市场机制，实现公共服务的市场化，就是要发挥市场在信号反应、竞争淘汰、资源配置等方面的优势来弥补政府的不足，从而高效率、高质量地为社会和公众提供优质的公共服务。

（二）浦东新区公共服务市场化可选用的方式与技术

针对不同性质的公共物品与不同特点的提供主体，公共服务市场化也要

---

① 埃莉诺·奥斯特罗姆在研究都市警察服务的制度结构时，采取了"产业取向"，将公共服务看成是生产的过程。奥斯特罗姆、帕克斯、惠特南：《公共服务的制度建构——都市警察服务的制度结构》，上海三联书店 2000 年版，第 21 页。

采取迥异的形式。E.S.萨瓦斯把公共服务市场化归纳为十种形式：①政府服务；②政府出售；③政府间协议；④合同承包；⑤特许经营；⑥政府补助；⑦凭单制；⑧自由市场；⑨志愿服务；⑩自我服务。① 针对浦东新区的特点，我们主要介绍合同外包、特许经营、用者付费、凭单制度、内部市场五种主要的方式和技术。

1. 合同外包（Contracting out）。所谓合同外包，就是政府在确定某种公共服务项目的数量和质量标准的基础上，将原先垄断的一部分公共服务的生产权和提供权向市场转让，中标的承包商按照合同向民众提供公共服务，政府用财政拨款购买承包商的公共产品和劳务的一种服务方式。其最主要目的就是减少公共服务成本，提高公共服务质量，增加公共服务收益。

公共服务引入合同外包需要程序化的操作模式。萨瓦斯将其归纳为12个步骤：考虑实施合同外包；选择拟外包的服务；进行可行性研究；了解投标意向和资质；规划雇员过渡；准备招标合同细则；进行公关活动；策划管理者参与的竞争；实施公平招标；评估标书和签约；监测、评估和促进合同履行。②

公共服务合同外包的应用领域很广，如环境保护、道路交通、医疗救助、社会保障、工作培训、运输服务、公共工程、精神保健、数据处理等。但在使用合同外包时，要注意它的应用限度。凯文·莱弗里（Kevin Lavery）提出了考虑采用合同外包提供服务的三个基本条件：①服务是硬性的，即服务的要求和标准能够被清晰地表达；②监督成本不是很高；③存在一个提供服务的竞争性市场。③ 表2是对美国地方政府公共服务项目适宜合同外包程度的分析。

---

① ［美］E.S.萨瓦斯：《民营化与公私部门的伙伴关系》，中国人民大学出版社2002年版，第69页。

② 萨瓦斯在《民营化与公私部门的伙伴关系》的第七章对合同外包的实施作了详尽的操作指南。［美］E.S.萨瓦斯：《民营化与公私部门的伙伴关系》，中国人民大学出版社2002年版。

③ Kevin Lavery, Smart Contracting for Local Government Services, Praeger Publishers, 1999, pp. 11-13.

表2   公共服务项目实行合同外包的可能性

服务领域	服务的可描述性	监督	竞争的程度	总体评价
垃圾收集	1	1	1	1
供水	1	1	2.5	1.5
消防服务	3	3	5	3.5
儿童福利	3	3	5	3.5
娱乐设施管理	3	3	3	3
图书馆	2	2	5	4
人事管理	2	3.5	3	3

注：1=合同外包的可能性最大（服务硬性、容易监督、竞争激烈），5=合同外包的可能性最低（服
务难以描述、监督困难、竞争很弱）。
资料来源：句华：《公共服务中的市场机制：理论、方式与技术》，北京大学出版社2006年版，第95页。

2. 特许经营（Franchise）。特许经营是指政府通过颁发授权书的形式将政府特许权（concession）授予经营者，使其在一定时期和范围内提供某项公共产品和公共服务，并准许经营者通过向用户收费或出售产品回收成本并赢得利润，同时，经营者要定期交给政府一定的特许经营费用。特许经营实质是政府代表民意把社会公共资源市场化，把社会公共资源货币化，从而实现效益最大化。

政府特许经营特别适合于石油天然气勘探开发、公益事业、交通等可收费公共物品的提供。这种方式不但提高了企业提供公共服务的自主性，有益于公共服务效益的提高，同时政府也可以从中取得一定的收益，实现合同双方的"双赢"。

经过几十年的发展，特许经营衍生出多种技术形式和方法，主要包括：

（1）BOT（Build—Operate—Transfer）：即"建设—经营—转让"，指政府特许投资经营者从政府手中获得开发某项社会公共资源、提供某项公共服务的特许权，在一定期限内享有独立从事这个项目的投资建设权和经营权，从中获得经济效益，经营期满后，该项目无条件地移交给政府。

（2）TOT（Transfer—Operate—Transfer）：即"转让—经营—移交"，是指政府把已经投产的项目转交(T)给外资经营(O)，凭借项目在未来若干年

内的现金流量，一次性地从外商那里融得一部分资金，用于建设新的项目。经营期满，承包商再把项目移交 (T) 给政府。

（3）PPP（Public—Private—Partnership）：又称为公私合营，其做法是政府部门或地方政府通过政府公开招标采购的方式和中标单位组成合营公司，并与该合营公司签订特许合同，由该公司负责筹资、建设及经营某个公用设施项目。

（4）LBO（Lease—Build—Operate）：即"租赁—建设—经营"，指政府授予企业一个长期合同，使企业利用其资金扩展并经营现有的基础设施，企业可以依据合同收回投资并取得合理回报，同时必须向政府交纳租金。

（5）BBO（Buy—Build—Operate）：即"购买—建设—经营"，指企业购买政府的公共服务项目进行建设，并根据合同经营这一项目。在出售前，政府通过特许协议对基础设施服务的定价、安全、质量和将来发展等做出规定，实施政治控制。

（6）BOO（Build—Own—Operate）：即"建设—拥有—经营"，企业在取得永久特许经营权的情况下，负责建设，拥有产权并负责经营，但必须接受政府在定价和运营方面的规定和限制。

此外，还有"运营和维护的外包或租赁"（Operations and Maintenance Lease）、"外围建设"（Wraparound Addition）、"合资模式"、"并购模式"等方式。

3. 用者付费（User Fees）。用者付费是指政府对某种公共产品、公共服务或行为确定"价格"，由使用者或消费者支付这种服务费用的一项方式安排，其主要目的在于通过付费，把价格机制引入到公共服务中来，以显示公众对公共服务的真实需求，为有效配置公共资源创造条件。

用者付费制度在公共服务中的应用具有一定的限制，"它可能更适合于那些效率与产出密切相关的服务领域，也就是说，使用者有着充分的选择或不选择的权利，并且它们的选择和需求对于服务的供给量有着决定性影响的领域。"①用者付费经常被用于控制负的外部性，特别是控制污染的领域，也被广泛运用于城市交通控制、公用事业、垃圾收集、娱乐设施、公园、住宅服务、保健服务、特殊事项上的警察服务等方面。

4. 凭单制度（Voucher System）。凭单制度就是政府部门给予有资格消费某种服务的个体发放优惠券，有资格接受凭单的个体在政府指定的公共服务供给组织中使用凭单购买特定的货物或服务，然后政府用现金兑换各组织接收的凭单的一种模式安排。这一制度主要运用于政府提供的食品补助、医疗补助、教育补助和住房补助等领域。其运作机制是：政府指定的公共服务供给组织为争取消费者手中持有的凭单而竞争，这种竞争是通过市场进行的。这种制度安排不但提高了公共服务的效率和质量，也对防范政府公共服务决策过程中的寻租现象起到了积极作用。

5. 内部市场（Internal Market）。内部市场是在由公共部门提供并负责生产的公共服务领域，将提供公共产品和服务的政府部门人为地划分为生产者和购买者两方，建立模拟市场，展开内部竞争，并用明晰的委托代理关系来限制公共服务提供者的权力，以提高公共服务效率和质量的方式。内部市场的实现需要具备三个要素：要明确划分生产者和消费者；内部市场的主体在内部签订准合同和商业契约，并在此基础上运作；要求一定的付费制度和会计制度作为保障。一般来说，内部市场比较适用于交易费用高、行业外部效应强的那些地方公共服务类型，如地方电力、地方公立医院等。

五　建立志愿机制：浦东新区公共服务的社会化供给

政府公共服务社会化有广义和狭义之分，广义上是包括了公共服务市场

---

① 句华：《公共服务中的市场机制：理论、方式与技术》，北京大学出版社 2006 年版，第134 页。

化在内的各种运用社会力量提供公共服务的方式、方法和机制。狭义上的公共服务社会化，就是以社会需求为导向，调动和运用第三部门等社会力量参与公共服务的提供和改善，发挥志愿机制的作用，建立以政府为主导、各种社会主体共同参与的公共服务供给格局，实现公共服务供给主体的多元化和供给方式的多样化，旨在提供全方位、无缝隙的公共服务。这里采用狭义上的概念。

政府公共服务社会化，关键是通过民主参与等方式将社会管理的权限下放给社会基本单元，如家庭、教会、邻里、社区、志愿者以及行业协会、基金会、慈善机构等第三部门、非政府组织，提倡社会自治和增强社会组织的独立性、自主性，在政府引导下，更好地自我服务、自我管理。

政府公共服务社会化的作用主要表现在以下几个方面：首先，有利于实现政府公共服务供给的全方位和无缝隙。因为存在政府失灵，政府在生产公共产品和提供公共服务方面并不总是有效而全面的，它常常会忽视某些方面的公共服务需求，而造成公共服务供给的不足。社会组织尤其是第三部门往往能在政府不能起作用的地方发挥服务优势，通过自我供给、诉求申请等方式提供公共服务，弥补了政府公共服务供给的不足和缺位。其次，有助于推进社会民主化进程。公共服务社会化反映的是政府权力与社会权利的关系问题，可以看成是一种社会民主管理的形式，它把政府部门的行政执行权部分让渡给社会组织，拓展了政府与公众的沟通渠道，能够增强政府决策的透明度，提高公众对公共服务市场的监控力度；能够建立政府与社会的参与合作关系，增强公民的政治责任感。最后，有利于转变政府职能，增强政府的公共服务能力。政府公共服务社会化，使政府由公共服务的"直接生产者"和"直接供应者"转变为公共服务的"管理者"和"发包人"，有利于政府更好地发挥自己的计划和监督职能，更好地"掌舵而不是划桨"，从而提高公共服务能力。

（二）浦东新区公共服务社会化供给的实证研究：上海乐群社工服务社

1. "乐群"的运作模式①。上海乐群社工服务社成立于 2003 年 2 月，是一家非营利性质的社会服务机构（在国内称为民办非企业），是公益性质的社会福利单位，由浦东社会工作者协会举办，并由浦东新区社会工作者协会以及吴水丽先生、杨团和刘晓芳共同出资，开办资金为人民币 10 万元。它的业务主管单位和登记机关是浦东新区社会发展局。乐群本着"服务社会，发展专业"的宗旨，为广大市民提供专业化、人性化的服务。它作为上海乃至全国首家以专业社工团体注册的非营利组织，在公共服务供给上它有着自己独特的运作模式。

（1）清晰的公共服务理念。乐群把"服务社会，发展专业"的理念贯穿于工作始终，作为开展工作、提供服务的宗旨和目标。它的发展目标是成为一家受大众信任的综合性社工专业服务机构，为推进国内社会工作专业化、职业化担当探路先锋。为此，乐群规定了自己的服务范围，主要包括：学校社工服务、医务社工服务、青少年外展社工、老年社工服务、流动历奇辅导及社区发展服务等，更为社会工作人员、社会服务从业人员提供各种培训。

（2）独立而规范的治理机制。非会员制的实体组织。邓国胜认为，根据组织是否采用会员制可以将非营利组织区分为会员制与非会员制两种形式。会员制非营利组织的特征在于组织结构松散、活动具有不定期性，而非会员制非营利组织往往是实体性的，面向社会开展服务，活动是连续的、经常的。② 乐群作为一个非会员制的实体组织，它的服务是面向社会的，并且有自己的服务项目。而且随着活动的开展和对现实情况的不断探索，项目也作

---

① 本部分很多论述内容主要参考刘小霞、徐永祥《社会工作专业化、职业化的有益探索——上海乐群社工服务社个案分析》，《华东理工大学学报》（社会科学版）2004 年第 2 期，第 41—46 页。

② 邓国胜：《非营利组织评估》，社会科学文献出版社 2001 年版，第 46—47 页。

了一些调整。目前，乐群的服务项目主要分为两大部分：医务长者社工服务部和青少年社工服务部。经过合并重组后的机构分工更加明确，也更加切合机构和目前的社会需求，有利于实际工作的开展。

独立的人事任免权。乐群的法定代表人（主任）的任命与罢免，均由董事会讨论决定。主任必须符合章程规定的条件，对董事会负责，并行使董事会规定的职权，而乐群在确定了法定代表人后，则实行主任负责制，主任有独立的人事任免权，乐群员工均由主任自主招聘。这样，组织的执行负责人实际上就拥有了对组织的管理控制权，这对乐群自身积极性创造性的发挥，具有重要的意义。

民主的决策机制。服务社的决策机构是董事会，董事会成员由出资方（举办单位代表两名）和特邀代表共8人组成，董事会成员大多为社会工作专业人士，所以对乐群的决策有明确的良性影响。董事长由董事会协商产生。董事会的任期和议事程序及规则都有明确的规定，从而为该服务社的民主决策提供了制度上的保证。机构的日常运作则由主任和全体员工在他们自己组成的机构发展委员会上进行定期的讨论、协商后开展。

（3）富有活力的人力资源。乐群的职员以青年为主，主要包括两部分：一是专职工作人员，二是义工。乐群的员工均是毕业于全国各地社工院校的大学毕业生，主要负责乐群的固定工作项目，开展服务。同时，乐群在提供服务的过程中，随着活动项目的逐步展开，其"服务社会，发展专业"的理念越来越为更多的人所接受，他们作为义工加入乐群，成为乐群工作与活动的坚定支持者和拥护者。特别是在一些比较大型的活动中义工力量的及时补充，既缓解了人力的暂时紧张，也在一定程度上扩大了乐群的影响力和感召力。

（4）现代化的设备。一般来讲，设备主要包括硬件设施和软件。乐群有法定住所，其办公场所脱离于政府和业务主管部门，有很大的自主性，而且在居民活动区内办公易于了解民意，和群众沟通，及时发现问题，调整工作思路，同时也容易得到群众的认可，和居委会的合作也相对容易。乐群的基础办公条件相对来说也是符合标准的，有自己的计算机、电子信箱和网站。现代化的设备和办公条件，使其方便和易于与外界的沟通和联系，适应现代社会的需求。

（5）独立的财务。乐群社工服务社的注册资金是人民币 10 万元。从成立起，它就是一个自负盈亏的组织，主要收入来源于政府作为第三方购买服务，服务对象的直接付费以及捐赠等。仅从日常的消费来看，乐群的支出主要有平均活动经费（包括通信费、宣传费、物品购置费等）、人工费用开支（包括工资、奖金、补贴等）、办公费和其他费用等。

（6）科学先进的公共服务方式。一是"助人自助"的公共服务价值理念。社会工作的基本信条是"助人自助"，即通过帮助有困难、有需要的人，使其在克服眼前的困难的同时，增强面对和解决问题的能力。社会工作者在服务过程中持守平等理念，尊重人，一切为了服务对象。他们不是出于怜悯，而是出于责任，不是施舍而是服务，这样能最大限度地调动服务对象的能动性，从而实现其个人的发展。[1] 乐群服务社社工遵循"助人自助"的公共服务价值理念，运用个案、小组、社区、行政等专业方法，以帮助机构和他人发挥自身潜能，协调社会关系，解决和预防社会问题，进而促进社会公正。二是"按条布局"的公共服务格局，即在学校、医院、社区卫生服务中心等设立社工站，采取政府与事业单位共同购买服务的方式。

2. 乐群公共服务供给的分析：公共服务社会化供给的特点与优缺点。通过乐群的公共服务运作模式我们可以看到，在公共服务社会化供给模式下，作为社会主体的非政府组织同时扮演资金提供和服务输送的双重角色，与政府和私营企业保持较远的距离。一些非政府组织为了保持独立性，往往通过

---

① 王思斌：《持守平等理念"助人自助"》，《人民日报》2008 年 2 月 26 日，第 15 版。

自筹资金（包括会费、私人捐赠、服务收费等），依靠自身力量提供各种形式的公共服务。一部分非政府组织逐渐实行用者付费制，对以前免费的项目直接向收益人收取部分或全部服务费。这样可避免使收益人产生依赖心理，同时又可解决财务可持续性发展问题。① 这种模式的特点是公共服务社会化的供给主体享有足够的自主性，可以弹性地创新服务模式，并且可以针对特殊性服务对象的需求，做出快速的反应。

公共服务社会化供给模式有着以下优点：一是对社会公共服务需求反映迅速。扎根于社会公众的社会组织，是社会公众最为直接的"利益感知者"，一旦社会的公共服务需求被他们感知，就会立即肩负起社会责任和使命，迅速供给公共服务。二是供给公共服务更具有针对性。社会公众对公共服务的需求内容及需求程度是社会组织提供公共服务的晴雨表，它能够立即对公共服务的需求做出分层和分类。三是供给公共服务更易为社会公众接受。志愿型供给的精髓在于"以志愿求公益"。"一个人为公共目标所作贡献的成本高于他个人从中获得的收益，他最终是一种付出行为。研究表明，纯公益人之所以这么做，就是因为他在牺牲了物质资源的同时，获得了另外一份价值。他有着另外一份价值源，或公益价值源。"② 正是在公益价值理念支配下，那些不以营利为目的，具有志愿性的社会组织，在社会公众中更有市场。

然而，这种供给模式也存在着自身不足。因为社会组织并不具备和政府一样有效的权力运作，所以公共服务生产和供给的执行性难以保证；同时它也不具备和市场一样的雄厚的经济基础，所以公共服务生产和供给的高质量也难以保证。

----

① 吴光芸：《超越二元论：对公共服务供给方式的再思考》，《广西经济管理干部学院学报》2005 年第 4 期。

② 周晓丽、毛寿龙：《论我国公共文化服务及其模式选择》，载李景源、陈威《中国公共文化发展服务报告（2007）》，社会科学文献出版社 2007 年版。

（三）浦东新区政府公共服务社会化可选用的方式与方法

1. 公共服务的社区化供给。20世纪70年代以来，随着社区主义精神的回归，西方国家明确提出"把所有权从官僚机构那里夺过来送到社区去"[①]；同时，由于政府与市场在公共服务提供上都存在缺陷，不能满足公民对公共服务的无缝隙要求，以"服务自己"为口号公共服务社区化供给模式成为一种有效选择。

政府公共服务的社区化供给，就是政府提供有效的渠道，鼓励社区公众关心并参与公共事务，最大限度地动员和组织社区的家庭、居民点、自治单位和志愿者组织等，在政府的计划、指导和监督下，形成社区公共服务的自我供给和自我管理，其实质是将社区力量导入公共服务的发展网络中，形成"多中心"的共同治理结构。

随着浦东新区市场经济体制的逐步建立和完善，从政府和企业分离出来的社会职能，大部分需要依托于城市社区来承担。同时，下岗失业人员一部分滞留在社区，流动人员大量涌入社区，城市老龄化和贫困人口等问题，都需要尽快发展和完善基层社区的公共服务功能，向以社区为依托的新的管理、保障和服务方式转变。这些都推动了浦东新区公共服务社区化供给模式的日益兴起。

2. 公共服务的志愿化供给。20世纪七八十年代以来，伴随着"四次危机"的出现和"两次革命性变化"的产生[②]，在市场和政府非此即彼的两难

---

① ［美］戴维·奥斯本、特德·盖布勒：《改革政府——企业精神如何改革着公营部门》，上海译文出版社1996年版。

② 萨拉蒙将全球"结社革命"的原因归结为四次危机和两次革命性变化。这四次危机是福利国家危机、发展危机、世界性环境危机和社会主义危机。两次变化是：在20世纪七八十年代兴起的通信革命为大众组织和具体行动提供了必需的条件，教育水平和识字率的显著提高使得对民众的组织和动员比以往容易得多。莱斯特·M.萨拉蒙：《非营利部门的兴起》，载何增科《公民社会与第三部门》，社会科学文献出版社2000年版，第384页。

再造中，人们开始把视野转向了"第三域"，志愿精神不断生成，志愿主义（Volunteerism）成为一股世界性潮流，公共服务的志愿化供给方式勃然兴起。"志愿型供给模式之精髓在于以自愿贡献的方式投资或生产公共服务，简言之，即以志愿求公益。"① 它分为个体志愿供给形式和团体志愿供给形式。其作用形式大致有三种：一是无偿捐赠；二是志愿服务；三是没有营利目的的收费服务。

公共服务的志愿化供给方式，最大的优点在于能够实现公共服务需求的快速确认和无缝隙的供给。同时，它还可以减少对政府的过分依赖，减轻政府的财政负担。但由于第三领域同样存在"志愿失灵"的问题，公共服务志愿化供给方式的应用范围也是有限的。目前，浦东新区政府在公共服务中也开始注意并采取这种服务模式，如上海浦东新区人大常委会做出了《深化志愿服务工作，推进精神文明建设的决定》，对于促进浦东新区公共服务的志愿化供给产生了良好的效果。

3. 公共服务的自主化供给。现实社会中存在着各种各样的自治组织，或是自然形成，或是人们自愿组成，其存在的目的和价值就是为本组织的成员提供共同需要的公共产品和公共服务。这些自治组织实行公共服务的自主化供给，一般具有以下特点：一是基于自愿基础之上的契约性；二是以自我安排、自我供应、自我生产的方式供给公共物品和服务；三是组织成员的偏好能够得到真实的体现；四是消费者具有明确的资格边界，一般只供组织的成员消费；五是"以足投票"是成员对物品和服务的数量表述不满的常用方式；六是组织能否持续有效地提供公共物品和服务，除自然资源、国家制度变革等外在因素之外，取决于他们是否拥有一套有效的制度以克服内部成员的"搭便车"行为和其他机会主义倾向。②

公共服务的自主化供给方式，一般适用于自组织能力强而又处于政府

---

① 唐娟：《政府治理论》，中国社会科学出版社 2006 年版，第 291 页。
② 唐娟：《政府治理论》，中国社会科学出版社 2006 年版，第 355 页。

作用外围的基层，如社区、乡村等，其施行需要具备以下条件：（1）政府对社会自治组织的大力支持和政策引导，为公共服务的自主提供营造良好的政策环境和保证；（2）自治组织充分发育，具有公共服务自我生产和供给的能力；（3）形成政府、社会组织良性互动、共同治理的格局。浦东新区的基层单位正好符合上面三个特点，为浦东新区公共服务的自主化供给奠定了条件。

第八章　物质保障：完善浦东新区
公共财政体制

公共财政是以市场经济为基础，与市场经济相适应的一种财政模式。构建和完善公共财政体制是健全社会主义市场经济体制的重要任务，也是进一步转变政府职能，深化行政管理体制改革的重要内容。党的十七大报告提出："围绕推进基本公共服务均等化和主体功能区建设，完善公共财政体系……完善省以下财政体制，增强基层政府提供公共服务能力。"① 浦东作为全国第一个综合配套改革试点区，转变政府职能、加快建立服务型政府是当前改革攻坚的首要着力点。而健全公共财政体制，是浦东新区建立服务型政府的重要物质保障。本章通过阐析地方公共财政的理论内涵，尤其是在浦东新区公共财政体制建设现状分析的基础上，提出完善浦东新区公共财政体制的对策。

一　地方公共财政的理论内涵

（一）公共财政的含义与特征

在人类历史发展的进程中，适应于不同经济体制的财政模式，大体可分

---

① 胡锦涛：《高举中国特色社会主义伟大旗帜　为夺取全面建设小康社会新胜利而奋斗》，人民出版社 2007 年版，第 26 页。

为三种不同的类型：一是与自然经济相适应的财政模式，就是典型的家计财政，其特点是公私不分，管理不规范、不透明，随意性大，收支缺乏有效监督；二是与传统计划经济体制相适应的财政模式，就是高积累生产建设型财政，其特点是政企不分，大包大揽，统收统支；三是与成熟市场经济体制相适应的财政模式，就是现代意义上的公共财政，其特点是强调公共性基础上的法制性和公正、公开、透明。

所谓"公共财政（Public Finance）是指国家或政府为市场提供公共产品或服务的分配活动或经济活动，是满足社会公共需要的政府收支模式或财政运行机制模式，是与市场经济相适应的一种财政类型和模式。具体表现为国家行政机关为履行行政职能，开展公务活动而进行的资金收支与管理活动。"① 因此，公共财政是以市场经济为基础的，公共财政就是市场经济财政。公共财政的理论核心是市场失灵（Market Failure）理论。公共财政理论认为，在市场经济中，社会资源的配置以市场为基础，只有在市场失灵的领域，政府才有介入的必要，换言之，就是由于市场缺陷决定了公共财政存在的必要性及其职能范围。公共财政基本特征主要有：

1. 公共性。公共财政的职能范围是以满足社会公共需要进行界定的，即财政的作用范围仅限于社会公共需要领域。社会公共需要是指社会作为一个整体所提出的需要，如国家安全、社会治安、公共设施等。与私人需要的区别为三个特性，即整体性、集中性和强制性。国家通过政府作为公共权力的代表，所要满足的社会公共需要，主要是指社会公众对公共产品或服务的需要。如环境保护、公共交通，以及政府维护经济秩序的行政、监督、管理等事务，这些就是社会公众需要提供的公共产品或服务。政府提供的公共产品或服务可以有两种理解，一种是狭义的理解，是指社会公众直接享用的公共产品或服务；另一种是广义的理解，是指政府在资源配置、调节收入分配和

---

① 陈奇星：《上海政府职能转变与政府管理体制创新研究》，上海三联书店2009年版，第137页。

促进经济稳定增长等方面所作的努力及其效果，间接为社会公众所享用，也可以认为是公共产品或服务的组成部分。

2. 非盈利性。公共财政的收支运作必须排除盈利性质的活动，政府在提供公共产品或服务时，尽管也会附带产生数额不等的收益，但是其基本的出发点和归宿依然是满足社会公共需要，而不是盈利。在市场经济中，市场和政府进行着两种不同方式的资源配置，它们的追求目标也是截然不同的。市场追求效率，以经济利益最大化为目标；政府追求社会公平和经济稳定，以社会公共福利最大化为目标。政府作为社会管理者，主要应该为市场的有序运行提供必要的制度保证和物质基础，不应该直接参与市场竞争。政府财政收入的组织，要始终围绕满足社会公共需要来确定和调整收入的总量和结构；政府财政支出的安排，也要始终以满足社会公共需要为宗旨来核定和调整支出的总量与结构。政府的财政收支行为应该是非营利性的。在市场经济条件下，如果政府财政以盈利为目的，必然导致政府职能错位，市场机制扭曲，带来的后果是政府的腐败，企业的消极和市场的混乱。

3. 法制性。政府及其公共财政收支行为必须规范化和法制化。市场经济从一定角度讲是法制经济，依法理财是市场经济对公共财政的基本要求，公共财政的收入来源是社会成员的缴纳，公共财政的支出用于向社会成员提供公共物品和服务，收支的盈余和赤字要由社会成员享用和承担。所以，公共财政收支行为与全体社会成员的切身利益直接相关。社会成员必然会对公共财政的运作有强烈的监督意识，要求财政收支纳入规范化、制度化、法制化的轨道，能够做到公平、公正、公开。依法规范财政收支行为应该做到：以法制为基础，一切财政的收支行为必须严格按照法规和法定程序要求严格办理；全部政府收支进预算，财政预算应该涵盖政府全部收支，做到透明、公开，接受监督；财政部门依法负责政府预算的编制和执行。各级政府的收支归口本级财政部门管理，防止政府收支分散化和降低效率与效益。

（二）地方公共财政的主要功能

公共财政理论与实践在西方国家已有两百多年的历史，20世纪80年代初被我国学者翻译西方财政学时所引用，20世纪90年代以来，随着社会主义市场经济体制的建立，我国中央和地方政府高度重视构建公共财政框架，1998年，全国财政工作会议明确提出，要积极创造条件，逐步建立公共财政基本框架。2000年下半年，党的十五届五中全会通过的《中共中央关于制定国民经济和社会发展第十个五年计划的建议》确定"逐步建立适应社会主义市场经济要求的公共财政框架"①的目标。按照中央的精神，上海也明确提出"十五"期间要逐步建立适应社会主义市场经济要求的具有特大城市特点的地方公共财政体制框架。地方公共财政作为国家公共财政的重要组成部分，其主要功能有以下几个方面：

1. 优化资源配置功能。在国家既定的中央与地方财政税收管理体制的基础上，根据地方政府承担的职能事项，明确区域内各级政府之间的事权范围和财政责任划分，协调财政分配和管理关系；推进全社会协同依法治税，完善以税收为主、规费为辅的地方各级财政收入体系，增强政府财政资源的有效归集能力；逐步健全由公共预算、国有资本金预算、社会保障预算等组成的综合财政预算体系，积极推行部门预算、国库直接收付、政府采购和收支两条线等财政管理改革，增强政府财政资源的统筹配置能力；按照国家与本地区的经济社会发展战略和产业政策要求，合理确定财政收支的适度规模，科学界定财政支出范围，逐步减少对一般竞争性和经营性领域的直接投资，正确引导社会有限资源投向急需发展的经济社会领域，努力实现全社会资源配置效率、效益的最优化。

---

① 《中共中央关于制定国民经济和社会发展第十个五年计划的建议》，人民出版社2000年版，第30页。

2.调节收入分配功能。在国家推进收入与分配、劳动就业和社会保障等制度健全完善的基础上，要按照中央总体要求和初次分配讲效率、再次分配讲公平的原则，在地方政府所辖区域内强化个人所得税征管，加大对收入分配特别是高收入阶层收入的调节力度，重视解决部分社会成员收入差距扩大过分问题；实施积极就业政策，努力改善创业和就业环境，把扩大就业放在经济社会发展更加突出的位置；加快建设与经济发展水平相适应的社会保障体系，构筑可靠的社会安全网，确保社会弱势群体的基本生活；加大财政转移支付和财政扶贫力度，切实增加农民收入，保持本地区经济社会发展的公平、均衡、稳定。如推出中低收入家庭购房贷款贴息政策，提高中低收入家庭改善住房条件的保障力度；实施万人就业项目，重点帮助就业困难对象实现就业等。

3.调控经济运行功能。在落实国家宏观调控政策的基础上，按照中央精神和国际惯例、多边贸易规则，以及我国政府的对外承诺，结合本地区发展战略和计划的实施要求，清理和完善地方性财税政策法规体系，切实把地方各级政府的经济管理职能转到主要为市场主体服务和创造良好发展环境上来，实现财税调控方式由直接调控向间接调控、被动调控向主动调控的转变；根据国内外经济形势变化和地方财力许可情况，适时适度地调整本地区财政政策实施的方向、力度和重点，同时在抑制通货紧缩趋势的情况下警惕和防止通货膨胀，在鼓励扩大内需的条件下防止经济过热和重复建设，推进地方区域经济又好又快发展。

4.强化监督管理功能。在国家全面推进经济法制建设的基础上，按照权利与责任挂钩、权利与利益脱钩的要求，规范市场监管和财税监管，维护市场和财税良性运作秩序，保障本地区各类市场主体合法权益；建立健全预算绩效和纳税申报质量评估体系，构建以财政预算、财务会计、纳税为重点的财税信用等级分类管理体系，培育会计、税务等经济鉴证类中介组织，加大对财税运作和财务会计的依法规范和监管力度，防范地方性政府债务危机和财政失效、税收流失、会计做假等风险。如上海成立了会计服务中心、财会管理中心、票据管理中心、政府采购中心、国库收付中心等；实施纳税信用、会计信用、预算信用等级管理制度；以及上海实行的市与区县财税体制改革，专门成立 5 个稽查分局，进一步强化财税监管。

（三）地方公共财政建设的主要原则

地方公共财政建设是一项系统工程，应遵循以下原则：

1. 服从全局。就是要自觉地把本地区的财政发展置于全国财政振兴发展的全局之中，坚决遵照中央明确的政策方针和授权框架有序推进公共财政改革，坚决维护全国的政令统一和改革发展稳定大局。同时，坚持一切从实际出发，立足本地区的省情、市情、县情，实事求是，规划好本地区各级政府财政改革与发展的一盘棋，不断探索和完善地方公共财政框架的有效实现形式，切实把各级政府和各个方面加快发展的积极性保护好、引导好、发挥好，增强本地区财政运作的整体合力。

2. 市场取向。就是要坚持社会主义市场经济的公共财政改革方向，以公共性评判为标准，着力理顺和规范好政府与市场、政府与企业、政府与社会的关系，从体制和机制上解决财政职能的"越位"、"缺位"和"错位"问题，在更大程度上充分发挥市场对资源配置的基础性作用的同时，实现财政保障向社会事业、公共事业领域倾斜，向基础设施和公共设施建设倾斜，向生态建设和环境保护倾斜，向"三农"倾斜，向扩大就业、完善社保体系、改善困难群体生活倾斜。

3. 依法理财。就是要按照依法治国基本方略和建设法治政府的要求，确保财政收入的方式、构成、数量和财政支出的范围、结构、规模等理财行为都必须建立在法制的基础上；政府预算应当覆盖地方政府的全部收支活动，做到透明、公开、规范、统一；预算一经人大批准，从预算执行到资金使用的全过程都要接受法律和社会公众的监督。尤其是在当前改革攻坚的关键时期，往往改革需要超前、政策拟定滞后、操作实践落后，更要科学地坚持依法理财、依法办事。当财政改革举措缺乏法律、法规、规章和政策等依据的特殊情况下，更要及时将前瞻性研究的现有突出矛盾及改革预案，特别是改革预期效果和可能出现一些新矛盾的缓解办法报送相关立法机构，争取尽早出台上位法律、法规、规章或给予个案实施的认可支持。

4.统筹协调。就是要坚持全面、协调、可持续的科学发展观，在构建地方公共财政框架中充分体现"五个统筹"的要求。具体而言，就是要统筹区域发展，进一步处理好自身发展与服务全国的关系；统筹城乡发展，进一步处理好提升中心城区功能与增强郊区、郊县实力的关系；统筹经济社会发展，进一步处理好经济发展与社会进步、人的全面发展的关系；统筹人与自然的和谐发展，进一步处理好人口、产业、基础设施、资源、环境的关系；统筹国内发展与对外开放，进一步处理好利用国内外两个市场、两种资源和"引进来"、"走出去"的关系，切实解决城乡差距拉大、区域发展不平衡、社会发展滞后、环境和资源难以为继等问题，促进所在地区经济社会全面、协调、可持续发展。

二　浦东新区公共财政体制建设的现状分析

（一）浦东公共财政改革与发展进程

自从 1990 年 4 月 18 日党中央、国务院宣布开发、开放浦东以来，新区财政在收入体系、支出体系、监管体系和政策体系等方面进行逐步深入的改革，特别是 1993 年新区管委会成立以来，浦东公共财政改革与发展经历了三个阶段：

1. 20 世纪 90 年代初期的起步阶段。其标志为全面实施税收制度改革和分税制财政体制为代表的收入体制的创新和发展。1993 年浦东新区财税局成立。1994 年浦东新区全面实施新税制，从财政包干体制过渡到与分税制相适应的财政管理体制。

2. 20 世纪 90 年代中期的探索阶段。其标志为以政府采购制度改革为代表的财政管理制度的创新和改革。浦东新区作为全国改革开放的龙头，在 1995 年就开始对政府采购制度进行积极的探索，率先把招投标机制引入到财政支出管理中来，取得了较好的经济效益和社会效益。1999 年 6 月，浦东新区政府采购中心正式成立并投入运作，逐步形成了包括政府采购委员会——政府采购管理办公室——政府采购中心在内的三级管理运行体系。

3. 21 世纪以来的创建阶段。其标志是以支出管理改革为代表的浦东新区公共财政全面构建阶段。2000 年，新区建立政府，财税分设，新区财政改革的重点转到支出方面。① 首先是实现部门预算改革。2001 年，在财政部门内部试编部门预算。2002 年，所有预算单位编制部门预算，同时选取四个重点部门预算上报人代会审议。2003 年，所有部门预算达到上级人代会审议的编制要求。目前，所有区级部门预算均上报人代会审议，有效提高了部门预算透明度和民主理财水平。

其次是推进国库集中收付改革。支出方面，2002 年开始实行工资直拨试点，以后逐步拓展到基建直拨、政府采购直接拨付和专项直拨。2008 年直拨资金 122.1 亿元，增长 44.1%。收入方面，2005 年实施了非税收入管理改革。2008 年，浦东新区实施非税收入改革的单位有 267 家，共有 179 个收费项目纳入非税信息系统管理，当年累计入库 13.02 亿元，浦东新区行政事业性收费项目已全部实施非税收入管理改革，在此基础上，2007 年正式启动国库单一账户体系试点改革，目前浦东新区财政局正在进行中。

再次是继续深化政府采购制度改革。2008 年浦东新区政府采购完成计划

① 徐麟：《坚持浦东开发不动摇 勇当改革开放排头兵》，《文汇报》第 10 版，2010 年 4 月 19 日。

采购资金82.8亿元，其中：货物类4.7亿元，工程类72.5亿元，服务类5.5亿元，2008年实际完成采购资金73.8亿元，节约资金9亿元，资金节约率10.9%。

最后是进行政府收支分类改革。2007年，按照财政部的统一部署，正式运用新的政府收支分类办法编制财政预算报告。新的政府收支分类体系以功能分类为主，经济分类为辅，改变了过去以经费性质分类为主的情况。这能够清楚地说明政府的钱是怎么来的、谁用的、用到了什么地方、怎么用的。

特别是"十一五"以来，浦东新区积极推行绩效预算改革，新区公共财政体制建设迈上了新的台阶。

（二）浦东绩效预算改革的探索与实践

浦东新区在公共财政体制建设的进程中，最重要的做法就是积极推行绩效预算改革。从2006年开始，新区按照公共财政的要求，将"绩效管理"理念和方法引入财政管理，稳步推进绩效预算改革，促进政府职能的转变和政府效能的提高。经过几年的探索与实践，已初步建立起了具有浦东特色的工作计划、预算计划、绩效评价、结果应用有机统一的绩效预算管理体系。

1. 强化领导，统一组织。绩效预算作为浦东综合配套改革试点中的一项重要内容，受到区委、区政府的高度重视。浦东绩效预算改革的相关方案、办法等文件均由区政府批转，"浦东新区绩效预算改革研究"课题报告《深化绩效预算改革，推进浦东公共财政建设》获得区领导的肯定，并专门签署意见。为了试行绩效预算改革，浦东还成立了由发改委、财政、审计、监察、人事部门组成的联席会议，统一领导和协调绩效评价工作，审议决定重大工作事项。其中，新区财政局负责牵头管理，统一制定绩效评价的规章制度，指导、监督、检查各主管部门的绩效评价工作；各主管部门按照统一制定的预算绩效评价办法和绩效评价要求，具体负责组织实施本部门系统的绩效评价工作。同时，为加强工作指导和协调，建立了绩效评价联络员工作制度，确保绩效评价工作有序开展。2007年又专门成立了"浦东新区绩效评价中心"，作为负责绩效评价具体操作的一个平台。这些机制建设为绩效预算改革的推行提供了制度保障和沟通平台，有利于相关部门统一认识，形成共识，互通信息，加强联络，减少阻力。

2，分步实施，稳妥推进。绩效预算是一个复杂的系统工程，不可能一蹴而就，还要兼顾当前中国财政体制改革的具体国情和区情。因此，浦东从一开始就明确了"积极试点，分步实施，逐步推进"的整体原则；在试点工作上，又坚持"先简后繁、先易后难、由点及面、逐步推开"的办法，积极稳妥、循序渐进地推进绩效预算改革。具体来说，是三步走的规划：第一步（2006—2008年），选择部分项目支出占大头的部门实行"项目绩效预算"试点改革。如2006年选择了"促进再就业专项资金"、"义务教育投入"等21个项目实施绩效评价，涉及财政资金41.4亿元。2007年又对38个项目实施绩效评价，涉及财政资金76.7亿元，评价范围也从区本级延伸到功能区域、街道层面，项目从专项扩大到部分政府财力投资项目。第二步（2009—2010年），总结经验的基础上，在所有部门全面推开"项目绩效预算"，进行"目标—任务—预算"编制试点，即"单位先确定年度绩效目标，根据目标安排工作任务，按工作任务所需申请预算"，形成部门工作计划与预算计划时间同步协调；第三步（2011年以后），全面推行"部门绩效预算"，新区财政在部门预算编制中明确一定量的绩效指标进行试验，"十二五"以后逐年推广，最后形成体现浦东特色的绩效预算管理体系。

目前，浦东新区的绩效预算改革还处于第二阶段，是由"项目绩效预算"向"部门绩效预算"过渡的关键环节。在这个环节中，也有一个循序渐进的过程，主要表现在部门进行年度预算的"目标—任务—预算"编制模式，强化支出项目的"效果"导向，财政部门将各部门上报的绩效目标、工作任务作为安排预算的重要依据。同时，建立科学、系统、规范的预算绩效评价指标体系和标准。

3. 科学论证，做实评价。绩效评价是绩效预算体系的基石，没有科学的绩效评价工作就不可能有科学的预算编制。浦东绩效预算改革从"项目试点"开始，涉及民生、社会发展和环境保护等内容，特别重视指标体系建设的科学性与合理性。根据《浦东新区绩效预算改革试点方案》规定，绩效评价分为实施过程评价和完成结果评价，两方面结合起来，确保整个评价工作客观、全面。就每一项绩效评价来说，评价的主要内容包括绩效目标的完成情况、为完成绩效目标安排的预算资金使用情况和财务管理状况、为完成绩效目标采取的加强管理的制度和措施、其他内容四个方面。相比较西方国家来说，这种设计一方面将"效果"理念引入评价工作，强调结果导向，同时也注重过程的规范和管理制度建设，贴合中国行政体制改革的国情和区情。

绩效评价指标分为共性评价指标和个性评价指标。共性评价指标主要包括绩效目标完成程度、绩效目标的合理性、预算执行组织管理情况、预算执行的经济和社会效益、预算执行情况、财务管理状况、资产配置和使用情况等。个性评价指标由"浦东新区绩效评价中心"与有关部门根据评价对象的绩效目标确定。在指标体系建设中，特别重视专家的参与和意见。如在新区教育投入绩效评价中，社会发展局会同评估第三方——复旦大学社会管理与社会政策系的专家采用德尔菲法设计评估体系，首先由课题组初选出若干三级指标，聘请具有丰富实践经验的专家30名，请专家依据在工作中的实践体会，对所有指标按重要性打分，经过两轮专家征询，形成最后的指标体系。[①] 指标设计过程中，综合采取各种评估方法，如比较法、因素分析法、公众评价法和成本效益分析等。

4. 结果运用，多元参与。浦东绩效预算改革有分层级的特点：新区财政局负责统一制定绩效评价的规章制度，指导、监督、检查各主管部门的绩效评价工作，开展区重大项目绩效评价；同时，新区各职能部门是绩效预算管

---

① 过剑飞：《绩效预算：浦东政府治理模式的新视角》，中国财政经济出版社2008年版，第69页。

理的重要主体，具体实施本部门的各项绩效预算工作，如首先进行部门的战略规划，然后围绕年度工作绩效目标和工作任务建立绩效体系，其次通过分析战略总目标、年度任务及绩效目标，编制 3—5 年的滚动预算，最后组织绩效评价。在这个过程中，特别要求积极引入的第三方参与，逐步实现评价主体的多元化，进一步体现"公开、公平、公正"的原则。除了专家参与指标体系设计外，还在预算编制和执行中加强新区人大、政协的监督，提高公开透明和监督力度。

同时，重视评估结果的运用。财政和主管部门根基绩效评价中发现的问题，及时提出改进和加强项目预算管理的意见，并督促有关部门（单位）落实。财政和主管部门还根据绩效目标和评价结果，调整和优化部门（单位）以后年度预算的方向和结构，合理配置资源，加强财务管理，提高财政资金的使用效率和效益。

（三）浦东公共财政体制建设的主要成效

经过十多年的改革实践，浦东新区已初步建立起了符合浦东实际的公共财政体制，其主要成效有：

1. 公共财政支出结构优化，公共性凸显。如"十五"期间，新区政府教育支出累计完成 79.33 亿元，年均增长 15.2%；科技支出累计完成 5 亿元，比"九五"增长 2.1 倍；社会保障支出总量达到 34.63 亿元，比"九五"增长 3.7 倍，年均增幅为 24.5%，指标大大高于全国平均水平。"十一五"期间新区财政支出继续向公共需求领域倾斜，财政扶持重点实现新转移，财政政策导向逐步向培育市场投资环境、促进社会事业发展上倾斜。2006 年以来，新区已制定多项财政扶持政策，通过财政补贴、贷款贴息、融资担保等手段，引导各类社会资金投入社会事业，并率先向社会开放公共资源，有效地放大了财政资金的导向效应，财政的公共性更加突出。

2. 街道财政体制改革试点逐步推进。为了进一步推进综合配套改革试

点，推进街道转变政府职能，促进经济、社会和谐发展。2006 年新区在浦
兴路、东明路两个街道率先实行了财政保障机制改革试点，明确试点街道
主要承担社区建设、社会管理和公共服务等方面职能，取得了预期的效果。
2007 年起，在新区现行财政体制框架下，新区财政部门会同有关部门对部
分街道实行"提高公共财政保障，强化功能区域统筹，实施部门预算管理"
的公共财政保障机制。促进了街道工作重点和职能转向强化社区管理和公共
服务，进一步提高了浦东新区的社会管理和公共服务水平。

3. 非税收入改革不断深化。非税收入改革是财政改革的重要内容，为了
深化改革，新区财政部门会同社会发展局、银行等部门深入调查研究，在完
成教育系统第一批 87 家中学非税收入改革的基础上，2005 年 10 月启动教
育系统第二批非税收入改革，把幼儿园、职校、电视大学全部纳入非税收
入信息系统，2006 年完成试运行，2007 年 2 月全面完成教育系统的非税收
入改革。同时完成了公安等单位的上线改革。到 2006 年 11 月底，实施非税
收入改革的单位有 215 家，共有 176 个收费项目纳入非税收入信息系统管
理，2006 年累计入库 6.9 亿元，区属行政事业性收费基本纳入非税收入管理
系统。

4. 财政信息化建设加快推进。新区财政从预算管理的全局和战略目标出
发，建立了浦东财政的信息中心、数据库，以及财政管理、基本建设财务管
理、财政补贴、契税征管和办公自动化系统，并与浦东内部政务网、浦东邮
局、上海市财政局、区税务局、街镇财政、重点企业、重点行政事业单位、
采购中心网八大部门联网。基本建立了现代财政管理系统，为绩效预算的开
展提供了技术支撑。[①]

5. 绩效预算管理的制度框架初步建立。经过近五年的摸索和实践，浦东
新区已经建立起了一套较为完善的预算绩效评价和管理的制度体系，为下一

---

① 陆沪根：《国家战略：区域制度创新探索》，华东师范大学出版社 2009 年版，第 132 页。

步工作搭建了坚实的框架。结合浦东实际，新区财政局先后制定了《浦东新区绩效预算改革试点方案》、《浦东新区预算绩效评价管理办法》、《浦东新区财政绩效预算管理办法》、《浦东新区街道预算民主理财管理办法》等一系列规范化文件，为绩效预算管理工作的开展提供了制度保障（见表1）。

表 1　浦东新区绩效预算法规一览表

时间	法规名称
2006 年 3 月	《浦东新区绩效预算改革试点方案》 《浦东新区预算绩效评价管理办法》
2006 年 8 月	《浦东新区预算绩效评价参考指标》 《浦东新区预算绩效评价报告（参考性文本格式）》
2007 年 6 月	《浦东新区财政预算绩效管理办法（试行）》 《浦东新区街道预算民主理财管理办法（试行）》 《浦东新区财政预算监督办法（试行）》 《浦东新区政府投资项目绩效评价办法（试行）》 《浦东新区财政绩效管理行政首长问责办法（试行）》
2008 年	《浦东新区预算绩效评价工作操作规程（试行）》 《浦东财政预算绩效评价结果公开管理办法（试行）》

6. 政府管理的效果和效益理念进一步增强。在科学评价政府工作绩效的同时，更注重问题的发现、改进，以及评估结果的综合运用，增强了新区政府管理的效果和效益观念，有助于效能型政府和节约型政府建设。例如，在对"促进再就业专项资金绩效评价"中，就指出了"高技能人才培养资金投入比例偏低"、"地区就业困难人员就业补贴资金增长过快"等资金使用问题，并向相关工作部门提出"提升开业指导服务水平，促进劳动组织长效发展"、"优化就业补贴流程，建立合理分配机制"等四项建设性、操作性改进意见，利于进一步优化再就业资金配置结构，提高其使用效益。对一些投资项目，及时将评价结果反馈给主管部门，要求优化今后年度预算的方向和结构，合理配置资源。同时，逐步扩大绩效预算编制试点，要求各主管部门工作计划于预算计划时间同步协调，实现"目标—任务—预算"编制模式，在部门预算过程就引入和强化"目标"、"效果"、"效益"等观念，尝试将

预算和绩效有机结合起来。

（四）浦东公共财政体制建设进程中存在的主要问题

近年来，浦东公共财政体制建设虽然取得了较大成效，但也存在一些问题：

1.财政模式仍然是一种投入型财政，财政资源配置与支出绩效之间缺乏内在联系。浦东同全国一样，当前的预算模式仍然是一种投入型财政，财政资源配置与支出绩效之间缺乏内在联系。要完善公共财政体制，就必须实行绩效预算，而绩效预算要求政府有很高的行政管理能力，能够对投入进行严格的监督和控制，否则，没有监督的权力只会导致发生腐败行为。因此，西方国家的预算管理改革一般经历了控制投入、不断细化预算，再逐步转向侧重产出、赋予部门灵活性的过程。目前，浦东基本还处于强化投入控制的阶段，政府资源尚未全部纳入财政预算统一管理；虽然预算内、外收入以及政府性基金都纳入部门预算管理，但一些资金仍专款专用，减弱了预算统筹的力度；预算执行偏离预算现象时有发生；政府采购规模偏小、监控不足；国库集中支付制度尚未覆盖到所有政府部门及所有管理级次，现金管理力度有待加强。因此，仍需通过深化改革，进一步提高预算管理水平。

2.财政绩效评价缺乏权威性的综合管理机构。许多西方国家和世界银行等国际组织都设有专门的公共支出绩效评价机构，作为财政支出绩效评价执行主体。而浦东新区缺乏这样一个有权威性的财政绩效评价综合管理机构。目前的绩效评价工作机制中，财政绩效评价工作主要分散在各个管理部门，各个部门又主要从技术性能、项目管理方面进行财政支出绩效评价，指标、方法和组织程序差异大，难以形成统一的、全面的财政支出绩效评价。标准不统一，使财政绩效评价结果差异大，缺乏可比性。

3.财政绩效预算缺乏规范的评价指标体系。目前，浦东各个有关部门的财政绩效评价主要通过若干固定的财务、技术和工程管理指标进行全过程评价。评价侧重于技术、工程和资金使用的合规性，对财政资金的使用效益评价不足。同时，各个部门评价指标设置呈平面化和单一性，缺乏一套建立在严密数据分析基础上的科学、统一、完整的指标体系，不能从不同层面、不同行业、不同支出性质等方面进行综合、立体评价。由于缺乏科学、规范的方法和指标，影响了财政绩效评价结果的公正合理性。

4.财政支出绩效评价内容还不完整。例如，评价对象主要局限于项目本身，而忽视项目内外因素的综合分析。财政支出绩效评价工作不仅涉及项目审核、投资与回报的评价，而且包括各种宏观因素的评价，如投资的社会环境，包括政策环境和自然环境对投资行为的影响及投资行为对行业、社会乃至整个经济运行的影响等。目前的财政支出绩效评价工作恰恰不包括这些内容，使财政绩效评价工作不能达到为政府宏观决策服务的目的。

5.财政绩效评价结果缺乏约束力。目前，由于财政绩效评价工作体系不健全，缺乏法律规范，财政绩效评价结果只作为各有关部门项目建设档案保存，或作为有关部门加强新上项目管理的借鉴或参考，对财政资金支出项目中的成绩、问题与相关责任、项目执行过程中的各环节责任人并没有任何直接约束，不仅使财政绩效评价工作流于形式，而且影响了财政绩效评价工作的权威性，制约财政绩效评价工作的深入开展。

6.绩效预算管理方面缺乏专业化人才。目前为开展项目绩效评价所聘请的专家和中介机构，还不能完全满足评价工作需要，专家库建设和中介评估机构培育任务繁重而迫切。同时，新区财政部门和各主管部门也急需培训一批既具有相关专业背景，又具有绩效管理专门知识和实践能力的评价人员，以承担起绩效评价的组织和日常管理工作。

三　完善浦东新区公共财政体制的对策

2010年1月8日，中共中央政治局就世界主要国家财税体制和深化我国财税体制改革进行第十八次集体学习。胡锦涛总书记在主持学习时强调："把改革开放和社会主义现代化建设不断推向前进，就必须深化财税体制改革，完善公共财政体系，提高财政管理绩效。"浦东开发开放以来，尤其是"十一五"期间，在公共财政体制建设，特别是绩效预算改革方面，进行了积极探索和实践，取得了显著成效。但从深入推进综合配套改革试点，进一步转变政府职能，构建服务型政府的要求来看，公共财政体制还有一些不相适应的地方，还存在着程度不同形式不一的问题。针对存在的问题，"十二五"期间，完善浦东新区公共财政体制应从以下几方面着手：

（一）突出民生改善，打造民生财政

浦东新区加快服务型政府建设，深入推进综合配套改革试点，应加大财政对公共服务的投入力度，严格控制行政经费增长，建立公共服务投入的稳定增长机制，努力把新增财政收入主要用于公共服务，逐步使公共服务支出成为财政支出的主体，进一步改善民生和发展社会事业，特别是要支持解决教育、就业、社会保障、医疗卫生、保障性住房建设、环境保护等方面涉及群众切身利益的问题，打造民生财政。

1. 应大力支持社会事业的进一步发展。确保新区财政对教育、科技、公益性文化投入的增长高于财政经常性收入的增长，重点倾斜社会事业发展的薄弱环节，扶持公益性文化事业发展，加快公共文化服务体系建设，促进义务教育优质均衡发展。尤其是要深刻认识到教育在整个经济社会发展中所具有的全局性和基础性作用，但目前浦东教育资源分配还不够公平，教育经费使用仍然存在体制和观念问题，财政经费使用也有不够规范之处。因此，公共财政应进一步加大对教育的投入，培育"浦东教育"品牌效应，为率先基本实现教育现代化提供财力保障；要加大财政转移支付力度，促进义务教育优质均衡发展；改革教育经费管理模式，逐步引入绩效拨款；进一步改革和完善教育财政体制，不断提高教育财政管理的规范化和透明化。同时把握教育财政改革的方向，充分发挥财政的调控作用，加强对本区重大教育项目投入的监督管理，进一步提高教育经费的使用和效益，构筑激励、预警与政策调节相统一的新机制。

2. 应大力促进就业事业进一步发展。就业是民生之本、促进就业事业进一步发展是构建社会主义和谐社会的基础，关系到群众的切实利益，浦东新区应按照中央和市委、市政府的精神，结合本地区实际，推出一系列促进就业的政策，确立本区积极就业政策的基本框架，设立专门促进就业的专项资金。同时为了促进就业专项资金有效率地运作，财政部门应该把促进就业专项资金项目绩效评价纳入改革内容，努力做好以下工作：一是积极探索培养高技能人才的资金投入模式。建立高技能人才奖励机制，用于全区高技能人才政府津贴和高技能人才培训费补贴以及高技能人才突出贡献奖。二是提升就业指导水平，促进劳动组织长效发展。按照"政府搭台，企业运作"的原则，细化创业资金和场地扶持政策努力让创业资金扶持覆盖到创业的各个方面。要培养和扶持就业带头人，建立和健全非正规就业的劳动组织长效机制；优化就业补贴流程，建立合理的分配机制。

3. 应大力支持健康城区建设。建设健康城市是世界卫生组织（WHO）在20世纪80年代所倡导的一项全球性战略。作为一项系统工程，其目的是在于消除与控制在城市化进程中存在的一些影响人类健康的因素。浦东新区应该严格遵循WHO提出的"建设健康城市项目总的原则和策略适用于各个城市，重要的是在实践中应根据自身城市不同的情况进行必要的调整，形成适合本地区需要的项目规划和行动方案"的原则，力求做到"市民有需求、政府有能力、目标可量化、评估有标准"的基础上确立相应的建设内容与重点，在实施的过程中，要运用科学方法，融合先进理念，整合各方力量，加快改善区域卫生状况，提高居民健康水平。要努力应对城市化进程中危及市民健康、进而影响到区域现代化建设的各类因素，积极构筑健康城区，进一步提升区域的综合竞争力。

4.应大力支持现代农业进一步发展。随着浦东新区开发开放进程的加快，浦东新区的孙桥现代农业园区都市型现代农业的特征越来越明显。今后，该园区应该充分利用两港（航空港—浦东国际机场、深水海港—洋山港）的优势，抓住办世博的机遇，进一步明确发展方向，找准新的发展定位，更好地利用财政扶持资金，加快现代农业的发展，增强浦东农业的国际竞争力。一是明确财政预算资金管理职能权属，建立有效的使用机制；进一步发展科技农业，为都市型现代农业走向世界服务。二是实现农业服务全国的新跨越，推动浦东的都市型现代农业走向全国，农业产业化体系有所突破，充分发挥龙头企业的作用；加强相关政策配套，加快现代农业发展。

（二）深化绩效预算改革，打造绩效财政

绩效预算改革是市场经济体制下公共财政发展的必然取向，也是浦东综合配套改革试点的一项重要内容，通过实施绩效预算改革，将预算支出建立在可衡量的绩效基础上，预算资源分配与政府部门绩效挂钩，既强调结果导向，更强调责任效率，能够进一步提高财政支出的有效性，促进政府决策规范化和民主化，促进政府职能转变和政府转型，实现公共服务型财政。"十二五"期间，完善浦东新区公共财政体制，应在前期探索基础上，进一步深化绩效预算改革，打造绩效财政，具体可从以下方面着手：

1.加强内控，建立现代政府预算管理制度。规范与绩效是公共支出管理中永恒的核心问题，它们代表了预算管理发展的不同层次、不同水平。规范是预算管理制度早期阶段所要解决的关键问题，而绩效则是在预算规范问题得到有效解决后，预算管理制度更高层次的目标。对于浦东而言，加强内控，提高预算管理的规范性，建立起新型的现代政府预算管理制度。应着力做好以下几个方面的工作：一是在政府内部建立起集中的财务控制。新区政府应该规范和加强预算管理，尽快将政府预算外收支纳入预算内管理，保证预算的全面性；解决政府资金的分配权分散问题，将资金分配权收归政府财

政部门统一行使，强化政府财政部门作为预算核心部门的地位；严肃财经纪律，建立严格的奖惩机制，加大审计力度，确保部门财务的规范性；合理延长预算编制时间，以保证预算本身的客观性和科学性，提高其可行性，减少在预算执行中的频繁调整；进一步完善三年滚动预算的编制工作，使之更具操作性。二是进一步深化部门预算改革。新区要加强对部门收支的控制，增加部门预算透明度；全面推行以国库单一账户体系为基础、资金上缴下拨以国库集中收付为主要形式的财政国库管理制度，实现以银行账户管理为抓手，通过国库集中收付系统即时监控预算单位资金使用情况，进一步提升财政统筹能力；继续推进政府采购制度改革，建立集中而透明的政府采购体制，逐步扩大政府采购实行的范围，建立完善的政府采购监督体系，杜绝采购过程中的寻租、腐败行为；建立国有资本经营预算制度，加快探索国资经营预算、债务预算等纳入财政统筹平衡机制。同时加快政府收支分类改革，建立新型的财政收入和支出分类体系。三是按照"金财工程"建设的要求，在目前预算编制和执行环节已经实现信息现代化的基础上，加快推进新区财政信息化建设，逐步建立起覆盖功能区域、街镇、区级预算单位的从编制、执行、决算、会计核算、资金管理在内的整个过程的信息网络化管理体系。

2. 整合政府资源，共同推进绩效管理。近年来，随着浦东新区政府职能转变，在各级领导的重视下，新区许多部门都在开展政府绩效管理方面的工作，为确保客观、公正、全面地开展政府绩效评价工作，树立绩效评价的权威性和严肃性，降低评价成本，应把绩效预算作为政府绩效管理的重要组成部分，加快新区绩效评价综合管理机构的组建，建议由新区主要领导挂帅，成立专门的政府绩效评估工作委员会，以指导、推进绩效评价工作的开展，进一步提升绩效评价工作的专业化程度，更好地贯彻"公开、公平、公正"原则。同时建立主管部门、财政、审计、人事、监察等部门有机结合的政府绩效管理机制，并发挥各部门的积极性，充分实现公共资源的整体效能。在政府工作中，牢固树立绩效预算理念，进一步明确部门绩效预算目标与责任，积极推进、落实政府职能转变和管理流程再造，整合政府资源，增强工作合力，为深化绩效预算改革提供坚实的基础。

3.建立绩效预算编制模式，完善绩效评价指标体系。首先在预算编制方面，一是应建立部门工作计划与预算计划同步编制机制，提高工作预见性和预算科学性。二是应完善"目标——任务——预算"编制模式，在近年来绩效评价工作的基础上，对较为成熟的项目，在预算编制环节，就确定项目的绩效评估指标体系和评估标准（包括上年度评估值、预算年度预期值和行业参考值等），预算执行过程中和执行完毕后，按编制环节确定的指标和标准进行评价和考核。三是应进一步延长预算编制周期，将目前约6个月的预算编制周期延长为8个月左右，并完善部门预算"两上两下"的编审流程，为加强事前预算绩效评估、预算听取社会公众意见、项目支出"三边联合评审"预留充分的时间。四是应探索建立部门预算与绩效预算衔接机制，以强化部门财务责任，进一步促进政府职能转变。其次在绩效评价指标体系方面，新区财政部门应会同各有关主管部门研究制定不同类型的绩效评价指标框架，并随着各阶段政府重点工作的调整，适当完善指标内容，以建立科学的政府绩效评价指标体系。

4.加强信息管理和流动，保证绩效评价的公信力。绩效评价活动的过程，一定程度上来说就是信息的筛选、加工、输出、反馈的过程。评价的有效性在很大程度上取决于信息本身及其传输的质量，在政府绩效评价工作中，各单位、各部门应加强基础信息的积累和管理，保证绩效评价数据和信息的真实性、可靠性和整体性。评价的相关信息要在评估组织、政府各部门、专家机构、社会公众之间流动，主要包括：政府各部门内部各种信息的传递与沟通；社会公众向政府传递的各类信息，如公众对政府服务种类和服务质量的要求，对服务的满意程度等；从专门研究机构和统计机构中获得的各类统计信息。同时，还应加快建立中介机构和专家库，实行委托方和实施方相分离，并建立相应的管理制度，尝试部分项目政府采购渠道选择中介机构。从而在多方面保证绩效评价的公信力。

5. 加强评价结果运用，建立日常化的绩效管理模式。开展预算绩效评价固然是对前期资金使用情况的评判，但更重要的是通过评价，探索指标和标准，并将相关指标与日常管理和预算编制相结合，逐步建立日常化的政府绩效管理模式。为此，加强评价结果的运用显得尤为重要，尤其是对近年来已经开展绩效评价并相对成熟的项目，新区财政部门应会同有关主管部门进一步研究完善、固化绩效评价指标体系。同时，各主管部门应发挥积极性，将绩效管理前移，形成日常化的绩效管理模式，并根据已颁发的《浦东新区财政预算绩效管理办法》中结果利用的相关规定，建立绩效评价结果利用情况反馈监督机制。绩效评价结果应作为确定以后年度编制和安排预算的重要参考依据，以及作为预算信用等级评定、部门年度目标管理考核及干部年度考核的重要参考依据，以提高财政绩效评价工作的权威性和约束力。

6. 加强业务培训，提升绩效预算管理相关人员的素质。抓好业务培训，提升绩效预算管理相关人员是深化绩效预算改革的关键之一。针对目前浦东新区绩效预算管理方面缺乏专业化人才的现状，应通过举办理论和实务讲座、现场交流研讨会，委托专业院校开设短期培训班，如组织业务骨干，委托上海财经大学举办绩效预算管理高级研修班，提升政府绩效预算管理的理论水平和实践能力。此外，可结合重点项目绩效评价工作，对各主管部门和街镇相关工作人员进行业务培训，掌握绩效预算评价的各项工作要点，以承担起绩效评价的组织和日常管理工作。

（三）完善财政保障机制，强化街镇社会管理和公共服务

浦东新区开发开放以来，街镇通过招商引资、发展经济，为浦东经济的快速发展做出了巨大贡献，但是与综合配套改革体制机制创新的要求相比，与新形势下构建和谐社会和加强社区管理的要求相比，街镇职能转变还存在机制性瓶颈问题，需要通过深化改革加以突破。当前要按照调动区和街镇两

个积极性的原则，健全区和街镇财力与事权相匹配的财政体制，尤其是要完善财政保障机制，改革和完善财政转移支付制度，加大一般性转移支付力度，规范专项转移支付，新区政府财力更多地向较贫困街镇、农村和困难群体倾斜，增强街镇政府提供基本公共服务能力，加大力度推进基本公共服务均等化。

1. 准确把握街道职能定位。明确街道不是经济实体，而是一级政府的派出机构，主要职能和任务不是抓经济，而是搞好社区管理和公共服务。要在推进街道管理体制改革过程中，加强社区建设和管理工作，以优良的环境、优惠的政策、优质的服务，努力营造良好的经济环境。

2. 完善财政保障机制。街道作为区政府的派出机关，理应将全部精力投入到履行街道职能上。因此，必须完善财政保障机制，加强公共财政保障。通过建立规范统一的街道经费基本保障标准和支出范围，完善转移支付制度等措施，着力提高财力薄弱街道社区管理和服务基本保障水平，实现街道基本公共服务的均等化，促进经济社会和谐发展。

3. 推进街道民主理财管理。按照"听计于民、问计于民"的理念和要求，结合当前街道转变职能，全面推进社区管理与公共服务的新形势，从增强社会公众参与度、提高社区居民自治水平，提升依法民主理财水平角度，明确街道预算听取社区居民意见和公开透明的管理规定。其重点有以下方面：一是街道预算有关社区管理与服务基础设施项目和社区公共服务、为民办实事等支出事项（简称实事项目预算），应该通过召开社区居民代表会议、社区事务协商会议等方式听取社区居民意见；二是街道预算执行中调整实事项目预算，应通过社区事务协商会议，说明情况和听取社区居民意见；三是街道预算及相关支出项目定期向社区居民公布，相关支出项目的绩效评价应该有居民代表参加并听取社区居民意见，相关项目竣工验收结果、绩效评价结果向社区居民公布。通过增强社会公众参与度和推进公开透明，规范收支行为，节约行政成本，提高街道预算依法民主理财和精细化管理水平。

4. 理顺区镇财政体制。近年来浦东新区在"镇管社区"模式方面做了积极有益的探索，进一步强化了镇对社区公共财政的保障度。区级财政也通过转移支付手段，对一些薄弱镇实施差别政策和专项补贴，有效提升了镇级财政保障能力，促进地区均衡发展和新郊区、新农村建设，以及社区管理服务水平的提高。当前应按照上海市"两级政府，三级管理"的体制，继续理顺区镇财政体制，新区各个镇的社区管理与服务经费支出，由镇级财政予以保障。新区财政按照镇财政管理体制，落实好镇财力结算和资金拨付工作，确保各个镇行使一级财政的能力。同时，浦东新区还应结合自身实际进行探索，在镇财政法律主体地位不变、资金所有权和使用权不变的前提下，通过加强区域统筹管理，加大对薄弱镇的财力倾斜和转移支付，加强对镇财政在预算编制、账户设置、集中支付、政府采购、票据管理等方面的监管，切实提高镇财政精细化管理水平，进一步促进镇转变政府职能，强化社区管理和公共服务职能。

第九章　应急管理：健全浦东新区政府应急管理机制

　　应急管理是关系国家经济社会发展全局和人民群众生命财产安全的大事，是全面落实科学发展观、构建社会主义和谐社会的重要举措，也是各级政府坚持"以人为本、执政为民"，努力构建服务型政府，全面履行社会管理和公共服务职能的重要体现。浦东作为上海国际大都市的特大城区，开发开放以来经济社会快速发展，基础设施日新月异，城区人口导入量大，人员流动速度逐年加快，社会结构变动较剧烈，财富迅速集聚，贫富差距拉大，等等，这些因素也为浦东新区应急管理工作带来许多新情况、新问题，对新区的"应急管理"和"平安建设"提出了更高要求和挑战。因此，如何提升特大城区应急管理水平和突发事件处置能力，保持社会稳定，促进社会和谐成为浦东新区构建服务型政府，深入推进综合配套改革试点的重要内容。本章通过阐析政府应急管理的内涵与基本框架，尤其是在浦东新区应急管理现状分析的基础上，提出健全浦东新区政府应急管理机制的对策。

一　政府应急管理的内涵与基本框架

（一）政府应急管理和应急管理机制的含义

2005 年，温家宝总理在全国应急管理工作会议上指出："加强应急管理工作，是维护国家安全、社会稳定和人民群众利益的重要保障，是履行政府社会管理和公共服务职能的重要内容。"2006 年 8 月，党的十六届六中全会通过《关于构建社会主义和谐社会若干重大问题的决定》，正式提出了我国按照"一案三制"的总体要求建设公共危机管理体系。《决定》指出："完善公共危机管理体制机制，有效应对各种风险。建立健全分类管理、分级负责、条块结合、属地为主的公共危机管理体制，形成统一指挥、反应灵敏、协调有序、运转高效的公共危机管理机制，有效应对自然灾害、事故灾难、公共卫生事件、社会安全事件，提高突发公共事件管理和抗风险能力。

　　所谓政府应急管理也称公共危机管理，是政府等公共管理主体针对各类公共危机事件所采取的包括预防、处置、善后等一系列活动，旨在减少公共危机对社会的危害。应急管理机制，是指公共管理组织体系在遇到突发公共事件后有效运转的机理性制度。应急管理机制是为积极发挥体制作用服务的，同时又与体制有着相辅相成的关系，建立统一指挥、反应灵敏、功能齐全、协调有力、运转高效的应急管理机制，既可以促进公共危机管理体制的健全和有效运转，也可以弥补体制存在的不足。经过几年的实践努力，我国初步建立了应急监测预警机制、信息沟通机制、应急决策和协调机制、分级负责与响应机制、社会动员机制、应急资源配置与征用机制、奖惩机制、社会治安综合治理机制、城乡社区管理机制、政府与公众联动机制、国际协调机制等应急机制。[1]

（二）公共危机应急管理的基本框架

　　当前我国一些专家和学者根据公共危机事件处置的性质，将公共危机应急管理按照前后顺序分为：监测预警阶段、预防控制阶段、应急处置阶段和评

---

[1]　高小平：《中国特色应急管理体系建设的成就和发展》，《中国行政管理》2008 年第 11 期。

估恢复阶段。① 在这四个分阶段的基础上，可将应急管理工作分为四个环节，即：公共危机识别与评估、公共危机防范、公共危机处置及公共危机控制与恢复，这四个环节整合在一起构成了公共危机应急管理的基本框架（见图1）。

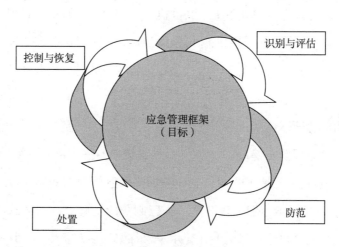

控制与恢复

识别与评估

应急管理框架
（目标）

处置

防范

图1 公共危机应急管理框架示意图

1. 公共危机识别与评估。对政府处理公共危机事件来说，早发现、早报告、早控制是能否成功防范和处置公共危机的关键和前提。因此，政府应在危机来临之前尽早地发现危机的征兆，建立一套能够预测危机来临的信号和指标体系，这一系统能够判断这些信号与危机之间关系。通过预警系统对信号和指标体系进行科学分析，对危机风险源、危机征兆进行不断监测，判断危机发生的速度、规模、损害程度以及发展趋势，及时地向组织或个人发出警报，提醒组织或个人对危机采取相应的应急行动。② 同时在识别的基础上，根据科学的数据和指标体系对监测获得的信息和材料进行评估，预测突发事件发生的概率，为政府的预警系统提供参考，为政府应急管理系统防范公共危机提供依据。

2. 公共危机防范。在公共危机事件的防范中，主要是进行"一案三制"

---

① 李经中：《政府危机管理》，中国城市出版社2003年版，第81—124页。
② 许文惠、张成福：《危机状态下的政府管理》，中国人民大学出版社1998年版，第165页。

建设。"一案"是指加强公共危机应急预案体系建设和管理。各级政府及其部门可以根据《国家总体应急预案》，抓紧编制修订本地区、本行业和领域的各类预案，并加强对预案编制工作的领导和督促检查。根据实际情况制订和完善本单位预案，明确各类公共危机事件的防范措施和处置程序。并且要注重预案落实工作，经常性地开展预案演练，特别是涉及多个地区和部门的预案，要通过开展联合演练等方式，促进各单位的协调配合和职责落实。"三制"建设的内容包括："一制"是健全分类管理、分级负责、条块结合、属地为主的应急管理体制，落实党委领导下的行政领导责任制，加强应急管理机构和应急救援队伍建设；"二制"是构建统一指挥、反应灵敏、协调有序、运转高效的应急管理机制；"三制"是加强应急管理的法制建设，健全应急管理法律法规的实施细则。在"一案三制"的基础上，加大队伍建设的力度，提高公共危机管理者的专业化水平，加大物质储备力度，增强应急物资保障。同时，在公共危机防范阶段，加大危机宣传的力度，增强危机意识。当前主要是通过宣传相关的危机管理知识和模拟危机情景反复演练，以不断完善危机预警与监控系统，逐渐培养和增强公众的危机意识和自救能力。公共危机的应急管理重在"防范"，坚持预防第一的原则。防范能够减少处理公共危机事件的成本，提高政府公共管理的效率，有效实现政府的社会管理职能，保障社会稳定和谐地发展。

3. 公共危机处置。在公共危机事件处置的环节上，政府应快捷、准确、有效、及时控制危机，防止危机事件进一步扩大。因此，各级政府应建立公共危机控制平台，实施高效快速的反应，提高政府快速处置公共危机事件的能力。危机控制平台是政府危机管理体制的指挥系统，体现为控制危机局面，遏制事态恶化，指挥抢险救灾，协调物资保障和保证正常秩序的领导决策和技术保障体系。[①] 有了这样一个平台，有利于政府采用科学的处置方法，

---

① 罗永朝：《从 SARS 事件看政府危机管理的应对措施》，《编制管理研究》2003 年第 2 期。

提高处置的效率和水平。在这一阶段，尤其是要求领导干部争取第一时间发出预警信号，并迅速采取果断有力的处置预案，下达各项应急处理指令，协调有关部门之间的行动，以防危机事件进一步恶化。同时要求领导干部根据事态提出解决问题的办法，做出风险性应急决策，并按照一定的步骤和程序，采取有效措施处置公共危机事件，最大限度地减少危机事件对社会造成的危害。① 公共危机应急处置的目标就是迅速控制危机事件，降低公共危机的危害，减少公共危机给民众的生命和财产的损失，快速恢复常态管理，维护社会稳定、经济发展和人民生活秩序。

4. 公共危机控制与恢复。控制与恢复阶段是在公共危机事件被处置以后而进行的善后处理阶段，该阶段的主要任务是物质重建，心理恢复、政府形象的恢复等建设。公共危机事件爆发以后，首先，政府应动员一切社会资源，有计划、有步骤地推进物质恢复重建工作，合理地配置危机事件后的重建资源；其次，对民众进行心理的安抚，使人们尽早地从危机事件的阴影中走出来，进入正常的生活状态，消除心理恐慌现象，提高民众生产自救的能力；最后，恢复政府的形象。政府在处理公共危机事件中，同时也存在形象受损的可能性。如果政府能顺利地动员一切可利用的资源，迅速解决公共危机事件给民众和社会带来的灾难，树立政府的良好形象，这对政府来说，也是一次良好的公关活动。如 2003 年，SARS 病毒在全国肆虐的非常严峻形势下，上海市委、市政府带领全市机关、人民和各类社会组织，团结一致，整合一切资源同 SARS 作斗争，经过几个月的艰苦奋战，取得了骄人的成绩，控制了 SARS 病毒在上海的蔓延，减少了 SARS 对民众正常生活、社会秩序的影响，体现了上海政府对人民负责的、为民众服务的良好形象。这种良好形象有助于为政府今后有效快速处理公共危机事件提供保障。

---

① 吴春华、温志强：《政府公共危机处置的阶段划分与管理对策》，《北京行政学院学报》2005 年第 1 期。

二 浦东新区应急管理机制建设的现状分析

(一) 应急管理机制建设的主要做法和成效

近年来，浦东新区在服务型政府建设中，注重加强政府应急管理机制建设，其主要做法和成效有以下几个方面：

1. 加强应急管理组织体系建设。首先是建立应急管理领导机构和办事机构，浦东新区于2005年成立了以区长为主任的区突发公共事件应急管理委员会，统一领导全区突发事件应急管理工作，下设应急管理办公室。应急办主要工作职责：负责新区应急委日常工作；组织协调指导检查突发性公共事件的应对工作；组织编制区城市安全、公共安全应急系统五年规划、年度计划和突发公共事件总体应急预案并组织实施等；负责保障应急指挥平台正常运转；组织协调有关应对突发公共事件的宣传教育和培训工作。同时，政府各部门和开发区建立了应急管理办事机构，并确定应急管理工作专门负责人。其次是各级政府部门根据新区突发事件总体应急预案的要求，积极做好应急救援队伍组建工作。按照军民结合、自救互救相结合的原则，建立了以公安、武警、军队、预备役民兵为骨干，专业应急队伍各负其责、互为补充，企业专兼职救援队伍和社会志愿者共同参与的应急救援体系。同时建立了应急救援专家队伍，充分发挥应急专家、学者的专业特长和技术优势，并制定了动员和鼓励志愿者参与应急救援工作的办法，加强志愿者队伍招募、组织工作。

2. 健全突发事件应急预案编制和管理工作。根据《中华人民共和国突发事件应对法》要求，近年来，浦东新区政府各部门认真做好本单位各类应急预案的修订完善工作，构建覆盖各行业、区域、单位的应急预案体系。新区应急办负责新区总体应急预案的修订完善工作，并督促检查各单位专项应急预案修订工作。如 2009 年，应急办先后审定并由区政府下发了《浦东新区处置雨雪冰冻灾害应急预案》、《浦东新区地下空间突发事件应急预案》、《浦东新区甲型 H1N1 流感预防控制工作方案（暂行）》等专项预案。各开发区管委会、街镇贯彻应急管理属地为主的原则，对本辖区内企业、建筑工程项目的应急管理工作进行监督、检查和指导。同时，新区应急办对涉及多个部门和单位的应急预案，通过联合演练等方式，促进了各方面的协调配合和职责落实。

3. 全面摸排区内应急管理资源和风险隐患。浦东新区近年来，开展对区人才专家、应急队伍、装备物资、避难场所及信息资源等方面基本情况调查，加强突发公共事件风险隐患的排查监管工作，对全区范围内可能发生的市政、防汛、消防、卫生、环保、建筑等方面的重点部分、重点单位、重点区域突发公共事件隐患进行认真排查，特别是对位于城区和人口密集地区的高危企业，不符合安全要求及未达到安全防护距离标准的，依法采取强制措施，尽快消除隐患。同时，加强对影响社会稳定因素的排查处理，认真做好预警报告和快速处置工作，并把风险隐患排查工作延伸到基层，督促社区、乡村、企业、学校经常开展隐患摸排，把问题解决在萌芽状态。目前已初步形成了"以人为本、依法规范、资源整合、加强防范"的应急保障防范体系。

4. 加强公共危机事件预警及信息报告工作。近年来，浦东新区各部门各单位严格执行国家、市和新区公共危机事件信息报告和预警制度，确保信息渠道畅通。明确镇政府、街道办事处为应急信息报告的责任主体，及时、准确地向区政府及业务主管部门报告本辖区的公共危机事件，尤其是重大突发事件，必须在规定时间内报告区政府。对迟报、漏报甚至瞒报、谎报行为，将依法追究有关人员责任。并通过建立公众报告制度、举报奖励制度以及设立基层信息员等方式，不断拓宽信息报告渠道。同时，建立健全各级政府组织协调、有关部门和单位分工负责的突发事件预警系统，完善预警信息通报和发布制度，充分利用广播、电视、互联网、手机短信、电话、宣传车等各种媒体和手段，及时发布预警信息，使广大群众能够及时了解所面临的安全形势。

5. 加强应急管理基础和基层工作建设。近年来，新区政府应急平台建设应用和关联系统的持续开发取得较大进展。如 2009 年按照上海市应急办要求完成应急联动单位可视调度系统的演示工作，在市应急办支持下，对应急平台业务应用、基础支撑系统进一步升级和完善。并按照市应急办要求维护 800M 政务共网应急用户终端设备，并多次通过测试，检验设备有效性。与此同时，基层应急管理以社区、村居委、学校、企业为重点，紧紧依靠广大人民群众，夯实基础、扎实推进，不断提高基层应对各类突发事件的能力。充分发挥基层组织在应急管理中的作用，明确社区和村居委会主要负责人是本辖区应急管理工作的第一责任人，要结合实际有针对性地做好应急管理工作，实现应急工作与常态工作相互促进，做到既有专人负责，又有兼职队伍，确保及时有效地应对和处置突发事件；并针对群众生活中可能遇到的突发事件，制定相关管理制度，采取切实有效的应对措施，经常性地开展应急知识宣传，做到家喻户晓。企业逐步落实法定代表人负责制和安全生产责任主体，做到有预案、有救援队伍、有联动机制、有善后措施。学校通过完善应急预案，加强校园安全工作，并积极开展公共安全和应急防护知识的普及教育，如新区教育部门将公共安全和应急防护知识纳入学校教学内容，组织编制中小学公共安全教育指导纲要，以及适应全日制各类教育需要的公共安全教育读本，督促落实相应课程和课时，以增强师生公共安全意识，提高自救、互救能力。此外，新区各级政府及相关部门加强对基层应急管理工作的指导和检查，协调解决人力、物力、财力等问题，促进基层应急管理水平的提高。

6. 建立应急管理资金投入机制。新区各级政府分级负担公共安全工作以及预防与处置突发事件所需经费，建立储备金制度，自 2008 年起纳入本级财政年度预算。并对规划布局内的监测预警、应急指挥平台及物资保障等重点建设项目给予相应支持，对应急管理机构的通信、交通工具和工作经费给予保障。通过建立财政、企业、社会相结合的应急保障资金投入机制，以及企业安全生产长效投入机制，增强高危行业企业安全保障和应急救援能力。

（二）应急管理机制建设中存在的主要问题

虽然浦东新区近年来应急管理工作取得了不少成绩，但还存在一些问题，主要表现在以下几个方面：

1. 一些干部和民众的危机意识较薄弱，适应特大城区应急管理需要的应急文化尚未形成。尽管浦东新区应急办在应急教育方面做了大量工作，也取得了一些成效，但与现代特大城区应急管理要求存在一定差距，适应特大城区应急管理需要的应急文化尚未形成。侥幸心理、习惯性思维仍然影响着一些干部的行为模式，很多"突发事件"实质上是不同程度与干部危机意识、危机知识、危机能力和危机责任有着重要关系。同时，浦东新区民众应急意识比较淡薄、应急技巧比较缺乏，直接影响民众的自救、互救能力。

2. 应急管理组织体制尚不健全，影响政府的应急管理能力。目前浦东新区应急管理机构与各专项应急指挥机构的关系尚待进一步理顺，职能划分有待进一步明确。新区应急办作为区政府办公室的内设部门，人员编制问题比较突出，尚未实现定人、定责、定岗，区应急办的职能更多地忙于日常事务，在应急规划、应急教育方面还是思考的不够。各街道、镇和相关委、办、局的应急管理工作还没有作为职责任务之一纳入"三定"范畴。应急管理工作还是停留在初级应急值守层面，在整个应急规划和风险管理方面的研究不够深入，尤其是如何将应急管理工作贯穿在常态工作的研究不够。同时，区政府各部门之间、开发区及街镇之间、条块之间以及预防与处置之间的衔接不够紧密，多方协同处置重大或特别重大突发事件时，人员、信息、资源等难以快速集成，一些突发事件应急处置与日常应急管理存在脱节现象。由于应急管理组织体制尚不健全，这在很大程度上影响了政府的应急管理能力。

3. 一些政府部门存在重应急，轻管理的现象，风险管理理念尚未形成。目前浦东新区一些政府部门在应急管理工作中，往往重视突发公共危机事件的处置和应对，而忽视突发公共危机事件防范和准备，通常是疲于应付突发公共危机事件，但最终只能解决"标"的问题，而无法解决"本"的问题。这个问题与一些政府部门缺乏前瞻性研究和风险管理理念有关联。

4. 应急联动单位之间的信息共享机制尚未形成，资源有时难以整合。在快速处置突发公共危机事件中，物质资源、信息资源数据分散不利于突发公共危机事件的资源快速整合。但在现实的特大城区应急管理中，新区各部门有时为了自己的利益，实现部分信息封锁，导致各联动单位信息严重不对称。如一旦发生突发公共危机事件，将会大大影响突发公共危机事件处置的速度和效率。同时，一些领域监测手段相对落后，综合预警能力还需要强化；部分部门应急信息系统建设技术标准还没完全统一，互联互通较困难，难以真正实现信息共享。

5. 应急管理科技含量不高，应急科技支持亟待加强。目前浦东新区应急管理科技整体水平、专业人才素质和科技支撑能力等方面有待进一步提升，应急平台、信息管理、资源管理、装备配置、能力评估和灾情评估等方面缺乏标准规范，科技支撑有待进一步增强，以提高应急管理工作科技含量。这不仅仅是浦东新区特有的问题，而是整个上海应急管理工作中普遍存在的问题。

6. 应急预案缺乏实战演练和可操作性，影响了预案的效力。在应急管理中，预案不是万能的，但是没有预案是万万不能的。预案的生命力在于演练和完善，只有通过大量的预案演练的环节，才能将静态的或死的预案变成人们的行为习惯和思维方式。但在现实中，新区的相关部门及地区预案的演练尚不能满足现实应急管理的需要。

7. 应急救援物资体系及保障能力较薄弱，专业应急队伍力量有待加强。应急物资是公共危机事件处置能力提升的重要依靠和保障。但目前浦东新区应急救援物资体系及保障能力较薄弱，新区应急办对现有应急救援物资的分类要求与总体储量缺少底数调查，应急物资缺乏统筹管理，紧急生产、采购、征用、调拨和配置机制尚未形成；存储设施不足，布局不尽合理，储备方式单一，更新、轮换、补偿的制度和政策不健全，物资资源难以做到动态调整。同时，各类专业应急队伍和装备数量不足，布局不尽合理，尤其是大型和特种装备缺乏，专业培训演练基础条件欠缺，与实战需要存在较大差距；远程快速拉动和协同能力较差，现场处置能力尤其是第一时间的人命搜救能力亟待增强。

三 健全浦东新区应急管理机制的对策

浦东开发开放以来，尤其是"十一五"期间，应急管理机制建设取得了一些成效，但在实践中也暴露出不少问题。"十二五"期间，浦东新区在构建服务型政府，深入推进综合配套改革试点的进程中，应根据国内外应急管理机制建设的经验，按照我国应急管理法律法规的要求，特别是《上海市突发事件应急体系建设"十二五"规划》的要求，针对存在的问题，进一步健全政府应急管理机制，具体可从以下几方面着手：

（一）加强应急教育和培训，增强干部、民众的危机意识和社会风险心理承受能力

干部和民众危机意识的强弱直接关系到政府应急管理的效果，增强干部、民众的危机意识和社会风险心理承受能力。不仅可以有效地减少各种人为灾难的发生，还可以把灾难造成的影响限制在尽可能小的范围内。

"十二五"期间，增强浦东新区干部、民众的危机意识和社会风险心理承受能力，首先，应对新区各级领导干部和公务员，尤其是对负有处置突发事件职责的工作人员，加强公共危机管理课程的培训，加大危机应对情景模拟训练的力度，以切实提高新区干部社会风险心理承受能力和突发事件应急管理能力。其次，加强全民危机教育，树立危机意识，增强全社会风险心理承受能力。如浦东新区有关应急机构应建立与新闻媒体的沟通联系机制，加强广播、电视、网站和报刊等各类媒体对应急知识的宣传普及，充分发挥新闻媒体宣传教育和舆论引导作用。广播电视可经常编播国内外突发事件的典型案例，播放相关的灾难片、科普片和公益性广告；报刊定期开辟专栏，刊载各类突发事件及其应对的新闻和专栏文章，增强民众的危机意识；同时还可以加大对突发事件应对法等法律、法规和规章以及各类应急预案的宣传力度，提升民众对政府危机应急管理大致方略的知晓度，全面普及预防、避险、自救、互救、减灾等公共安全知识和技能，提高民众对公共危机事件的预防意识和处置能力。最后，在强化民众危机心理形成的基础上，明确民众防范和参与应急管理的社会责任，逐步将社会责任内化为每个主体的行动和习惯，增强民众在公共危机事件处置中的责任意识，鼓励民众积极参与应急管理工作。

浦东新区在加强应急教育、增强民众的危机意识和社会风险心理承受能力方面，发达国家和地区的一些做法值得借鉴。如日本政府非常注重培养全民危机意识、自救互救技能和心理承受能力，专门建立了防灾教育及培训中心，面向公众开设各种减灾培训、急救培训等课程；模拟灾害现场，让市民体验地震、泥石流、火灾等灾害的破坏力。并把每年9月1日定为国民"防灾日"，在每年这一天，都要举行包括日本首相和各有关大臣在内的防灾演习，通过全民的防灾训练，提高全民的防灾意识和防灾能力。日本民众通常在危机事件面前（尤其是海啸、地震方面）能够表现出临危不惧，沉着应对，努力进行自救、互救和救助失去自救能力者等情景，突出体现出民众较强的公共危机事件应对能力。

（二）进一步完善应急管理组织体系，保障应急管理工作有效运转

首先，从实行应急管理常态化、专业化，增强应急管理指挥协调能力的角度，浦东新区应进一步加强应急管理组织机构的建设，充实区、街（镇）应急管理部门人员的力量，尤其是增加新区应急办的人员编制，建立一支常规的专职工作人员队伍，确保应急管理工作运行有强有力的载体。其次，按照"分级负责，属地管理"的原则，实现应急组织管理体系从宝塔型、层级型向扁平型、网格化转变，形成"纵向一条线，横向一个面"的强有力组织机体。再次，加强新区应急指挥平台建设，依托新区公安110指挥中心平台，建立新区应急联动中心；以网格化管理中心为平台，建立城市管理和公共设施应急处理中心；进一步完善和加强新区政府总值班指挥体系，通过网络建设增强总值班系统的信息收集、汇总和处置能力。最后，树立应急管理工作重在社区、重在基层、重在单位，重在个人的理念，进一步加强街（镇）、社区应急管理体系的建设，推进应急工作进社区，明确社区在城市安全中的地位和作用，规划好以社区为基础的城市安全网络，突出社区在城市安全方面的基础保障功能，实行专群结合，鼓励、支持组建"一专多能、一队多用、平战结合"的社区应急社工队伍。同时，建立广泛的社会动员机制，充分发挥社会力量广泛参与政府的应急管理，以学校、企业等基层单位为重点，推进企事业单位专兼职应急队伍建设，充分发挥企事业单位在应急管理中的作用。并依托基层社区、共青团以及各类社会组织，建立形式多样的应急志愿者队伍，重点加强青年志愿者队伍建设，逐步建立健全应急志愿服务的长效机制，发挥志愿者队伍在应急处置和恢复重建等方面的重要作用。总之，通过进一步完善应急管理组织体系，以保障应急管理工作有效运转。

（三）完善预警防范机制，提高应急管理预测预警能力

在政府应急管理机制建设中，通过完善政府的预警防范机制，提高预测预警能力，有助于预测公共危机事件产生和发展的趋势，将公共危机事件解决在萌芽状态，降低公共危机事件造成的风险和负面影响。"十二五"期间，完善浦东新区政府的预警防范机制可从以下方面着手：

1.完善应急预案体系，提高预案的操作性和实效性。根据浦东新区的实际情况，建立"总体预案＋应急程序＋应急行动说明书"结构的预案体系。这是一种由整体到局部的结构，适合不同层级政府特点的预案体系。总体预案概述应急体系框架和应急基本原则，主要解决全局性、原则性问题，指导全区的突发事件应急处置工作；"应急程序"则明确各类突发事件的应急流程或各应急部门应急工作流程；而"应急行动说明书"是具体的应急行动指导，主要解决"有事找谁，动员哪些资源"等问题。这种应急预案文件结构层次清晰，不同层次的人员可以有选择地使用预案文本，可操作性较强，比较适合区、街道（镇）政府层面的应急管理需要。有助于改变传统预案体系的操作性和实效性不强的困境。

2.根据预案的规定加强演练，提高公共危机事件处置的实战水平。预案毕竟是停留在纸上的计划与方案，只有通过实战的演练，才能发现预案制定和应急处置过程中存在的问题和不足，为不断完善预案提供依据，提高预案制定的科学性、针对性和实效性，同时也通过演练提高政府处理危机事件的实战能力。

3.完善政府预警监测系统，提高公共危机事件预警监测能力。预警监测系统的工作主要是收集信息、确立指标、预测公共危机事件可能发生的概率，确定公共危机管理防范工作的对策与思路。一是建立浦东新区公共危机事件预警信息监测平台。该监测平台应包括信息收集系统、信息加工系统、决策系统、警报系统等。各大系统承担着不同功能：信息收集系统主要对公

共危机事件的风险源和危机征兆等信息进行收集；信息加工系统对收集来的信息进行整理、归类、识别和转化，以保证信息的准确性和及时性；决策系统主要是根据信息加工系统提供的信息决定是否发出公共危机事件的预警信号和预警的级别；警报系统主要是根据信息系统和决策系统的指令发出预警的信号，向应急管理者和公众提供准确的警报信息，以便于采取有效的应对措施。二是健全新区公共危机事件预警咨询系统。在预警咨询系统中，应充分发挥专家和智囊团的咨询功能。专家和智囊团可以通过自身的专业优势，对公共危机事件可能发生的信息进行分析、评估和判断，提供防范和处置公共危机事件的建议。这为应急管理者防范和处置公共危机事件的决策和应对措施提供了智力和技术的保证，使公共危机事件的预警和防范建立在科学的基础之上，提高预警预测工作的科技含量。三是建立公共危机事件综合预警系统。包括依托各开发区、街镇应急平台，整合各类社会安全事件情报信息资源，实现预警信息汇总、分析和研判，及时、准确发布预警信息；建立与广播、电视、报纸、网络等大众媒体间的信息传输通道，健全预警信息快速发布机制。

4. 建立公共危机事件预警指标体系，降低突发公共事件发生的概率。通过建立公共危机事件预警指标体系，将突发公共事件的潜在隐患进行细化和量化，并进行科学的分析，采取有针对性地防范，有助于降低突发公共事件发生的概率。如我国社会学者宋林飞教授 1999 年曾提出过一套"社会风险预警指标体系"，包括社会风险预警中的收入稳定性、贫富分化、失业、通货膨胀、腐败、社会治安、突发事件七大类相应的指标以及四个社会风险预警等级，这些指标和等级较为全面地反映了社会风险孕育、发展与外在化表现的过程。① 类似的指标体系可为浦东新区政府应急防范和应急处置提供依据，提高政府的预警防范能力。

---

① 宋林飞：《国际社会风险预警系统的设计与运行》，《东南大学学报》1999 年第 1 期。

（四）加强应急处理协调机制建设，提高政府快速反应能力

针对目前浦东新区应急联动单位之间的信息共享机制尚未形成，资源有时难以整合的问题。"十二五"期间，新区政府应加强应急处理协调机制建设，实现各联动单位的信息、救援物资等资源及时得到共享，尤其是保障短时间内能调动各部门之间的资源，形成处理公共危机事件的整体合力，满足应急管理工作快速反应的要求，提高政府快速反应能力。

1. 着手建立和完善新区突发事件应急联动信息综合管理系统。实现新区政府应急指挥中心与新区应急联动中心、专业部门、基层单位之间的信息数据、视频和音频互联互通、资源共享，为应急管理和紧急处置提供有效的信息保障。

2. 完善各部门专用应急通信系统。利用国家公用应急通信网络以及公众通信网络资源，进一步充实完善公安、气象、城市维护与管理、安全生产等部门现有应急通信系统，保障与应急机构联络畅通，并根据自身需要增加保密通信设备，提高突发事件应急信息沟通能力。同时，各级各类应急救援机构和队伍应按标准配备适用的卫星通信、集群通信等无线通信设备，实现互联互通。

3. 逐步完善专家信息共享机制。加强新区应急专家队伍建设。开展专家信息收集、分类、建档工作，建立相应数据库，形成分级分类的应急专家资源信息网络。同时，完善专家参与应急工作的机制，开展专家会商、研判、培训和演练等活动；充分发挥专家的咨询与辅助决策作用，提高突发事件科学处置水平。

4. 建立健全应急物资综合管理调度系统。完善应急物资紧急生产、采购、征收征用、市场调控与调运机制，充分利用市场资源和商业储备，完善应急物资投放网络，建立应急物资余缺调剂和联动工作机制，健全救灾物资社会捐赠机制，提高社会应急救灾物资紧急动员的能力。同时，建立新区政府与开发区、街镇突发事件紧急交通运输综合协调机制，完善紧急情况下社会交通运输工具征用程序、补偿机制和紧急通行绿色通道制度。

（五）健全公共财政保障机制，加大对应急管理工作的投入

"十二五"期间，浦东新区完善应急管理机制，应进一步转变政府职能，强化社会管理和公共服务，健全公共财政保障机制，加大对应急管理工作的投入。一是建立区政府应对公共危机专项基金。将应对公共危机专项基金纳入专户进行管理，建立储备金制度，为公共危机事件处置提供坚实的物资基础。二是将危机管理经费纳入新区政府预算体系。每年用于应急管理工作方面的经费及物资必须纳入年度的财政预算，保障应急管理工作的正常运转所需要的经费，提高政府应急管理的财政保障能力。三是社会保险、社会救助等制度应同公共危机事件应急管理相结合。为了减少公共危机事件给民众生活生产带来的影响，减轻政府的财政负担，可以将社会保险、社会救助与公共危机管理机制建设结合起来，提高应急管理的救助水平。尤其是在今后的常态管理中，政府必须加大公共财政建设的力度，为与公众切身利益密切相关的公共事业提供财政保证。区政府和街镇财政部门要按照现行事权、财权划分原则，分级负担公共安全工作以及预防与处置突发事件中需由政府负担的经费，并纳入本级财政年度预算，健全应急资金拨付制度。同时，建立统一规划、统一建设、平时分级管理、战时统一调度的应急物资储备管理新机制，实现应急救援资源合理配置和使用从粗放型、人力型向经济效益型、科技型的转变。建立覆盖全区的应急资源管理主体、种类数量、地理位置、调用方法等数据网络和信息平台，准确提供应急储备信息。在保证一定数量必需物资储存的基础上，积极探索由实物储备向生产潜力信息储备的转变，实现实虚结合，动态储备，切实提高应急物资保障能力。

（六）建立法制保障机制，规范应急管理行为

实践证明，将应急管理纳入法制化的轨道，为应急管理提供法制保障，有利于提高公共危机事件应急措施的正当性和高效性。完备的法律法规体系

是公共危机管理的基石，这已经成为发达国家实践中达成的共识。如美国一贯重视通过立法来界定政府机构在紧急情况下的职责和权限，先后制定了上百部专门针对自然灾害和其他紧急事件的法律法规，建立起了以《国家安全法》、《全国紧急状态法》和《灾难和紧急事件援助法案》为核心的公共危机应对法律体系。

浦东新区在完善应急管理机制建设中，应建立法制保障机制，进一步规范应急管理行为。首先应认真贯彻执行《中华人民共和国突发事件应对法》等应急管理的法律法规，提高新区政府应急管理的规范化、法治化水平。其次应结合新区政府的特点，完善应急管理方面的法律法规实施细则，进一步明确新区各级政府实施应急管理的步骤、过程和方式，以及确定突发事件相关部门和责任单位的义务和职责，为新区政府应急管理工作提供法制依据。第三应加大对新区政府应急管理运行的法制化监督，保障新区政府能在应急管理法律法规体系的框架下，依法处置公共危机事件，保护各种主体的合法权益。

（七）构建绩效评估体系，强化应急管理的绩效考核

"十二五"期间，通过构建应急管理绩效评估体系，强化应急管理工作的绩效考核，有助于进一步完善浦东新区应急管理机制，提高新区应急管理工作能力和水平。根据应急管理工作绩效评估的需要，可从应急文化建设、应急管理队伍建设、风险管理机制建设、信息收集和预警机制建设、应急预案体系建设、应急预案演练等方面着手：

1. 应急文化建设工作绩效评估。应急文化建设是增强民众危机意识和社会风险心理承受能力的重要内容。通过对浦东新区各级应急管理部门在自然灾害类、生产安全类、公共卫生类等突发事件防范与处置知识的宣传与普及，突发事件应对法的宣传，以及宣传工具的有效性和科学性设计等方面进行绩效评估，有助于增强全社会危机意识和责任意识（具体评估指标见表1）。

表1　应急文化建设工作绩效评估指标

	目标	任务	重点评估指标	
应急文化建设工作绩效评估	增强全社会危机意识和责任意识	应急教育及公共危机知识宣传	（1）	危机知识宣传普及（次数／年）
			（2）	应对法及相关法制宣传（次数／年）
			（3）	社区民众参与度（次／人）
			（4）	大中小学生参与度（次／人）
			（5）	公众知晓度（%）
			（6）	危机知识普及形式
			（7）	重大宣传活动媒体报道度（%）
			（8）	培训教学效果（民意调查）

2. 应急队伍建设绩效评估。应急队伍是提升应急管理工作能力和水平的重要载体，通过对浦东新区应急管理队伍、专业应急人员、企事业单位应急人员、社区应急人员和志愿者队伍建设和演练情况进行考核评估，有助于更好地建设能胜任新区应急管理需要的应急队伍（具体评估指标见表2）。

表2　应急队伍建设绩效评估

	目标	任务	重点评估指标	
应急队伍建设绩效评估	胜任新区应急管理需要的应急队伍	重点建设四支队伍：应急管理者队伍、专业人员队伍、志愿者队伍及基层应急人员队伍	（1）	应急管理者队伍人数（占公务员人数比例%）
			（2）	专业应急人数（%）
			（3）	社区志愿者队伍（占居民人数%）
			（4）	企事业单位应急人员（占单位人数比例%）
			（5）	社区应急人员的演练情况（次数／年）
			（6）	企事业单位应急人员演练情况（次数／年）
			（7）	应急管理人员演练情况（次数／年）
			（8）	应急队伍总人数（占总人口比例%）

3. 风险管理机制建设绩效评估。现代社会是一个风险社会，应急管理工作能否真正取得成效必须以风险管理为前提，争取做到将突发事件隐患和风险控制在源头，始终把握应急管理工作的主动权。通过对浦东新区应急管理

部门在风险识别、风险源排查和梳理、风险控制措施、风险评估效果和风险结果运用等方面工作进行绩效评估，有助于进一步提高风险管理水平和能力（具体评估指标见表3）。

表3 风险管理机制建设绩效评估

	目标	任务	重点评估指标	
风险管理机制建设绩效评估	提高风险管理水平和能力	风险源梳理及控制	（1）	风险识别
			（2）	风险源排查
			（3）	风险源梳理范围
			（4）	风险控制措施
			（5）	风险评估效果
			（6）	风险结果运用

4. 信息收集与预警工作建设绩效评估。信息是应急管理工作中最重要的资源。信息收集和预警工作成效如何直接影响应急决策以及突发事件防范和处置能力。通过对浦东新区应急管理部门在信息工作队伍建设、信息传递渠道、信息源梳理、信息汇报数量、预测事件的准确度、预警信息采纳的比例和预警工作的效果等方面进行绩效评估，有助于完善预测预警机制，提高公共危机事件预警监测能力（具体评估指标见表4）。

表4 信息收集与预警工作建设绩效评估

	目标	任务	重点评估指标	
信息收集与预警工作建设绩效评估	完善预测预警机制，提高公共危机事件预警监测能力	畅通信息传递渠道，动态监测信息，做好预测预警工作	（1）	信息工作队伍人数（占应急管理人数比例％）
			（2）	信息传递渠道
			（3）	信息梳理工作量（占管理工作％）
			（4）	信息汇报的数量（次数／年）
			（5）	预测事件的准确度
			（6）	预警工作的效果
			（7）	预警信息采纳的比例（％）

5. 应急预案体系建设绩效评估。应急预案作为一个特定功能的文本体系，在应用过程中需要具有以下几方面的功能属性，这也就构成了应

急预案绩效评估指标体系的准则：一是文件体系的完备性。包括体系结构完整且设计合理，便于在应急状态下能够迅速查找到需要的信息。二是内容描述的逻辑性。包括较深层次的要求：在一个体系完整的情况下，需要满足前后一致；各环节之间有机联系；与其他预案相协调。三是整体的可操作性。这是应急预案编制过程中需要考虑的一个核心问题，应急预案在实际应急行动中，是决策者和各应急处置力量采取行动的依据，预案必须能够尽可能明确描述各机构职责、描述各应急机构工作程序和资源信息等。四是应急预案的指导性。应急预案定义的核心字眼在于指导性，其包括提供不同事态下决策依据；不同事态下的实施方案；危险分析方法和分析结果。以上这些指标可以作为考核浦东新区委办局、开发区、街道（镇）应急预案工作的重要依据，并在此基础上对预案进行完善和优化，以更好地发挥应急预案在突发公共危机事件处置中的功能（具体评估指标见表5）。

表5 应急预案体系建设绩效评估

	目标	任务	重点评估指标	
应急预案体系建设绩效评估	完善预案体系，提高预案的操作性和实效性	基层预案与部门预案衔接	（1）	基层预案的覆盖面（%）
			（2）	应急预案体系的完备性
			（3）	预案内容描述逻辑性
			（4）	预案整体的可操作性
			（5）	应急预案的指导性
			（6）	基层预案与部门预案的衔接度

6.应急预案演练绩效评估。预案的生命力在于演练，只有通过不断的演练才能发现预案本身的问题与不足，为不断完善预案提供依据，提高预案制定的科学性、针对性和实效性，以及政府处理公共危机事件的实战能力（具体评估指标见表6、表7）。

表6　演练参加者评估

演练的名称
演练角色：演练人员（　）模拟人员（　）观众（　）
一　请回答以下几个问题：
1.列出你认为应急指挥组做得非常好的决策或措施。
2.列出整个演练活动你觉得可以改进的地方。
3.演练中对你个人而言最具挑战性的是什么。
4.你认为你所在应急组织成员在演练中的表现整体情况如何？是否出现因本组织成员的失误而妨碍其他应急组织履行职责的情况？
5.你认为其他应急组织在演练中的表现整体情况如何？是否出现因其他应急组织成员失误而妨碍本组织成员履行职责的情况？
6.根据你对演练的参与，目前应急计划、程序或训练应做怎么样的改变或补充？
7.通过演练，你对本区域应急工作的改进有什么建议和意见？
二　请通过评分来表达你对以下观点的赞同度，"1"分表示强烈反对，"5"分表示完全赞同
1.演练组织得很好、很有条理。1 2 3 4 5
2.事故情景设计真实。1 2 3 4 5
3.应急指挥中心具备指挥协调不同职能应急组织完成各项应急任务的能力。1 2 3 4 5
4.不同应急组织的参演人员服从指挥、配合默契。1 2 3 4 5
5.演练控制人员能够保证演练朝预定的目标进行。1 2 3 4 5
6.应急资源调用及时、充分、合理。1 2 3 4 5
7.演练过程中人员职责分工清晰、明确、合理。1 2 3 4 5

表7　演练评估问题的设计

序号	问题类别	问题示例
1	应急预案的质量	应急救援预案是否考虑到了大部分的应急需求，如通信、物质供给、应急区域的划分等。
		应急预案是否对应急过程中所可能涉及应急组织、人员的功能、职责和行动进行介绍和阐述。
		应急预案对紧急状况的处理是否达到社会的预期。
2	演练人员对应急预案的履行情况	各应急组织的演练人员是否按照应急预案的要求及时就位。
		在演练过程中，各应急组织的演练人员是否按照应急预案的规定进行分工协作。
		应急预案演练中的整体实施效果如何。

（续表）

序号	问题类别	问题示例
3	演练人员完成特定应急行动的速度	从险情被发现到应急中心接警之间的时间是否达到应急预案的要求。
		从接警到应急人员赶赴事发地之间的时间是否过到应急预案的要求。
		应急预案中对其他应急行动的时间约束。
4	演练人员对预案的执行效率	演练过程中是否出现因故障导致主要应急设备停机运转的情况。
		演练过程中信息的传达效率如何，在信息传递过程中是否出现内容自相矛盾的情况。
		演练过程中是否出现资源紧缺或者浪费情况。
5	演练人员的技能水平	演练人员在演练过程中的心理状态是否能胜任本人所肩负的职责。
		演练人员能否正确使用各种应急器材及使用的熟练程度如何。

（八）建立责任追究机制，增强应急管理者的责任意识

在处置突发公共危机事件过程中，应急管理者的积极参与和责任意识是保障应急管理成功的重要条件。因此，"十二五"期间，完善浦东新区应急管理机制，应建立应急管理责任追究机制。通过完善行政问责制等相关制度与规范，明确新区各部门和领导在防范和处置突发事件中的责任，形成突发事件应急管理的基本责任框架，强化应急管理者应对公共危机事件的责任意识。如果在公共危机事件防范和处置中，部门领导和应急管理者有未按规定采取预防措施，导致发生严重突发事件的；未按规定及时发布突发事件警报、采取预警措施，导致损害发生的；未按规定及时采取措施处置危机事件或者处置不当，造成严重后果的；滥用职权侵犯公民权利和自由并造成损害情形的，对直接负责的主管人员和其他直接责任人员依法追究政治责任、法律责任、行政责任、伦理责任，等等。通过这些明确的责任规定有助于形成对应急管理者的约束机制，增强应急管理者的责任意识和责任感。

第十章 绩效管理:完善浦东新区
政府绩效评估机制

现代政府以向公民和社会提供优质高效的服务为宗旨,而"优质"和"高效"都属于绩效评估的范畴,所以政府绩效评估作为一项有效的管理战略和管理工具,在公共管理理论研究和实践运行中都受到广泛关注。近年来,浦东新区政府在绩效管理领域进行了可贵的探索,取得了一些成效,但仍然存在不少问题。为此,浦东新区应在深入推进综合配套改革试点和建设服务型政府的进程中,进一步健全和完善政府绩效评估机制。本章通过阐述政府绩效评估的理论内涵及其战略意义,梳理浦东新区政府绩效评估的发展概况,提出进一步完善浦东新区政府绩效评估机制的若干对策。

一 政府绩效评估与服务型政府构建

建设服务型政府,需要重塑政府施政理念、转变政府职能、改进公共服务方式,同时也要构建一套科学合理的绩效评估机制,加强对服务型政府建设进程和服务型政府管理责任的考核与评估。

(一)政府绩效评估的理论内涵

对政府行为及其效果进行测量和评价,是自政府产生以来就一直存在的管理实践活动。在漫长的政府发展史上,这些测评实践的价值、目标、制度和工具选择都深深地根植于不同时代的政治经济背景和思想文化环境之中。到 20 世纪初，随着现代民族国家的体系逐渐形成，国家建设和社会发展都要求政府管理必须以变革应对新的挑战，因而此时出现了现代意义上的政府绩效评估。经过凯恩斯革命的洗礼和罗斯福新政的重塑，世界上大部分国家的政府都在规模上得到了扩张，在职能上有了较大的拓展。当经济社会在 20 世纪 70 年代末遭遇增长放缓时，"大"政府的效率和效益问题成为一个热点议题，于是出现了政府绩效评估的滥觞。

政府绩效评估的兴起，既有其实践背景，也有其理论基础。在现代经济社会系统中，政府的使命何在以及如何实现其使命，一直是公共管理研究的核心议题。

1. 公共性是政府绩效评估的价值内涵。价值内涵是公共管理本质特性最集中的反映，美国著名行政学家德怀特·沃尔多曾提出了三个相互关联的问题："什么是'公共'行政？'公共'这一修饰词表示什么特征？公共行政怎样区别于一般行政？"[①] 在对这些问题的阐释中，他认为"公共性"是构成公共管理最本质的概念，并由这个概念组成了公共管理的范畴体系，即公共主体，包括以政府行政组织为核心的各类公共部门、非政府公共机构等公共组织；公共客体，包括公共权力、公共事务、公共秩序、公共利益及其相关的公共政策与政策过程、公共规则、行为规范与绩效评估标准、公共产品、公共服务；公共行为，包括行使公共权力和提供公共服务的行为方式、手段与方法。

由于公共性是政府组织区别于私人组织的本质特征，因而评估和管理两种组织绩效的价值导向也应有根本差异。包括企业在内的私人组织可以完全以"经济人"假设及其框架来设定组织目标和绩效评价标准，但对于政府等公共组织而言，必须以公共性作为绩效管理的价值内涵。公共性的价值本质

---

① D. Waldo. The study of public administration, New York: Random House, 1955, p.15.

意味着政府等公共组织必须将满足公众的需要和实现公共利益放在首位。效率只有在用来满足公共需求和实现公共利益时才会有意义。偏离了公共性价值的政府绩效管理可能会"南辕北辙",不仅不利于经济社会发展,而且可能损害公共利益。

2.责任性是政府绩效评估的制度内涵。基于满足公共需求和实现公共利益的价值,要通过制度体系来督促政府等公共组织切实履行既有职责,如果未能达成,政府机构和人员应承担相应责任,这是政府绩效评估的责任性内涵。现代行政学的创始人威尔逊在其《行政学研究》中提出,"在任何情况下,我们都必须有一支受过充分训练的官员以良好的态度为我们服务……良好的态度就是对于他们所为之服务的政府的政策具有坚定而强烈的忠诚"[1]。顺着这种学术传统,特里·L.库珀把责任政府中的"责任"分为客观责任和主观责任。前者包括公务员对公民负责、公务员对民选官员负责及公务员对上级负责;而主观责任则是基于对忠诚、良知、认同的信仰。[2]

当代西方政府的绩效评估是"通过公共责任机制对政府公共部门的直接控制,谋求政府管理对立法机构负责和对顾客负责的统一;它以服务质量及公众需求的满足为第一位的评价标准,蕴涵了公共责任和顾客至上的管理理念;它以加强与完善公共责任机制,使政府在管理公共事务、传递公共服务和改善生活质量等方面具有竞争力为评估目的"[3]。可见,发达国家的政府绩效评估并不仅仅是一种工具的创新性运用,而是强调对政府治理制度体系进行相应的改革。"如果离开了政府治理过程改革,孤立地谈论绩效评估,将会导致'只见树木,不见森林'的境地,使得我们不能准确地理解绩效评估和政府改革,难以对它进行系统的思考、多元整合和构建,最终也难以指导

---

[1] 威尔逊:《行政学研究》,《国外政治学》1998年第1期。

[2] 〔美〕特里·L.库珀:《行政伦理学:实行行政责任的途径》,张秀琴译,中国人民大学出版社2003年版,第74页。

[3] 蔡立辉:《西方国家政府绩效评估的理念及其启示》,《清华大学学报(哲学社会科学版)》2003年第1期。

政府管理实践"①。

3. 高效性是政府绩效评估的工具内涵。评估和管理政府绩效的最直接动力是提高政府的行政效率。行政效率是达成行政目标的最重要手段，是政府责任性的最佳体现。高效的"效"既指效率，也指效能。因而，政府的高效性至少包括三个方面的内容。一是政府的组织结构具有高效性，即政府职能配置合理，运转协调；政府机构设置科学，能有效地解决职能交叉和复杂多维的公共管理事务；工作人员配备精干，做到人、岗、职、责之间的匹配性。二是政府过程的高效性，即政府在从事公共管理活动中以尽可能少的人力、物力、财力和时间的消耗，取得尽可能大的公共产出。三是公共产品的高效性，即政府提供的公共产品能满足社会的公共需求，具有良好的社会效益。

高效性是政府绩效评估的起点和基础。当西方国家致力于建设现代民族国家，建立现代公共行政体系之时，高效性曾是这些国家评估政府绩效的最主要指标。这是由于效率信息相对较容易收集，而且效率的改善具有直观性。但是随着经济社会发展，政府绩效评估必须包括服务质量、公众参与、社会治理等内容。不过，无论其外延如何拓展，对高效性的追求始终是政府绩效评估的基本方面，因为高效率和高效能是其他内涵赖以存在的基础。

（二）构建服务型政府对绩效评估的要求

1. 服务型政府与绩效评估。公共性、责任性和高效性既是绩效评估不同层次的内涵，更是服务型政府的主要体现。作为一种战略工具，政府绩效评估本身并非目的，而要服务于更高层面的战略目的。尽管西方国家公共管理在理论研究和实践工作中没有提出"服务型政府"的概念，但通过多重层面的理念设想、机制设计和工具安排，服务型政府体现于西方许多国家公共管

① 陈天祥：《不仅仅是"评估"：治理范式转型下的政府绩效评估》，《公共管理研究》2008年第6卷。

理的各个方面。作为中国对公共管理理论与实践的一种创新和贡献，服务型政府建设已逐渐成为政府改革和发展的共识性理念。但是，理念创新只是第一步，如何通过有效的机制设计使之得以践行，是当前之要务。

（1）服务型政府的绩效含义。服务型政府是在现代公共管理的理念指导下，在合宜的公共管理制度框架下，以满足公共需求为宗旨，通过法定程序和方式履行公共服务职能并承担相应责任的政府。在此，政府的价值体现为服务的"公共性"、职能的"责任性"和过程的"高效性"，而衡量和评价政府的价值实现程度则依赖于对这些属性的测量。因而，服务型政府不仅是一种理念，也是蕴涵绩效意义的制度安排。

（2）服务型政府是政府绩效评估的战略方向。立足于服务型政府建设的政府绩效评估整合了绩效评估的工具理性和价值理性，既不同于传统工具意义上的岗位责任制和目标考核，也有异于西方国家在新公共管理浪潮下推行的绩效测评，是中国在经历经济社会大变革的时期，为适应经济社会发展的需求，通过政府改革和国家建设，改善和提升政府绩效，建设中国特色社会主义公共管理体系的重大创新。一方面，建设服务型政府要求加强政府监管，提升政府绩效；另一方面，建设服务型政府也要求拓宽社会组织和公众监督和约束政府的途径。因而，评估政府绩效，既不能单纯地看行政效率，也不能简单地看服务的市场化和社会化程度，而要着眼于满足公共需求的程度与效度。

（3）绩效评估是推进服务型政府建设的重要机制。服务型政府建设对政府而言是一场革命，对政府与市场、国家与社会等诸多方面的交互关系而言也是一种突破，因而服务型政府建设是一项系统工程。系统论有一种强调体系性的重要观点，即单项要素的缺陷会导致系统功能失调。在服务型政府建设的系统工程中，如果缺乏健全的绩效评估和管理机制，不能及时地了解各项配套工程的推进和落实情况，不能及时地调整和修正出现偏离的工作，服务型政府建设将面临事倍功半的局面。而且，直面现有的体制惯性，如果某些攻坚工作不能纳入政府绩效管理的体系中，该工作将会面临被边缘化的危险。所以，建设服务型政府需要以完善的政府绩效评估体系作为推进机制。

2. 服务型政府的绩效评估体系。符合服务型政府建设要求的绩效评估体系，在绩效评估的战略、主体、内容和方式等方面都有别于既有的政府绩效评估工作。

（1）政府绩效评估的战略：改善公共服务的有效供给。以满足公共需求为宗旨的服务型政府，评估其绩效应着重强调公共服务的有效供给。首先，供给公共服务是服务型政府的首要职能。"服务型政府是一切从服务出发的政府，决定了其职能与管制型政府有着原则区别"①。如果说管制型政府是以"管得住的政府就是好政府"作为施政理念，那么服务型政府则应该实行"最能服务于公众的政府才是好政府"的理念。在这种理念指导下，政府的职能配置、机构设置和工具选择都应该从属于公共服务供给的职责。其次，公共服务供给相对不足仍是我国经济社会发展过程中的重要矛盾。尽管经过改革开放以来 30 多年的快速发展，我国的经济实力已大大增强，但许多领域的公共服务仍然面临总量上的供给不足问题。究其原因，既有人口多、底子薄等客观因素，也是发展过程中"重经济轻服务"所必然导致的结果。再次，公共服务供给的结构失衡是制约我国经济社会平稳发展的重要隐患。包括医疗、教育、卫生等关系民生大计的许多公共服务，都在供给上呈现出严重的城乡、区域和群体之间的失衡。这种失衡状况不仅加剧了社会资源分配的不平等，也给经济社会的进一步发展埋下了隐患。如果缺乏有效的措施改变这种失衡状况，不仅会加大经济社会运行的成本，而且可能阻碍国家建设的正常进程。

（2）政府绩效评估的主体：参与式绩效评估。由于政府绩效评估是以公共性为价值基础，而且公共服务的有效供给涉及各种利益主体，因而各种利

① 刘熙瑞：《服务型政府——经济全球化背景下中国政府改革的目标选择》，《中国行政管理》2002 年第 7 期。

益相关方都应该有权利通过适当的方式参与绩效评估的过程。这些利益相关者分布于行政过程的多重关系之中，既包括特定公共组织的上级组织、法定监督监察机构、协作组织和下级组织，也包括服务对象、公共组织内部的成员，甚至还包括属于非直接利益相关的公众群体。这些呈现为360度分布的主体参与绩效评估的方式有很多种，比如讨论施政目标、对评估体系提出建议、直接参与评估以及监督运用评估结果等。但是，并非所有的主体都以同样的方式以相同的程度参与政府绩效评估，问题的关键是所有的主体都有相应的参与渠道和途径，而且一旦参与，其意见和评议能得到反馈。所以，参与式绩效评估希望通过适当的制度设计解决"能参与"和"愿参与"的问题，使各种主体能有序地参与政府绩效评估工作。

（3）政府绩效评估的内容：服务供给与公众感知并重。公共服务的有效供给既要强调供给量和分配结构，也要求突出公众对公共服务的感知评价。只强调服务供给而忽视公众感知，容易造成行政浪费、"形象工程"、表面文章以及分配失衡；只强调公众感知而忽视服务供给，容易导致效率低下、政治分肥以及行政怠惰。将服务供给和公众感知相结合的政府绩效评估，在具体内容上包括：基本公共服务的均等化、主要公共服务的人性化、特色公共服务的公开化。对于基本公共服务，"均等化"既是对供给量和分配结构的描述，也是对公众感知信息的梳理；对于主要公共服务，"人性化"要求服务供给的数量和结构满足人的正常需求和基本习惯；对于特殊公共服务，"公开化"是指普通公众虽然不一定享用这些服务，但可以通过适当的方式接触和了解这些服务。

（4）政府绩效评估的方式：客观核算与主观测评相结合。在管理学中，一般产品分为搜寻品和经验品。前者是指事前可以获得其质量信息的产品，比如公共绿地、地铁等基础设施；后者是指事前无法获得其质量信息而只能通过体验才能了解其质量优劣的产品，比如教育、医疗、社会救助等。在政府绩效评估中，如何对经验品的供给进行恰当的评估是一个世界性的难题。

但对于当前中国，供给不足的公共服务品种恰恰主要是属于经验品的类型。其中一个主要原因在于，以往的绩效评估在对象上过于侧重搜寻品。因而在建设服务型政府的进程中，需要将重点转向经验品范畴的服务类型上。这就要求政府绩效评估在具体的方式方法上更加重视公众的感受，更加重视社会测评，更加重视"软服务"。

二 浦东新区政府绩效评估工作的现状分析

作为全国的改革试验区，浦东新区在经济社会和公共管理的许多领域都先行先试，为上海和全国的经济社会发展开展了许多富有成效的探索。在评估和管理政府绩效方面，浦东新区不仅率先开展绩效预算改革的探索，而且创新性地建立并开通了"权力公开专网"，并且在第三方评估、效能投诉等方面都进行了许多富有创新意义的尝试。

（一）浦东政府绩效评估工作的现有框架

自 20 世纪 90 年代初浦东新区开发开放以来，新区政府一直高度重视行政效率问题。按照"小政府、大社会"的理念，新区政府在机构设置、行政流程和人员配置等各个方面都贯彻了提高行政效率、降低行政成本的要求。浦东 20 多年开发开放所取得的显著成就，与新区政府在公共管理方面的高效优质表现是分不开的。

成为中国第一个综合配套改革试验区以来，浦东新区政府加快了政府绩效评估工作的建设步伐。目前，浦东新区的政府绩效评估工作主要由机关绩效考核、行政效能评估、绩效预算、政风行风评议等内容组成。

1. 机关绩效考核。机关绩效考核是上海市各个区县都已开展的绩效评估方式，但浦东新区在实践推进过程中表现出了一些特点。浦东新区的机关绩效考核遵循分类分级相结合的原则，按照各个区属机关的岗位职责，划分为党群系统、政府系统、政法系统、功能区域系统、街镇系统和垂直管理单位系统六大类。根据不同机关的特点，设定有差别的绩效标准进行考核和评定。在具体的考核指标设计上，浦东新区遵循科学合理简便易行的原则，建立了三级考核体系。其中，一、二级指标由新区绩效考核联系会议负责制定，三级指标由相关职能部门负责设定。

机关绩效考核工作由新区机关绩效考核工作联系会议办公室组织实施，每年年终汇总各种考核数据。数据分别通过职能部门评分、领导评议和社会公众测评等形式获得。机关绩效考核结果结合领导班子和领导干部考核，由区委组织部给予反馈，具体单项考核有时也通过相关职能部门负责反馈。考核结果与各种先进评比和表彰相结合，对于在共性指标上获得优秀分数且个性指标合格部门的主要领导个人，绩效考核成绩将成为其评优的重要依据，且该部门公务员年度考核优秀等次比例也将得到一定提高。

2. 行政效能评估。2006 年，浦东新区制定出台了行政效能投诉、行政首长问责、行政效能评估和行政审批电子监察等方面的暂行办法，为提高行政效能初步创立了相应的制度平台。（1）行政效能评估的内容。根据《浦东新区行政效能评估暂行办法》的规定，行政效能评估的内容主要包括新区各级行政机关以及法定委托或者授权履行行政管理职责组织在履行职责、政务（事务）公开、执法（办事）公正、服务态度、办事效率及清正廉洁等方面的表现。参与行政效能评估的主体包括社会公众（比如政府部门管理服务的对象）、社会专业机构（比如社会中介机构、各类专业组织）、社会专门人士（比如人大代表、政协委员、民主党派和无党派人士、各类社会监督员、测评员）等。评估的方式包括以社会公众为主的政风行风测评、以社会专业机构为主的社会专业评估、以社会专门人士为主的社会监督评估、以政府网站为主的社会网上评议等。（2）行政效能评估的主要做法。浦东新区根据各种机构和组织履行职能职责的方式，将评估对象分为综合管理类和行政执法类两种类型。综合管理类是指以实行政府内部管理和社会综合管理为主的区政府各综合职能部门和街镇行政机关；行政执法类是指实施行政执法和公共管理服务为主，直接为社会、群众服务办事的专业部门。对于这两类不同的评估对象，在实施评估的做法上有所不同。对于行政执法类评估对象，由新区监察委组织社会专门人士，按照市监察委、市纠正部门和行业不正之风办公室的统一部署要求，在新区范围内进行政风行风测评；对于综合管理类评估对象，由新区监察委组织或委托社会专业机构在新区区级领导干部和各综合职能部门内设机构、下级机关组织、直属事业单位、村（居）民委员会工作人员中开展评估，并在提供管理服务对象名单的基础上，按评估规定在适量的社会公众中开展评估。（3）行政效能评估的主要进展。2008 年，浦东新区监察委委托两家专业组织对区政府 21 个部门进行了年度效能评估，评估结果为 83.367，比 2007 年提高了 0.706 点①。其中，2008 年新区政府各部门执行力得分为 83.407，比上年提高 0.591 点，公信力得分为 82.346，比上年提高 0.822 点。该年综合管理类部门行政效能评价平均得分为 83.585 分，比上年提高 0.684 分；行政执法类部门行政效能评价平均得分为 82.71 分，比上年提高 0.777 分。横向上，得分列前三位的依次是司法局（85.078 分）、区府办（84.388 分）和建交委（84.295 分）。

　　3. 绩效预算。在 2005 年，浦东新区就开始了绩效预算的探索。当时，浦东新区财政局和环保局对龙阳路等道路综合养护（包括市政维护、环卫和绿化）资金使用情况及其效果进行了考评。2006 年初，浦东新区正式推行绩效预算试点。三年来，浦东新区绩效预算改革工作的主要内容包括三个方面。（1）开展财政项目绩效评价。从 2006 年起，每年选择部分项目实施绩效评价，其中 2006 年 21 个项目，涉及资金 41.3 亿元；2007 年 38 个项目，涉及资金 76.73 亿元；2008 年 43 个项目，涉及资金 104.69 亿元。在这些项目中，"区级项目 13 个，涉及资金 68.87 亿元；功能区、街道项目 23 个，涉

.①　浦东新区监察委：《浦东新区政府部门 2008 年行政效能评估基本情况》，http://pdlz.pudong.gov.cn/zwgk2_jctj/2009—04—02/Detail_265847.htm，2009 年 4 月 2 日。

及资金7.43亿元；政府财力投资项目7个，涉及资金28.39亿元"①。（2）建立绩效预算制度。2006年出台了《浦东新区绩效预算改革试点方案》；2007年制定出台了《浦东新区财政绩效预算管理办法（试行）》、《浦东新区财政预算监督办法（试行）》、《浦东新区街道预算民主理财管理办法（试行）》、《浦东新区政府投资项目绩效评价办法（试行）》等规定；2008年又制定出台了《浦东新区财政绩效预算管理行政首长问责办法（试行）》和《浦东新区财政预算绩效评价结果公开管理办法（试行）》等制度。而且，逐渐建立了跨部门联动和协调的工作机制，包括"浦东新区绩效预算改革联席会议制度，以及财政、发改委、审计、主管部门等重大项目评价联动机制等"②。（3）探索预算编制改革。从2007年开始，浦东新区积极探索"目标——任务——预算——评价"的新编制模式，即"单位先确定年度绩效目标，根据目标安排工作任务，按工作任务所需申请预算，预算执行后进行绩效评价"③。在2007年预算编制中，将环保专项资金、卫生专项、科普经费、农业专项、平安建设等项目纳入预算编制改革试点范围；2008年对信息化专项、外事外宣等五类项目实行"三边联合评审"，即由预算主管部门、专业主管部门、财政部门分别根据各自职能，对项目支出实施事前绩效评估；2009年则进一步选择公安局、环境监测站等部门（单位）预算资金，物业管理费、河道整治、公交基金等项目资金，明细填报量化的资金绩效目标和指标。

4. 政风行风评议。虽然这是全国和全市的"规定动作"，但浦东在一些实施细节上仍然有所创新。（1）将政风行风评议和行政效能评估相结合。如前所述，在行政效能评估的相关规定中，行政执法类部门的行政效能评估纳入政风

① 周彬：《浦东新区绩效预算改革的成效及推进措施》，《地方财政研究》2009年第1期。
② 周彬：《浦东新区绩效预算改革的成效及推进措施》，《地方财政研究》2009年第1期。
③ 过剑飞：《绩效预算：浦东政府治理模式的新视角》，中国财政经济出版社2008年版，第70页。

行风评议框架内，使评议与行政效能提高紧密结合，在一定程度上缓解了评议结果无从落实的问题。（2）将政风行风评议和政务公开工作相结合。浦东新区在充分整合各单位政务网络资源的基础上，统筹建设了权力公开透明运行电子系统。该系统主要由"权力公开专网"、"业务办公系统"和"权力监管系统"三部分组成。通过全区统一的电子系统，将公开、办公和监督融为一体，探索权力运作的网上公开、网上办公和网上监督。（3）政风行风评议和效能投诉相互补充。在运行中，政风行风评议具有周期性、参与者的被动性、测评指标的平均含义等特征，而效能投诉中心表现为日常性、参与者的主动性、投诉事例的个案性等特征，因而两者相互补充可以改善信息的完整性。

（二）浦东政府绩效评估工作的主要成效

经过若干年的探索和实践，浦东新区的政府绩效评估建设取得了一些成效。一方面，初步形成了政府绩效评估的体系，另一方面，通过政府绩效评估优化了政府工作流程，提高了行政效能。具体表现为以下几方面。

1. 奠定了政府绩效评估的体系基础。由于转变政府职能、提高行政效能建设是浦东新区综合配套改革试点的重要内容，新区政府不仅延续了以"小政府、大社会"为理念设置政府机构以提高行政效能的传统，而且针对行政效能建设制定出台了一系列规章制度，为政府绩效评估体系建设奠定了基础。首先，新区政府建立了体制内的监察制、体制外的投诉制、自上而下的问责制和行政过错责任追究制。通过四项制度的实施，使新区政府各级机关在深化改革、转变职能中不断提高行政效能和公共服务的能力。其次，新区政府颁布实施了一系列有关政府绩效评估的规范性文件，比如《浦东新区行政效能评估暂行办法》、《浦东新区财政预算管理办法（试行）》、《浦东新区政府投资项目绩效评价办法（试行）》等。这些规范性文件为浦东新区的各个单项绩效评估工作提供了制度保障，避免了政府绩效评估工作陷入"其兴也勃焉，其亡也忽焉"的尴尬境地。

2.建立了政府绩效评估的指标体系。针对政府绩效的评估，浦东新区建立了一种多层次、全方位的指标体系。首先，在广义的政府绩效意义上，浦东新区的评估指标体系既强调共性和可比性，又突出个性与差异性。如表1所示，浦东新区的政府绩效评估指标体系由三级指标组成。其中，一级指标包括公共性指标、评测性指标、任务性指标和奖惩性指标，二级指标则包括行政效能建设等7项。在具体的指标设计环节，一级指标和二级指标由新区绩效考核联席会议负责制定，三级指标由相关职能部门负责具体设定。

表1 浦东新区政府绩效评估指标体系简表

	一级指标	二级指标
政府绩效	公共性指标	行政效能
		自身建设
	评测性指标	各类满意度调查
	任务性指标	项目性指标
		专项性指标
	奖惩性指标	奖励性指标
		惩戒性指标

其次，在行政效能评估方面，浦东新区也建立了由三级指标所组成的体系。如表2所示，一级指标是执行力、公信力，二级指标包括政令畅通、依法行政、办事效率、政务公开、诚信服务和清正廉洁6类，三级指标则涵盖18个民生项目，包括工商、食品药品监管、水务、规划、教育、市容环卫、公安、民政、市政、房地、公交、医疗、供气、电信、法律服务、邮政、物业管理、供电。

再次，在绩效预算的评价方面，浦东新区建立了由共性指标和个性指标所组成的评估体系。共性评估指标主要包括绩效目标完成程度、绩效目标的合理性、预算执行组织管理情况、预算执行的经济和社会效益、预算执行情况、财务管理状况、资产配置和使用情况等。个性评估指标则由新区财政局与相关部门根据具体的评估对象的绩效目标协商设定。

表2 浦东新区行政效能评估指标体系简表

	一级指标	二级指标
行政效能	执行力	政令畅通
		依法行政
		办事效率
	公信力	政务公开
		诚信服务
		清正廉洁

3. 探索了政府绩效评估的多种方法。在推进政府绩效评估的工作过程中，浦东新区政府先后探索了公众测评、第三方评估、行政投诉和网络评议等多种方式方法。以第三方评估为例，浦东新区不仅将其运用于市容环境监测等专业服务领域，而且在政风行风评议和行政效能评估等领域广泛地采用。自2006年以来，浦东新区市容卫生管理局一直坚持将第三方引入市容环境评价工作，增强了绩效评价的有效性和导向性作用。2007年，浦东新区委托国家统计局上海调查总队针对新区的行政效能进行社会测评，综合发挥了社会测评和第三方评估的作用。2008年，浦东新区将竞争机制引入了第三方力量参与行政效能评估的工作中。

（三）浦东政府绩效评估工作存在的主要问题

浦东在政府绩效评估和管理工作上展开了有益探索，在很多方面取得了显著成效。但是，浦东的政府绩效评估体系尚处于初级阶段，仍然面临许多问题，其中较为突出的是缺乏绩效评估战略规划，各种评估工作缺乏相互协调，没有形成有机联系的体系。具体表现为以下几个方面。

1. 政府绩效评估缺乏战略规划。作为一项系统工程，需要按照目标合理、指标科学、结果有效的原则推进政府绩效评估。一方面，政府绩效评估要符合政府职能转变、建设服务型政府的战略目标，着眼于以绩效评估促进政府转型，以绩效测评改善行政关系，以绩效管理推动政府建设。另一方面，政府绩效评估的制度建设要力求科学合理，使各种利益主体都愿意参与、能够参与。浦东新区虽然一直在探索改善公共管理、提高行政效能，但从已有的发展进程看，浦东缺乏全面的政府绩效评估规划。这表现为新区政府尚未出台全面的绩效评估规范性文件，已有的一些工作主要来自相关部门的创新，政府绩效评估工作的时段性特征很明显。

2. 各种评估方式缺乏协调。政府绩效评估是一种"体系"，要求单项工作方式与整体目标及其他工作方式之间能够衔接配套。如果各种工作方式之间不能彼此衔接，形成环环相扣的体系链，不仅不能充分发挥单项工作方式的有效性，而且会产生一些负外部性，比如影响其他工作的进程，或者耗费人、财、物等各种有限资源。浦东新区虽然已经探索了机关绩效考核、行政效能评估、绩效预算、政风行风评议等多种绩效评估方式，但在实践中缺乏一个统一协调的主体，机关绩效考核由人事部门推行，行政效能评估和政风行风评议由监察部门负责，绩效预算由财政局牵头。受制于各个部门的职责，各种评估方式之间缺乏应有的协调和配合，这不仅使评估对象产生重复评估、反复评估的印象，而且滋生了评估倦怠症。

3. 评估指标体系不健全。指标体系设计是政府绩效评估的关键内容，直接影响评估过程各种关系的生产和再生产。指标设计既要引导被评估者的公共管理行为符合政府建设的战略目标，也要使围绕绩效管理而产生的各种关系趋于和谐。从这种角度看，浦东新区的政府绩效评估指标体系尚有不健全之处。首先，绩效评估的指标设计没有突出服务型政府建设的目标。浦东新区开展的行政效能评估、绩效预算等方式都涉及公共服务供给的绩效评价，但这些评估方式没有形成合力，没有围绕服务型政府建设而发展出一个较为全面、统一的评估指标体系。其次，指标体系存在科学性不强的问题。如表1所示，浦东新区政府绩效评估的一级指标是公共性指标、评测性指标、任务性指标和奖惩性指标。由于完成既定职责与机关自身建设及其效能密切相关，因而公共性指标和任务性指标之间存在较大的重合。评测性指标没有针对具体的公共服务项目，容易导致评测的泛化和空洞化。另外，奖惩应是根据绩效评估数据而做出的反馈，属于运用绩效结果的范畴，在指标设计上不宜与其他评估指标并列。再次，评估内容不完整。在浦东已有的绩效评估工作中，只有涉及公众导向和社会导向的指标，没有设计与工作部门及人员有关的指标，这些人群的需求和利益没有在评估中体现出来，这导致评估对象与评估操作者之间的利益存在冲突。浦东参与绩效预算工作的人员就写道：项目绩效评价的指标体系是"整个绩效评价当中技术难度最大的部分，也是最关键的部分。因为各个项目涉及的领域和绩效目标并不一样，而且评价其效益的角度也不尽相同，所以关于指标体系的设置可能会有争议"①。

4. 社会力量和公众参与方式有待改进。社会组织和公众参与是政府绩效评估工作发展的大势所趋，因为政府的职责在于提供公共服务，政府的绩效是一种公共绩效。如果沿用封闭方式评估政府绩效，不仅不利于政府转型和发展，而且会使行政关系趋于紧张，影响经济社会发展。浦东新区在引入社会力量和公众参与政府绩效评估方面探索了多种方式，取得了一些成效。但是与服务型政府的要求相比，浦东新区引入社会力量和公众参与政府绩效评估的方式有待改进，参与度有待提高，规范化程度有待改善。首先，参与方式局限于评测。目前浦东新区只在评测阶段引入社会力量和公众参与政府绩效评估，比如专业调查组织发放问卷，社会公众针对具体部门或公共项目给出评测分数。在绩效目标设定、项目决策、评估指标设计以及结果运用等环节，浦东新区没有设立公众参与的途径和形式。其次，公众参与度不高。无论是行政效能评估，还是政风行风评议，每年发放的问卷数量都在1万份左右，与浦东新区300万左右常住人口的规模相比，这些问卷数量显得非常有限。再次，公众参与的规范化程度不高。公众参与政府绩效评估需要一系列的制度保障，比如完善的政府信息公开制度等。如果不能全面了解政府公共

① 过剑飞：《绩效预算：浦东政府治理模式的新视角》，中国财政经济出版社2008年版，第97页。

—

管理获得所产生的信息，公众只能凭直觉参与政府绩效评估，从而影响了公众评测的准确性和客观性。

三　完善浦东新区政府绩效评估机制的对策

按照建设服务型政府的总体要求，上海市政府曾在 2008 年提出浦东新区要 "力争成为政府服务最优、行政效率最高的示范区"。2009 年，在浦东经历区域规划调整迎来 "二次创业" 的发展机遇之时，浦东新区政府进一步提出要深入推进综合配套改革试点，加快建立适应经济社会转型要求的公共服务型政府；政府、市场、社会不同主体的职能定位更加清晰；政府决策更加科学、执行更加高效、监督更加有力，使浦东成为 "两高一少"（行政效能最高、行政透明度最高、行政收费最少）的地区之一。为了更好地推进浦东 "二次创业"，实现 "两高一少" 的目标，构建对上海和全国都具有示范意义的公共服务型政府，"十二五" 期间。浦东新区应进一步完善政府绩效评估机制。

（一）制定政府绩效评估的战略规划

西方发达国家在实施政府绩效评估的过程中，非常注重战略规划的环节和内容。如美国审计总署（Government Accountability Office，GAO）认为，政府绩效评估就是一个 "由相互补充的三大环节构成的动态过程，包括确定战略方向，制定年度目标和测评体系，报告绩效水平"①。可见，战略规划是实施政府绩效评估的首要环节。

政府绩效评估的战略规划是一种通过科学方法分析政府建设和发展目标，根据不同层级政府内外资源和能力状况设计合理战略方案以增强公共服

---

① Government Accountability Office (GAO): "Performance measurement and evaluation: definitions and relationships", April 1998, http://www.gao.gov/special.pubs/gg98026.pdf.

务能力、改善政府绩效的方法。绩效战略规划的要素主要包括政府建设的目标分析、资源和能力现状描述、规划拟定等。美国公共管理学家 Hal Rainey 认为，战略规划的重点在于对组织总目标、自身的优势和劣势以及面临的来自外部的威胁和机遇进行评估，并在此基础上围绕目标，制订长期的计划和配置各种力量的行动方案，以达到最佳的效果①。

绩效评估战略规划的功能在于帮助政府理清自身改革和发展的思路，制定可行的行动路线去实现预期目标，提高政府绩效评估的制度化和规划化，避免绩效评估的随意性和短期性。这是经济社会的快速发展对公共管理提出的新要求，也是完善政府绩效评估机制的重要内容。

针对公共组织的特性以及绩效测评的科学标准，英国公共管理学者 Peter Jackson 提出了一个"基于战略框架的绩效管理模型"（Performance Management Model based on Strategic Framework，PMMSF）②。该模型的基本思路是，对政府组织各个领域的资源进行战略聚焦，明确政府建设的目标和方向，设计政府组织机构，规划主要的事务和服务计划，再选取绩效测量指标。受到 Jackson 等研究者的启发，美国公共行政学会（American Society for Public Administration，ASPA）于 2000 年开发了一套实施绩效评估的战略框架，并且广泛地运用于美国联邦政府和一些州政府及地方政府的绩效管理实践③。该战略框架的主要特点在于三个方面。首先，由环境分析、建立使命和愿景、设置目标体系、制订整合各种资源的行动方案、评估和测量结果、实施跟踪和监控等环节组成，具有系统性强、层次清晰、可操作性较强等特点。其次，旨在建立"结果导向"

---

① Hal G. Rainey. Understanding and Managing Public Organization, San Francisco: Jossey—Bass Publishers, 1991, p.88.

② Peter M. Jackson. Public service performance evaluation: a strategic perspective, Public Money & Management, Vol.13, No.4, 1993, pp.9–17.

③ Center for Accountability and Performance. Performance measurement: concepts and techniques, Washington, D. C.: ASPA, 2000.

的公共服务供给体系。再次，强调绩效测评的目的在于落实责任和持续改进。

借鉴这些研究成果，浦东新区制定政府绩效评估的战略规划应该包括环境分析、目标确认、行动计划设计、绩效评估、监控和跟踪等环节组成（见表3）。

表3　浦东新区政府绩效评估战略规划简表

序号	主要环节	核心问题	主要内容
1	内/外环境分析	现状如何？	（1）情形清单：经济社会发展现状；政府管理现状；公共服务现状等
			（2）环境审视：公共服务供求矛盾；综合配套改革试点的良好机遇；区域调整的机遇等
			（3）寻找标杆：纽约、伦敦等世界特大城市
2	目标确认	目标是什么？	（1）未来蓝图：服务型政府
			（2）特定和可测量的目标：行政效能最高、行政透明度最高、行政收费最少
3	行动计划设计	如何实现目标？	（1）长期规划：2020年政府建设规划纲要
			（2）近期规划："十二五"行动规划
4	绩效评估	如何测定进程？	（1）着眼于确保责任落实和持续改进
			（2）绩效评估指标体系
5	监控和跟踪	如何和何时能知道是否达到目的？	（1）建立绩效监控体系
			（2）绩效信息收集、汇总、公开
			（3）行政问责

1.环境分析。主要通过分析浦东新区政府绩效水平的现状，描述政府内外环境状况以及寻找标杆，解决"现状如何"等问题。①情形清单：列出浦东新区的经济社会发展现状、政府管理现状以及公共服务现状。比如公共服务的供给，可以描述教育、医疗、文化、市容环境、治安、基础设施等方面在总量、人均以及分配结构上的状况。②环境审视：发现浦东新区进一步发展将会面临的机遇和挑战，比如公共服务供求矛盾将会凸显，经济社会快速发展对城市管理提出的挑战，综合配套改革试验区和区域调整的机遇，等等。③寻找标杆：确立可资学习和借鉴的标杆，为政府改革和建设提炼经验

和教训，比如纽约、伦敦等世界特大城市。

2. 目标确认。主要通过描绘未来蓝图、设立特定和可测量的目的来解决浦东新区政府建设"想要到哪儿"的问题。按照中央政府和上海市政府的部署，服务型政府应该是浦东新区政府建设的未来蓝图，包括创新政府管理体制，强化社会管理和公共服务职能，弱化微观经济管理职能，提高政府行政效能等方面内容。相对抽象的未来蓝图只有转化为可测量的目的才具有可操作性。对浦东新区的政府绩效管理而言，可测量的目标就是使浦东成为"两高一少"（行政效能最高、行政透明度最高、行政收费最少）的地区之一。

3. 行动规划设计。主要通过制定长期规划和近期规划而解决"如何实现目标"的问题。服务型政府建设不是一蹴而就的，需要经过许多方面的深刻变革，通过若干年的建设和发展，才能取得成效。因而，在服务型政府建设的问题上，"毕其功于一役"的盲目乐观和"遥遥无期"的消极悲观都是不利于解决问题的错误心态。一方面，需要通过制定长期的政府建设规划纲要，为政府自身改革和发展提供可预期的路径选择；另一方面，也要通过近期工作规划推进政府改革稳步前行。

4. 绩效评估。着眼于确保责任落实和持续改进政府绩效，通过设计评估指标体系来解决"如何测定进程"的问题。政府绩效评估"不仅仅是一种微观、局部和单纯技术领域的工具"①，应该是服务于政府建设，推动政府持续改进绩效的重要步骤。

5. 监控和跟踪。通过建立绩效监控体系、整理并公开绩效信息、开展行政问责等活动解决"如何和何时能知道是否达到目的"的问题。科学合理地运用绩效评估结果，不仅有助于改善因绩效管理而产生的社会关系，而且有利于增强各种主体对绩效管理体系的合法性认同。绩效评估结果的运用涉及结果跟踪、结果公开和结果使用。①绩效监控体系。分析绩效改进以及绩效

---

① 刘旭涛:《政府绩效管理：制度、战略与方法》，机械工业出版社2003年版，第152页。

退步的原因，并帮助相关部门和个体寻找改进绩效的可行方式。经过若干年的绩效数据对比，还可以为政府的机构改革、岗位设置和人员配备提供重要的参考材料。②整理和公开绩效信息。绩效信息是政府公共管理活动的重要信息，应该及时整理并尽量公开。③行政问责。绩效评估应该与行政问责等责任追究制度相衔接，从而充分发挥绩效评估的战略性和导向性功能。

（二）建立统一协调的绩效评估管理体系

政府绩效可细分为项目绩效、部门绩效和整体绩效，为了有效地协调各项绩效评估工作，需要建立统一协调的管理体系，避免各自为阵、相互冲突的问题。

许多国家和地方在开展政府绩效评估的过程中都经历过从项目绩效到部门绩效再到综合绩效的发展阶段。比如，美国自20世纪50年代开始引入政府绩效评估以来，先是从一些具体的项目入手，逐渐发展到对一个部门或一个区域政府的绩效评估，在20世纪末开始探索政府综合绩效评估体系。至今，美国的政府绩效评估体系包括项目绩效、部门绩效和综合绩效三个层次。在整合绩效评估体系的过程中，美国有几方面经验值得引起注意。一是项目绩效是基础。在20世纪60年代，美国联邦政府曾着力推广"计划—规划—预算体系"（planning-programming-budgeting-system，PPBS）。该体系主要针对各种政府资助的项目，并且将项目绩效与预算管理相结合。经过40多年的磨合，项目绩效评估已经成为美国政府绩效评估体系的坚实基础。至今，联邦政府各个部门的职能主要是通过1200多个不同类型的项目来实施，联邦预算资金的配置也是以这些项目的绩效评估为依据。所以，这些项目的绩效水平直接关系到联邦政府的管理和运行。二是部门绩效是关键。美国的部门绩效评估主要是联邦各部门对本财年部门绩效目标的实现情况进行自我评估，并将评估结果向总统、国会和公众报告，接受各方监督。对美国部门绩效评估影响最大的改革是20世纪90年代初克林顿政府时期通过的《政府绩效与结果法案》。该法案要求联邦各个部门按照统一的框架进行自我评估，作为发现问题、诊断问题和改进管理的重要手段。这个统一的框架包括部门战略规划、年度绩效计划和绩效目标、绩效评估和责任报告等内容。在此基础上，每个部门根据本部门的职责使命和公共服务特点制定有特色的、可量化的绩效指标体系。如联邦劳动和社会保障部在部门绩效评估中，使用了43个绩效指标，其中产出指标9个，结果指标34个。三是综合绩效是方向。尽管有运行多年的项目绩效评估体系和部门绩效评估法案，为了解决各种绩效评估相互孤立的问题，美国在2002年发布了"总统管理议程"（President Management Agenda，PMA），探索综合绩效评估。该议程确立了五项举措，包括战略性的人力资源、竞争性的资源、提高财政管理绩效、推广电子政府、融合预算和绩效评估。综合绩效的前提假设是，联邦所有部门都需要面对这些问题，各个部门之间并非不能横向比较。从美国的经验来看，整合政府绩效评估体系既需要一定的基础，即丰富的项目绩效评估经验，也需要相应的执行力，即各个部门开展自我绩效评估，还需要一定的方向指导，即找到各个部门的共性问题。

浦东新区建立统一协调的绩效评估管理体系，可以由政府专门机构设计综合评估体系，将绩效预算和行政效能评估整合到新的评估体系之中。具体包括：

1. 成立专门的政府绩效评估机构，提高综合评估体系的权威性。建议由新区主要领导挂帅，牵头区办、研究室、发改委、人社局、财政、监察、统计、审计、法制等部门，成立专门的浦东新区政府绩效评估委员会，制定出台综合评估体系，并赋予绩效评估委员会高度的权威，由它统一行使对新区机关的评估权力。下设"政府绩效评估工作办公室"，负责绩效评估的日常工作。如果要进一步体现绩效评估的广泛性和公众性，绩效评估委员会的成员应有各委办局的负责人、政协委员、人大代表、社会团体的成员及市民代表组成，每年对新区机关进行绩效评估，尤其是对一些执法部门的绩效评估，应充分发挥市民代表、企业代表、政协委员、人大代表的作用。

2. 全面整合各种绩效评估工作。将已有的绩效预算、行政效能评估和政风行风评议以及审计等工作纳入新的评估体系之中。在每年的综合测评基础上，定期地向社会公布绩效评估报告，逐步趋向责任政府、透明政府的建设目标。

3. 充分利用已有的行政效能投诉中心和"权力公开专网"。这两项政府建设的基础设施都是全国的创新，也代表着政府改革的方向，但是目前的功能还有待深化利用。通过制定出台综合评估体系，借助行政效能投诉中心和"权力公开专网"，有助于浦东新区的政府绩效评估走在全国的前列。

(三) 完善政府绩效评估指标体系

设计评估指标要处理好几种关系，比如客观指标（"硬指标"）与主观指标（"软指标"）之间的权衡，职能指标与产出指标之间的协调，领导和上级部门的评定与社会公众测评之间的平衡，经济效率和社会效益之间的权重等。

立足于构建服务型政府，从浦东新区的实际出发，建立健全绩效评估指标体系应坚持三项原则：共性与个性相结合，以共性为基础；客观数据与社会评价并重，强调社会评价；客观数据与公众感知并重，强调公众感知；经济发展与公共服务并重，突出公共服务。

1. 共性与个性相结合，以共性为基础。新区政府既有下属的职能部门，也有下设和派出的街镇和开发区管委会。在行政管理实践中，职能部门是"条"，街镇和开发区属于"块"，两者在职能、工作性质、工作方式等方面都有明显差异。因而，相应的绩效评估指标应有差异。但是，无论是职能部门，还是街镇和开发区，都是公共管理主体，都要提高行政效能、增强公共服务能力，因而有共性的方面。由于浦东新区综合配套改革试点对政府建设提出了明确要求，上海市政府也希望浦东新区能在政府服务和政府效能上成为示范区，所以现阶段的绩效评估指标体系设计应该以共性为基础，着力提高行政效能、增强政府公共服务供给能力。为此，在浦东新区现有关于行政效能评估的指标体系基础上，修改扩充成一个以共性为基础的"职能指标体系"（见表4）。

表 4　浦东新区政府绩效评估指标体系

一级指标	二级指标	三级指标
影响指标	发展指标	人均 GDP
		人均预期寿命
		恩格尔系数
		城镇登记失业率
		城镇居民人均可支配收入
		非公有制经济占生产总值比重
	公众满意度	人居环境改善的满意率
		看病就医的满意率
		子女就学的满意率
		交通出行的满意率
		社会治安满意率
		机关作风满意率
	民主测评	贯彻党的路线方针政策情况
		处置突发事件、维护社会稳定情况
		依法行政情况
		解决群众关心的热点、焦点问题情况
		廉洁自律情况
		加强制度建设情况
职能指标	执行力	政令畅通情况
		年度目标完成率
		预算使用效率
	公信力	政府信息公开程度
		群众办事投诉率
		行政诉讼案件发案率
	服务力	公众满意率及改进情况
		投诉答复率及问题解决情况
		行政失误率及责任追究情况
潜力指标	劳动与人力资源	科教文卫支出占财政支出比重
		高中阶段毛入学率
		最低生活保障覆盖率
		机关公务员年龄及学历结构
	思想政治与廉政建设	机关工作人员的满意度
		腐败、渎职案件的发案率
	社会文化与自然环境	万人刑事案件发案率
		志愿者与社区工作者占就业人口比重
		万元 GDP 能耗降低率
		主要污染物排放量或削减率

2. 客观数据与社会评价并重，强调社会评价。符合服务型政府建设要求的绩效评估体系，既要重视客观、可量化的经济社会发展数据，更要强调社会公众对公共服务供给的感受和评价。为此，浦东新区的政府绩效评估指标体系可以分为三大部分：影响指标、职能指标和潜力指标 ①（见表 4 ）。影响指标主要测量经济社会发展的一些结果指标，以及社会公众和主管领导与上级部门对相关工作的评价情况；职能指标主要测量各个部门的办事效率和效果；潜力指标主要测量各个部门在人力资源、思想政治以及社会环境等方面的结构状况。

工作实绩考核主要是测量经济社会发展的一些指标，民主测评由领导和协作部门根据相应指标给出分数，社会评价主要由社会公众根据相应指标给出评价。在具体权重的设计上，应该突出社会评价，比如通过公众满意度调查、民主测评等方式了解和获取社会评价的信息，并纳入政府绩效评估工作。

3. 经济发展与公共服务并重，突出公共服务。在浦东新区"二次创业"的发展时期，公共服务应该比第一次高速发展时期更加重要。如果说第一次创业是解决规模和发展速度问题的话，第二次创业就是要解决质量与发展结构的问题。虽然两个发展时期有历史延续性，但只有更加注重公共服务，才能解决浦东经济社会进一步发展过程中的深层次问题。公共服务绩效评估的内容包括科技创新、教育、文化、医疗卫生、就业、社会保障等方面。

（四）强化公众参与绩效评估的工作机制

公众参与绩效评估的方式有很多种，比如对绩效目标的讨论、对评估体系的建议、对具体行政主体的评估、对绩效结果运用的监督（见表 5 ）。所

---

① 在此借鉴了原人事部《中国政府绩效评估研究》课题组于 2004 年设计指标体系的思路，但在二级指标和三级指标设计上都有较大差异，不仅更加强调政府的公共服务职能，而且增加了公众满意度测评和民主测评等指标。

以，从服务型政府建设的角度看，公众对具体行政主体的评测仅仅是一个起点，并没有穷尽参与式绩效评估的内涵。

表5 公众参与政府绩效评估的方式与内容

序号	政府绩效评估的步骤	公民参与的方式和内容
1	鉴别评估的具体内容	共同决定是否实施绩效评估；在评估对象（项目或部门）的选择上具有发言权
2	陈述目标并界定所期望的结果	和政府部门一起，制定政府部门的使命、愿景、战略规划和重要目标
3	选择衡量标准和指标	与公共部门管理者一起确定评估指标体系，包括投入、能力、产出、结果、效率和生产力等
4	设置绩效和结果的标准	与管理者一起确定目标实现程度的评价标准，即如何确定所陈述的有效性及质量标准是否达到
5	监督结果	与管理者一起系统地、周期性地监督项目或部门绩效，寻求采取纠正措施的机会
6	绩效报告	绩效资料的表述应立足于公民；绩效报告公开化以利公民的监督
7	使用结果和绩效信息	与管理者一起确认优势、缺点和改善机会，从而改进和完善绩效规划、资源配置和内部管理

资料来源：［美］马克·霍哲：《公共部门业绩评估与改善》，《中国行政管理》2000年第3期。

在公众参与绩效评估方面，国内一些地方的做法可资借鉴。一是在服务项目抉择阶段，原南汇区惠南镇的"代表点菜"做法值得关注。从2004年到2008年，惠南镇每年在10月中旬，先由镇人大办公室和镇政府通过听证会、座谈会、问卷调查、个别访谈、政府网站等方式，征集各方意见，汇总成"年度政府实事工程征询表"，交付镇人大代表按轻重缓急标准进行投票表决，之后在年度预算总额内，优先实施排序靠前的项目。[①] 这种方式将公众参与纳入现有的体制框架内，平衡了参与和有序之间的关系。

二是在参与主体选择方面，浙江省温岭市泽国镇的"随机代表参与"的

---

① 周梅燕：《"民主点菜"还能走多久》，《中国改革》2007年第8期。

做法值得关注。2005年，为了推进温岭市推行的"民主恳谈会"，该市泽国镇通过类似体彩摇号的方式随机抽选了275名公众代表参加镇协商会议。①这种随机抽选代表的方式确保了每位居民都有公平的参与机会，提高了参与的认同度。

三是在公众测评政府绩效的环节上，杭州市的"三位一体"综合考评机制值得关注。2005年以来，在实施"万人评议政府"活动多年之后，杭州市确立了由社会评价、目标考核和领导考评所组成的"三位一体"综合考评机制。其中，公众参与贯穿在民意调查、争创整改、监督检查等多个环节。在每一个环节，公众都可以通过多种渠道评价政府部门的工作，比如"96666"投诉系统②。

近年来，浦东新区的公众参与机制已经形成了较好的基础，而且产生了类似"行政效能投诉中心"的创新之举，但在新一轮发展时期还需要继续深化，使公众参与能够贯穿于政府绩效管理的每个环节，真正发挥公众参与的效果和效益。具体而言，强化浦东新区公众参与绩效评估工作机制可从以下几个方面着手：

1.增强公众参与政府绩效评估的主体地位。通过建立社会公众旁听浦东新区政府重要会议制度、公众参与政府重大决策事项的听证制度和定期向社会公众通报区情等方式，进一步增强政府工作的透明度，为公众参与政府绩效评估奠定信息基础和知识前提。

2.扩大公众参与的主体范围。浦东开发开放以来，由于其快速发展和巨大影响力，吸引了海内外各个区域、各种层次以及各种类型的人员。如果参与政府绩效评估的"公众"仅限于户籍人口，不仅不能获取更加全面的政府

① 苏振华：《参与式预算的公共投资效率意义——以浙江温岭市泽国镇为例》，《公共管理学报》2007年第3期。
② 干敏敏、陈宇：《试析政府绩效评估中的公众参与——以杭州市"三位一体"综合考评机制为例》，《中共杭州市委党校学报》2009年第3期。

绩效信息，也不利于浦东新区在"二次创业"历程中充分发挥各类人员的积极性。因而，建议根据"户籍人口——常住人口——暂住人口"的次序逐渐扩大公众参与政府绩效评估的主体范围。

3. 整合有利于公众参与的信息化平台。浦东新区可以充分发挥"权力公开专网"的优势，依托已有的电子政务平台，实现公众参与的动态化、互动性和即时性。一方面，该网络可以发布政府绩效评估的内容、标准和结果等信息；另一方面，也作为政府与公众沟通交流的平台，改善公众参与的力度和深度。

（五）完善政府绩效评估结果的运用机制

为了避免政府绩效评估工作流于形式，浦东新区可以探索建立健全一系列的配套机制，使绩效评估真正发挥"导向牌"和"指挥棒"的作用。

1. 政府绩效评估结果公开机制。可以通过浦东时报、浦东新闻网、"上海浦东"门户网站等多种渠道公开政府绩效评估的结果，并借助浦东市民中心的窗口、"上海浦东"门户网站和电话等方式接受社会公众对政府绩效评估结果的监督与评议。

2. 评估对象对评估结果运用的参与及申诉机制。为了调动评估对象的积极性和主动性，浦东新区应建立切实可行的方式使评估对象参与评估结果的运用过程。在结果使用中，还应畅通评估对象对于评估结果的申诉机制，对认为评估结果不客观、奖惩不合理、奖励强度不够或惩罚强度过重的评估对象，提供维护其权利的机会，从而促进评估双方的良性互动以及评估结果的公平、公正。

3. 完善激励奖惩机制。根据政府绩效评估结果，将部门的绩效与其下一年度的预算挂钩、将部门领导的政绩与其职位的升降挂钩、将公务员的表现与其薪酬、培训及辞退等切身利益挂钩，真正做到奖优罚劣、赏罚分明。同时，建议设立浦东新区政府绩效管理质量奖，每年在政府机关以及其他承担公共管理和公共服务的机关中开展年度最佳公共服务评比，评选若干个表现出色的政府机关、公共项目及其负责人，给予精神和物质奖励，总结它们的经验并大力宣传推广，为其他机关提供样板，在政府系统营造争创一流的氛围，鼓励公共部门追求卓越。

4. 健全政府绩效评估结果运用的反馈机制。通过有效的反馈，既使评估对象了解本部门工作的差距，从而明确努力的方向，也强化评估对象对政府绩效评估结果的感知，提升对评估结果的认可。

5. 健全政府绩效评估结果运用的监管机制。通过新区相关责任部门对绩效评估结果的运用进行全程监管，增强政府绩效评估工作的公平性和公正性，提高该工作的认可度。

第十一章 责任监督：健全浦东新区
行政问责制

　　行政问责是以责任追究为中心的行政监督形式，是现代政府强化和明确责任，改善政府管理，建设服务政府、责任政府的本质要求，也是推进依法行政的重要保证。近年来，浦东新区在推进综合配套改革试点和建设服务型政府的进程中，积极探索和建立具有地方特色的行政问责制度，出台了《行政首长问责暂行办法》以及相关的配套制度规定，并在实施过程中取得了一些成效，但也存在不少问题，有待进一步健全和完善。本章通过阐释行政问责制的理论内涵和发展概况，探讨浦东新区行政问责制的实施现状，尤其是在分析这一制度本身及其实施过程中暴露出问题的基础上，立足服务型政府建设，提出进一步健全浦东新区行政问责制的若干对策。

一　行政问责制的理论内涵与发展

　　改革开放以来，随着我国行政管理体制改革的不断深入，行政问责制建设成了构建服务政府、责任政府的迫切需要。尤其是进入 21 世纪后，一些突发性公共事件的发生更是凸显了建立健全行政问责制的紧迫性。2003 年 SARS 事件开启了一轮"问责风暴"，2008 年山西襄汾尾矿库特大溃坝事故、三鹿"毒奶粉"事件又引发了新一轮的问责风暴，面对这样丰富的行政问责实践，以及其中暴露出来的一些问题，制度的跟进或完善已成为当前行政管理体制改革的重要内容，党的十七届二中全会通过的《关于深化行政管理体制改革的意见》明确提出，要"健全以行政首长为重点的行政问责制度，明确问责范围、规范问责程序，加大责任追究力度，提高政府执行力和公信力。"2009 年 7 月 12 日，中共中央办公厅、国务院办公厅印发了《关于实行党政领导干部问责的暂行规定》（以下简称《暂行规定》）。《暂行规定》的颁布实施，为问责制确立了全国范围内的统一规范，促进了问责制或行政问责制的建设和实施。①

（一）行政问责制的内涵与构成

长期以来，对于什么是"问责制"的问题，法律法规中没有统一的规定，政策文件中也没有做出明确的界定。因而，在使用问责或问责制这一概念时，理论界和实际操作层面往往只做宽泛的界说，即认为"问责"，顾名思义，就是"你的责任，出了差错，唯你是问"，问责制也被等同于"责任追究制"。这一宽泛的解释指出了问责的实质即责任追究，但责任有大小，违背责任要求而给社会带来的危害甚至存在天壤之别，因而就有必要对责任追究这一问责的实质本身加以界定。随着《暂行规定》的出台，责任追究的三种机制得以明确，从而为我们界定问责、问责制和行政问责制奠定了基础。

《暂行规定》第四条规定："党政领导干部受到问责，同时需要追究纪律责任的，依照相关规定给予党纪政纪处分；涉嫌犯罪的，移送司法机关依法处理。"由此可见，党和国家对官员的责任追究存在三种机制，即法律追究、纪律追究和问责追究。② 其中的法律追究，即刑事法律责任的追究，例如刑

---

① 韩志明：《当前行政问责制研究述评》，《云南行政学院学报》2007 年第 2 期。
② 《关于实行党政领导干部问责的暂行规定》起草小组编：《〈关于实行党政领导干部问责的暂行规定〉读本》，人民出版社 2009 年版，第 34 页。国家行政学院竹立家教授强调，"《暂行规定》的出台……标志党和国家对官员的问责追究、纪律追究、法律追究三个追究机制配套完成。"见舒泰峰、芦垚《官员问责再定边界》，《瞭望东方周刊》2009 年第 30 期。

法等法律对渎职罪、玩忽职守罪、贪污罪、受贿罪等罪名及其构成要件做出了明确的规范，因而党政领导干部的行为一旦符合相关的构成要件，涉嫌犯罪，即可依法对其追究刑事法律责任。

纪律追究包括党纪追究和政纪追究两大类。涉及党纪追究的党内法规主要有《中国共产党章程》、《中国共产党纪律处分条例》（2004年）、《中国共产党党内监督条例（试行）》（2003年）。党章专设"党的纪律"一章（第七章），纪律处分条例则是党章规定的具体化。党纪追究的方式或者说党纪处分的种类包括警告、严重警告、撤销党内职务、留党察看、开除党籍。政纪追究是指对违反公务员纪律行为的追究。这方面，《中华人民共和国公务员法》（2005年）、《行政机关公务员处分条例》（2007年）等法律法规提供了依据。公务员法第五十三条规定了公务员必须遵守的纪律，第五十六条则规定了政纪追究的方式或者说公务员纪律处分的种类，这包括警告、记过、记大过、降级、撤职和开除。对于以上六项行政处分的具体适用，《行政机关公务员处分条例》做了细致规定。

问责追究则是对国家公职人员失职但不涉嫌犯罪，且够不上党纪政纪处分的行为的责任追究。2003年以来各地出台的行政部门首长问责规定为近年来的行政问责提供了制度依据，最新出台的《暂行规定》则是问责制的规范和统一，是问责追究的最高依据。

总体上看，对国家公职人员实行问责的方式主要有刑事处罚、行政赔偿、党纪政纪处分以及组织处理，如引咎辞职、责令辞职等。有关党内法规和国家法律法规对刑事处罚、行政赔偿、党纪政纪处分在实体和程序上均有明确具体规定。刑事处罚适用《刑法》、《刑事诉讼法》等；行政赔偿适用《国家赔偿法》等；党纪处分适用《中国共产党纪律处分条例》等；政纪处分适用《行政监察法》、《公务员法》、《行政监察法实施条例》、《行政机关公务员处分条例》等。在《暂行规定》出台之前，关于刑事处罚、行政赔偿、党纪政纪处分以外的引咎辞职、责令辞职等其他问责方式，有关党内法规和国家法律法规有的有规定，但有的没有规定。如《公务员法》第八十二条第三款、第四款分别对领导成员引咎辞职、责令辞职作出了原则规定，即"领导成员因工作严重失误、失职造成重大损失或者恶劣社会影响的，或者对重大事故负有领导责任的，应当引咎辞去领导职务。领导成员应当引咎辞职或者因其他原因不再适合担任现任领导职务的，本人不提出辞职的，应当责令其辞去领导职务。"但对于"责令公开道歉"、"停职检查"等问责方式就没有规定。①

　　显然，在法律追究、纪律追究的法规制度已相对成熟的情况下，问责追究机制尚不完善，这就是近年来中央和地方行政问责制建设所要重点解决的问题，也是中央最终出台《暂行规定》，对问责追究加以统一规范的着力点。

　　问责即责任追究，且责任追究在实际操作中存在着前述的三种机制，把这三种责任追究机制都涵盖在内，即构成了广义的问责，据此界定，问责制就是指"国家公职人员不履行或者不正确履行法定职责和义务，给国家利益、人民生命财产、公共财产造成重大损失或者恶劣影响的，由有关机关按照管理权限对其进行责任追究的制度。"②

　　同时，鉴于实际操作的需要，鉴于2003年以来各地行政问责制建设中主要是从前述三种机制中的问责追究这一层面来确立问责的各项构成要件，把问责时所要追究责任的行为明确限定为违法和违纪行为之外的行为，把问责结果明确限定为法律处罚和纪律处分之外的方式，我们又有必要对问责做一狭义的界定。所谓狭义的问责，即对国家公职人员失职但不涉嫌犯罪，且够不上党纪政纪处分的行为的责任追究。据此界定，问责制就是指国家公职人员不履行或者不正确履行法定职责和义务，给国家利益、人民生命财产、

---

① 关于实行党政领导干部问责的暂行规定起草小组编：《〈关于实行党政领导干部问责的暂行规定〉读本》，人民出版社2009年版，第37页。

② 关于实行党政领导干部问责的暂行规定起草小组编：《〈关于实行党政领导干部问责的暂行规定〉读本》，人民出版社2009年版，第67页。

公共财产造成重大损失或者恶劣影响，但其行为不涉嫌犯罪，且够不上党纪政纪处分的，由有关机关按照管理权限对其进行法律处罚和纪律处分之外的责任追究的制度。行政问责制的内涵与问责制的内涵则是相通的，只不过其责任追究的对象限定为国家行政机关的公职人员。在此，必须说明的是，本章阐述浦东新区政府行政问责制时，所采用的行政问责制概念，是基于狭义的问责而界定的。

概而言之，问责的基本问题无非是：什么人（问责主体）依据什么（问责的法律制度依据）针对什么事（问责的内容和范围，或者说问责事由、问责的情形）采用什么方法（问责程序）对什么人（问责对象）追究什么样的责任（问责结果）。这就是行政问责制的六大构成要素①。对此，也有人表述为，问责的主体，即"由谁问"；问责的客体，即"向谁问"；问责的事由或问责的范围，即"问什么"；问责的方式或程序，即"如何问"；问责的结果，即"问的结果"、"责任的承担方式"或"怎么办"（见表1）。

表1　行政问责制的构成要素

问责主体	问责依据	问责事由	问责程序	问责对象	问责结果
什么人	依据什么	针对什么事	采用什么方法	对什么人	追究什么样的责任
由谁问	凭什么	问什么	如何问	向谁问	怎么办

在确定行政问责制的内涵时，本章区分了广义和狭义的问责。很显然，就行政问责制来说，广义和狭义的行政问责制，在上述六大构成要素上是有显著区别的。例如，就狭义的行政问责制来看，其问责事由给国家利益、人民生命财产、公共财产造成了重大损失或者恶劣影响，但情节上应当明显够不上违法或违纪，因而问责的结果，也即被追究责任者应当承担的处罚就理

---

① 　关于行政问责制的构成，理论界存在四要素说、五要素说和六要素说，在不同的界说中，纳入其中的要素又有一定区别。韩志明：《当前行政问责制研究述评》，《云南行政学院学报》2007 年第 2 期。本章采六要素说，但具体的构成要素综合了各家的看法。

应低于法律处罚和纪律处分。

对于上述问责制的构成要素，《暂行规定》都作出了详细规定，本章第三部分将据此对浦东新区行政问责制的完善加以阐述。在这里，先对问责主体这一要素做一说明。在确定"谁来问责"这一问题时，理论界长期存在着一定的争论，争论主要围绕着行政问责的同体问责特点而展开。所谓同体问责，是指在行政问责制的制定和实际操作过程中，行政问责往往体现为各级政府内部自上而下的一种责任监督，尽管其中引入了监察、审计等专门监督机关的作用，并且具体实施者也往往是监察或组织人事部门，但这毕竟是政府的自身监督。很多学者从加强监督实效的角度出发，强调行政问责应从同体问责走向异体问责，即引入人大、政协或者媒体、舆论、民意的监督，把问责主体从行政机关扩大到人大、政协、司法机关、执政党、民主党派、新闻媒体、法人或其他组织、公民等各种具有监督权的行动者。这一观点有效地克服了认识上的一种偏误，即认为行政问责的主体就是政府。诚然，行政问责最终要落实到政府内部的监察、审计机关、党的纪律检查机关或是责任人的主管单位头上来实施，但不能以此而否认人大等其他机构，以及法人、媒体、公民等的监督权，这不仅与社会主义制度下的权力委托关系相冲突，也不符合社会主义政治文明、社会主义民主政治的发展方向。事实上，在当前的很多问责实践中，恰恰是公民、媒体等成了问责的开端，并一步一步推动着问责的不断深入。在这些问责实践中，他们也构成了问责的主体。

对此，目前的做法是，在强化自我监督的同时，行政问责也注重吸纳各种外部监督力量。这在各地的行政问责制建设中已有充分体现。例如，《重庆市政府部门行政首长问责暂行办法》在明确任免机关、监察机关是行政问责的具体实施机构的同时，强调公民、法人和其他组织向市人民政府提出的附有相关证据材料的举报、控告，新闻媒体曝光的材料，人大代表、政协委员提出的问责建议，以及司法机关或仲裁机构提出的问责建议等都可据以启动问责程序。

　　显然，在行政问责过程中，问责主体发挥了启动问责程序的重要作用，但他们往往又并非问责过程的具体操作者，即对问责对象的问责事由展开调查并提出问责建议或做出问责决定的机构。也就是说，对于"谁来问责"这个问题，有必要区分问责主体和问责的具体执行机构这两个概念。前者构成了问责的来源，而问责的具体执行机构则是问责启动以后的具体操作者，他们都属于问责者。问责的具体执行机构在中央和各地的问责制中多有明确的界定，否则问责制在构成上就是不完整的。例如，《暂行规定》第十一条规定："对党政领导干部实行问责，按照干部管理权限进行。纪检监察机关、组织人事部门按照管理权限履行本规定中的有关职责。"可见，按照《暂行规定》，纪检监察机关、组织人事部门是对党政领导干部进行问责的具体执行者。

（二）行政问责制的发展历程

　　20 世纪 80 年代以来，在全球公共行政改革的浪潮下，强化政府官员的责任，建设责任政府已成为世界各国公共行政改革的趋势之一。我国香港特别行政区政府在国际公共行政改革潮流的影响下，为了解决政府公务员内部出现的不协调和难以合作，严重影响政府的施政效果以及对社会民众回应性不够，忽视民意表达的诉求等问题，加快责任政府建设的步伐，于 2001 年 4 月 17 日向立法会提出了高官问责的方案，并于同年 7 月 1 日实施。香港特别行政区政府推行的"问责制"，为施政带来一个全新的面貌，出现了两个明显的变化：一是由于问责官员要承担责任，他们就要重视民意，更要体察民情和勇于面对市民大众，以政绩表现赢取市民大众的信任和支持，更能够及时回应市民的诉求，建立更有民意基础的政府。二是通过"问责制"使主要官员的权责得到清晰界定，加强了官员责任性，为造就一个更加开放、负责和有效的政府奠定了基础。

　　对香港公共行政改革和责任政府构建产生重要影响的问责制，于 2003

年"非典"时期在中国内地逐步推开，包括前卫生部部长张文康、前北京市市长孟学农两名省部级高官在内的几百名官员，因隐瞒疫情或防治不力而被查处，这是新中国历史上首次在突发灾害事件中，短时间内就同一问题连续地、大范围地追究官员责任。"非典"危机过后，中国从中央到地方开始加快推进行政问责的制度化。

2004 年 2 月，《中国共产党党内监督条例（试行）》公布，这个全面、系统推行自我约束与促进自我发展的党内制度规范，明确写入了"询问和质询"、"罢免或撤换要求及处理"等内容。2004 年 4 月中共中央批准实施的《党政领导干部辞职暂行规定》，对官员因涉及"工作严重失误、失职造成重大损失或恶劣影响、对重大事故负有重要领导责任"等应引咎辞职的相关情况进行了明确的规定，将引咎辞职明确引入问责制度，党的十七大报告提出，健全质询、问责、经济责任审计、引咎辞职、罢免等制度。党的十七届二中全会通过的《关于深化行政管理体制改革的意见》进一步提出，要"健全以行政首长为重点的行政问责制度，明确问责范围、规范问责程序，加大责任追究力度，提高政府执行力和公信力。"这些都是从中共中央文件的层面确立了问责制度，对当前我国行政问责制的实施具有重大理论与现实意义。

2004 年 4 月，国务院颁布的《全面推进依法行政实施纲要》明确指出，行政机关要实现权力和责任的统一，权责统一是依法行政的基本原则。在推进依法行政，建设社会主义法治政府的进程中，其中重要内容就是推行行政执法责任制，依法界定执法职责，科学设定执法岗位，规范执法程序。要建立公开、公平、公正的评议考核制和执法过错或者错案责任追究制。《国务院 2006 年工作要点》中再次提出"大力推进政务公开，建立健全行政问责制和政府绩效评估制度"。2006 年 2 月，国务院召开研究深化行政管理体制改革的有关工作会议，确定由监察部会同有关部门，对推行行政问责制进行深入研究。2006 年 9 月 4 日，温家宝总理在"加强政府自身建设，推进政府管理创新"电视电话会议上的讲话中再次强调，要"按照权责一致、依法有序、民主公开、客观公正的原则，加快建立以行政首长为重点的行政问责制度。"2008年3月21日颁布实施的《国务院工作规则》进一步提出，国务院及各部门要推行行政问责制度和绩效管理制度，明确问责范围，规范问责程序，严格责任追究，提高政府执行力和公信力。这也就从国务院文件的层面将行政问责制进一步制度化，为我国政府依法行政，构建责任政府提供了制度性的保障。

2005年4月27日通过的《中华人民共和国公务员法》也对领导成员的引咎辞职、责令辞职作出了原则规定。2009年7月12日，中共中央办公厅、国务院办公厅印发了《暂行规定》，对问责情形、方式、对象、程序等做出了详细规定，进一步将行政问责法制化和规范化，从法律法规层面确认了当前实施的行政问责制的合法性，为我国服务政府和责任政府的建设提供了法制保障。

2003年以来，地方的行政问责制建设也取得了可喜的进展。2003年8月15日长沙市政府率先实施行政问责制，颁布了《长沙市人民政府行政问责制暂行办法》，行政官员一旦在工作中出现失职，轻则责令作出书面检查、通报批评，重则责令辞职、给予行政处分。《暂行办法》规定，长沙市人民政府对现任市政府领导，市政府各职能部门、直属机关、派出机关、直属事业单位和各区、县（市）政府行政主要负责人在所管辖的部门和工作范围由于故意或者过失，不履行或者不正确履行法定职责，以致影响行政秩序和行政效率，贻误行政工作，或者损害行政管理相对人的合法权益，给行政机关造成不良影响和后果的行为，进行内部监督和责任追究。《办法》实施以后在长沙市政界引起强烈反响，有些官员感叹："现在的官越来越不好当了！"但行政问责制的推行，强有力地促进了领导干部牢固树立"立党为公，执政为民"的思想，增强责任意识，扎扎实实为人民办实事、办好事。

2004 年 7 月，中国西部直辖市重庆市出台的《政府部门行政首长问责暂行办法》日前开始正式实施，这是中国内地省级政府层面上第一部以法定化的政府规章形式出台的"高官问责制"。《办法》的问责对象包括重庆市政府各部门的行政首长，以及参照执行的部门副职、派出和直属机构的"一把手"。它通过对效能低下、执行不力、瞒报或虚报重大突发事件、盲目决策和在商务活动中不讲诚信等 18 种问责情形，对政府行政部门"一把手"分别追究其不履行或不正确履行法定职责的 7 种责任，小至诫勉、批评，大至停职反省、劝其辞职。其后，海南省和四川省成都市分别于 2005 年和 2006 年初施行了行政首长问责的暂行规定。此外，深圳、河北、广西和甘肃等都出台了行政问责相关规定。①2008 年，广东省在出台《广东省各级政府部门行政首长问责暂行办法》的同时，还颁布实施了《广东省行政过错责任追究暂行办法》，努力把行政问责从火线问责推向长线问责。

综上所述，表明中国在 2003 年"非典"危机中启动的行政问责制，在短短的几年时间内，从非常时期的非常措施走向了制度化的轨道，由零星的一些个案逐步上升到党的文件、政府的行政法规、人大的法律层面，由具体的技术操作层面上升到了理性的制度范畴，这是中国新时期政治发展和政治文明建设的具体成果，更是中国政府向服务政府、责任政府和法治政府建设的目标迈出了坚实一步，提供了制度性的路径。

二　浦东新区行政问责制现状分析

近年来，浦东新区在推进综合配套改革试点和建设服务型政府的进程中，积极探索和建立具有地方特色的行政问责制度，出台了《浦东新区行政首长问责暂行办法》以及相关的配套制度规定，不仅为服务型政府建设确立

---

① 唐铁汉：《我国开展行政问责制的理论与实践》，《中国行政管理》2007 年第 1 期。

了较完备的监督机制，而且成了新区综合配套改革试点工作的推进器。

（一）浦东新区行政问责制的构成和实施成效

2006年4月27日，浦东新区人民政府印发《浦东新区行政首长问责暂行办法》（浦府〔2006〕93号，以下简称《暂行办法》），并于当年7月1日起施行该办法，从而揭开了行政首长问责制在浦东新区的实践。不过，作为一种责任追究机制，行政问责制在此前的浦东早已现身——新区政府于2004年11月22日印发了《上海市浦东新区行政过错责任追究暂行办法》（浦府〔2004〕185号），这一责任追究办法于次年1月1日开始施行，对政务公开与行政告知、行政许可、行政征收、行政检查、行政处罚、行政强制、行政复议、行政监督和行政赔偿等行政过程中发生的行政过错，即"行政机关及其工作人员因故意或者过失不履行、不当履行法定职责，导致影响行政秩序和行政效率，贻误行政管理工作，或者损害行政相对人合法权益，造成不良影响和后果的行为"，做出了责任追究的规定，其问责结果包括责令做出书面检查、通报批评、停止执行职务、调离工作岗位、责令辞去领导职务、辞退6种形式。

应当说，《上海市浦东新区行政过错责任追究暂行办法》的制定实施为浦东新区施行行政首长问责制提供了有益的经验，奠定了良好的基础。鉴于行政首长问责制与行政过错责任追究制在构成要素上是相通的，因而本章对责任追究办法所规定的行政问责制构成要素不再一一细述，下文涉及有关构成要素时再加以说明。

浦东新区《暂行办法》第三条明确规定："本办法所称行政首长问责，是指在各级党组织领导下，对行政首长履行职责不力或实施管理不力，尚未构成党纪政纪处分条件，依照本规定对其追究责任的活动。"可见，浦东新区的行政问责制，是基于狭义问责的界定而制定的，是狭义的行政问责制。《暂行办法》构成了浦东新区行政首长问责制的制度依据，其构成要素主要有：

1. 问责主体和问责的具体执行机构。《暂行办法》第四条规定，"行政首长的问责，通常由行政主管机关或部门的行政首长，或者其指定的分管负责人为问责实施人。"显然，这是对问责具体执行机构的规定，不过，根据对该制度问责程序的考察，监察部门在问责过程中不仅实施对问责对象的调查，而且是问责调查报告的提出者，因此，问责的具体执行机构可简要表述为主管机关和监察机关。

《暂行办法》第七条规定了可以作为问责的信息来源的七种情形，即一是公民、法人或其他组织署名的举报和申诉；二是上级领导机关的指示、批示；三是人大代表、政协委员提出的问责建议；四是司法机关或仲裁机构提出的问责建议；五是行政执法和执法监督机构提出的问责建议；六是新闻媒体曝光的材料；七是其他问责信息来源。这七种情形中列举的信息发出者就构成了问责的主体。

2. 问责事由。《暂行办法》第二章"问责内容"规定了对行政首长应当进行问责的具体情形。据此，问责事由包括，一是对国家的方针政策、区委的决定、本级人大及其常委会讨论决定的事项、本级政府确定的工作任务，未按照法定职权及时履行，不当履行职责，导致政令不畅的；二是对涉及人民群众生产生活等切身利益的重大问题或群众反映强烈的问题能解决而不及时解决，并且造成一定社会影响的；三是因执行不力、效能低下给公共利益、行政管理相对人合法权益、国家财产造成严重损失或造成社会不良影响的；四是因管理不力、行政措施不当，导致管辖范围内发生重大责任事故，给国家利益、集体利益和人民生命财产造成重大损失的；五是对下属行政过错行为应当追究而不予追究或查处不力的；六是符合《上海市浦东新区行政过错责任追究暂行办法》第二十二条①所列内容的；七是认为应当问责的其

---

① 该条名为"领导究责"，具体规定了行政领导导致行政过错后果时须担负责任的三种情形，具体为："领导指令、干预具体行政行为，导致行政过错后果发生的，指令、干预的领导负直接责任；上级机关改变下级机关做出的具体行政行为，导致行政过错后果发生的，上级机关负责人负重要领导责任；对行政过错事件和行政过错责任人隐瞒不报、查处不严，或者对上级的决定、命令无正当理由拒不执行的，单位领导负直接责任。"

他情形。

3. 问责对象。据《暂行办法》第二条，问责对象即该办法所称的行政首长，是指浦东新区人民政府各部门、街道办事处、镇政府以及法定委托、授权具有行政管理职责组织的行政主要负责人（含主持工作的副职）。

需要指出的是，这里的问责对象不仅包括行政机关的行政首长，而且包括了担负行政职权的事业单位的主要负责人。按照《暂行办法》和《上海市浦东新区行政过错责任追究暂行办法》的规定，行政首长和行政机关工作人员显然都已纳入了浦东现行的行政问责制度之中。此外，从浦东新区现有行政体制来看，事实上仍有相当多的事业单位承担了一定的行政职能，因而应当纳入行政问责的范围。这方面，行政过错责任追究制度已将其包括在内，该制度所约束的行政机关既包括新区各级行政机关，又包含了受行政机关委托或者法律、法规授权履行行政管理职责的组织。行政首长问责制中可实施问责的对象也包括了法定委托、授权具有行政管理职责组织的行政主要负责人。这样一来，就实现行政问责对行政职权拥有者的全覆盖，提高了行政问责的严肃性。

4. 问责程序。《暂行办法》第三章对问责程序做出了具体规定，该程序如图1所示。首先，当信息来源表明行政首长有应当问责的情形时，由问责实施人对该情形进行调查核实。具体又按干部管理权限分三种情况，若需问责者为新区法定委托、授权组织的行政首长，则调查核实工作由主管委、

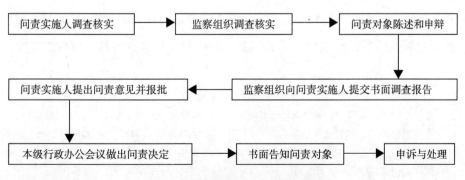

图1 浦东新区行政首长问责程序

办、局的行政首长责成有关职能处室进行；若需问责者为新区街道办事处、镇人民政府的行政首长，则调查核实工作授权功能区域领导责成有关职能处室进行；若需问责者为新区委、办、局的行政首长，则调查核实工作由新区分管领导责成有关职能部门进行。按照《暂行办法》的规定，以上步骤可称为问责程序启动前的预备阶段。

当预备阶段的调查核实中，问责实施人发现需问责者确有上述问责事由的情形时，则问责程序正式启动，启动的标志是与干部管理权限相应的监察机关进行调查核实。在监察机关调查核实的过程中，问责对象有权就问责的事项进行陈述和申辩。监察机关在完成调查工作后，应于 10 个工作日内向问责实施人提交书面调查报告。之后，问责实施人应及时提出问责意见，并报本级行政办公会议审议，按干部管理权限报批。一旦问责决定做出，则应书面通知问责对象。若问责对象不服，则可按照《公务员法》规定的程序提出申诉。

5. 问责结果。《暂行办法》第十五条规定了行政首长问责的五种问责形式，这就是五种问责结果，具体包括诫勉谈话、责令做出书面检查、通报批评、责令辞去领导职务和免职。当问责对象具有行政问责情形而主动引咎辞职时，《暂行办法》规定不再追究责任，当然，如依照法律、法规、规章等有关规定仍需追究其他责任的，从其规定。此外，对于问责对象涉嫌犯罪，或是涉嫌违反党纪、政纪的，则按有关法律法规，移送司法机关处理，或进行党纪政纪处分。①

自《暂行办法》实施后，浦东新区大力推进行政问责工作，努力构建行政问责制度体系，建立权力公开透明运行机制，加大宣传和监督检查力度，

---

① 《上海市浦东新区行政过错责任追究暂行办法》还规定了经济上的责任追究结果。在其规定的六种问责形式中，除辞退外的其他问责结果都附带相应的经济责任处理。具体为：责令书面检查的，扣发全年目标管理奖的 20%；通报批评的，扣发全年目标管理奖的 30% 和当月岗位津贴的 10%；停止执行职务的，扣发全年目标管理奖的 50% 和停止执行职务期间的岗位津贴；调离工作岗位的，扣发全年目标管理奖的 80% 和 3 个月的岗位津贴；责令辞去领导职务的，扣发全年目标管理奖和 6 个月的岗位津贴。

尤其是在实践中大力推进行政问责的制度配套，制定实施了《暂行办法》的若干配套办法，进一步增强了责任追究的操作性和规范性，推进了行政问责制的实施。其成效主要体现在以下五个方面。

第一，加强了问责工作的领导和组织协调。2006 年 12 月 30 日颁布实施的《浦东新区行政首长问责工作规程》（浦府〔2006〕349 号，以下简称《工作规程》）和 2007 年 7 月 15 日发布实施的《浦东新区行政首长问责暂行办法补充规定》（浦府〔2007〕172 号，以下简称《补充规定》），是浦东新区落实行政问责制过程中形成的最重要的两项配套办法。《工作规程》明确规定，行政首长问责制实行行政首长负责制，各级行政机关的行政首长（含主持工作的副职）为问责实施人，从而加强了行政首长问责制的实施力度。《补充规定》设有"问责保障"条款，即"问责实施人应当启动问责程序而不及时启动或不启动的，由其上一级领导进行批评教育并责令改正；性质严重的，由上一级领导对问责实施人启动问责。"显然，这一条款强化了问责实施人对行政问责工作的领导责任，从行政领导上加大了行政问责工作的保障力度。

《工作规程》还明确了浦东新区监察委员会（区监察委）作为全区行政首长问责工作的组织与协调部门的地位，规定区监察委负责监督、检查、指导全区各级行政机关的行政首长问责实施工作，各级行政机关的监察机构（或行政首长指定的其他部门）是本级行政机关行政首长问责的执行部门（监察执行部门）。明确监察机关在行政问责工作中的地位，有利于发挥这一专门监督机构的作用。

第二，增加了行政首长问责的事由，实行严格问责。配套制度对行政首长问责的事由做出了更加严格的规定，如《工作规程》规定，当行政行为经行政复议被撤销、变更、确认违法、责令履行，或行政行为经行政诉讼被法院判决败诉，或行政监督部门在各类监督检查中发现存在过错问题，并发现所涉行政首长存在过错情形而需问责时，监察执行部门应当向问责实施人提出问责建议。

《补充规定》把上述情形纳入了其中，并规定了以下新的问责事由：对区委、区政府制定的各项规章制度未严格执行，有令不行、有禁不止，造成严重后果或不良社会影响的；在工程建设、政府采购、财经管理、安全生产、土地管理使用、环境保护等领域未依法实施行政行为，造成重大损失或不良社会影响的。问责事由的增加进一步加强了行政问责的严肃性。

第三，规范了行政问责的程序。《工作规程》对行政首长问责各道程序的时间节点做了规定，从而加大了行政首长问责操作流程的规范性。具体时间节点是：问责实施人应当自发现需问责者有问责情形或收到监察执行部门的问责建议之日起的5日内启动问责程序；监察执行部门的调查核实工作应当在20日内完成，如情况复杂，经区监察委批准，可延长10日；监察执行部门完成调查工作后，应当于10日内提交书面调查报告，报送问责实施人；之后，问责实施人应当于5日内提出问责处理意见，报本级行政办公会议审议，做出问责决定，并按干部管理权限报批；做出问责处理决定的，由监察执行部门制作《处理决定书》，《处理决定书》做出后3日内应当送达问责对象。

根据这一工作流程的规定，新区监察委还制定了《浦东新区行政首长问责建议书》、《浦东新区行政首长问责登记表》、《浦东新区首长问责处理决定书》等文书，规范了公文格式。

此外，《补充规定》对问责的启动做出了更为细致的规定，增强了行政首长问责的操作性。具体为：（1）分管副区长职权范围内有应当问责情形的，由区长启动问责；（2）各委、办、局行政首长有应当问责情形的，由区长启动问责或委托分管副区长启动问责；（3）各街道办事处、镇政府行政首长有应当问责情形的，由相关功能区域管委会主任启动问责；（4）新区法定委托、授权组织的行政首长有应当问责情形的，由主管部门行政首长启动问责；（5）各部门、单位内部处室、科室或直属单位行政负责人有应当问责情形的，行政首长可以根据本规定对相关负责人启动问责。

《补充规定》还规定了建议启动和特别启动这两种新的问责启动形式。建议启动是指各部门、单位发生有应当问责情形的，上一级机关的监察机构可以通过问责建议、监察建议书等方式，要求问责实施人启动问责程序。特别启动是指新区监察委按照区政府领导指示或要求，可以根据具体情况，作为问责实施人直接启动对区内各级行政首长的问责程序。

第四，扩大了问责的信息来源。《补充规定》明确规定，人大机关、政协机关提出的问责建议；信访、行政效能投诉中心等部门受理并查实的举报和投诉；司法机关关于行政机关因行政过错而败诉的审判决定；区政府或市专业主管部门关于行政机关因行政过错而败诉的行政复议决定；审计机关关于认定行政机关违反财经管理规定的审计报告等均可作为问责的信息来源，从而强化了审计等专门监督机构和人大、政协、司法、信访等机关的问责主体地位。区监察委还会同区委组织部和区审计局等部门，制定实施了《浦东新区经济责任审计工作联席会议组织办法》和《关于加大经济责任审计结果利用的实施意见》，把经济责任审计中发现的问题，作为行政首长问责的线索和依据，进一步加强了对领导干部的监督。

第五，保障了问责对象的申诉权。《补充规定》对行政问责的申诉复核及其时间节点做出了详细规定，从而既规范了问责的程序，又保障了问责对象的申诉权。具体时间节点为，被问责人不服行政问责处理决定的，可以在接到处理决定之日起 30 日内向原处理机关申请复核；对复核结果不服的，可以自接到复核决定之日起 15 日内，向做出处理机关的上一级机关或新区监察委提出申诉；也可以不经复核，自接到处理决定之日起 30 日内直接提出申诉。原处理机关应当自接到复核申请书后 30 日内做出复核决定；受理申诉的机关应当自受理之日起 60 日内做出处理决定。

通过配套制度的建立和一系列制度的具体实施，新区行政问责制的贯彻落实取得了较大的成效。2006 年以来，浦东新区共实施行政问责和责任追究 50 余人次（不包括党纪政纪处理人数），对问责对象分别做出了诫勉谈话、书面检查、通报批评的处理。问责对象涉及的问题主要表现在三个方面。一是对规定政策执行的监管不力。如对违反国家有关土地管理的法律法规和政策规定，并非法占用土地谋取利益的形为，未能履行土地监管的职责。二是责任意识、工作规范不到位。如政府采购审核不细，把关不严；信访处理不规范，对社会造成负面影响。三是工作作风简单粗暴。服务态度生硬、蛮横，导致媒体曝光，损害了浦东的形象。其中，土地管理方面的问题占到了较高的比例。在 2008 年被行政问责或责任追究的 27 人中，涉及政府采购、信访处理与公务人员工作责任、服务态度等方面的问题，分别占到了 11%、11% 和 15%，而涉及土地管理方面的问题，则占比高达 62%。除上述问题外，问责对象涉及的问题还有违规购车、安全生产事故、环境污染、不作为乱作为、执法过错等。

（二）浦东新区行政问责制及其实施中存在的主要问题

浦东新区行政问责制在实施过程中虽然取得了一些成效，但也存在不少问题，有待进一步健全和完善。

1. 问责主体单一，异体问责相对薄弱。从浦东新区行政问责制的实践来看，问责现在更多的是体制内循环，主要是上级对下级的监督，这种同体监督显然没有引入人大、政协或者媒体、舆论、民意后的异体监督更为有力、有效，更凸显行政问责制的公平公正性。虽然，从制度规定来看，浦东现有的行政问责制度也规定了同体问责与异体问责相结合的方式，即把行政机关之外的人大、政协、司法机关、政党和其他社会监督渠道纳入了问责的信息来源，使其提供问责线索的重要作用有了制度依据。然而，在提供线索之后，这些信息提供者就在一定程度上被排除在接下来的问责过程之外，这不利于进一步发挥异体问责的作用。因而，需要在下一步完善行政问责制的过程中，把如何发挥人大、政协等其他渠道的监督作用具体化和制度化。

2. 问责结果尚不规范。《上海市浦东新区行政过错责任追究暂行办法》规定的问责结果包括对行政机关和对个人两个方面。其中，行政机关不依法行政造成行政过错的，视情给予通报批评、不予评优评先、降低考核等次处理；对个人的问责结果则包括责令做出书面检查、通报批评、停止执行职务、调离工作岗位、责令辞去领导职务和辞退六种。此外，行政首长问责制规定的问责结果包括了诫勉谈话、责令做出书面检查、通报批评、责令辞去领导职务和免职五种形式，这些形式与《暂行规定》的问责结果仍存在不一致之处。虽然，这方面的主要问题是因浦东的行政问责制是在中央《暂行规定》尚未出台，也就是说尚无行政问责的全国性统一规范的情况下出现的。但如今，《暂行规定》已出台，则因对照《暂行规定》，进一步规范问责结果。

3. 责任追究弹性大，缺乏问责结果与问责事由的一一对应。浦东现有的行政问责制度对问责事由做出了详尽的规定，这方面，行政过错责任追究制度更显突出，如在行政强制过错方面，《上海市浦东新区行政过错责任追究暂行办法》具体规定了行政机关及其工作人员在履行行政强制职责时应当追究行政过错责任的五种情形：一是无法定依据采取行政强制措施的；二是未按法定程序、权限、时限实施行政强制措施的；三是擅自处置行政强制涉及的财物的；四是逾期实施行政强制措施或者不申请人民法院强制执行的；五是其他违反行政强制措施规定，损害行政相对人合法权益的。同时，该《暂行办法》还对行政过错和行政过错责任进行了具体划分，即把行政过错划分为一般过错、严重过错和特别严重过错，行政过错责任则分为直接责任、主要领导责任和重要领导责任，其中直接责任又有承办究责、审核究责、批准究责和领导究责等具体情形。

然而，现有的行政问责制度在问责事由与问责结果的对应方面，则仍存在一个较大的问题，即没有把问责事由与问责结果直接对应起来，没有对有何种该问责的情形，从而实行何种问责形式，做出明确的规定，出现了问责事由与问责结果不能因果对应的问题。虽然这种对应关系在《上海市浦东新区行政过错责任追究暂行办法》中得到了一定程度的体现①，但它在行政首长问责制中则付诸阙如。再加上《上海市浦东新区行政过错责任追究暂行办法》也没有完全实现问责事由与问责结果的一一对应。因此，在问责的实际操作过程中，就有可能产生难以准确地决定问责结果，或者问责的自由裁量权过大等问题，从而降低了行政问责的操作性，不利于行政问责的规范运行，降低了以行政问责来推动行政机关及其工作人员依法实施行政行为和提高服务水平的力度。

4. 从行政问责制的执行来看，各部门领导的积极性仍有待提高。由于行政问责把行政首长自身纳入了问责对象的范围，即便有问责情形的是行政首长所在机关的工作人员，一旦问责也会影响本机关甚或该行政首长的声誉或工作成绩，因而在现实中存在着一些行政首长当老好人，大事化小、小事化了，难以克服人情关系束缚的现象，从而加大了行政问责的难度，不利于行政问责制的贯彻落实。

三 健全浦东新区行政问责制的对策

《上海市国民经济和社会发展第十二个五年规划纲要》明确提出，"十二五"期间，要完善以行政首长为重点的行政问责制度，明确行政问责范围，规范问责程序，健全责任追究制度和纠错改正机制。"十一五"期间，浦东新区在推进综合配套改革试点和建设服务型政府的进程中，积极探索和建立具有地方特色的行政问责制度，并在实践中取得了较大成效，但浦

① 《上海市浦东新区行政过错责任追究暂行办法》对一般过错、严重过错和特别严重过错中，直接责任、主要领导责任和重要领导责任承担者的问责结果都分别做出了规定。如对一般过错的直接责任承担者可责令做出书面检查或通报批评；对严重过错的主要领导责任承担者可责令做出书面检查、通报批评或停止执行职务。显然，过错与责任在这里有了一定的对应关系，但与"一一对应"这一目标相比，则仍存在着一定的差距。

东的行政问责制度是在全国尚无问责方面统一规范的条件下进行的，实践中也存在不少问题。"十二五"期间，浦东新区应按照中央《关于实行党政领导干部问责的暂行规定》与《上海市国民经济和社会发展第十二个五年规划纲要》的要求和精神，结合综合配套改革试点的深入推进和服务型政府的构建，针对存在的问题，进一步健全行政问责制，具体可从以下几方面着手：

（一）强化异体问责，健全多元行政问责体系

行政问责属于行政监督的范畴，从浦东新区的行政首长问责制，以及对行政机关及其工作人员的责任追究制来看，主要是同体问责，行政问责中体现的政府自我监督色彩是十分明显的。而要进一步提高行政问责的实效，增强政府的责任意识和服务意识，必须引入各种社会监督力量，强化异体问责，健全多元行政问责体系。因此，如何在现有基础上，强化人大、政协、司法机关、政党和社会公众以及其他社会监督渠道的作用，仍是进一步健全浦东行政问责制亟须解决的问题。

首先需要强调的是，作为异体问责的重要主体，人大的问责是最具权威性的。人民代表大会成为问责实施的主体地位，是由人民代表大会制度在权力结构中地位决定的，宪法和相关法律明确规定其他国家机关受其监督，对其负责，因而人大对政府官员进行问责是情理之中，法理所定的制度，人大不仅具有问责的资格和权力，而且具有权威性和法理性。为此，在健全行政问责制的过程中，应当避免落入行政问责仅限行政机关内部监督的窠臼，切实发挥人大的作用，探索新途径、新形式，如考虑如何发挥信息提供者在问责程序启动之后的作用，在对问责情形的调查核实过程中，吸收人大代表或政协委员参加调查核实工作等，同时把行政问责与人大行使质询权、调查权、罢免权和撤职权等更好地结合起来。

其次需要明确的是，社会公众也应是行政问责中的重要主体。社会公众

的积极参与，有助于政府沿着尊重民意的方向发展。"随着民主意识的增长和新公共管理理念的盛行，公众参与成为行政发展的必然，就行政问责而言，我们应该建立一种公众导向的问责模式。"[①]因此，浦东新区在健全行政问责制的过程中，应培养公民的权利意识和监督意识，充分调动公众问责的积极性，畅通社会公众参与行政问责的路径，提高社会公众对行政问责制度的监督与参与。真正构建一个由人大问责（即政治问责）、系统内部问责（即行政问责）、司法问责（即法律问责）和社会问责（即民主问责）四方面组成的多元问责体系。[②]

（二）规范问责结果，加强问责结果与问责事由的对应关系

对照中央《暂行规定》，可发现浦东的行政问责制中对"责令公开道歉"这一问责结果未作规定，在《暂行规定》出台后，应增加这一问责形式。此外，《暂行规定》把"引咎辞职"规定为问责结果之一，而浦东的行政首长问责制中强调行政首长有问责情形且不涉嫌违法，并达不到党纪政纪处分时，则在其主动引咎辞职后即不再依照行政首长问责的暂行办法追究责任。显然，"引咎辞职"在这里并未明确规定为一种问责形式，这一点也需要依据《暂行规定》加以规范。

同时，浦东新区在健全行政问责制的过程中，应努力建立具体问责事由与具体问责结果的一一对应关系，提高行政问责制的规范性和操作性。当然，行政问责的情形千差万别，而问责的形式相对有限，且问责结果难以量化，不同问责结果之间也缺乏数量上的差别，因而要让行政问责制做到像刑法那样实现相对精准的罪刑对应关系，确实有较大的难度。但刑法所体现的罪刑因果对应逻辑和罪刑相当原则，可成为健全行政问责制的努力方向。

---

① 周斌：《行政问责制：权责对等的制度性保障》，《湖北社会科学》2005年第2期。

② 汪大海：《公共管理》，中国人事出版社2010年版，第85页。

（三）加强行政问责制度与实施的体系建设，深入推进权力公开透明运行

《暂行办法》推出之后，浦东新区要求各部门依据《暂行办法》，结合自身实际，制定出专项领域的行政首长问责办法，以构建起区级层面的"1+N"行政问责制度体系；同时，为了从权力运行这一源头上阻止问责情形的发生，并使行政问责通畅运行，新区还从2007年开始试点建设由"权力责任机制、运作规范机制、网上运行机制和监督问责机制"组成的权力公开透明运行机制。

在全区域的统一规范出台后，鉴于不同部门间行政问责所针对的问责情形存在较大的差异，为提高行政问责的针对性和有效性，就需要根据不同部门的实际情况，制定细化的部门内的行政问责实施办法，当这一系列实施办法出台并实施后，就能够构建一个行政问责的完整制度体系，从而使行政问责制既坚持良好的原则性，又做到具体事由具体对待，拥有较大的针对性。对此，应继续推进新区"1+N"行政问责制度体系建设，推动各开发区域和街镇，以及建交委、环保局、社发局、审计局和质监局等各系统、各单位，像新区财政局2008年制定实施《浦东新区财政绩效预算管理行政首长问责办法》那样，制定出自身的行政首长问责办法，进一步明晰机关及其成员的职、权、责，营造一级抓一级、层层抓落实的良好局面。

同时，在行政问责制度化之后，需要在全区域构建一个供行政问责制度有效运行的实施平台。这个实施平台的作用，就在于使行政问责运行通畅。对此，应继续加大新区权力公开透明运行机制的建设和实施力度，推动全区各部委办局和街镇，从清理确认权力、编制权力运行流程图、明确公开内容和范围、确定公开载体、确定权力运行监督指标、建设权力公开透明运行电子管理系统入手，实现权力的真正公开透明运行。

显然，这一权力公开透明运行机制，不仅对失职、不作为、滥用职权等

行为起到了预防作用，而且为行政问责的顺利运行提供了一个良好的平台。可以设想，一旦出现确需问责的情形，这一情形首先就将在权力公开透明运行机制的作用下无所遁形，从而为行政问责的立案、调查等环节创造了良好的条件，而在问责决定做出后，其执行也必将因权力公开透明运行而畅通无阻。

（四）细化行政问责的工作流程，进一步规范问责程序

浦东新区在行政问责实施过程中，建立了案件线索移送制度、问责结果通报制度等工作流程规则。根据新制定的《浦东新区行政监督违纪违规线索移送办法》，区各行政监督部门发现有行政过错行为、涉及违纪违规等情况的，应当向区监察委移送线索。区监察委为此制作了《浦东新区行政监督违纪违规线索移送表》。

《补充规定》对问责结果的通报做出了专门规定，要求新区监察委每年对全区行政问责案件处理情况进行汇总和综合分析，并向区政府常务会议专题汇报，同时选择部分典型案例，在一定范围内进行通报。各行政机关则应当建立内部通报制度，就本部门、单位发生的行政问责案例进行通报。新区监察委实施这一制度后，较好地发挥了案例的警示作用。

虽然，案件线索移送制度、问责结果通报制度的实施，其目的就在于细化行政问责的工作流程，并取得了一定的成效。为进一步提高行政问责的执行力度，应对行政问责的其他工作流程也进一步加以细化。行政问责的具体程序可能会因问责主体和对象的不同而有所差异，但总体上需要经过立案、调查、决定、通知、执行五个相互衔接的环节。[①] 显然，上述的流程细化仍主要着眼于立案阶段，以及注重发挥执行后的警示作用，而在调查、决定、通知、执行这四个阶段，则缺乏像案件线索移送这样的具体流程性规定，因

---

① 李华芳：《地方政府推行行政问责制的实践与完善路径》，《成都行政学院学报》2008 年第 5 期。

此，应细化行政问责的工作流程，进一步规范问责程序。

（五）加强宣传和监督检查，提高行政问责制的知晓度和严肃性

为推进权力公开透明运行，新区应在权力公开透明运行专网上，发布行政问责制的内容和责任追究的有关情况，加大问责结果和典型案例的通报力度，大力做好宣传工作，增加透明度，扩大知晓度。同时，区监察委与区新闻办、法制办、建交委和质监局等部门和单位可通过联系制度，进一步拓宽案源线索；对新闻媒体曝光、效能投诉、违法违规用地和食品质量安全等问题，加大监督检查力度，实行严格问责。

（六）完善绩效评估，奠定行政问责制的依据和基础

绩效评估是引导政府及其工作人员树立正确导向、尽职尽责做好各项工作的一项重要制度，也是实行行政问责制的前提和基础。有了绩效评估的结果，行政问责才有可靠的依据。浦东新区应进一步树立与科学发展观相适应的政绩观，完善政府绩效评估的内容和指标体系，同时，建立起多重评估的体制。这种体制不仅包括党委和人大政协的评估、上级评估、政府机关的自我评估等，还应当包括相关专业的专家评估。更重要的是引进政府管理和服务对象即社会公众的评估，逐步实现官方评估与民间评估并重。这可以使政府部门不仅对上级机关负责，更重要的是对人民负责，形成人民监督和上级监督相结合的效能评估制度，从而为实行行政问责制提供可靠的依据和奠定良好的基础。

总之，健全一项制度是为了更好地推动这一制度发挥实效。因而，制度的健全不能代替制度的执行，加强行政问责，还必须在提高执行力度上下工夫。"十二五"期间，浦东新区在健全行政问责制度的基础上，应根据制度实施中遇到的上述具体问题，进一步加大制度的执行力度，把行政问责落到实处，严格问责，以推进综合配套改革试点中的服务型政府建设。

结　论

经济基础决定上层建筑，上层建设必须随着经济基础的变化而改变，并进一步促进经济基础发展，这是唯物主义的基本观点。因此，服务型政府建设只有放在市场经济体制构建和社会转型发展的大背景下才有正确的定位和真正的价值。脱离了市场经济和社会转型来谈政府改革就会忽视基本的环境变量，将政府改革空悬到空中，带来很多似是而非，又莫衷一是的看法。本课题在综合配套改革试点的实践中考察服务型政府建设，就是将政府自身建设与全面的社会发展和改革结合起来，探究两者之间相互支援、相互影响的关系。一方面，在社会转型发展的大背景中找准政府职能的定位，理顺经济调节、市场监管、社会管理和公共服务的协调关系，寻找突破政府改革瓶颈的路径和方法；另一方面，通过政府职能转变和服务效率提高，改变经济建设型政府模式，建立符合市场经济发展要求的服务型政府，实现经济发展方式转变，推动经济社会全面、协调、可持续发展。

通过对浦东新区近年来的综合配套改革试点和服务型政府建设的全方位、多角度、多层面的考察，本研究认为，服务型政府建设是一项系统工程，需要与经济社会发展统筹考虑，更需要综合配套改革的有力支撑，在瓶颈突破和体制再造方面予以正面支持。具体来说，两者之间的关系包括：

一　综合配套改革增强了服务型政府建设的主动性，强化了政府的紧迫感和责任意识

浦东综合配套改革试点是 2005 年以来的新生事物，它不同于 20 世纪 90 年代中期的科技和经济体制综合配套改革，其主要目的就是以试点地区为载体，按照"全国能借鉴、上海能推广、浦东能突破"的原则要求，围绕发展、促进发展，率先建立有利于科学发展的体制机制；其主要突破口就是以制度创新推动金融发展和自主创新，加快形成服务经济为主的产业结构和创新驱动为主的发展模式；其主要路径就是要以开放促改革，可以说，浦东综合配套改革的灵魂是综合，核心是改革，是全面的、体制性的、区域性的变革。通过这种变革，将政府职能转变、经济发展方式转变和社会和谐发展有机结合起来，使它们互相促进、互相融合。因此，综合配套改革首先指向的是政府自身，并将政府职能转变和行政运行方式创新放在首要地位，在制约进一步发展的体制机制上取得重大突破。浦东新区对这一点有较深的体会，2009 年 4 月 17 日新区的主要领导在纪念浦东开发开放 19 周年暨综合配套改革推进大会的讲话中明确提出，实践告诉我们，改革的目的就是为了加快发展，实现科学发展，发展的瓶颈就是改革的内容，改革的成果必须为发展服务。越是形势严峻，越不能放松改革、忽视改革。当前，要坚持把深化综合配套改革试点作为浦东新一轮发展的根本动力，进一步解放思想，加大重点领域和关键环节的改革力度，消除体制机制障碍，激发和创造经济增长的新活力。

正因为这样，近年来浦东新区在着力转变政府职能、着力转变经济运行方式和着力改变城乡二元经济社会结构等方面取得了积极进展。在 2008 年金融危机的冲击下，浦东也没有放松结构调整和改革创新的步伐，坚持在瓶颈突破方面有所作为。特别是在转变政府职能方面，浦东积极推动政府职能

从管治向服务回归，努力建设服务政府；积极推动政府角色转变，努力从以政府自身为中心的决策者转向以市民为中心的执行者；积极推动社会共商共治，努力构建微观领域的利益协商机制。同时，大力缩短企业注册登记时限，简化社会投资管理，合并部分基建审批环节，减免行政事业性收费，以及出台了一系列金融、科技、人才、服务业发展等专项扶持政策，着力建设科研测试、人力资源、知识产权、投融资、信息等科技创新公共服务平台。不仅营造良好环境，在寒冬中给企业家以温暖、给创业者以关怀，而且为保持经济平稳较快增长发挥了积极作用。2009 年金融危机稍有缓和，浦东立即在推进综合配套改革试点工作安排上提出了"探索建立适应经济社会发展转型的行政管理体制"的战略部署，要求全区围绕完善社会主义市场经济体制、促进经济结构转型和提高公共服务效能，以转变政府职能为核心，加快建设公共服务型政府。具体包括：①

第一，梳理和界定政府职能。主动开展自我评估、部门互评和第三方评估，查找影响政府转变职能的突出问题，梳理需要优化、强化和转化的政府职能事项，明确应向市场、社会转移的事权，合理界定政府职能。

第二，推进区级机构改革。按照决策、执行、监督既相协调又相分离的原则，科学合理设置区政府工作部门，制定和实施区级机构改革方案。既要加强宏观决策统筹，进一步提高规划管理、土地利用、产业政策、公共服务等方面决策的科学性与协调性，探索宏观决策和行政执行相对分离；又要促进执行专业高效，进一步明确职权责任，优化专业部门设置，推进事业单位分类改革，促进社会组织发育，实现政府服务便捷高效。

第三，深化行政审批制度改革。以建设"行政效能最高、透明度最高、收费最低"的示范区为目标，深化行政事业性收费减免、市场准入、基本健身审批和投资项目管理等重点改革，进一步改革前置审批事项，加大告知承

---

① 资料来源：中共浦东新区委员会办公室、浦东新区人民政府办公室印发《2009 年浦东新区推进浦东综合配套改革试点工作安排》的通知（浦委办发〔2009〕28 号）。

诺实施力度。同时要加快电子审批服务平台建设，完善企业办事服务运行体系，争取实现"一门办结"；完善市民办事服务运行体系，显著提高行政审批透明度和政府办事效率。加强政府后续监管服务，完善企业诚信管理体系和社会责任体系，积极培育社会中介组织，提升政府服务企业、服务社会的能级。

第四，深化以国有开发公司为重点的国资国企改革。推进国资国企战略重组和市场化改革。国有开发集团公司以区域功能开发为重点，承担基础开发、招商引资、客户服务、投资融资、综合营运的主体职能。上市公司坚持市场导向，逐步调整资产结构，形成主业突出、错位发展的格局。完善符合市场经济运行的产权制度和现代企业制度，加大集团董事会建设和运营层市场化选聘的力度。

在这里可以看出，"改"不是上级的要求，而是浦东的需求；"改"不是外在的压力，而是来自内在的动力。服务型政府建设根本上立足于完善市场经济体制、经济结构转型和提高公共服务效能。只有站在综合配套改革的高度，加强紧迫感和责任意识，才能为服务型政府建设提供不竭的动力。

二　综合配套改革强调服务型政府建设的综合性，对政府管理改革提出了全方位的要求

服务型政府建设是一项系统工程，涉及政府职能转变、政府组织结构优化、行政审批制度改革、依法行政推进、公共服务制度供给、公共服务体系建设和服务方式创新以及绩效评估和行政问责等方方面面的内容。综合配套改革试点以服务于经济、社会发展这一根红线将这些方面串接起来，充分展开政府自身建设的各个侧面。

本研究认为，在综合配套改革的背景下探讨服务型政府建设，提升政府管理能力和服务水平的问题，需要处理好三个层面的关系：

第一是生态环境与政府系统之间的关系。主要是市场和社会对政府的需求与要求，以及政府对这些需求的回应和自身的职能定位，包括将部分需求纳入政策议程，通过一定的机制形成政策和工作，形成服务性产出。这是服务型政府建设的根本出发点和落脚点，也是提升政府公共服务水平的基础和起点。另外，在现代社会环境下，政府还可以将市场机制和社会力量纳入公共服务体系，通过市场和社会提供公共服务，满足生态环境对政府工作的要求，这又是提升政府公共服务水平的有力途径和方式创新。

第二是政府内部横向部门之间的关系。现代政府内部的机构都是按照职能分工进行设置的，体现的是专业化和行业化特点。但由此也会造成条线之间的分割和缝隙，带来社会管理的"盲点"和"空白区"，出现有些事情争着管，有些事情无人管的困境，实际上削弱了政府的管理能力和控制能力，给协同与合作造成困难。大部制成为服务型政府建设的内在要求和现实选择。建立职能有机统一的大部门体制，既能够缩减机构数目，通过部门内部"扁平化"再造减少行政层级，减少部门之间的职能交叉和权限冲突，简化公务手续；也能够在一定程度上解决长期存在的"政出多门"，和部门之间的协调配合机制等问题，提高行政协调效果，有利于建立统一、精简、高效的符合市场经济和民主法治要求的现代化政府体制。

第三是不同政府层级之间的关系。在区级政府层面主要是区政府与市政府之间、区政府与街道（镇）之间的分工与合作关系。层级关系主要是权、责等要素的分配问题。权力是行政管理的基础性资源，如果得不到有效配置就可能造成权责不匹配，严重影响行政效率。责是行使权力时需要履行和承担的责任，责任政府要求政府切实承担起公共责任，对失职和失责要追究责任。

在认识这三层关系的基础上，我们可以构建出一个包括生态、组织和部门各种因素的政府管理和服务系统（见图1）。通过对这个系统的细致剖析，可以找到提升政府管理能力和公共服务水平的途径。

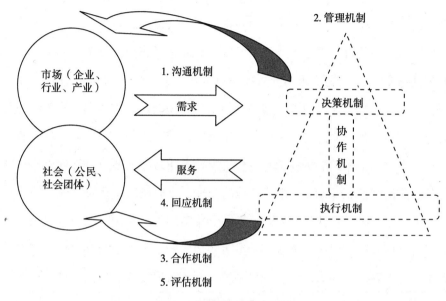

图 1　政府管理和服务系统

　　按照这个管理和服务系统显示，我们可以将服务型政府构建的主要内容分为这样三个层次：

　　1. 从系统输出的角度来看，公共服务体系建设、应急管理都属于这一类。它们都直接生产社会保障、社会福利、公共安全等公共产品，是服务型政府构建的重要内容。

　　（1）公共服务体系建设是浦东新区综合配套改革试点的基础，也是服务型政府建设的内在要求。就目前的中国国情来说，首先要确立政府主导、社会参与型公共服务体系的建设模式。政府在公共服务中肩负起"核心供给者"的责任，提供基本的公共物品，实现基本公共服务均等化。基本公共服务涉及就业、教育、卫生、安全、生活等各个方面，关系到社会稳定、经济持续发展。同时，通过开放公共服务领域，引入竞争机制，一方面可以剥离原本不属于政府应该管辖的机构和职能，另一方面促进公共服务供给主体之间的竞争，使用最低的成本购买到最优质的公共服务。在市场经济条件下，构建公共服务体系供给主体多元化格局，引导企业、社会组织、驻区单位共同供给公共产品，并加强监管，最终提高服务对象的满意度。

（2）公共危机管理是现代政府的重要职能之一，公共安全产品也是基本的公共服务之一。从预防和处置的角度来看，政府需要加强应急教育和培训，加大应急文化建设力度，增强领导干部和民众的危机意识。构建和完善适合浦东新区政府应急管理需要的科学机制，应建成覆盖各行业、各单位的应急预案体系；落实党委领导下的行政领导责任制，加强应急管理机构和应急救援队伍建设；形成统一指挥、结构合理、反应灵敏、运转高效、保障有力的突发公共事件应急体系；提高突发公共事件监测和预警能力，加强重点领域监测预警系统建设，逐步完善覆盖各地区的各类突发公共事件监测网络系统，构建突发公共事件综合预警系统。开创政府主导、部门协调、军地结合、全社会共同参与的新区政府应急管理工作新格局。

2. 从系统运行的角度来看，政府机构改革、依法行政水平提升、行政审批制度改革、公共服务的制度供给、服务方式创新都属于这一类。它们主要是为公共服务和产品提供制度保障和机制支撑。

（1）政府机构改革是服务型政府建设的组织基础。应在区分经济调节、市场监管、社会管理和公共服务部门的基础上，采用"大部制"的思路进一步整合现有的政府组成部门，科学设计政府组织架构，大力压缩经济管理部门，合理归并城市建设与管理部门，加强与整合社会管理和公共服务部门，尤其是适当增加公共服务部门在政府机构中的比例。当机构调整难题较大时，可以通过创设类似"专门委员会"、"联席会议"等机构的方式来整合统筹部门职能，在不动机构和不动人员的前提下，实现部门职能整合。

（2）依法行政水平提升是服务型政府建设的法治条件和保障。首先要完善公众参与机制，使制度和决策更加科学；其次是完善行政执法程序，特别是信息公开，进一步提高执法水平；再次是规范行政自由裁量权，提高执法公信力；最后要创新监督方式，提高行政法制监督水平。

（3）行政审批制度改革是服务型政府建设的重要内容和抓手。实践证明，浦东新区的"告知承诺"审批机制不仅提高了审批效率、简化了审批环节，更有利于政府由"审批型"向"管理型"过渡，更有助于社会诚信体系建设和法治社会建设。"十二五"期间，浦东提出要继续深入推进行政审批制度改革。进一步精简审批事项，优化审批流程，推进重点领域审批改革，推行编码规范管理和审批标准化改革，积极探索帮办、领办、代办等服务机制，推动以审批为主向服务为主转变，推进政府信息公开、完善民主监督机制，努力建设全国最开放、最透明、最高效的地区。①

（4）公共服务的制度供给是服务型政府建设的制度支撑。在经济、社会全面发展过程中，政府应进一步提升制度供给能力，实现制度供求的均衡化。这种均衡化需要政府在主导的地位下实现协同治理，追求政府、社会和市场的互动，将政府自觉主导供给、社会自主供给和市场自发供给三种模式相结合，构建一种综合联动型的公共服务制度供给模式，这不仅是浦东新区改革追求的目标，也是符合中国特点和现阶段特征的改革方向。

（5）服务方式创新是公共服务具体生产、供给的途径和过程。公共服务方式选取是否得当，运用是否科学，作用是否有效，直接决定着政府公共服务水平和质量的高低。公共服务方式多元化是市场经济和全球化浪潮的必然结果。浦东的实践说明，电子化供给、市场化供给、社会化供给等多种方式的综合运用，为政府提供廉价、高效的公共服务提供了多种可选择的工具。但是，供给多元化不等于政府卸责，事实上，不论是一元还是多元，政府都必须承担监管职责。

3. 从系统反馈的角度来看，绩效评估、行政问责都属于这一类。主要是评估和反馈公共服务产品的质量和效益，并提高政府对反馈结果的责任意识

① 《浦东新区国民经济和社会发展第十二个五年规划纲要》，浦东新区政府门户网站，2011年2月10日。

和敏感程度。

（1）绩效评估是服务型政府建设的推进器。浦东实行的机关绩效考核、行政效能评估、绩效预算、政风行风评议等各种方式的绩效评估，为理论运用于实践进行了充分地探索并积累了经验。特别是预算绩效评价的指标体系建设，为科学衡量财政项目的目标完成、经济社会效益、财务管理、制度建设等各个维度提供了较为有益的参考和借鉴。同时，引入第三方和公众参与评估过程，也是破解当前"自评估"和评估"公信力"下降难题的重要方式。

（2）行政问责是服务型政府建设的外在动力。通过公共服务的承诺制和问责制建设，可以倒逼政府的管理流程和运行机制，使其程序上更加合法、合规、简洁和高效。完善的行政问责制度不仅包括对问责主体、方式、内容和程序等要素的规定，更为主要的是建立健全权力公开透明运行的机制，强化权力的监督。这不仅有利于提高公务员的责任意识，建设责任型政府，也是提升政府执行力的重要抓手和保障。

三　综合配套改革强调服务型政府建设的可持续性，两者互相支持相互促进

由管制型政府向服务型政府的转变是中国政府治道变革的必然方向。服务型政府要求政府在完善的市场机制的基础上合理、高效、科学地提供公共产品或部分准公共产品。而对处于转型时期的中国来说，地方政府在服务型转向中负有双重任务：一是通过机构改革和职能转变，主动构建和完善社会主义市场机制。要帮助市场这只"看不见的手发挥作用"，就必须减少政府对微观市场领域的干预，而通过制度构建保证市场要素自由、低成本地流动。二是加大对公共卫生、教育、医疗、公共信息、社会保障等公共产品的提供，以弥补市场机制的不足，救治市场失灵。

　　但是，在特定的激励机制下，地方政府单方面追求 GDP 增长的行为动机可能会制约这两方面的改革动力。由于倾向于在短期内最大显示经济政绩，地方政府一般有动力通过直接投资或者招商引资来拉动经济，并辅之以审批制度改革、开发区环境建设、招商政策优化等措施，而没有强烈动力去做一些"吃力不讨好"、短期内难以见成效的工作，比如政府职能调整、市场机制完善、公共卫生、公共教育、住房保障等。相比较前者来说，后者虽然从长时段来说对社会发展有利，却往往在短期内不能直接见效，这种"前人栽树，后人乘凉"的工作显然不会被地方政府所青睐。另外，公共产品的提供涉及政府财政的支出项目转移，也意味着政府在直接投资、活动资金方面的减少，而短期内并不能产生经济发展效应，也缺乏强烈动力。同时，地方政府对地方舆论和民意的较低敏感性也增加了政府服务型转向的阻力。①

　　应该说，地方政府构建服务型政府的动力主要来源于中央政府的推动。但是，地方政府因为掌握信息优势，有时可以通过瞒报、假报等手段规避中央的命令。这是目前中国中央政府对地方政府激励手段和激励目的之间的矛盾和难题。如果不能从体制机制上有效解决这一难题，则服务型政府建设可能会缺乏持续动力，甚至演变成个别地方领导人的几招"作秀"。

　　浦东综合配套改革试点强调经济、社会和政府的整体推进和全面转型，尤其侧重有利于上海"四个中心"建设的制度规范、监管方式和法治环境。首先，在经济发展方式转变方面，浦东加快形成以服务经济为主体的产业结构和以创新驱动为主导的发展模式，力图在宏观政策引导下产生新的产业业态、新的商业模式和新的组织形式。这种经济基础的变化必然对上层建筑的变革产生持久而有力的推动力。其次，浦东提出要进一步在市场准入、金融发展、科技创新、口岸管理等重点领域和关键环节先行先试，大胆开展制度创设、率先实现制度突破，着力破解影响转型升级的瓶颈问题，必然会延伸

---

① 容志：《制度激励与地方机会主义：兼论服务型政府建设的动力问题》，《上海行政学院学报》2008 年第 6 期。

到政府管理体制和法治环境，也必然需要政府主动进行职能转变，构建良好的符合现代社会发展的制度环境和法治空间。

同样，改变城乡二元经济和社会结构也与服务型政府建设紧密相关。城乡一体化就是城市和农村实现有机结合，以城带乡、以乡促城，互为资源、互为市场、互为服务，达到城乡之间经济、社会、文化、生态协调发展。破除城乡二元结构涉及土地制度、户籍制度、社会保障制度、城乡统筹就业制度，以及公共财政、投融资等方面的体制机制创新。在这个过程中，政府要统筹土地利用和城乡规划，统筹城乡基础设施建设和公共服务，着力保障和改善民生，建立健全城乡均衡发展、广泛覆盖、便民高效的公共服务体系，推进基本公共服务均等化。可以说，没有服务型政府建设的不断推进，就不可能有城乡二元经济社会结构的改变，也不能进一步解决城市内部的"二元结构"问题。① 因此，综合配套改革的持续推进必然对服务型政府建设提出更多、更高的要求，推动管制型政府向服务型政府的转变。

反过来说，服务型政府建设又必然对经济运行方式转变和城乡一体化进程起到有力的助推作用。事实上，浦东的行政体制改革已经在不断适应现实变化并极大促进了经济社会发展。2009 年，原上海南汇区并入浦东新区后，新浦东积极稳妥推进区级层面的机构改革，结合两区合并后的实际情况，按照"轻型化"的要求，调整设置了 19 个区政府工作部门，完成了内设机构"三定"工作，保持了机构平稳、人心安定。同时，按照服务型政府"扁平化"的要求，对开发区的管理体制进行了调整完善，建立了"7+1"体制②，

① 城市内部的"二元结构"是指大量农民工进城，但又不能正式被城市所吸纳，享受城市的医疗保障、社会福利、救济、就学等公共服务，造成城市居民与外来务工人员之间的隔离和差距。

② "7+1"，既是一个生产力布局，也是一个制度性安排。作为生产力布局，包括上海综合保税区板块、陆家嘴金融贸易区板块、上海临港产业区板块、张江高科技园区板块、金桥出口加工区板块、南汇新城板块、国际旅游度假区板块这"7"个板块，再加"1"就是后世博板块，这一区域主要发展金融、会展、商务、文化等现代服务业。

以适应大区域管理的需要，适应加快开发建设的需要，适应生产力发展的需要。每个板块对应一个核心产业功能，在产业能级上突出现代服务业、先进制造业，在发展动力上突出科技驱动、创新驱动，在功能上突出核心竞争力。在管理体制和运行机制上，每个功能板块，设立相应的管委会，作为政府派出机构，承担区域开发的政府职能，负责开发区内产业发展、规划建设、投资促进等方面的管理服务。这种权责一致、事权财权相对应的管理体制和运行机制的效果已经开始显现。2010年浦东产业结构出现新变化，工业经济快速增长，上半年工业总产值同比增长27.4%，其中高技术产业产值同比增长54.5%，高技术产业和先进制造业占工业总产值的比重进一步提高。三产由于受股市、房市调控的影响，同比增长11.3%左右。①

　　同时，随着服务型政府建设和资源倾斜，村庄改造计划开始实施，城乡统筹发展进入快车道。目前规划"十二五"期间投入76亿元，完成基本农田保护区域内17个镇、230个行政村、20.31万户的村庄改造工程，切实改善农村生产生活环境，建设具有乡村田园风光和江南水乡自然生态景观特色的长久农庄。② 新型农村合作医疗的南北差距也已经拉平，实现人均700元整。持续改善外来务工人员子女就学状况，2010年上半年完成41所外来务工人员子女小学转民办的工作，占全市的1/4，财政补贴5300多万元。③"十二五"期间，还将按实有人口规划配置教育资源，动员社会力量参与办学，推动义务教育阶段的来沪从业人员子女全部进入公办学校或政府委托的民办学校就读。此外，一大批重点医院项目也已经开工建设，"十二五"期间估算总投资超过100亿元。④ 这些项目建成以后，将大大提高新区的医疗卫生服务水平，优化新区的医疗资源布局，实现医疗卫生二元

① 《关于浦东新区2010年上半年国民经济和社会发展计划执行情况的报告》，浦东门户网站，2010年8月5日。

② 《浦东新区国民经济和社会发展第十二个五年规划纲要》，浦东门户网站，2011年2月10日。

③ 姜樑：《在浦东新区四届人大三次会议上的报告》，浦东门户网站，2010年9月21日。

④ 姜樑：《在浦东新区四届人大三次会议上的报告》，浦东门户网站，2010年9月21日。

管理体制并轨。

　　浦东的实践和经验说明，综合配套改革与服务型政府建设是共生共赢的战略关系，由此可以找到一把深化改革与转变经济发展方式的钥匙。综合配套改革试点为服务型政府建设提供了动力和支撑，服务型政府建设也为配套改革破题和筑基。在这个过程中，服务型政府的构建既需要主动性、全面性和持续性，也需要紧贴地区实际，与经济社会发展结合起来，以政府职能转变为核心，以政府机构改革和法治政府建设为基础和保障，以行政审批制度改革为抓手，构建政府、市场、社会三方合作的公共服务供给机制，推进公共服务体系建设和服务方式创新，完善绩效评估和行政问责机制，从而构建能适应综合配套改革试点和经济社会发展转型的服务型政府。

《综合配套改革中浦东新区服务型政府的构建研究》

调 查 问 卷

本次问卷为国家社科基金项目《综合配套改革中服务型政府的构建：以浦东为个案的研究》的一部分，调查的主要目的是评估当前浦东新区服务型政府建设水平。您的意见对帮助我们做出准确地评价，尤其是对进一步构建服务型政府，深入推进浦东新区综合配套改革试点具有重要的价值与意义。本问卷为单项或不定项选择，请将您同意的选项填在括号内。

一 您的基本情况：（单项选择）

1.您就职于（ ）。

A.党政机关

B.事业单位

C.国企

D.私营企业

E.自由职业者

F.其他

2.您的年龄是（ ）。

A.20—30 岁之间

B.30—40 岁之间

C.40—50 岁之间

D.50 岁以上

3.您的性别是（ ）。

A. 男

B. 女

4. 您的职务是（　）。

A. 局级

B. 处级

C. 科级

D. 科员

E. 其他

5. 您的文化程度是（　）。

A. 博士研究生

B. 硕士研究生

C. 本科

D. 大专

E. 高中、中专、技校、职校

F. 其他

二　选择回答：（不定项选择）

6. 您认为当前政府职能转变的核心价值取向应包括（　）。

A. 透明性

B. 法治性

C. 服务性

D. 公共性

E. 其他

7. 您认为目前的浦东新区政府属于（　）。

A. 管制型政府

B. 服务型政府

C. 法治型政府

D. 责任型政府

E. 不清楚

8. 您认为目前浦东新区政府向社会公众提供的服务（　）。

A. 数量多，质量好

B. 数量多，质量不够好

C. 数量不多，质量好

D. 数量不多，质量差

E. 不了解

9. 您认为目前浦东新区区政府承担的政府职能重点应是（　）。

A. 经济调节

B. 市场监管

C. 社会管理

D. 公共服务

10. 您认为目前浦东新区镇级政府承担的政府职能重点应是（　）。

A. 经济调节

B. 市场监管

C. 社会管理

D. 公共服务

11. 您认为目前浦东新区街道政府承担的政府职能重点应是（　）。

A. 经济调节

B. 市场监管

C. 社会管理

D. 公共服务

12. 您赞同街镇政府"退出招商引资，全力服务"的改革模式吗？（　）

A. 赞同

B. 不赞同

C. 无所谓

D. 不了解

13. 您认为上题中的改革在浦东新区成功吗？（ ）

A. 街镇政府已经完全实现了这一转变

B. 退出了"招商引资"，但"服务"还有待加强

C. 没有退出"招商引资"，但"服务"较以前有所提高

D. 没有成功进行此项改革

E. 不了解

14. 您所在的单位进行了与"大部制改革"相配套的行政机构调整吗？（ ）

A. 有

B. 没有

15. 您对与"大部制改革"相配套的行政机构调整的态度是（ ）。

A. 赞同，有利于行政体制改革和政府职能转变

B. 无所谓，改变不了什么

C. 反对，形式主义

16. 您使用过浦东新区政府向社会购买的服务吗？（ ）

A. 有

B. 没有

（如果有，请转到第 17 题；如果没有，请转到第 20 题）

17. 您使用的这些服务属于（ ）。

A. 教育领域

B. 医疗领域

C. 社区服务领域

D. 公共安全领域

E. 其他

18.您对使用的此类服务满意吗？（　）

A.满意

B.还可以

C.无所谓

D.不满意

（如果不满意，请转到第19题；其他选项请转到第20题）

19.当您不满意此项服务时，您向浦东新区相关政府部门投诉过吗？对投诉处理结果满意吗？（　）

A.没有投诉

B.投诉过，但没有收到处理结果

C.投诉过，收到了处理结果，但仍不满意

D.投诉过，收到了处理结果，满意

20.您认为浦东新区政府应该向社会购买一些服务吗？（　）

A.是，政府可以向社会购买一些服务

B.不是，应全部由政府提供

C.无所谓，谁提供都一样

D.不清楚

21.您在需要使用浦东新区政府提供的某项服务时，知道该找哪个部门办理吗？（　）

A.一般都知道

B.经过数次询问后可以确定

C.很难弄清楚

22.您使用过浦东新区市民中心的服务吗？（　）

A.有

B.没有

（如果有，请继续下一题；如果没有，请直接回答第27题）

23. 您对浦东新区市民中心的服务人员态度满意吗？（ ）

A. 非常满意

B. 比较满意

C. 感觉一般

D. 感觉较差

E. 感觉很差

24. 您对浦东新区市民中心的服务速度满意吗？（ ）

A. 非常满意

B. 比较满意

C. 感觉一般

D. 感觉较差

E. 感觉很差

25. 您对浦东新区市民中心的服务结果满意吗？（ ）

A. 满意，一般都能"一门式"解决问题

B. 还可以，有时还是不能完全"一门式"解决问题

C. 不满意，完全不能做到"一门式"解决问题

26. 您认为浦东市民中心最重要的功能有哪些？（ ）

A. 一门式服务

B. 服务政府、责任政府和法治政府的窗口

C. 政府服务的平台

D. 政府、市场和社会三位一体互动的窗口

E. 市民自我服务的平台

27. 您认为浦东新区各级政府公务员的服务意识如何？（ ）

A. 很好

B. 比以前有所改善，但还有待提高

C. 距离市民要求还较远

D. 不了解

28. 您所在的部门使用了绩效预算吗？（ ）

A. 有

B. 没有

C. 不清楚

29. 您接受过绩效预算相关的培训吗？（ ）

A. 有

B. 没有

30. 您认为浦东新区政府使用绩效预算会提高公共资金的使用效率吗？（ ）

A. 会

B. 会有一些

C. 不会

D. 不清楚

31. 您了解浦东新区政府目前的公共资金使用情况吗？（ ）

A. 了解

B. 了解一点

C. 不了解

32. 您认为浦东新区政府的公共支出重点应该用在（ ）

A. 行政管理费用

B. 经济建设

C. 基础设施建设

D. 公共安全

E. 教育、医疗、社会保障

F. 其他

33. 您多久登录一次浦东新区政府网站（ ）。

A. 每天

B. 经常

C. 偶尔

D. 从不

34. 您从浦东新区政府网站上获得的帮助主要是（　）。

A. 获得信息

B. 下载表格

C. 提交待审批事项

D. 其他

E. 没有

35. 您是否通过浦东新区政府网站与政府进行互动？（　）

A. 给领导写过信反映问题

B. 进行投诉、申诉

C. 参与调查活动

D. 对政府工作提出建议

E. 没有参与互动的经历

36. 您认为当前浦东新区政府网站能否真正解决您的问题？（　）

A. 能很好的解决

B. 基本上大多能解决

C. 只有部分问题能得到解决

D. 根本不能解决

37. 总体来说，您对浦东新区政府网站是否满意？（　）

A. 非常满意

B. 比较满意

C. 感觉一般

D. 感觉较差

E. 感觉很差

38. 您通常通过哪种方式向浦东新区各级政府提交审批事项（　）。

A. 一站式办公大厅

B. 相关部门接待窗口

C. 政府网站

D. 其他

39. 您对相关部门接待窗口服务人员的服务态度满意吗？（　）

A. 非常满意

B. 比较满意

C. 感觉一般

D. 感觉较差

E. 感觉很差

40. 您对相关部门审批的速度满意吗？（　）

A. 非常满意

B. 比较满意

C. 感觉一般

D. 感觉较差

E. 感觉很差

41. 您认为浦东新区政府现有的审批事项（　）。

A. 不需要再削减了，改革力度已经足够大

B. 之前削减数量已经很多，只需要进一步微调

C. 还需要大幅削减

42. 您对目前的听证会制度满意吗？（　）

A. 非常满意

B. 比较满意

C. 感觉一般

D. 感觉较差

E. 感觉很差

43. 您认为进一步完善听证会制度应该（　）。

A. 扩大听证事项范围

B. 提高听证会公开度

C. 提高普通市民参与听证会人数比例

D. 提高相关专家参加听证会人数比例

E. 其他

44. 您对建立健全行政问责制的态度是（　）。

A. 很有必要

B. 无所谓

C. 没有必要

D. 不清楚

45. 您对目前浦东新区政府的行政问责制执行情况（　）。

A. 非常满意

B. 比较满意

C. 感觉一般

D. 感觉较差

E. 感觉很差

46. 您认为完善行政问责制应从哪些方面入手（　）。

A. 问责主体多元化

B. 问责制度化、法律化

C. 将问责与绩效挂钩

D. 保护被问责者合法权益

E. 其他

47. 您是否投诉过政府部门的服务？（　）。

A. 有

B. 没有

（如果有请继续第 48 题，如果没有请直接回答第 50 题）

48. 您通过何种途径进行投诉？（　）

A. 电话

B. 网络

C. 面谈

D. 诉诸媒体

E. 其他

49. 您对政府相关部门对此反馈的结果满意吗？（　）

A. 收到了回复，满意

B. 收到了回复，但不满意

C. 没有收到回复，不满意

50. 您选择不投诉的原因是（　）。

A. 不了解投诉渠道

B. 不相信投诉会有结果

C. 投诉过程复杂

D. 投诉接待人员态度差

E. 其他

51. 您是否知道浦东新区有行政效能投诉中心（　）。

A. 知道

B. 不知道

52. 在浦东新区，您参与过哪些政府绩效评估的工作（　）。

A. 政风行风评议

B. 行政效能评估

C. 绩效预算

D. 年度考核

E. 都没有

53. 您认为，浦东新区政府绩效评估内容的优先顺序为（　）。

A. 行政管理

B. 经济发展

C. 社会稳定

D. 教育科技

E. 生活质量

F. 生态环境

G. 其他

54. 您认为，社会公众参与浦东新区政府绩效评估的可行途径有（请按优先顺序排序）（　）。

A. 随机的满意度调查

B. 定期的群众评议

C. 群众代表参与

D. 各种形式的政府绩效投诉

E. 设计评估指标

55. 您认为，要改进浦东新区的政府绩效评估工作，主要着力点是（请按优先顺序排序）（　）。

A. 做好政府信息公开

B. 引入第三方的社会力量

C. 增强公众参与度

D. 领导更加重视

E. 改善评估结果的运用

F. 其他

三　您的意见和建议

1. 您认为当前浦东服务型政府的构建还存在哪些方面的不足？

2.您认为当前进一步构建浦东服务型政府，应从哪些方面着手？

感谢您对此次问卷调查的配合！

中共上海市委党校课题组

2009 年 9 月

浦东新区公共服务质量和水平的调查报告

为全面分析浦东新区公共服务质量和水平的现状与突出问题，并提出对策建议，找到进一步转变政府职能、理顺机构职责、提升政府公共服务能力的途径和方法，从 2009 年 10 月到 2010 年 6 月，本课题组对浦东新区有关机关、街镇、乡镇和企事业单位进行了重点调研，调研单位包括区政府办公室（研究室、法制办、应急办）、发改委、人社局、编办、财政局、科委（信息委）等部门，以及若干街镇、社区和企事业单位。调研采取了座谈、访谈和问卷调查等多种方式，其中共发放调查问卷 150 份，回收 142 份，回收率达到 94.7%。下面对问卷调查有关情况进行分析。

一　问卷调查对象的基本情况

由图 1 可知，在所有被访对象中，政府机关人员占 24%，事业单位人

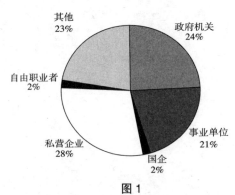

图 1

员占 21%，国有企业人员占 2%，私营企业人员占 28%，自由职业者及其他共占 25%。这个分布说明，调查对象大多数都是非政府和事业机关工作人员，因此能对政府公共服务的质量和水平进行较为客观的评价。

由图 2 可知，被访对象的年龄结构以中青年为主，30—50 岁年龄段的人数占到总数的 64%，这个年龄段也是与社会接触面最广的一个阶段，价值观容易形成，也易于表达自己的意见和看法。由图 3 可知，被访对象的级别结构从高到低逆向排序，级别最高的是局级，只有 1%，无行政级别的被访人数占到总人数的 58%。

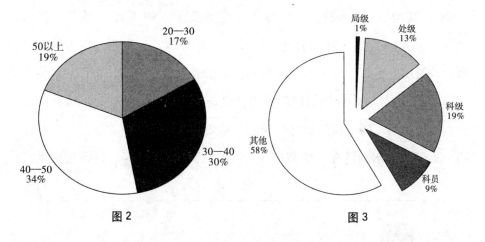

图 2　　　　　　　　　　　图 3

由图 4 可知被访对象的学历结构。不同学历层次在被访对象中都占有一

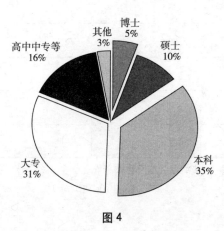

图 4

定比例，其中本科学历占到 35%、大专 31%、硕士 10%、最少的是博士学位 5%。

二　对浦东新区政府职能转变和公共服务的看法

1. 对"透明政府"的期望值最大

由图 5 可以看到，当被问到"当前政府职能转变的核心价值取向应该包括什么"的时候，选择"透明性"的达到 63 人，占到调查对象总数的44.4%，其次是"服务性"，共 28 人，占到总数的 19.7%，再次是"法治性"，18 人（12.7%）和"公共性"，5 人（0.4%）。这说明，更多的人希望行政透明度更高，更多公共政策和公共服务能够被了解，防止"黑箱操作"，体现的是对公众知情权的重视，也是对公共事务关心程度提升的表现。这也说明，浦东新区的综合配套改革更要注重政府行政程序的公开透明。也说明浦东新区在"两高一少"（全国行政效能最高、行政透明度最

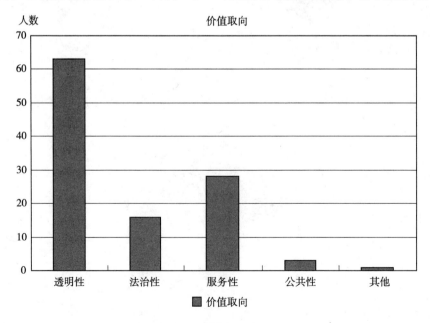

图 5

高、行政收费最少的行政区之一）的建设过程中，要把政府信息公开和透明政府建设放在重要的位置。

2. 比较认同目前新区的政府服务

由图6可以看到，当被问到"认为目前的浦东新区政府属于什么类型"时，有56人（39.7%）选择了"服务型政府"，说明浦东新区"小政府，大社会"的管理理念和政府服务得到了社会一定程度的认可，但是，也有49人（34.8%）认为还是"管制型政府"，说明还有进一步提升服务水平和质量的空间，而法治型和责任型政府的认同度都不高，分别是10.6%和4.3%，也说明行政法治化和责任制度建设还需要进一步加强，以获得社会的认同度。

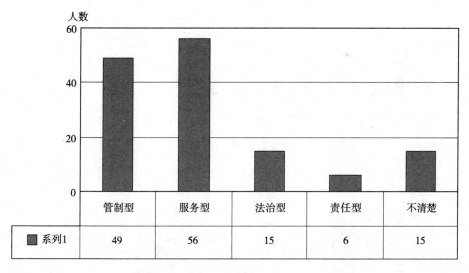

图6

3. 对政府服务的数量较为满意，质量还有待进一步提高

由图7可知，调查对象对浦东新区政府提供的服务数量较为满意，但质量还有待进一步提高，认为公共服务"数量多，质量不够好"有48人，占到调查对象总数33.8%，有24人（16.9%）认为公共服务"数量多，质量好"，这说明多数人认同政府服务的数量，但对服务质量的认同度不高。因

此，浦东新区公共服务质量还有待进一步提高。

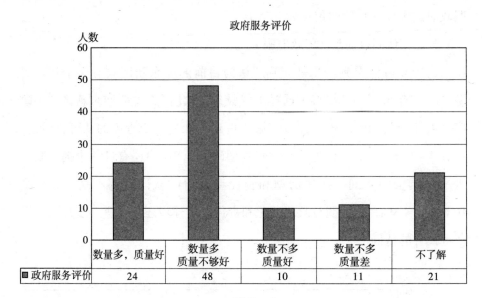

图7

4. 对浦东新区区政府的经济和社会职能非常关注

由图8可知，被访者对浦东新区区政府的经济和社会职能十分关注。当被问及"认为目前浦东新区区政府承担的政府职能重点应该是什么"时，选

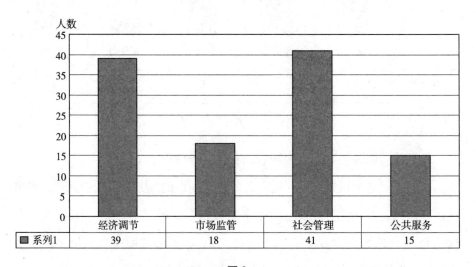

图8

择"社会管理"的人最多，达到41人，其次是经济调节（39人），市场监管（18人）和公共服务（15人）较为接近。这说明大多数人对经济发展和社会管理十分关注。经济发展是社会发展的前提和动力，没有经济持续快速发展，就不会有社会进步。同时，社会管理也是维护社会基本秩序和调节社会分配结构的重要政府职能。

　　5. 对街镇基层政府的社会管理和公共服务职能非常关注

　　由图9和图10可知，大多数人对街镇基层政府的社会管理和公共服务职能

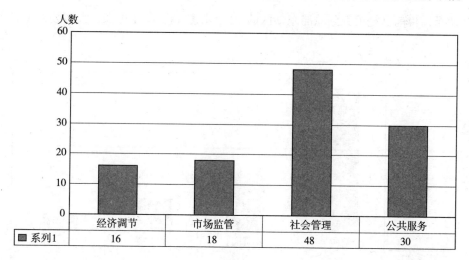

图 9

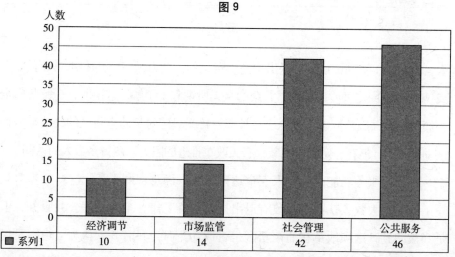

图 10

十分关注。街镇比区政府的层级更低，也更贴近基层群众，直接面对老百姓。当被问及"认为目前镇级政府承担的政府职能重点"时，48人选择社会管理，30人选择公共服务（见图9）。当被问及"认为目前街道办事处承担的政府职能重点"时，42人选择社会管理，46人选择公共服务（见图10）。这说明，越贴近基层，公共服务和社会管理越是政府职能的重点，需要在改革中进一步强化。

6. 大多数人赞同街镇政府退出招商引资，全力做好公共服务

街道退出招商引资工作，全力做好公共服务是浦东新区2006年开始的率先改革，目前已经扩大到原浦东新区的12个街道。由图11可知，大多数人（89

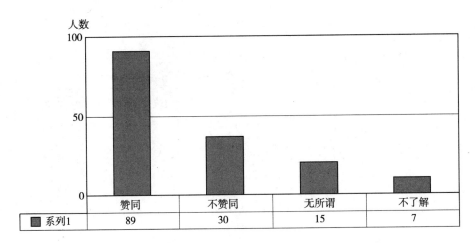

图 11

人，占63%）赞同街镇政府退出招商引资工作，全力做好公共服务；只有30人（21%）不赞同这种改革模式，其余的是无所谓和不了解。这说明，街镇政府全力履行好公共服务职能的理念已经被普遍接受。这对于浦东新区的改革是一种推动和赞同，能在一定程度上减轻有关改革推进的阻力，赢得多数人的认同。

7. 街镇服务功能改革并未完全达到目标，满意程度不高

虽然较大数人认同街镇政府退出招商引资工作，全力做好公共服务，但是当被问到"这项改革在浦东新区是否成功"时，只有6人认为"街镇已经完全实现了这一转变"，29人认为街镇虽然退出了招商引资，但服务还有待

加强，34 人认为，没有退出"招商引资"，但是服务较以前有所提高，有 12 人认为改革不成功，32 人对此不了解。（见图 12）这说明街镇服务功能改革并未取得较大满意度，公共服务职能还有待进一步加强。

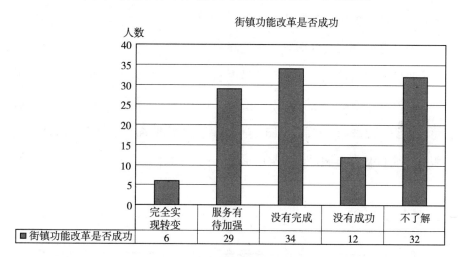

图 12

8. 社区服务是公共服务的重要内容，涉及群众最广

由图 13 可以看到，当被问及"使用过哪种类型的公共服务"时，56 人

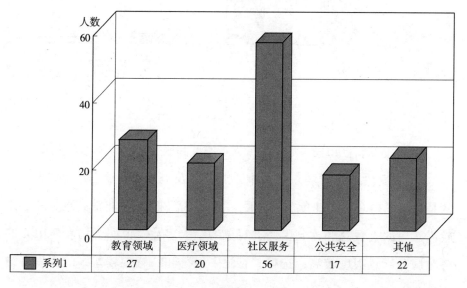

图 13

（39.4%）选择了社区服务，比例最高，其次是教育领域27人（19%）、医疗领域20人（14%）和公共安全领域17人（12%）、其他22人（15.5%）。这说明，社区服务是基层公共服务的重要内容，涉及的群众面最广，是最需要重视的公共服务内容和载体。

9.对享受的基层公共服务基本上满意

当被问及"对使用的此类服务是否满意"时，88人（62%）选择了"还可以"，42人（29.6%）选择了"满意"，其余的选择无所谓和不满意，基本满意率达到了90%以上，（见图14）比较高，说明浦东新区提供的基层公共服务的质量基本上满足了人群的需求。

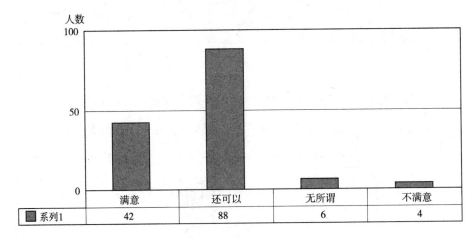

图14

10.对浦东新区市民中心的服务人员态度和服务速度总体上较为满意

图15反映的是对浦东市民中心服务人员态度的满意度，图16反映的是对市民中心服务速度的满意度。两图综合来看，"非常满意"和"比较满意"的人数总和占到了调查对象的绝大多数，说明受访者对中心的各项服务满意程度较高，选择"感觉一般"和"感觉较差"的都只有绝少数。

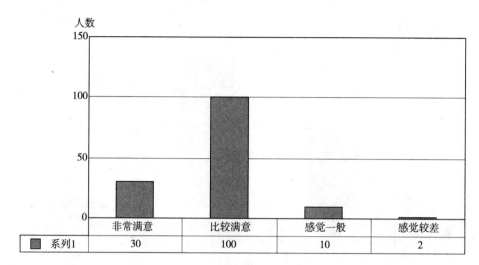

图 15

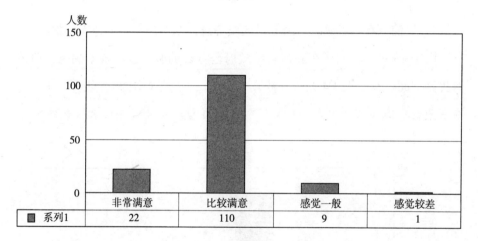

图 16

11. 对市民中心的服务结果满意程度较高

结合对市民中心的服务结果的满意程度看，上面的结论也能成立。根据图 17，有 47 人（33.1%）对市民中心的服务结果表示满意，有 90 人（63.4%）对市民中心的服务结果表示"还可以"，说明基本满意度达到了 90% 左右，显示市民中心的工作基本上得到了调查对象的认同。

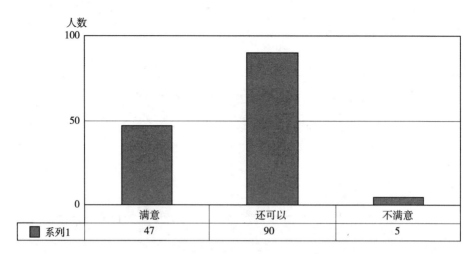

图17

12. 对浦东新区各级政府公务员的服务意识基本满意，但还有待提高

由图18可知，对浦东新区各级政府公务员的服务意识基本满意，但还有提高空间。有7人（4.92%）表示"很好"，87人（61.3%）认为"比以前有所改善，但还有待提高"，23人（16.2%）认为"距离市民要求还较远"，

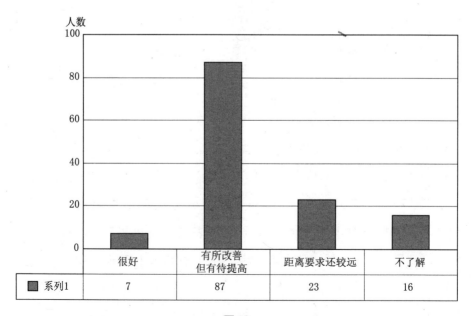

图18

16人表示不了解。这个结果一方面说明多数人对公务人员的服务意识基本满意，但也都认为服务意识还有待提高，同时，有16％以上的人表示现有服务意识距离市民要求还较远，这也值得重视。

13. 对公共支出的重点比较倾向基础设施建设和教育、医疗、社会保障等公共服务

由图19可知，大多数人对新区政府的公共支出重点较为倾向基础设施建设和教育、医疗、社会保障等公共服务领域。有35人次（30.4％）认为重点是基础设施建设，有53人次（46.1％）认为重点是教育、医疗和社会保障等公共服务领域。而认为公共支出重点是行政管理费用、经济建设和公共安全的比较少。说明社会大众对公共服务领域的关注，以及对公共财政的民生支出重点的看法持续增高。

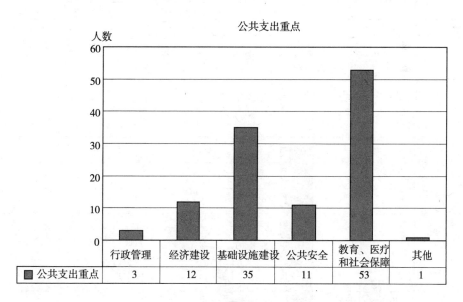

图19

14. 对新区政府门户网站建设较满意，但还有待提高

浦东新区自1990年开发开放以来，一贯重视政府信息化工作。近20年来，浦东新区政府信息化建设积累了相当丰厚的成果和经验。信息化发

展的成效为浦东新区政府在新时期以应用和效率为导向，大力推进电子政务工作打下了良好的基础，同时也存在一些问题。从图 20 可以看到，三个月以上（包括三个月）才登录一次新区政府门户网站的调查对象最多（95人），占到调研人群比例的 67%，说明经常登录和使用政府门户网站的人数并不多。

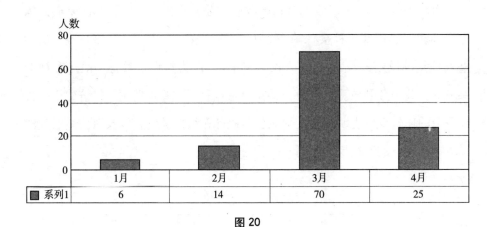

人数	1月	2月	3月	4月
系列1	6	14	70	25

图 20

同时，图 21 表明，使用者对新区门户网站比较满意，认为"很满意"、

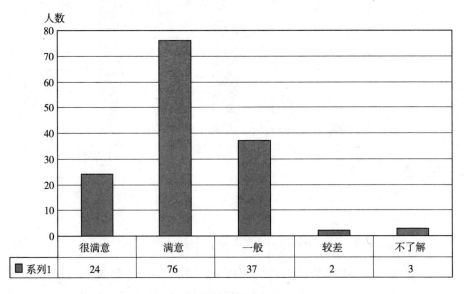

人数	很满意	满意	一般	较差	不了解
系列1	24	76	37	2	3

图 21

"满意"和"一般"的人数总和有 137 人,达到调查对象总数的 96.5%。进一步访谈得知,大多数使用者可以方便从网站上获取有关部门的信息、联系方式等,还能够通过门户网站了解行政审批程序的有关信息以及递交申报材料,比较方便和快捷解决部分问题。

15. 对行政审批制度改革较为满意,但还需要进一步加大审改力度

浦东新区在行政审批制度改革方面走在全市乃至全国的前列,取得了较大的成效。在被问及"对审批事项办理流程"的满意度时,"比较满意"和"感觉一般"的总和占到调查对象总数的 75% 左右,只有极少的感到非常满意以及感觉不佳(见图 22)。这说明目前的行政审批工作获得大多数办事人员的认可,基本可以满足办事需求。但是,从发展空间来看,还需要进一步改进。

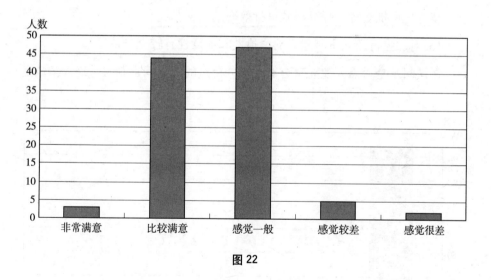

图 22

这一点也可以在深度追问中表现出来,多数调查对象(96 人,67.6%)认为,前期精简的审批事项幅度已经很大,目前需要进一步微调,而认为需要大幅精简和不需要精简的人数都比较少(见图 23)。这从一个侧面说明,经过四轮行政审批制度改革,精简不合理审批事项的目标已经在一定程度上达到。目前既要注意稳定有关成果,还应继续加大行政审批制度改革力度,

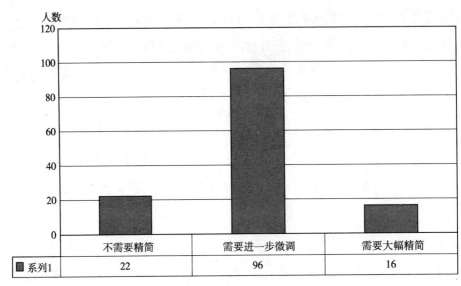

图 23

进一步优化审批流程，提高行政审批效率。

16. 对加强行政问责制建设的紧迫性和艰巨性有较充分认识

在被问及是否需要建立符合浦东新区特点的行政问责制时，绝大多数受

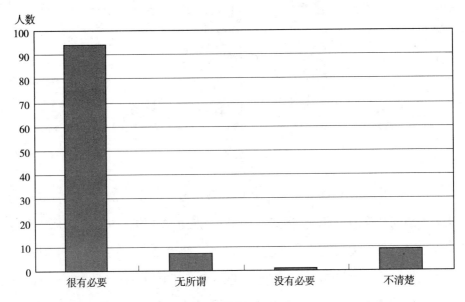

图 24

访者都表示很有必要，只有极少数受访者表示无所谓和没有必要（见图24）。这说明行政问责制建设具有较强的现实针对性和需求性。而且，多数受访者关注的是问责机制建设的制度化、法律化，并强调将问责与工作绩效挂钩，与评估挂钩，使得绩效不佳者及时受到责任追究（见图25）。

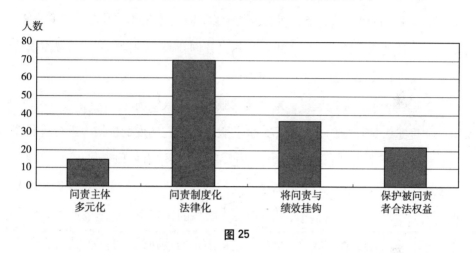

图25

三　提高浦东新区公共服务质量和水平的
若干对策与建议：基于问卷的分析

通过问卷调研，对目前浦东新区公共服务能力和需求有了进一步的了解和梳理，对目前存在的问题和瓶颈也有了较深的认识。基于问卷分析的结果，本文认为，进一步提高新区公共服务质量和水平，应从以下几方面着手。

1.成立专门机构，统揽各项公共服务的评估、创新、监督、反馈等工作

服务型政府建设需要强大的动力，以克服政府自身的惰性。尤其是公共服务质量和水平的提升是一种系统工程和体制创新，不可能由个别部门分散性地完成。为此，浦东新区应成立统揽全局的专门机构，进行综合协调、监督和评估。这样的机构既要有权威性，能有效开展监督、评估和检查等工作，也要具有协调性，综合协调配置资源、制定标准、开展评估。建议成立

"浦东新区公共服务促进委员会"，由区长担任主任委员，主要职能部门的领导担任委员，进行最高层面的规划、沟通、协调和动员。委员会下设"浦东新区公共服务促进办公室"，具体操作各项工作，包括：规划浦东新区服务型政府建设的具体计划、方案；制定公共窗口服务的统一标准、要求和规范；开展政风行风评议，监督机关效能建设；对公共服务质量进行专项评估，并下达整改要求；具体负责"浦东公共服务创新奖"的操作，以及"浦东公共服务发展白皮书"的撰写和发布工作。

2. 进一步加强制度建设，推进公共服务的制度创新

制度是一种稀缺的公共物品，公共服务必须在制度的框架内进行。制度具有根本性、全局性、稳定性和长期性的特质，作为一种规则，"它抑制着可能出现的、机会主义的和乖僻的个人行为，使人们的行为更可预见并由此促进着劳动分工和财富创造"[①]，在公共服务的过程中，它能够限制政府工作人员的个人偏见和官僚主义倾向，使政府的行为按照人们的意志，在预定的轨道内运行。没有制度的框架，公共服务就失去了载体、平台和保障。因此，浦东新区服务型政府的建设应以服务制度创新为重要内容，公共服务制度的建设和创新是一个系统工程。首先是进一步改革行政审批制度。新区政府应在继续贯彻落实近年来各项行政审批制度改革措施的基础上，重在制度创新，重在政府职能转变，建立与社会主义市场经济体制相适应的管理科学、制约有效、责任明确的行政审批制度。尤其在"十二五"期间应按照"谁审批，谁负责"及权力和责任相统一的要求，建立审批责任制和过错追究制，在赋予行政机关审批权时，规定其相应责任，发生过错要追究责任。对不按法律规定进行审批，甚至越权审批、滥用职权、徇私舞弊的，要追究审批主管领导和直接责任人的行政法律责任，以规范审批行为和权力。同时建立审批绩效评价制度。在行政审批改革中引入企业成本效益评价制度，一

---

① ［德］柯武刚、史漫飞：《制度经济学——社会秩序与公共政策》，朝伟华译，商务印书馆2000年版，第35页。

是对行政审批项目进行评估，根据评估的结果对审批项目进行科学分类，采取不同的管理方式，降低行政审批的成本；二是对行政审批实施情况进行评估，保证行政审批与法律授权目标的一致性，以增强行政部门的责任性，使行政审批遵循正当的法律程序，提高行政审批的效率和质量。此外，还应建立健全监督制约机制，规范审批权力，公开审批程序和结果，接受社会各方面的监督。[①]

其次是健全公共财政体制。要通过对财政支出结构的调整促进政府职能的转变，构建服务型政府的财政基础。公共财政要求在保证经济持续稳定地增长的前提下，降低财政支出中经济建设费和行政管理支出的比重，将尽可能多的资源投入到提高社会公共福祉上来，把更多的公共资源用于社会公共需要的领域，努力做到经济性公共服务与社会性公共服务相协调，建立健全与服务型政府相适应的公共财政体制。

最后是推行公共服务承诺服务制和问责机制。运用制度、政策规定凡是承担社会公共服务职能的部门及行业，要把服务内容、服务标准、服务时限、服务程序、服务的违诺责任等，公开向全社会做出阶段性或长期性承诺，接受社会的监督。同时，加快建立以公共服务业绩为导向的公共服务问责制，以监督公共服务资源的使用过程和使用这些资源所取得的绩效。[②]

3.以信息公开为抓手，推进"两高一少"行政区建设，不断提高行政效能和公共服务效率

所谓"两高一少"是指"行政效能最高、行政透明度最高和行政收费最少"，是上海，也是浦东新区行政改革的重要目标和要求。本文认为，"两高一少"的目标中，"行政透明度最高"是一个重要抓手。一旦信息公开成为常态，行政透明度提高，则社会监督自然强化，政府压力也必然增大，行政效能提高的动力也就必然产生。

---

① 陈奇星主编：《上海政府职能转变与政府管理体制创新》，上海三联书店2009年版，第29页。
② 陆沪根主编：《国家战略：区域制度创新探索》，华东师范大学出版社2009年版，第125页。

（1）健全信息公开工作的协调推进机制。根据国务院《政府信息公开条例》和《上海市人民政府信息公开规定》的要求，进一步加大政府信息公开工作组织领导和协调推进力度，发挥好信息公开联席会议及监察、保密、人事等职能部门的作用。加强制度和规范化建设，建立健全信息发布的协调机制、信息公开的保密审查机制以及信息公开的监督保障机制，特别要按照"谁公开、谁审查"的原则，合理划分不同类型的政府信息，科学界定日常政府信息尤其是涉及不明事项、敏感事项和特殊情况的政府信息，明确相关部门在政府信息公开保密审查中的责任。

（2）深化主动公开政府信息的内容。以公开为原则、不公开为例外，进一步加大主动公开力度。重点推进财政预算、公共政策、行政执法、公共服务等领域的政务信息公开，切实保障人民知情权、参与权、表达权和监督权。

（3）进一步探索政府信息公开渠道。结合深化完善限时办结、服务承诺等有关制度，以提高公共服务效率和工作透明度为目标，通过上海浦东政府门户网站、浦东新区有线台、浦东新闻网、《浦东时报》、企业服务网上协同办理系统以及在办公地点设置办事服务电子查询系统和摆放服务指南手册等形式，进一步丰富政府信息服务渠道，扩大公开内容和范围。

4. 以民生建设为重点，健全体制机制建设，提供优质公共服务

加大政府对公共产品、服务和公益性事业的投入，逐步缩小不同群体、不同居住区域之间获得公共服务水平的差距，推进基本公共服务均等化。

（1）在体制机制建设上，首先确立政府主导、社会参与型的公共服务体系。加大对就业、教育、卫生、安全、生活等基本公共服务的投入，使每年基本公共服务的投入增长速度不低于财政收入增长率。同时，积极探索非基本公共服务的市场化改革，降低准入门槛，为非营利组织、企业留出空间，使社会力量能够真正参与到公共服务体系的建设中。其次，创新浦东新区公共服务方式。实施流程再造，实现公共服务的一站式供给；构建电子政府，实现公共服务的电子化供给；引入竞争机制，实现公共服务的市场化供给；

建立志愿机制，实现公共服务的社会化供给。特别是为志愿组织提供日常运转资金和场地的最基本支持，采取政府购买方式推动志愿组织服务项目的实施，从而支持志愿组织参与公共服务。在公共服务项目的执行环节要注重绩效管理，公共服务的具体提供者以民意的真实需求为导向，按照公共服务的质量标准和规范为民众提供合格的公共物品。最后，提升浦东新区公共服务的制度供给。在坚持公共性取向和善治城市理念的基础上，完善浦东新区公共服务制度生产的系统过程，加强浦东新区政府行政能力建设，运用科学方法和先进技术提升制度供给能力。

（2）在数量和质量上，加大公共财政对民生工程的投入和保障。在"十二五"期间，要坚持公共财政支出安排"先用于民生改善"的原则，力争做到新增财政收入的2/3"投向民生"，民生是否改善，不仅要看人均收入，更要看低收入人群的所得是否逐年增加。认真贯彻落实上海市政府出台的一系列民生保障政策，注重各类社会保障制度的有机衔接，不断深化分类施保工作。加快建立社会救助信息管理系统，进一步完善帮困救助"一口上下"的运作机制；切实做好城镇低保等各类救助标准调整工作。发挥区和街镇两级社区市民综合帮扶专项资金作用，加强对基本保障和救助政策没有覆盖或者覆盖后仍有困难的特殊对象的帮扶工作，并积极开展形式多样的慈善帮困活动。全面推行城镇居民基本医疗保险制度；切实做好扩大廉租住房受益面工作。加强社区助残服务社、"阳光之家"、"阳光工场"等长效管理，继续做好残疾人就业、康复、教育等工作。

（3）加快推进基本公共服务均等化。首先，要建立规范的基本公共服务需求表达、信息反馈和民主决策机制，真正做到思想上尊重群众、感情上贴近群众、行动上深入群众、工作上依靠群众，真实解决人民群众最需要、最关心、最现实的基本公共需求。建议建立浦东新区公共服务需求调查制度，对街道、镇、不同社会群体的公共需求进行调查和分析，并在全区层面上进行综合平衡，逐步实现各街道、镇之间的基本公共服务均衡。其次，将新区的外来农民工、非公有制企业从业人员、灵活就业人员以及城镇个体工商户纳入公共服务体系，扩大基本公共服务覆盖面。

5.以绩效评估为抓手，加强政府绩效管理，进一步推进行政问责制建设

绩效评估是引导政府及其工作人员树立正确导向、尽职尽责做好各项工作的一项重要制度，也是实行行政问责制的前提和基础。有了绩效评估的结果，行政问责才有可靠的依据。首先应进一步树立与科学发展观相适应的政绩观，建立科学政府绩效评估指标体系。科学的政府绩效评估指标体系应是一个包含"硬指标"和"软指标"在内的综合指标体系，不仅包括可以通过量化的方式来衡量的经济增长率、收入增长、社会就业率、计划生育控制率、社会治安发案率等"硬指标"，而且包括难以通过量化的方式来衡量的生态环境状况、食品安全状况、政府服务质量、社会文明意识、公民参与状况、社会秩序与安全、社会经济福利水平等"软指标"。通过建立科学的绩效评估指标体系，引导浦东新区政府机构和领导干部全面发展辖区内政治、经济、社会、文化、环境等各项事业，更好地履行政府职责、提高行政效能。

其次在政府绩效评估方式方面，应健全多重评估方式，不仅包括政府机关的自我评估、上级评估、党的组织和权力机关（人大）的评估，还应当包括相关专业的专家评估。更重要的是引进政府管理和服务对象即社会公众的评估，逐步实现官方评估与民间评估并重。这种考核和评价方式通过运用社会调查、民意测验等方法，定期征求社会公众对政府工作的满意程度，最终以此作为对政府绩效评价的依据。这可以使政府机关不仅对上级机关负责，更重要的是对人民负责，形成人民监督和上级监督相结合的效能评估制度，从而建立让老百姓高兴和满意的服务型政府。

最后是在绩效评估的基础上，进一步推进行政问责制建设。一是充分调动多方主体的积极性，畅通社会公众参与行政问责的路径，提高社会公众对行政问责制度的监督与参与，真正构建一个由人大问责（即政治问责）、系

统内部问责（即行政问责）、司法问责（即法律问责）和社会问责（即民主问责）四方面组成的多元问责体系。[①] 二是应努力建立具体问责事由与具体问责结果的一一对应关系，提高行政问责制的规范性和操作性。三是将政府绩效评估工作与行政问责制度有机结合起来，对于公共服务项目和进展不达标、不合格的单位和行政领导追究相应的责任，以督促浦东新区政府机关及其工作人员不断强化服务观念，创新服务方式，提高公共服务质量和水平，全力打造让群众满意的服务型政府。

[①]　汪大海主编：《公共管理》，中国人事出版社 2010 年版，第 85 页。

参 考 文 献

［1］胡锦涛:《高举中国特色社会主义伟大旗帜 为夺取全面建设小康社会新胜利而奋斗——在中国共产党第十七次全国代表大会上的报告》,人民出版社 2007 年版。

［2］《中共中央关于完善社会主义市场经济体制若干问题的决定》,人民出版社 2003 年版。

［3］《关于深化行政管理体制改革的意见》,2008 年 2 月 27 日中国共产党第十七届中央委员会第二次全体会议通过,新华社授权发布,2008 年 3 月 4 日。

［4］《中共中央关于制定国民经济和社会发展第十二个五年规划的建议》,2010 年 10 月 18 日中国共产党第十七届中央委员会第五次全体会议通过,新华网,北京 10 月 27 日。

［5］《上海市国民经济和社会发展第十二个五年规划纲要》(2011 年 1 月 21 日上海市第十三届人民代表大会第四次会议批准),《解放日报》2011 年 1 月 24 日第 1—6 版。

［6］《浦东新区国民经济和社会发展第十二个五年规划纲要》,浦东门户网站发布,2011 年 2 月 10 日。

［7］王沪宁:《行政生态分析》,复旦大学出版社 1989 年版。

［8］尹继佐:《城市管理与市民素质》,上海社会科学出版社 2002 年版。

［9］上海市政治学会:《政府新理念——关于服务政府、责任政府、法

治政府研究》，上海人民出版社 2004 年版。

〔10〕李文良：《中国政府职能转变问题报告》，中国人民大学出版社 2003 年版。

〔11〕李军鹏：《公共服务型政府》，北京大学出版社 2004 年版。

〔12〕薛澜、张强、钟开斌：《危机管理》，清华大学出版社 2003 年版。

〔13〕许文惠、张成福：《危机状态下的政府管理》，中国人民大学出版社 2003 年版。

〔14〕施雪华：《政府权能理论》，浙江人民出版社 1998 年版。

〔15〕唐娟：《政府治理论》，中国社会科学出版社 2006 年版。

〔16〕陈振明：《政府再造——西方新公共管理运动述评》，中国人民大学出版社 2003 年版。

〔17〕陈振明：《公共管理学》，中国人民大学出版社 1999 年版。

〔18〕国家行政学院研究室等：《转型中的政府——上海浦东新区政府体制创新报告》，国家行政学院出版社 2002 年版。

〔19〕过剑飞：《绩效预算：浦东政府治理模式的新视角》，中国财政经济出版社 2008 年版。

〔20〕陆沪根：《综合配套改革研究论文集》，华东师范大学出版社 2008 年版。

〔21〕陆沪根：《国家战略：区域制度创新新探索》，华东师范大学出版社 2009 年版。

〔22〕陶希东：《浦东之路：社会建设经验与展望》，上海人民出版社 2010 年版。

〔23〕陈建勋、梁朝晖：《浦东之路：产业发展经验与展望》，上海人民出版社 2010 年版。

〔24〕苏宁等：《浦东之路：政府制度创新经验与展望》，上海人民出版社 2010 年版。

［25］李琪、陈奇星:《新世纪中国特大城市公共行政管理——以上海为个案的发展战略研究》，文汇出版社 2003 年版。

［26］陈奇星、曾峻:《比较与创新——国际大都市政府管理体制研究》，上海人民出版社 2006 年版。

［27］曾峻:《公共管理新论——体系、价值与工具》，人民出版社 2006 年版。

［28］陈奇星、罗峰:《上海政府职能转变与政府管理体制创新研究》，上海三联书店 2009 年版。

［29］李琪:《中国特大城市政府管理体制创新与职能转变》，上海人民出版社 2010 年版。

［30］俞可平:《治理与善治》，社会科学文献出版社 2000 年版。

［31］陶传进:《社会公益供给——NPO、公共部门与市场》，清华大学出版社 2005 年版。

［32］钱振明:《善治城市》，中国计划出版社 2005 年版。

［33］蓝宇蕴:《奥斯特罗姆夫妇多中心理论综述》，北京大学出版社 2000 年版。

［34］毛寿龙等:《西方政府的治道变革》，中国人民大学出版社 1998 年版。

［35］迟福林:《警钟——中国:SARS 危机与制度变革》，民主与建设出版社 2003 年版。

［36］郭济:《中央和大城市政府应急管理机制建设》，中国人民大学出版社 2005 年版。

［37］刘旭涛:《政府绩效管理:制度、战略与方法》，机械工业出版社 2003 年版。

［38］孟华:《政府绩效评估——美国的经验与中国的实践》，上海人民出版社 2006 年版。

［39］句华:《公共服务中的市场机制——理论、方式与技术》,北京大学出版社 2006 年版。

［40］杨团:《社区公共服务设施托管的新模式》,载《非赢利机构评估——上海罗山市民会馆个案研究》,华夏出版社 2001 年版。

［41］中国（海南）改革发展研究院编:《市场经济条件下政府作用——市场经济条件下政府作用国际研讨会文集》,民主与建设出版社 1997 年版。

［42］董幼鸿等:《地方公共管理:理论与实践》,上海人民出版社 2008 年版。

［43］林毅夫等:《中国的奇迹:发展战略与经济改革》(增订版),上海人民出版社 1999 年版。

［44］罗峰:《嵌入、整合与政党权威的重塑——对中国执政党、国家与社会关系的考察》,上海人民出版社 2009 年版。

［45］王成栋:《政府责任论》,中国政法大学出版社 1999 年版。

［46］邓正来:《布莱克维尔政治百科全书》,中国政法大学出版社 1992 年版。

［47］蒋劲松:《责任政府新论》,中国社会科学文献出版社 2005 年版。

［48］傅大友、袁勇志、芮国强:《行政改革与制度创新》,上海三联书店 2004 年版。

［49］中国现代国际关系研究所危机管理与对策研究中心:《国际危机管理概论》,时事出版社 2003 年版。

［50］中国行政管理学会:《中国转型期群体性突发事件对策研究》,学苑出版社 2003 年版。

［51］潘伟杰:《制度、制度变迁与政府规制》,上海三联书店 2005 年版。

［52］吕中楼:《新制度经济学研究》,中国经济出版社 2005 年版。

［53］汪洪涛:《制度经济学——制度及制度变迁性质解释》,复旦大学出版社 2003 年版。

［54］中国（海南）改革发展研究院:《中国公共服务体制: 中央与地方关系》，中国经济出版社 2006 年版。

［55］卢现祥:《西方新制度经济学》，中国发展出版社 1996 年版。

［56］罗必良:《新制度经济学》，山西经济出版社 2005 年版。

［57］叶必丰:《行政法的人文精神》，北京大学出版社 2005 年版。

［58］唐铁汉:《行政管理体制改革的前沿问题》，国家行政学院出版社 2008 年版。

［59］唐铁汉等:《中国行政管理体制改革战略研究》，国家行政学院出版社 2009 年版。

［60］邓国胜:《非营利组织评估》，社会科学文献出版社 2001 年版。

［61］李景源、陈威:《中国公共文化发展服务报告（2007）》，社会科学文献出版社 2007 年版。

［62］何增科:《公民社会与第三部门》，社会科学文献出版社 2000 年版。

［63］汪大海:《公共管理》，中国人事出版社 2010 年版。

［64］李经中:《政府危机管理》，中国城市出版社 2003 年版。

［65］王伟:《政府公共权力效益问题研究》，人民出版社 2005 年版。

［66］孙笑侠:《法律对行政的控制——现代行政法的法理理解》，山东人民出版社 1999 年版。

［67］莫于川:《行政指导法治化问题研究》，《行政法论丛》（第 4 卷），法律出版社 2001 年版。

［68］竺乾威:《公共管理（MPA）简明读本》（第二版），复旦大学出版社 2006 年版。

［69］世界银行:《1997 年世界发展报告——变革世界中的政府》，中国财政经济出版社 1997 年版。

［70］王名扬:《美国行政法》，中国法制出版社 1995 年版。

［71］余凌云:《行政法案分析和研究方法》，中国人民大学出版社 2008

年版。

　　[72]陶传进:《社会公益供给——NPO、公共部门与市场》,清华大学
出版社2005年版。

　　[73]卢映川、万鹏飞等:《创新公共服务的组织与管理》,人民出版社
2007年版。

　　[74][美]汉密尔顿等:《联邦党人文集》,商务印书馆1980年版。

　　[75][英]J.S.密尔:《代议制政府》,商务印书馆1982年版。

　　[76][法]卢梭:《社会契约论》,商务印书馆1982年版。

　　[77][美]约瑟夫·斯蒂格利茨:《政府经济学》,曾强等译,春秋出版
社1988年版。

　　[78][美]塞缪尔·P.亨廷顿:《变化世界中的政治秩序》,上海三联书
店1989年版。

　　[79][英]狄骥:《宪法论》,北京商务印书馆1962年版。

　　[80][美]詹姆士·Q.威尔逊:《美国官僚政治》,中国社会科学出版
社1995年版。

　　[81][美]罗伯特·默顿:《官僚结构和人格》,转引自彭和平、竹立
家:《国外公共行政理论精选》,中共中央党校出版社1997年版。

　　[82][法]莱昂·狄骥:《公法的变迁·法律与国家》,郑戈等译,辽海
出版社1999年版。

　　[83][美]奥斯特罗姆、帕克斯、惠特南:《公共服务的制度建构——
都市警察服务的制度结构》,上海三联书店2000年版。

　　[84][美]迈克尔·麦金尼斯:《多中心体制与地方公共经济》,上海三
联书店2000年版。

　　[85][美]艾尔·巴比著,邱泽奇译:《社会研究方法》(上),华夏出
版社2000年版。

　　[86][美]莱斯特·萨拉蒙:《非营利部门的兴起》、《公民社会与第三

部门》，社会科学文献出版社 2000 年版。

　　[87][德]柯武刚、史漫飞:《制度经济学: 社会秩序与公共政策》，商务印书馆 2000 年版。

　　[88][美]莱斯利·里普森:《政治学的重大问题: 政治学导论》，华夏出版社 2001 年版。

　　[89][美]尼古拉斯·亨利:《公共行政与公共事务》，华夏出版社 2002 年版。

　　[90][美]拉塞尔·M．林登:《无缝隙政府》，中国人民大学出版社 2002 年版。

　　[91][美]E．S.萨瓦斯:《民营化与公私部门的伙伴关系》，中国人民大学出版社 2002 年版。

　　[92][美]特里·L.库珀:《行政伦理学——实现行政责任的途径》张秀琴译，中国人民大学出版社 2003 年版。

　　[93][美]珍妮特·V.登哈特、罗伯特·B.登哈特:《新公共服务——服务，而不是掌舵》，中国人民大学出版社 2004 年版。

　　[94][美]罗纳德·J.奥克森:《治理地方公共经济》，北京大学出版社 2005 年版。

　　[95][美]戴维·奥斯本、特德·盖布勒:《改革政府: 企业精神如何改革着公营部门》，上海译文出版社 2006 年版。

　　[96][美]贾恩弗朗哥·波齐:《国家: 本质、发展与前景》，上海人民出版社 2007 年版。

　　[97][法]米歇尔·克罗齐耶、埃哈尔·费埃德伯格:《行动者与系统——集体行动的政治学》，上海人民出版社 2007 年版。

　　[98] Scott，W.R.Organizations：Natural and Open Systems. Rentice Hall，Englewood Cliffs.N.J.1991.

　　[99] Harold Koontzand Heinz Weihrich，Management[M]，9th edition，

New York: McGraw—Hill Inc., 1998.

[100] W. Jack Duncan, Great Ideas in Management: Lessons from the Founders and Foundations of Managerial Practice [M] . Oxford: Jossey — Bass Publishers, 1990.

[101] Pollitt, Christopher and Stephen Harrison: Handbook of public Services Management [M] . Oxford, Blackwell Publisher.

后　记

　　构建服务型政府是现代社会对政府运转机制提出的最基本要求，是当代行政改革的价值取向。2010 年 10 月，党的十七届五中全会通过的《中共中央关于制定国民经济和社会发展第十二个五年规划的建议》明确指出：推进行政体制改革。进一步转变政府职能，深化行政审批制度改革，加快推进政企分开，减少政府对微观经济活动的干预，加快建设法治政府和服务型政府。在此，党中央明确地把建设服务型政府作为我国行政体制改革的重要内容和目标，体现了新的社会发展时期对政府自身建设的基本要求，为我国政府管理和改革确立了基本方向。

　　位于我国改革开放前沿的上海浦东新区，20 多年来，按照党中央、国务院提出的要求，从上海建设国际大都市的实际出发，进行了一系列改革，在全面探索社会主义现代化道路方面，走出了一条不同于其他地区的体制创新之路。行政体制改革，是浦东新区体制创新中带有超前性和关键性的一个环节。特别是 2005 年以来，浦东新区以推进综合配套改革试点为契机，以构建服务型政府为目标，推动政府转型，在行政体制改革与创新方面取得了较大成效和经验，但也面临一些现实问题和困境。研究这些经验和问题，不仅具有理论意义，更能为中国特色的服务型政府建设找到本土性的对策和路径。

　　为此，中共上海市委党校成立了以公共管理教研部主任、政府研究所所长陈奇星教授为组长的课题组，并于 2009 年 6 月成功获得了《综合配套改革中服务型政府的构建：以浦东为个案的研究》这一国家社会科学基金项目，2012年2月顺利完成结项，成果鉴定等级为良好。课题组成员有：中共上海市委党校公共管理教研部副主任罗锋教授和陈保中教授，政府研究所副所长董幼鸿副教授，公共管理教研部董瑞华教授，容志、方卿、严荣副教授，中共浦东新区区委党校副校长毛力熊副教授、吴津讲师，上海体育学院胡德平博士，中共上海市委党校政治学专业硕士研究生徐逸伦。

作为国家社会科学基金项目的研究成果，本书以综合配套改革中的服务型政府建设为研究视阈，立足于中国改革的实际，立足于浦东综合配套改革试点的实践，运用马克思主义中国化最新理论成果和服务型政府建设相关理论，适当借鉴西方政府管理创新的有益经验和做法，尤其是在充分调研的基础上，归纳总结浦东新区在行政体制创新、构建服务型政府方面"先行先试"的做法和经验，探讨服务型政府建设对综合配套改革试点和经济社会发展的重要作用，发现并反思制度变迁中的难题和瓶颈，并找寻破解之道，以期为国内其他综合配套改革地区建设服务型政府提供借鉴和参考。

本书由陈奇星教授任主编，容志副教授任副主编，包括导论、结论、十一章内容和一篇附录，每一章都是一个独立的研究报告，具体分工如下：全书的总体框架、思路及写作要求由陈奇星提出并确定；导论由陈奇星撰写；第一章由罗锋撰写；第二章由陈奇星撰写；第三章由陈保中撰写；第四章由吴津、毛力熊撰写；第五章由陈奇星、徐逸伦撰写；第六章由胡德平撰写；第七章由陈奇星、胡德平撰写；第八章由董瑞华撰写；第九章由董幼鸿撰写；第十章由严荣撰写；第十一章由容志、方卿撰写；结论由陈奇星、容志撰写；附录由容志撰写。最后由陈奇星负责全书的修改、统稿和定稿，容志协助。

在本书的写作过程中，我们参阅了大量的国内外文献，并到上海市机构编制委员会、人力资源和社会保障局等市级党政机关和浦东新区区政府办公室（研究室、法制办、应急办）、发改委、人社局、编办、财政局、科委（信息委）等部门，以及若干街道、社区和企事业单位进行了数十次调研，既吸取了国内外理论界许多专家学者关于综合配套改革和服务型政府建设方面的最新研究成果，也采纳了实际部门有关领导和同志提供的颇有针对性的见解和资料，在此一并表示衷心的感谢。

同时，我们还要指出，本书也是中共上海市委党校战略聚焦课题的研究成果，在此要衷心感谢学校领导特别是常务副校长王国平教授，以及学校科研处处长郭庆松教授和科研处同志为科研活动创造的良好条件。此外还要衷心感谢原上海市社会科学界联合会副主席王邦佐教授，中共上海市委宣传部副部长李琪教授对本课题研究给予的关心和支持，以及对本书的撰写提出的许多建设性指导意见。其中，李琪教授还亲自为本书写了序言。人民出版社责任编辑及总编室主任陈鹏鸣为本书的编辑出版付出了辛勤劳动，其他各位参与本书稿审读、编辑、校对工作的同志也共同付出了辛勤劳动，在此一并表示感谢！

鉴于综合配套改革与服务型政府建设研究是一个需要学界与实际部门工作者长期共同努力探索的重大课题，本书只是在这方面研究的初步尝试，再加上作者学识所限，不足、偏颇之处在所难免，诚望得到同行专家、读者的批评指正。

作者

2012 年 4 月

责任编辑:虞　晖　陈鹏鸣

封面设计:徐　晖

图书在版编目(CIP)数据

综合配套改革中服务型政府的构建——以浦东为例 / 陈奇星　主编 .
　– 北京:人民出版社,2012.9
ISBN 978 – 7 – 01 – 011071 – 4

I.①综…　II.①陈…　III.①地方政府 – 行政管理 – 配套改革 – 研究 – 中国
IV.① D625

中国版本图书馆 CIP 数据核字(2012)第 170479 号

综合配套改革中服务型政府的构建
ZONGHE PEITAO GAIGE ZHONG FUWUXING ZHENGFU DE GOUJIAN
——以浦东为例

陈奇星　主编

人 民 出 版 社 出版发行
(100706　北京市东城区隆福寺街 99 号)

北京新魏印刷厂印刷　　新华书店经销

2012 年 9 月第 1 版　2012 年 9 月北京第 1 次印刷
开本:710 毫米 × 1000 毫米 1/16
印张:26　字数:380 千字

ISBN 978 – 7 – 01 – 011071 – 4　　定价:55.00 元

邮购地址 100706　北京市东城区隆福寺街 99 号
人民东方图书销售中心　电话(010)65250042　65289539